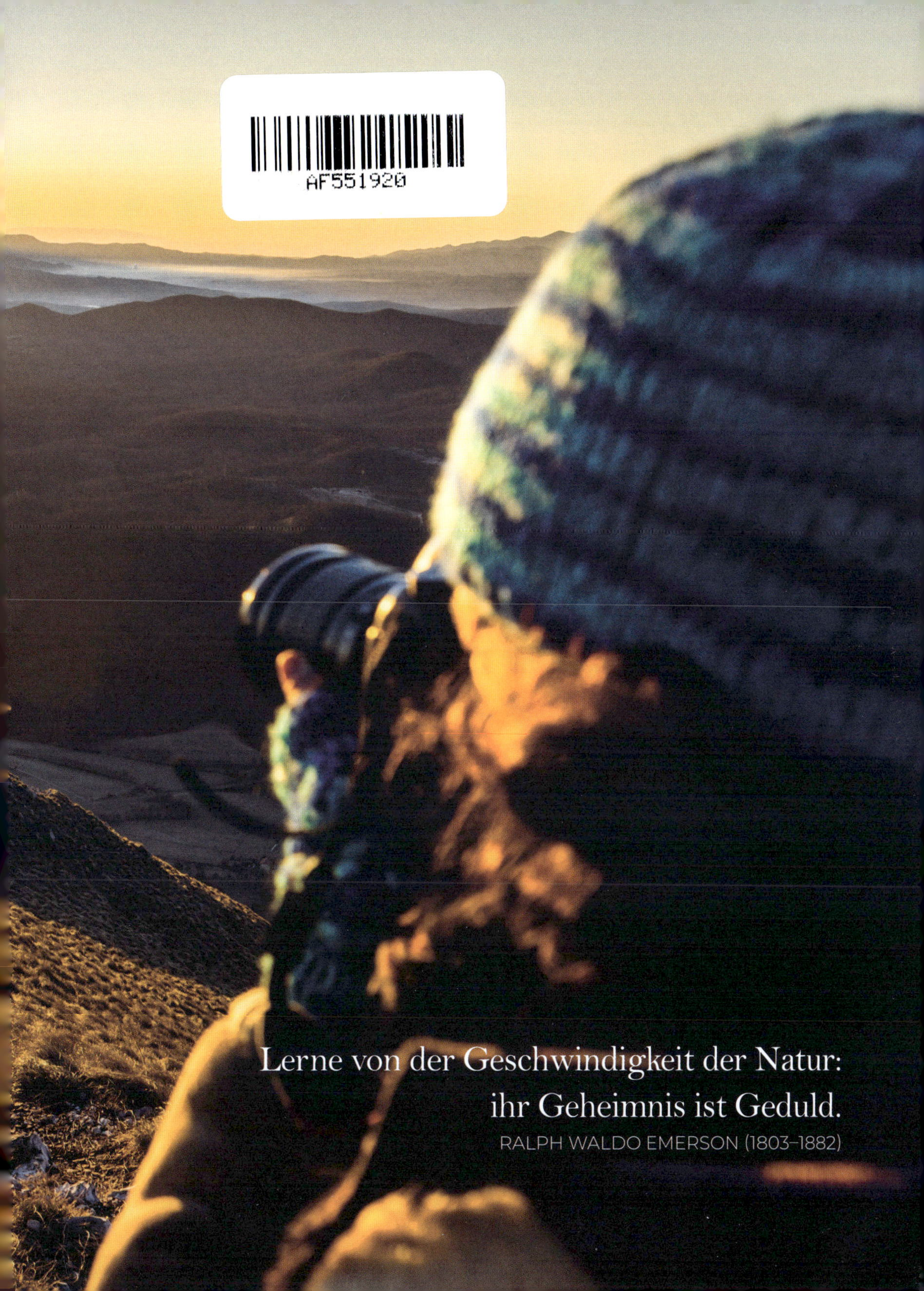
Lerne von der Geschwindigkeit der Natur:
ihr Geheimnis ist Geduld.
RALPH WALDO EMERSON (1803–1882)

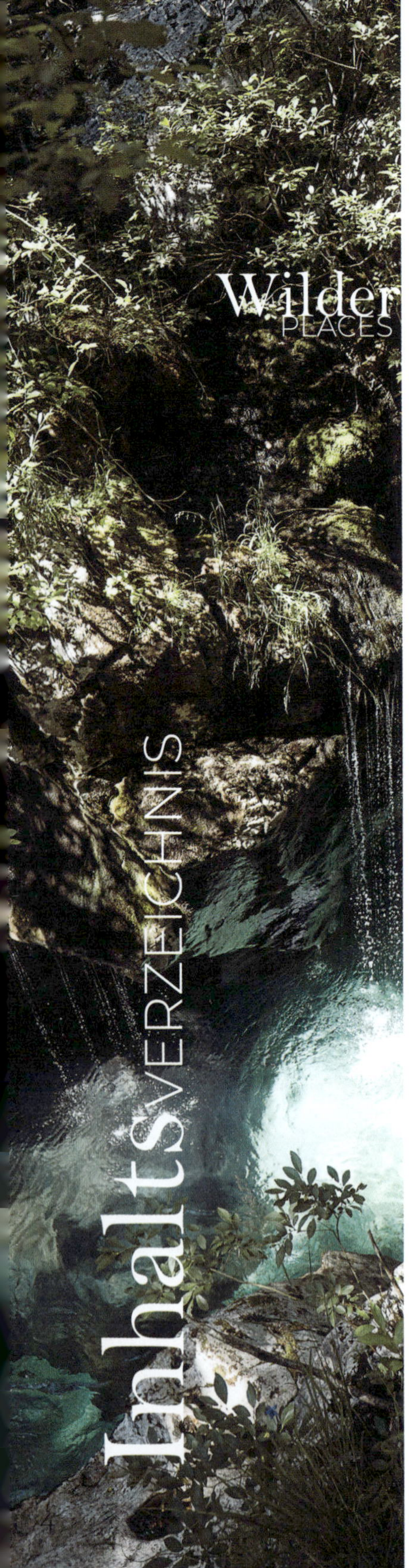

TOUREN ZU WILDEN PLÄTZEN

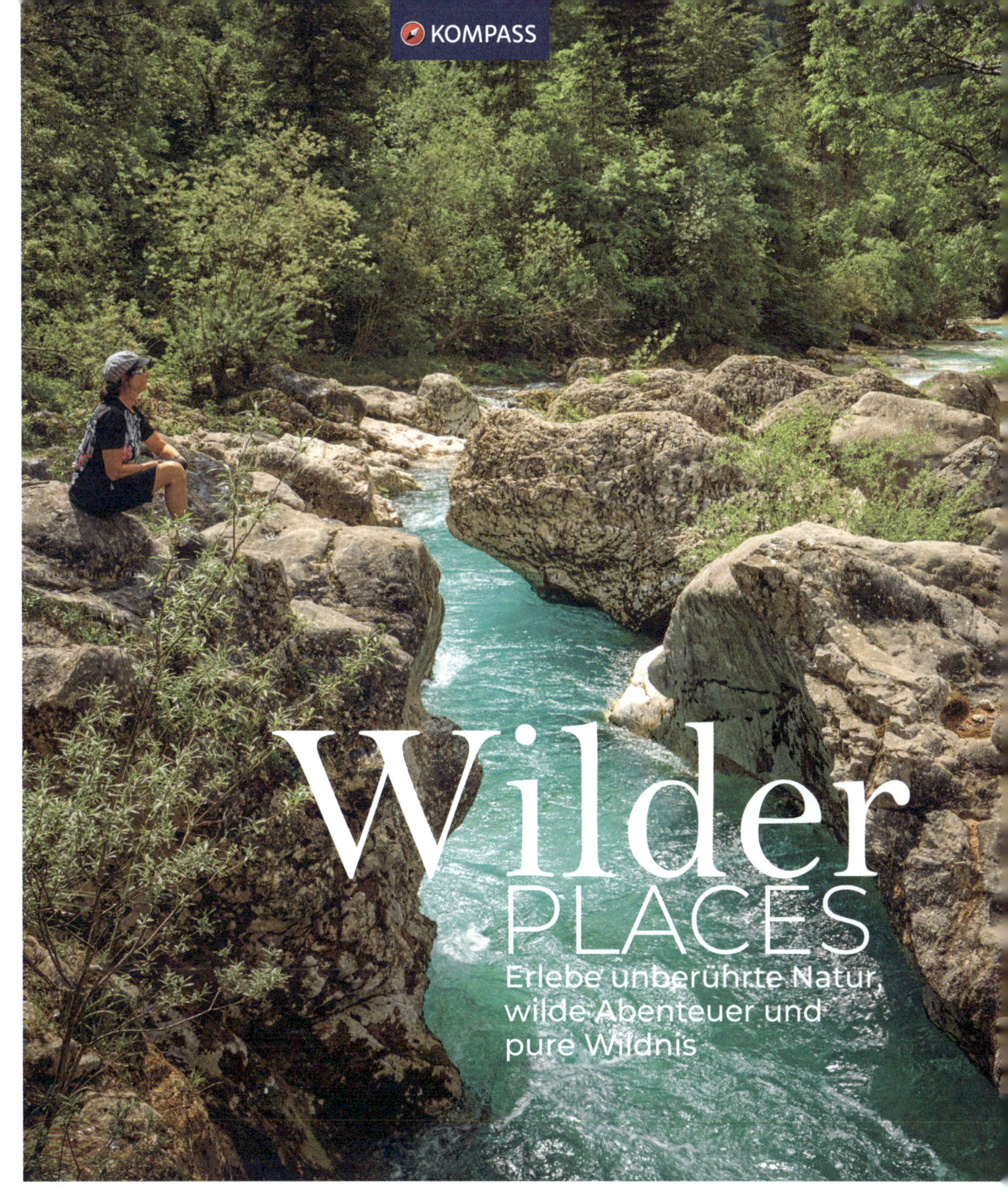

30 Streifzüge durch ein wildes

Slowenien & Istrien

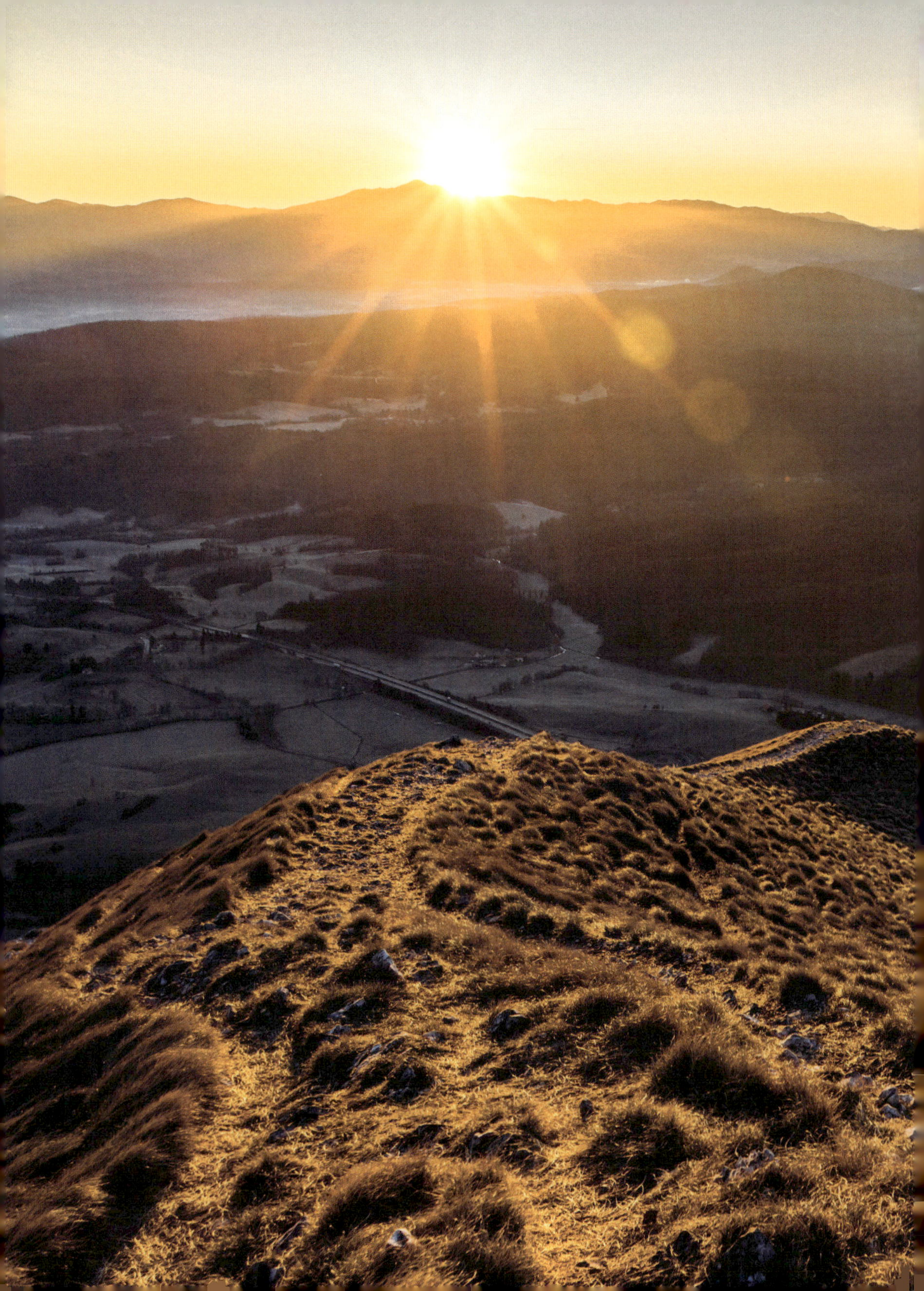

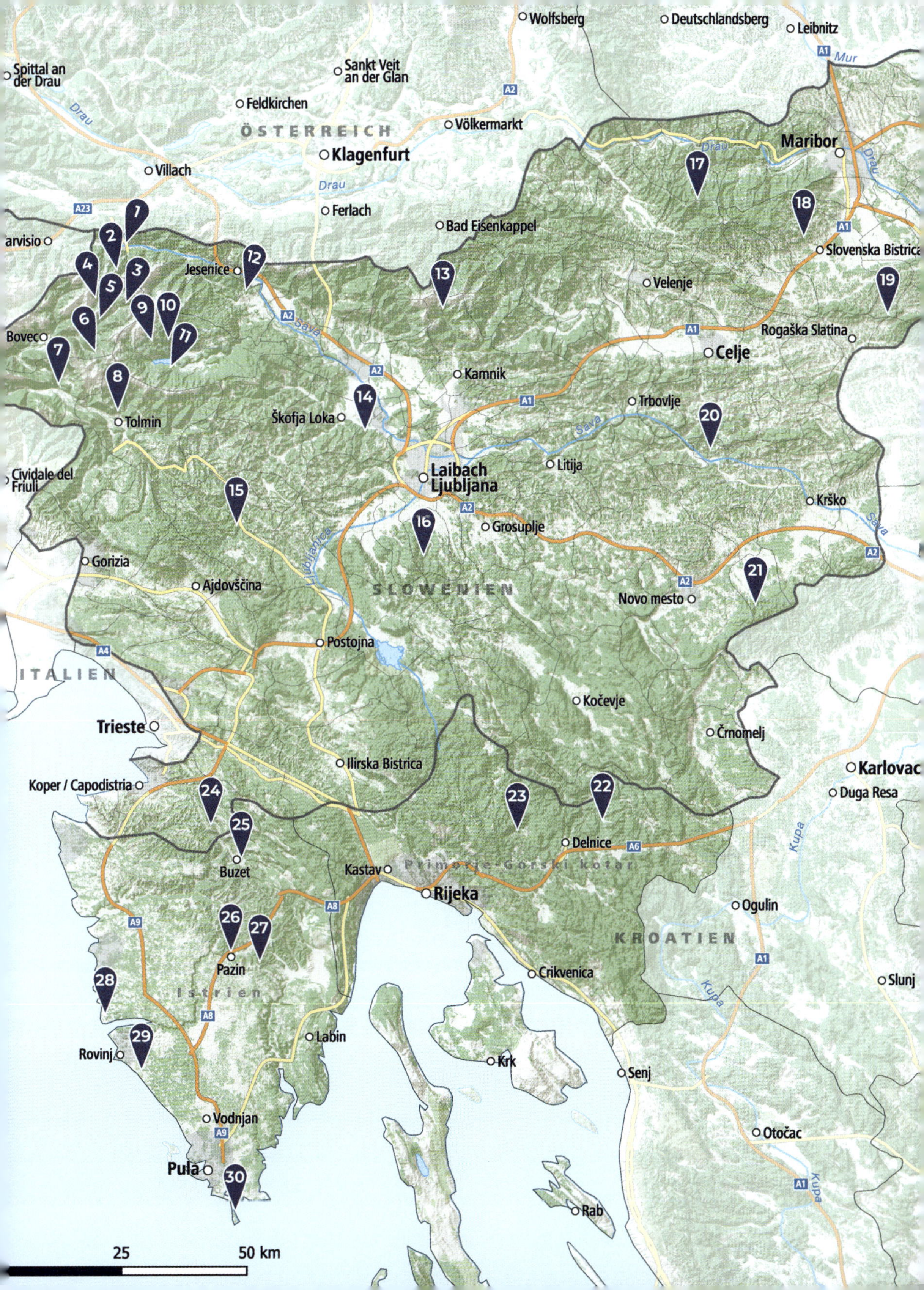

Wolfsberg
Deutschlandsberg
Leibnitz
Mur
Spittal an der Drau
Sankt Veit an der Glan
Drau
Feldkirchen
ÖSTERREICH
Völkermarkt
Klagenfurt
Maribor
Villach
Ferlach
Bad Eisenkappel
Slovenska Bistrica
Jesenice
Velenje
Bovec
Rogaška Slatina
Celje
Kamnik
Tolmin
Škofja Loka
Trbovlje
Sava
Cividale del Friuli
Laibach Ljubljana
Litija
Krško
Grosuplje
Gorizia
Ajdovščina
SLOWENIEN
Novo mesto
Postojna
ITALIEN
Kočevje
Trieste
Črnomelj
Ilirska Bistrica
Karlovac
Koper / Capodistria
Duga Resa
Delnice
Buzet
Kastav
Primorje-Gorski kotar
Rijeka
Kupa
Ogulin
KROATIEN
Pazin
Istrien
Crikvenica
Slunj
Labin
Rovinj
Krk
Senj
Vodnjan
Otočac
Pula
Rab
25
50 km

WO IST ES NOCH wild?

Slowenien liegt bei der Bevölkerungsdichte in Europa im hinteren Mittelfeld, Kroatien noch ein gutes Stück dahinter. Ein Glücksfall! Das lässt Platz für Wildnis, die sonst schon teilweise arg in Bedrängnis kommt.

Wir leben in einer Zeit, in der es von fast allen Orten auf der Welt Bilder zu bestaunen gibt. Im Fernsehen. Im Internet. Man kann sogar auf Google Earth direkt und fast millimetergenau auf einen beliebigen Fleck auf der Welt zoomen. Dabei haben wir laut Eckart Nickel eine Elementartugend verloren: „Die Fähigkeit, uns auf etwas einzulassen und ein Gefühl der Überraschung zu erfahren." Wildnis, die noch Überraschungen bereithält, gibt es laut World Wide Web in Ansätzen im Amazonas, Sibirien, Kanada. Europäische Länder tauchen aber nicht als erstes auf, wenn wir „Wildnis" in die Suchmaske unseres Laptops eintippen.

Fragmente von Wildnis gibt es trotzdem noch sowohl in Slowenien als auch in Kroatien. Slowenien legt großen Wert auf die Erhaltung seiner Naturschätze, rund 13 % des slowenischen Staatsgebietes sind unter Schutz gestellt. Die Schutzgebiete erstrecken sich über Teile der slowenischen Adria und über große Gebiete im Landesinneren von Slowenien. Ingesamt gibt es 48 Naturschutzgebiete und Naturparks, 52 Naturreservate und über 1.200 Naturdenkmäler. Mehr als die Hälfte des Landes ist von Wäldern bedeckt und das Land zählt zu den wasserreichsten Ländern Europas. Die vielfältige Landschaft erstreckt sich von den alpinen Zweitausendern bis zur Meeresküste. Da bleibt Platz für unberührte Natur. Istrien ist zwar die bevorzugte Urlaubsdestination Kroatiens, trotzdem gibt es hier zwei Nationalparks und einen Naturpark und damit auch Regionen, in denen der Mensch noch – oder endlich wieder – seine Finger von der Natur lässt.

Seit Jahrhunderten wird auch in diesen zwei Balkanstaaten die Natur bewirtschaftet, abgeholzt

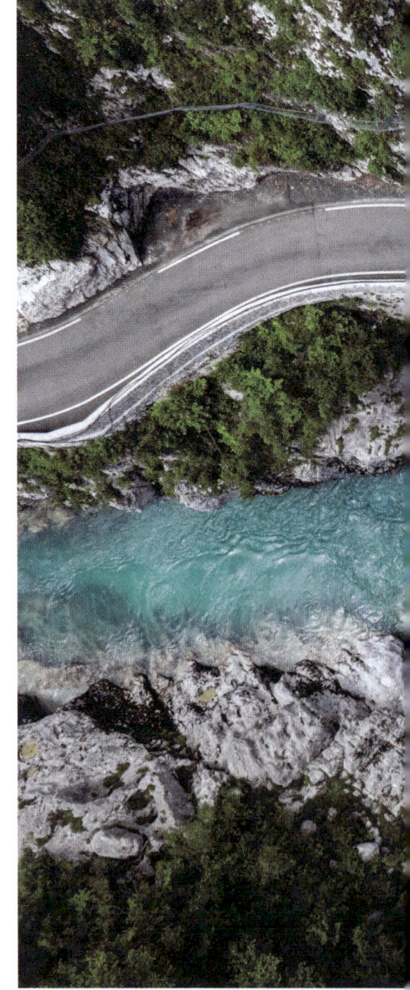

und asphaltiert, eine vielfältige Kulturlandschaft ist vielerorts an die Stelle der Wildnis getreten. Doch wie definiert man Wildnis eigentlich? Ist Wildnis immer da, wo keine Menschen sind, wo möglichst viele Freiflächen sind?

Fündig werden wir in Wäldern, Moorgebieten, Flussauen, Küstenabschnitten und Hochgebirgsregionen. Aber auch militärische Liegenschaften und Bergbaufolgelandschaften können wieder zu echter Wildnis werden. Und selbst sogenannte „Lost Places" lassen wieder Artenvielfalt und geschützte Lebensräume für bedrohte Flora und Fauna zu. Wildnis aus zweiter Hand sozusagen. Der Mensch muss es nur wollen. Einfach mal nichts tun. Nichts planen, strukturieren. Und vor allem nicht eingreifen. Machen lassen. Vertrauen.

Und: Wir müssen uns nur darauf einlassen können und offen für Überraschungen sein. Dann finden wir sie auch, die echte Wildnis.

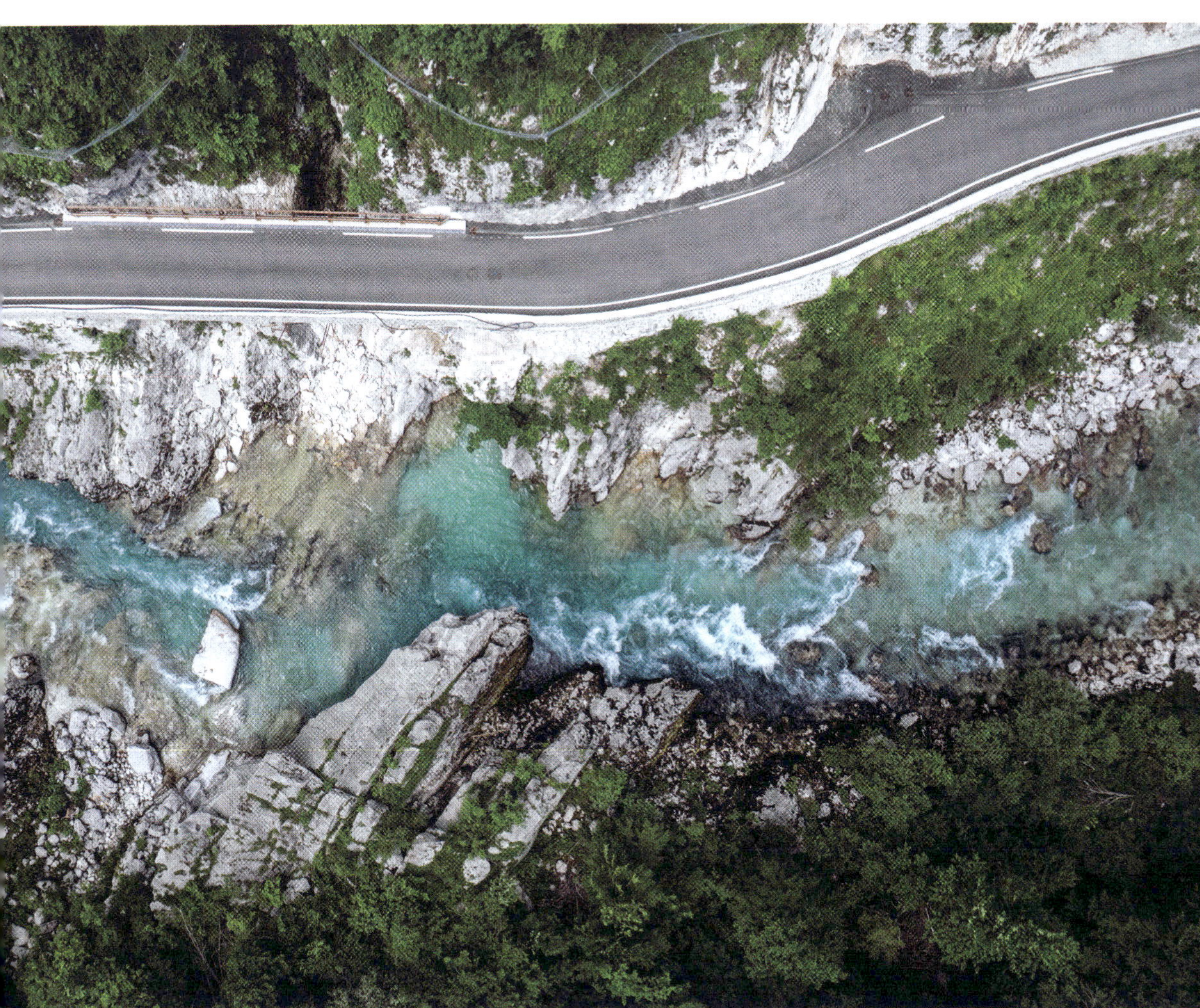

WAS BEDEUTET Wildnis?

Urwälder, Moore, Hochgebirgsregionen. Wildnis hat viele Gesichter. Aber was bedeutet Wildnis überhaupt? Was macht sie aus und welche Rolle spielt der Mensch dabei?

9 Mio. Beiträge finden sich auf Instagram unter dem Hashtag „wilderness“ (Stand Nov. 2023). Social Media hat Sehnsucht. Nach unberührten Landschaften – nach einem Perspektivenwechsel. Und: Abstand von der Zivilisation.

Wildnis – der Gegenentwurf zur menschgemachten Kulturlandschaft.

Dieser Abstand, dieses Aussteigen hat Menschen schon immer fasziniert. Man denke nur an Henry David Thoreau, der bereits 1845 in die Wälder Massachusetts’ zog, um der Zivilisation für zwei Jahre den Rücken zu kehren. Sein daraus entstandenes Buch „Walden“ ist bis heute ein Klassiker der Aussteiger-Literatur.

Doch was ist diese Wildnis? Als Begriff kann die Wildnis nur als Gegenentwurf zu unserer menschengemachten Kulturlandschaft wahrgenommen werden. Nur im Kontrast zu Zivilisation, Computern, Häusern, kann es einen Raum geben, in dem die Natur noch Natur ist.

Lasst uns die Wildnis deshalb aus ökologischen Gesichtspunkten betrachten: Wildnis ist eine Gegend mit ursprünglichem, intaktem Naturhaushalt bzw. gesunden Ökosystemen, die sich selbst regulieren und in die sich der Mensch idealerweise hätte einfügen müssen, statt aus ihnen kurzfristigen, wirtschaftlichen Nutzen zu ziehen. Laut dem Deutschen Bundesamt für Naturschutz sollen „in Wildnis(entwicklungs)gebieten vielfältige natürliche räumlich-dynamische Prozesse weitestgehend ungestört ablaufen können.“ Durch diese natürliche Dynamik wird eine standorttypische biologische Vielfalt gefördert und gesichert. Das heißt: Natur kann sich hervorragend selbst an sich ändernde Umweltbedingungen anpassen. So auch an den Klimawandel. Wildnisgebiete können sogar die Auswirkungen des Klimawandels begrenzen, denken wir nur mal an die Moore als Kohlenstoffspeicher.

Doch auch für uns Menschen tut die Natur so einiges. Der Schriftsteller T.C. Boyle hatte ganz recht, als er in einem Interview sagte: „Wir brauchen Wildnis für unsere geistige Gesundheit.“ Sie schenkt uns Freiheit, Ruhe und den genannten Perspektivenwechsel, lässt uns das Smartphone zur Seite legen und ganz bei uns ankommen. Dabei muss es nicht Alaska sein, auch in die städtischen Gebiete kehrt die Wildnis zurück. Die Natur erobert alte Rangierbahnhöfe oder Tagebaustätten. Diese aufgegebenen Orte sind ideal, um Wildnis wieder zu entdecken.

> Die Wildnis ist es, die die Welt bewahrt.
>
> Henry David Thoreau 1817–1862

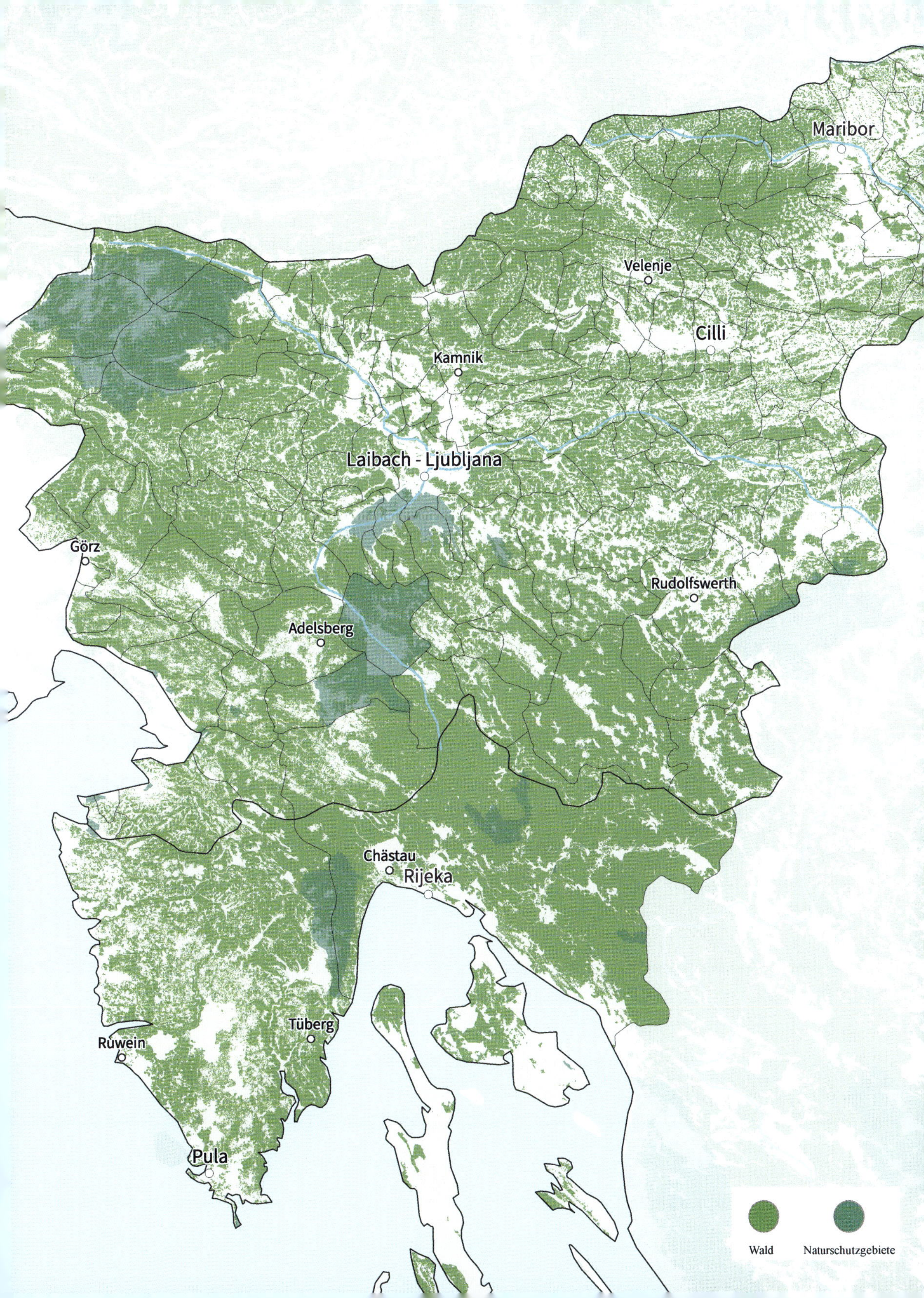

Maribor
Velenje
Cilli
Kamnik
Laibach - Ljubljana
Görz
Rudolfswerth
Adelsberg
Chästau
Rijeka
Tüberg
Ruwein
Pula
Wald
Naturschutzgebiete

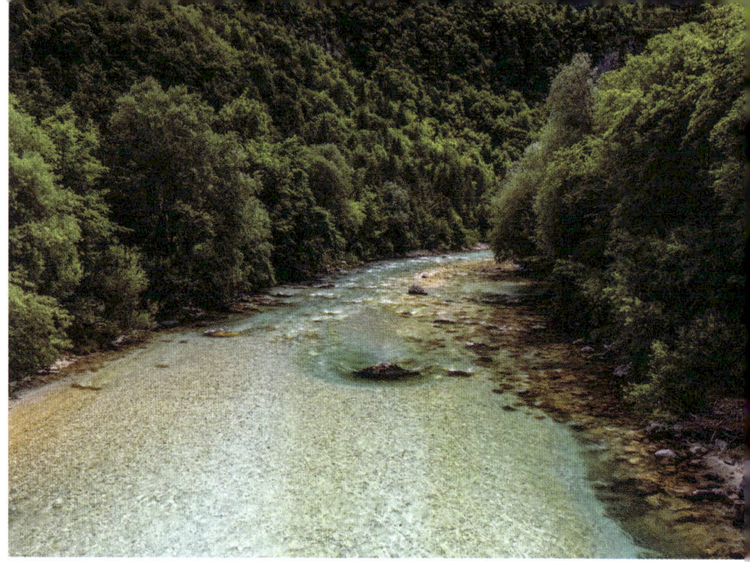

WildnisERLEBEN

Wir alle kennen wohl mittlerweile diese auf Social Media gehypten Naturspots, bei denen wir uns denken: „Wow, da muss ich hin!“ Und wenn man schließlich ankommt an einem solchen Sehnsuchtsort, muss man mit Ernüchterung feststellen, dass man mit diesem Gedanken wohl nicht alleine war, während man sich in die Schlange stellt, um dann auch dranzukommen und das eine „einzigartige“ Foto zu schießen. Die wartende Menschenschlange hinter sich versucht man dabei natürlich nicht im Bild zu haben.

Das Problem ist aber nicht nur die persönliche Enttäuschung, denn die arrangierten Fotos von unberührter Natur ziehen nicht nur Wandernde und andere FotografInnen an. Vielmehr wird dann wild gecampt, Lagerfeuer gemacht und Müll zurückgelassen, Schutzgebiet hin oder her. Immer wieder kommt es vor, dass unberührte Orte überrannt werden. Sei es für Fotos oder den Moment abseits vom Alltag. Leider scheinen einige verlernt zu haben, wie man sich in der Natur verhält.

Wie also sollte man sich verhalten bei einem Gang in die Wildnis? Was würde uns der Wildnis-Knigge raten? Kommen wir zum ersten Thema, das viele Freiheitssuchende umtreibt: Wildcamping. In Slowenien und Kroatien ist wildcampen generell nicht erlaubt und wird auch geahndet. Vor allem Naturschutzgebiete und Nationalparks haben hier sehr strenge Regelungen und es drohen hohe Strafen bei Verstößen. Das gleiche gilt für das Thema Lagerfeuer. Auch diese sind prinzipiell nicht gestattet – außer an eigens dafür ausgewiesenen Plätzen.

Gerade in der Dämmerung und nachts sind viele Wildtiere aktiv und können sich ungestört bewegen. Zu diesen Zeiten sind sie besonders störanfällig.

Dann darf ich in der Wildnis ja gar nichts machen, denkst du dir jetzt vielleicht. Doch, schier unendlich viel. Du kannst durch weite Flächen streifen, durch Täler wandern, auf Berge, Felsen, Grate steigen und durch Flüsse, Seen und Meere

Natur BEWAHREN

Wir alle wollen in die Natur, sie erleben. Mit allen Sinnen und am besten 24/7. Doch was dürfen wir überhaupt an den wilden Orten in Slowenien & Istrien? Wie sieht es mit Wildcamping und Lagerfeuer aus? Ein Einblick in den Wildnis-Knigge.

schwimmen. Du darfst sie besuchen, wie du einen guten Freund besuchen würdest. Höflich, zuvorkommend und vor allem so, dass niemand nach dir merkt, dass du da warst. In der Natur bist du zu Gast im Wohnzimmer von Pflanzen und Tieren. Du willst ja auch nicht, dass deine Gäste lautstark durch deine Wohnung trampeln und dann auch noch ihren ganzen Müll bei dir liegen lassen. Wenn wir uns alle so in der Natur bewegen, haben wir noch lange etwas von ihr.

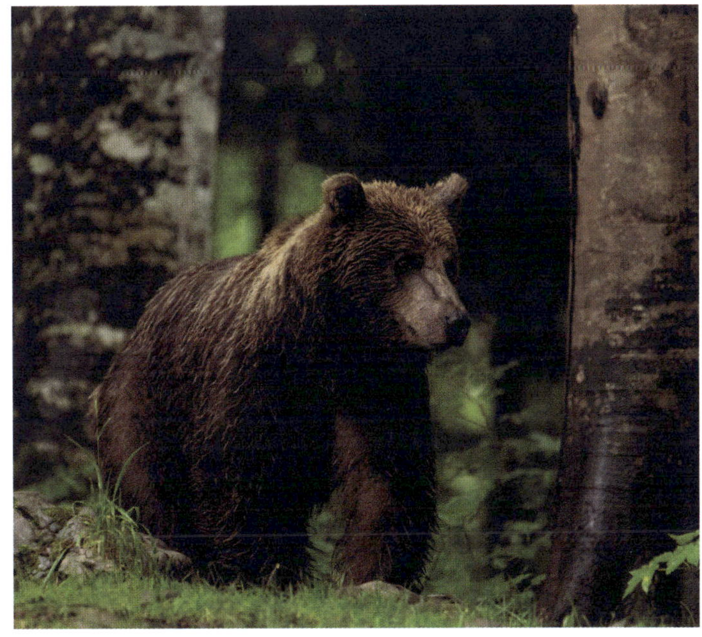

Fünf Tipps für dein Verhalten in der Wildnis

1. Keine Spuren hinterlassen – nimm deinen Müll wieder mit
2. Rücksicht auf Wildtiere nehmen – meide Wanderungen in der Dämmerung
3. Übernachte nur auf ausgewiesenen Plätzen – das gleiche gilt für Lagerfeuer
4. Pfade nicht verlassen – bleibe auf den ausgewiesenen Wegen
5. Umwelt- und klimafreundlich anreisen

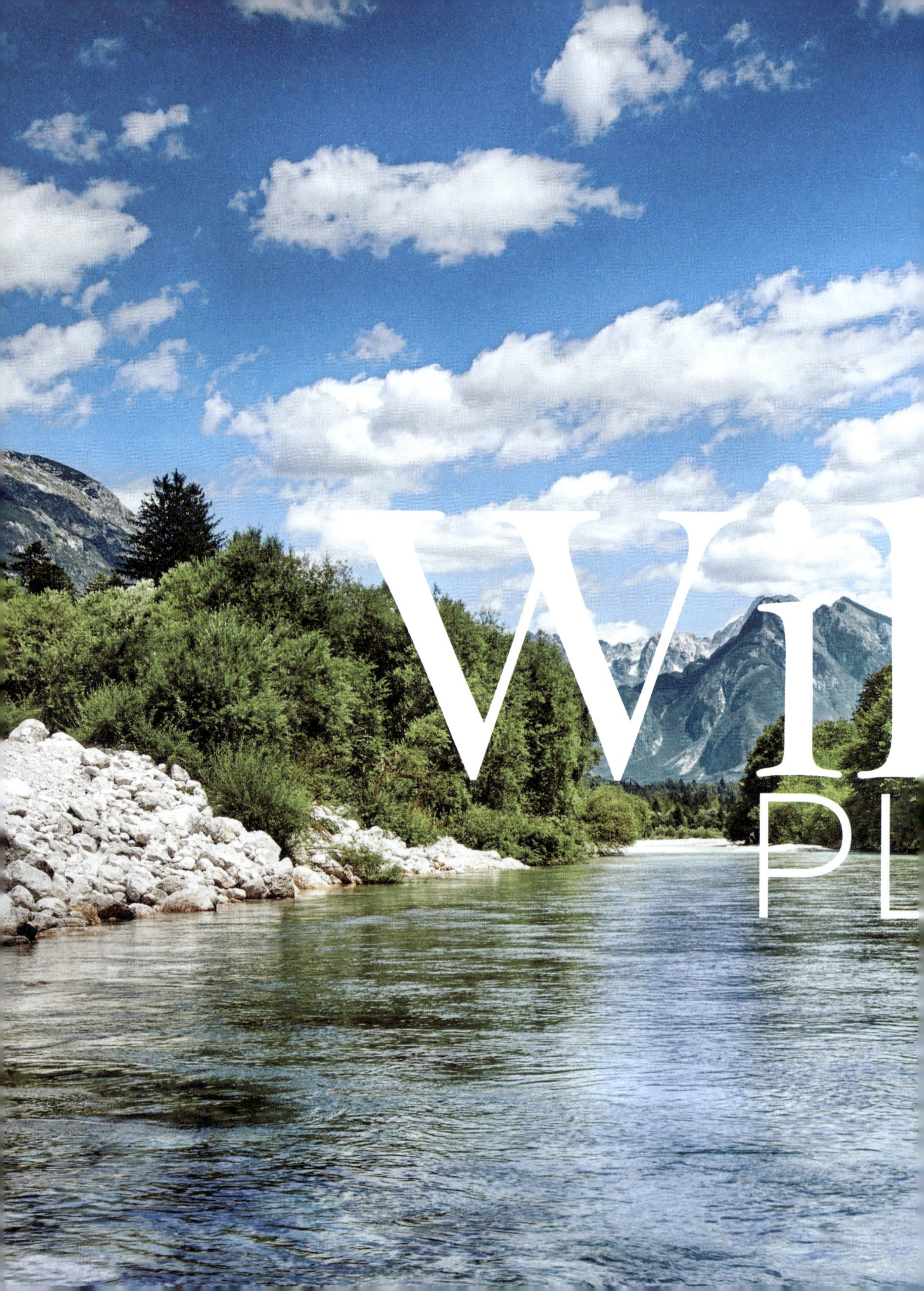
Wi
PL

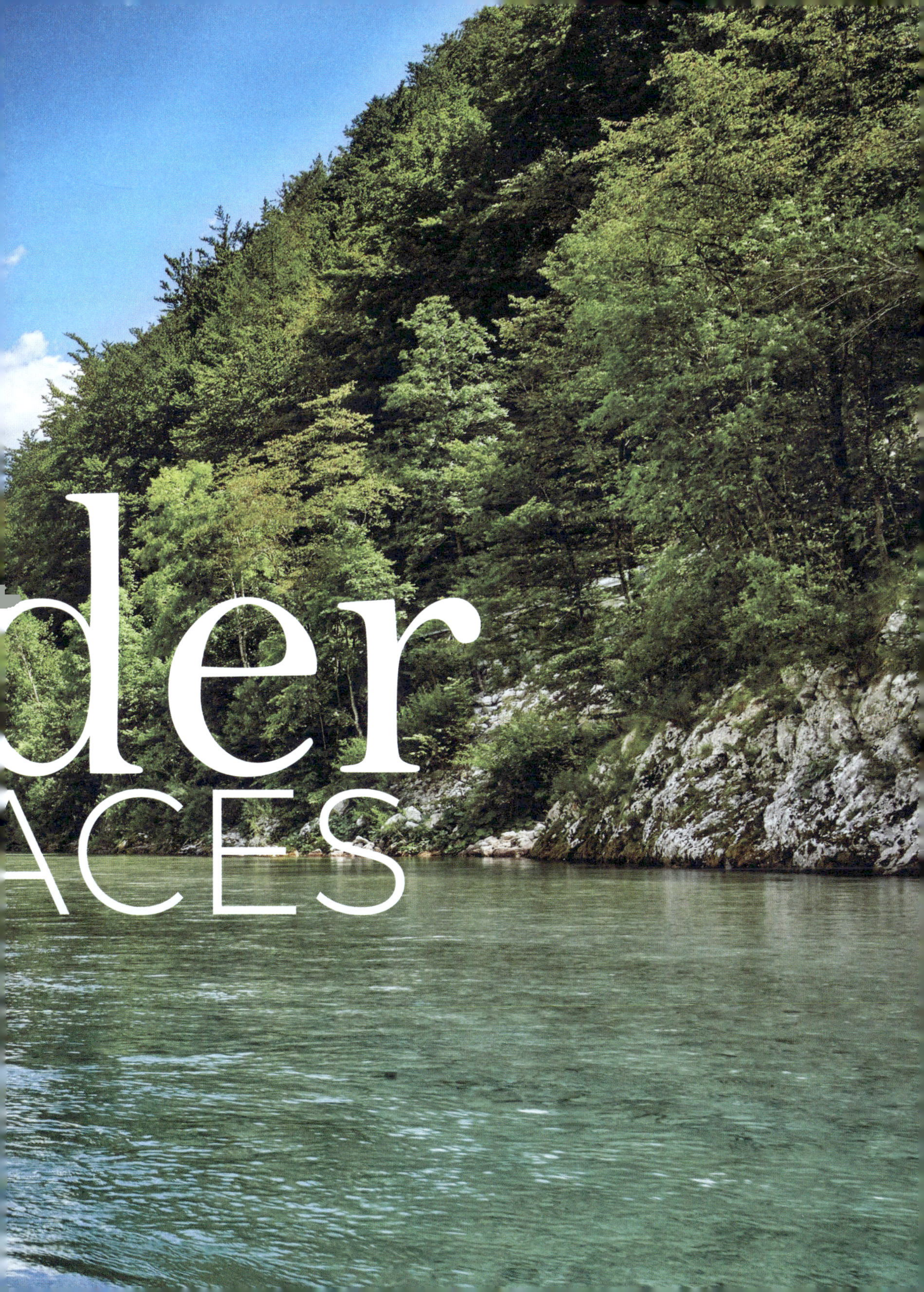
der
ACES

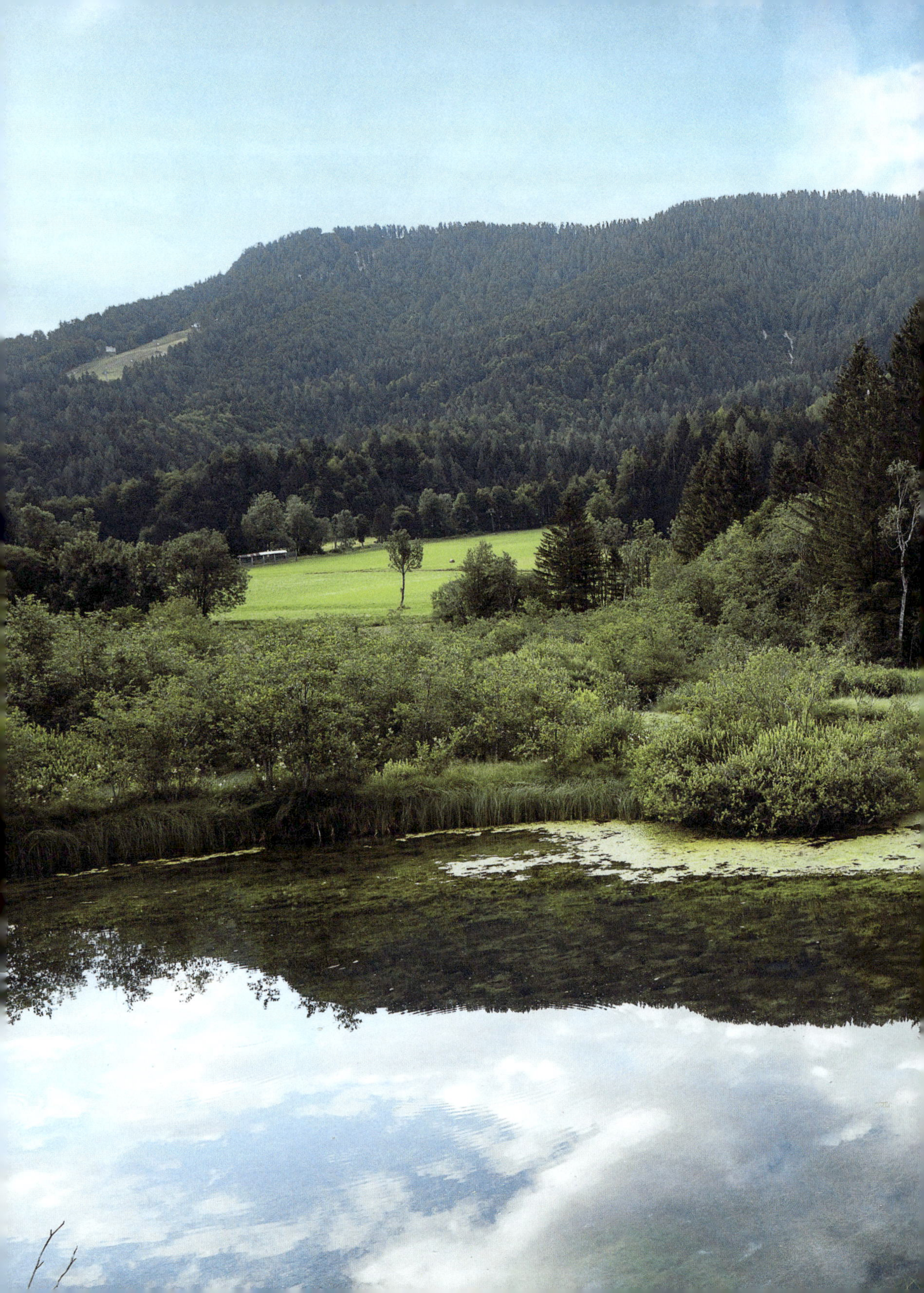

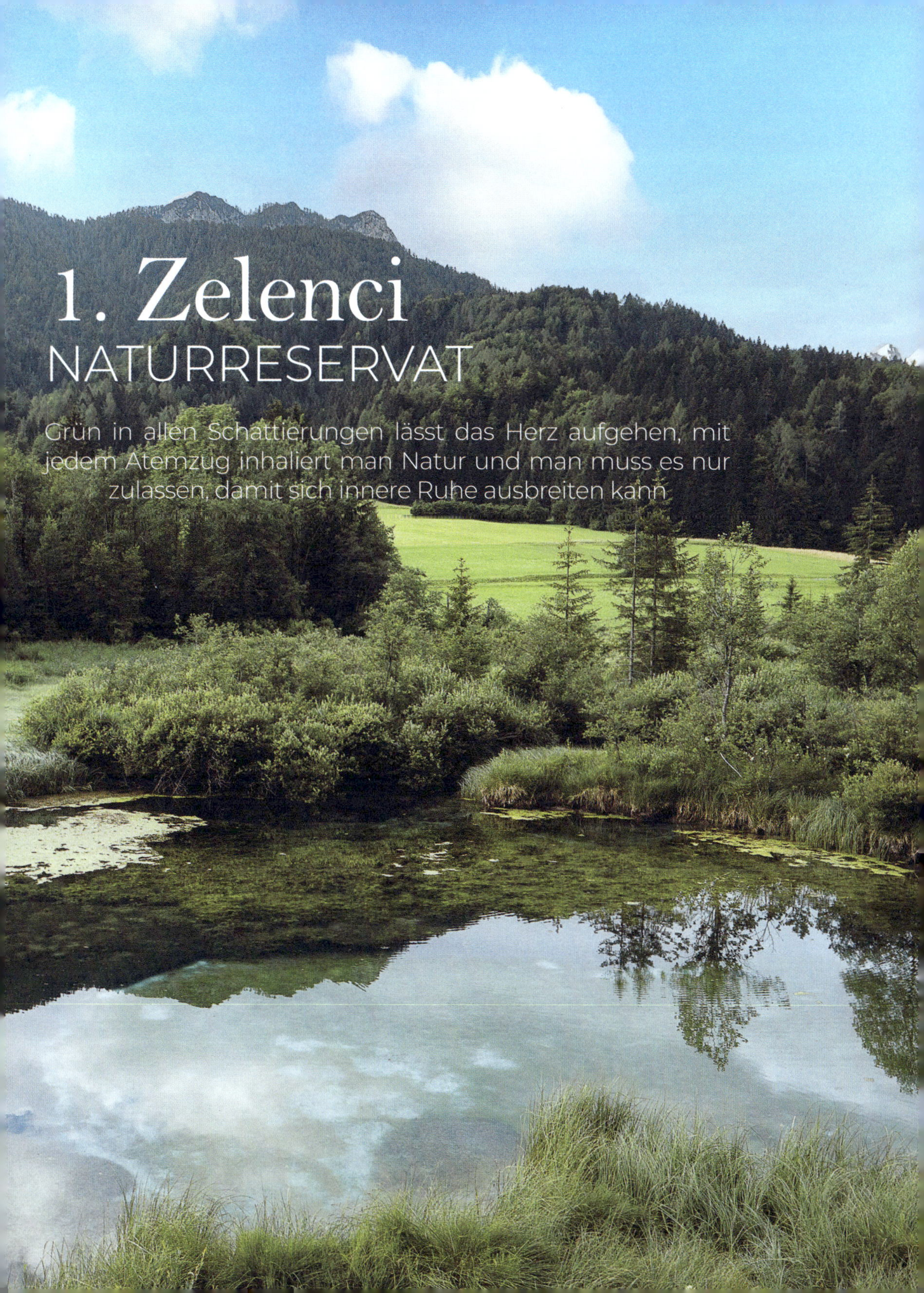

1. Zelenci
NATURRESERVAT

Grün in allen Schattierungen lässt das Herz aufgehen, mit jedem Atemzug inhaliert man Natur und man muss es nur zulassen, damit sich innere Ruhe ausbreiten kann

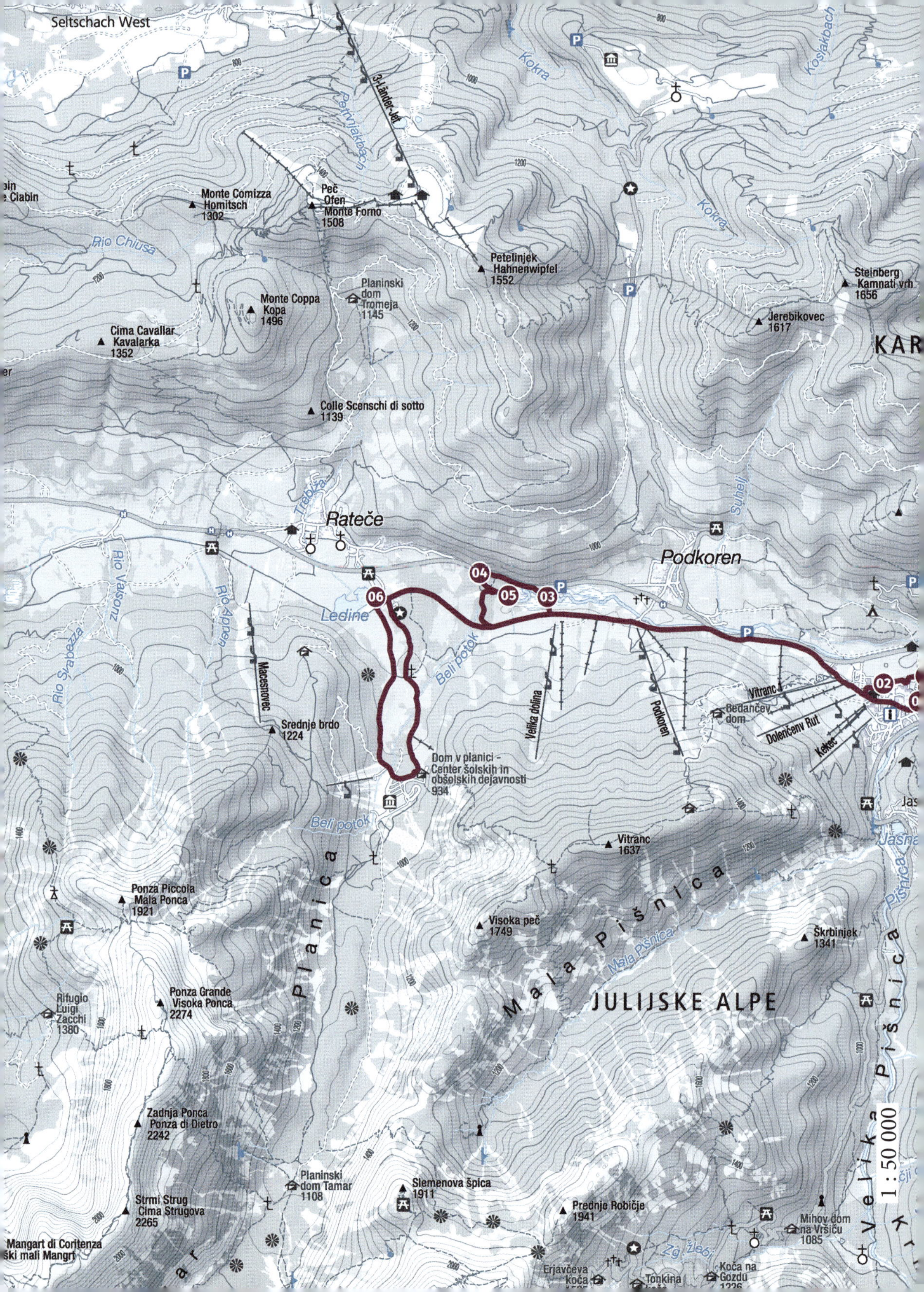

Seltschach West
Kokra
Koslakbach
3-Länder-Jet
Peč
Ofen
Monte Forno
1508
Monte Comizza
Homitsch
1302
Rio Chiusa
Monte Coppa
Kopa
1496
Planinski
dom
Tromeja
1145
Petelinjek
Hahnenwipfel
1552
Steinberg
Kamnati vrh
1656
Jerebikovec
1617
Cima Cavallar
Kavalarka
1352
Colle Scenschi di sotto
1139
Rateče
Podkoren
Ledine
Beli potok
Macesnovec
Srednje brdo
1224
Velika dolina
Podkoren
Vitranc
Bedančev
dom
Dolenčenv Rut
Kekec
Dom v planici -
Center šolskih in
obšolskih dejavnosti
934
Vitranc
1637
Planica
Mala Pišnica
Ponza Piccola
Mala Ponca
1921
Visoka peč
1749
Škrbinjek
1341
Rifugio
Luigi
Zacchi
1380
Ponza Grande
Visoka Ponca
2274
JULIJSKE ALPE
Velika Pišnica
Zadnja Ponca
Ponza di Dietro
2242
1 : 50 000
Planinski
dom Tamar
1108
Slemenova špica
1911
Strmi Strug
Cima Strugova
2265
Prednje Robičje
1941
Mihov dom
na Vršiču
1085
Mangart di Coritenza
ški mali Mangrt
Erjavčeva
koča
Tonkina
Koča na
Gozdu
1226
Rio Vaisonz
Rio Alpren
Rio Srabezza
Trebiža
Suhelj
02
03
04
05
06

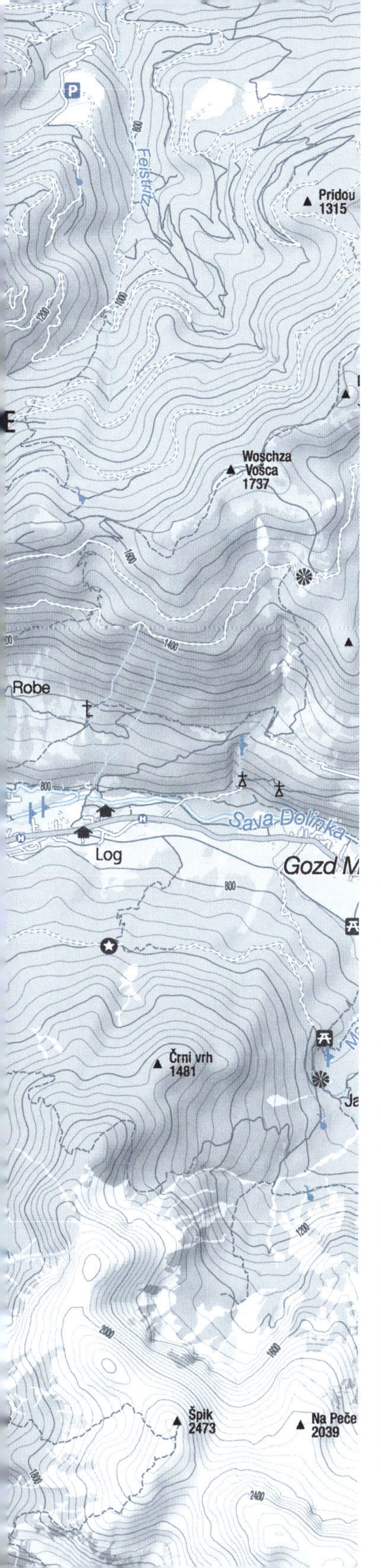

Sloweniens
ÖKOLOGISCHER RUHEPOL

Der smaragdgrüne Zelenci-See ist ein beliebtes Ziel für Wanderer, lockt jedoch ebenso Naturliebhaber und Vogelbeobachter an: Majestätische Schwarzstörche und seltene Zwergtaucher lassen sich hier beobachten, es wächst die geschützte Sumpf-Schwertlilie ebenso wie der Sumpfporst, der seinen ätherischen Geruch verströmt – ein Paradies!

Rund um das Herzstück des Naturreservats, den Zelenci-See, breiten sich Feuchtgebiete aus, die ein idealer Lebensraum für etliche seltene Pflanzen- und Tierarten sind. Kein Wunder also, dass Naturverbundene gerne die gut markierten Wanderwege und Stege nutzen, um das Gebiet um den See und diesen selbst zu erkunden. Sein beinahe unwirklich leuchtendes Grün entsteht durch die Kombination von Algen und Mineralien im Wasser, das durch zahlreiche Quellen gespeist wird. Sie haben eine konstante Temperatur und bedingen die außergewöhnliche Klarheit, in der sich die umliegenden Naturschönheiten spiegeln.

Will man die Besonderheiten der slowenischen Natur erleben, kommt man um das Naturreservat Zelenci nicht herum, und hat man eine Auswahl jener Orte zu treffen, die man besuchen kann und möchte, so sollte dieses bemerkenswerte Naturphänomen unbedingt in die engere Auswahl kommen ...

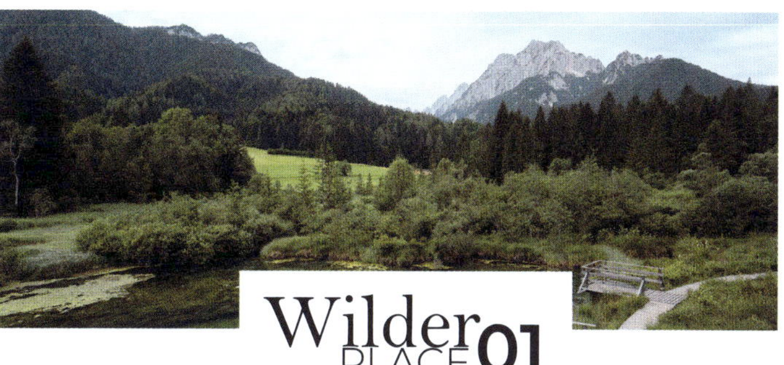

Wilder PLACE 01

Naturreservat Zelenci

Leichte Tour auf überwiegend gut begehbaren Wegen, teilweise auf Stegen – Trittsicherheit erforderlich. Gute Grundkondition ist Voraussetzung.

Dauer ca. 4:30 h I Distanz: 16,1 km I Höhenmeter: 230

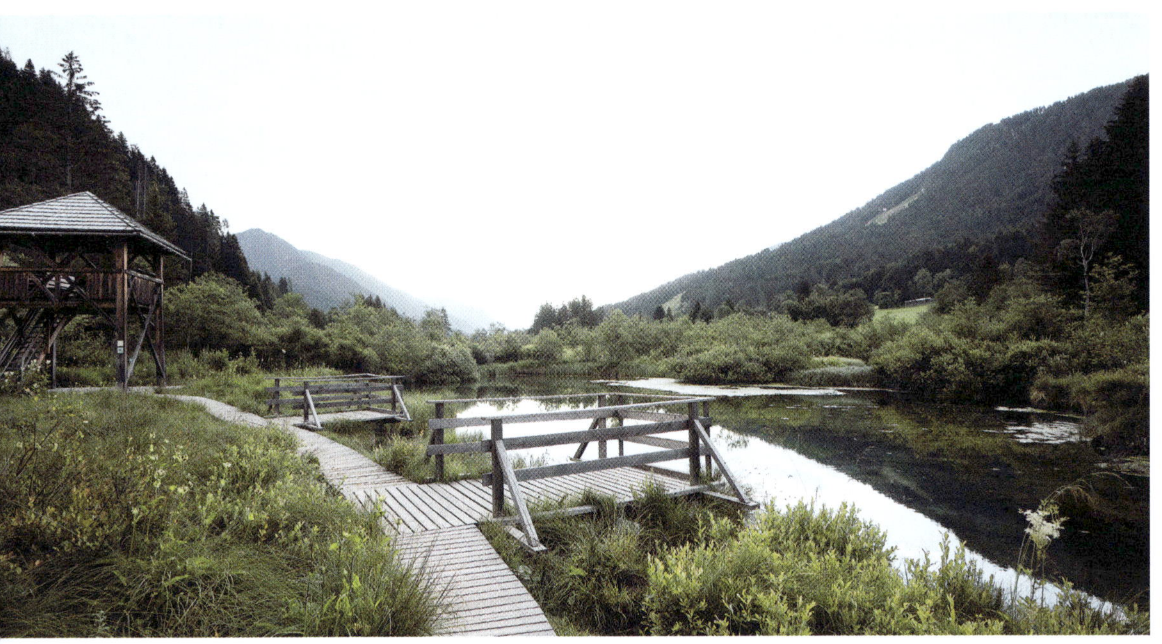

Das Naturreservat Zelenci liegt am Nordrand des Nationalparks Triglav. Im westlichen Teil des Sumpfes befindet sich ein smaragdgrüner See, aus dessen Seekreideschichten, die dem Wasser seine typische blaugrüne Farbe verleihen, zahlreiche glasklare und kühle Quellen sprudeln. Wegen seiner Farbe wird der See mit dem Sumpf „Zelenci“ (vom Slowenischen „zelen“ – „grün“) genannt.

▶ Von der Bushaltestelle des alpinen Ferienorts Kranjska Gora **01** wandert man entlang der Straße in westlicher Richtung, biegt nach dem Sportplatz nach rechts ab und beschreibt mit dem Straßenverlauf eine Linkskurve, die zu einer kleinen umzäunten Kapelle **02** führt – sie ist dem heiligen Bernhard, Schutzheiligen der Alpinisten, geweiht. Kurz darauf verlässt man den Straßenverlauf und wandert geradeaus auf einem kleinen Weg weiter, der mit einer Linkskurve wieder zur Straße führt. Hier biegt man nach rechts ab, folgt kurz dem Straßenverlauf, nimmt links die kleinere Seitenstraße, die vorbei an der Talstation des Lifts führt und wandert anschließend stets entlang des Wegverlaufs, nach einiger Zeit in Begleitung eines kleinen Bachs. Nach einem Parkplatz auf der rechten Seite biegt man nach rechts auf einen Weg ein, der entlang von Wiesen ins Sumpfgebiet führt; eine kleine Brücke **03** führt über den Bach.

Der Weg lenkt in einem Linksbogen in Straßennähe um den Sumpf herum zum Gasthaus Zelenci. Von hier aus geht es durch Wald zum Naturreservat Zelenci **05**, entlang des smaragdgrünen Sees führen Holzstege zu einem kleinen hölzernen Aussichtsturm. Links daran vorbei geht es zurück in den Wald und an der Abzweigung links bis zur Straße. Hier biegt man rechts ab, folgt dem Straßenverlauf bis zur Kreuzung mit der Landesstraße und geht rechts bis zum Ledine-See **06**. Im Frühjahr und im Herbst füllt er sich mit jedem starken Regen, im Sommer trocknet er hingegen aus und Gras breitet sich aus.

Zurück geht man zur Straßengabelung und dann stets geradeaus bis zu den weitläufigen Sportanlagen, wo der Weg einen Linksbogen beschreibt und entlang von Wiesen, Felder und durch Wald zurück zur bereits bekannten Straße führt. Nach rechts folgt man nun stets dem Straßenverlauf bis Kranjska Gora, verbleibt hier auf der Durchzugsstraße bis ins Ortszentrum **07**, biegt beim Hotel Kotnik links ab und wandert zurück zum Ausgangspunkt **01**.

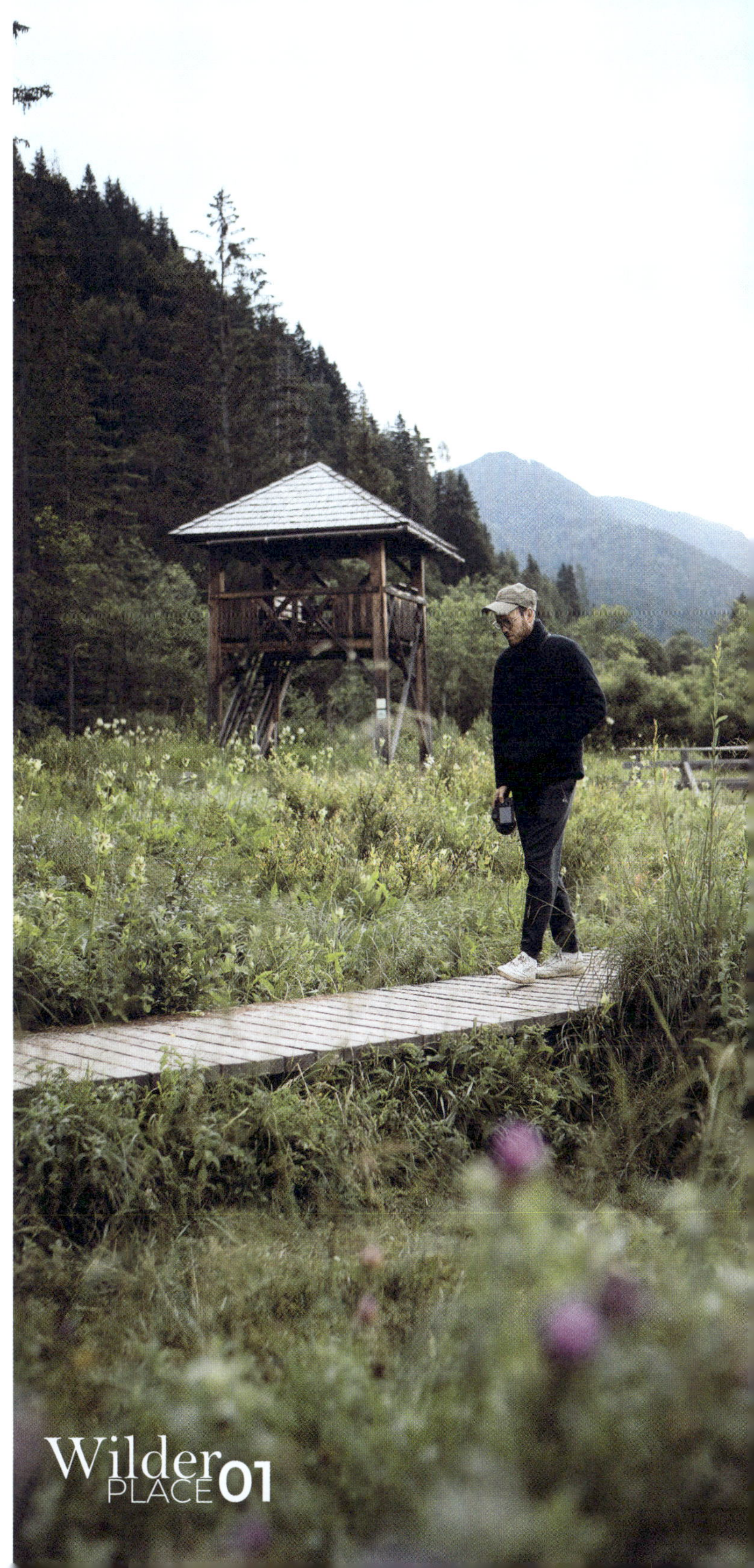

2. Prisojnik

AUSBLICKE IM FELS

Die alpine Herausforderung in grandioser Umgebung nimmt man idealerweise mit einem Bergkameraden in Angriff – um sich gegenseitig zu helfen und den landschaftlichen Genuss teilen zu können.

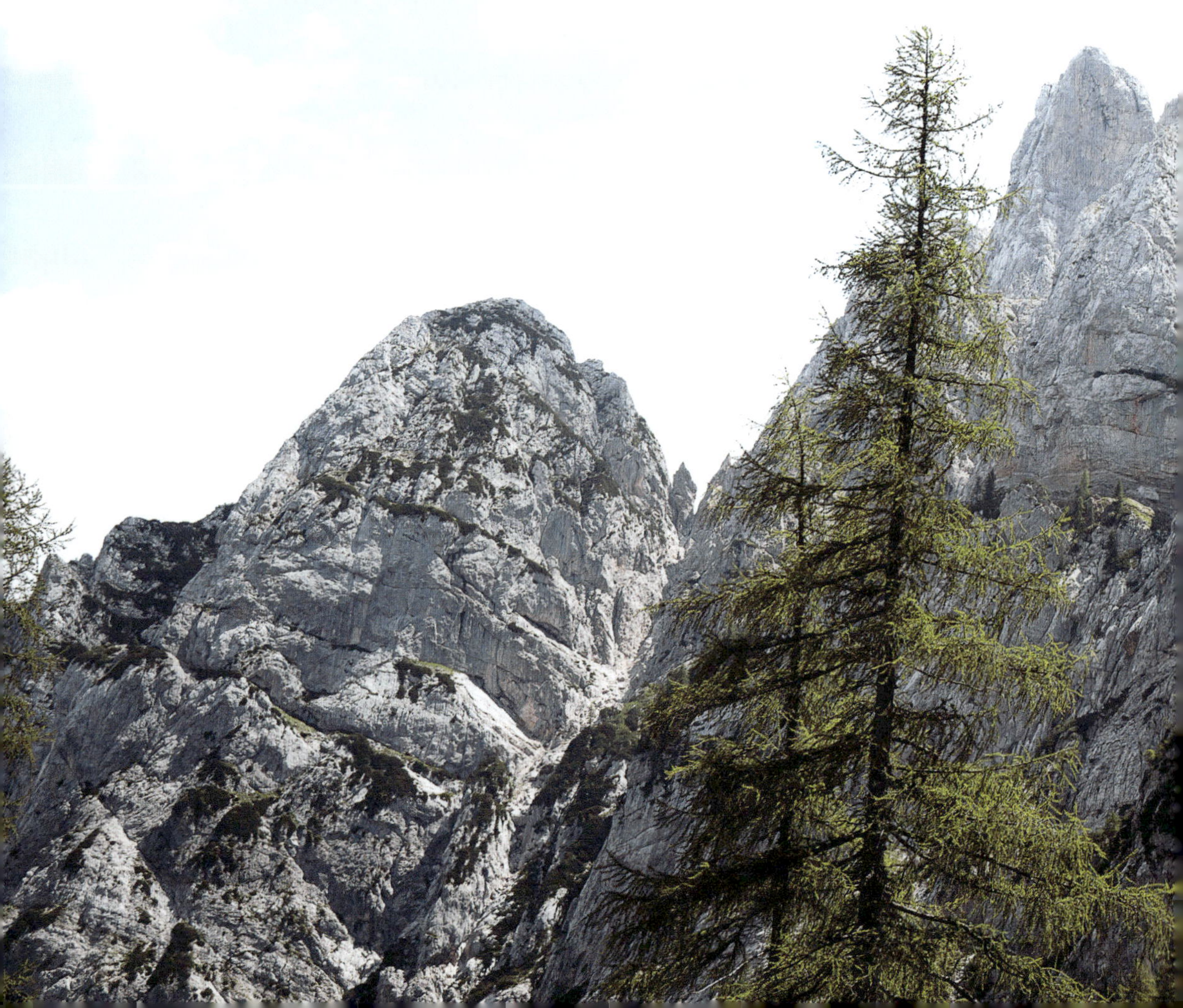

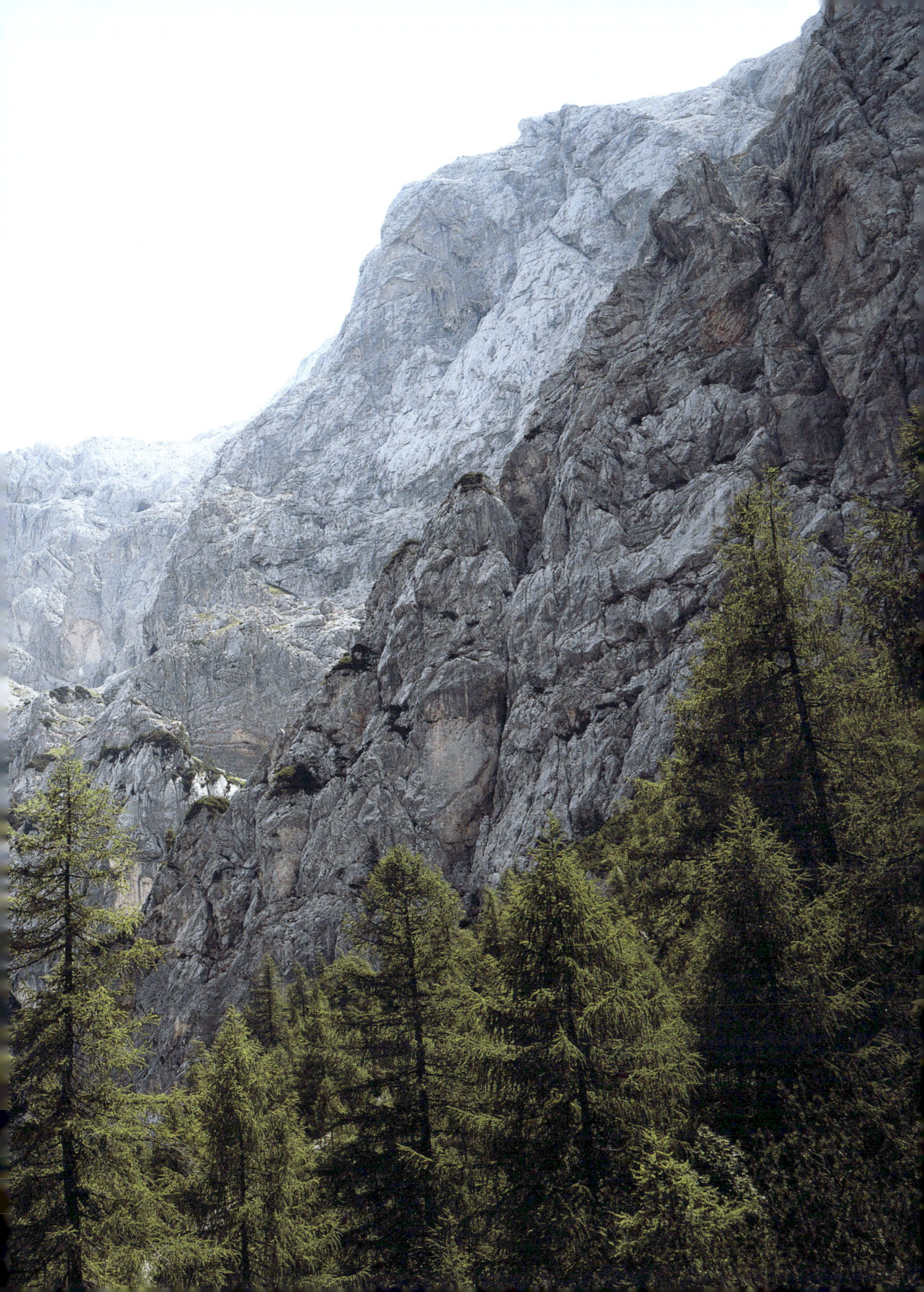

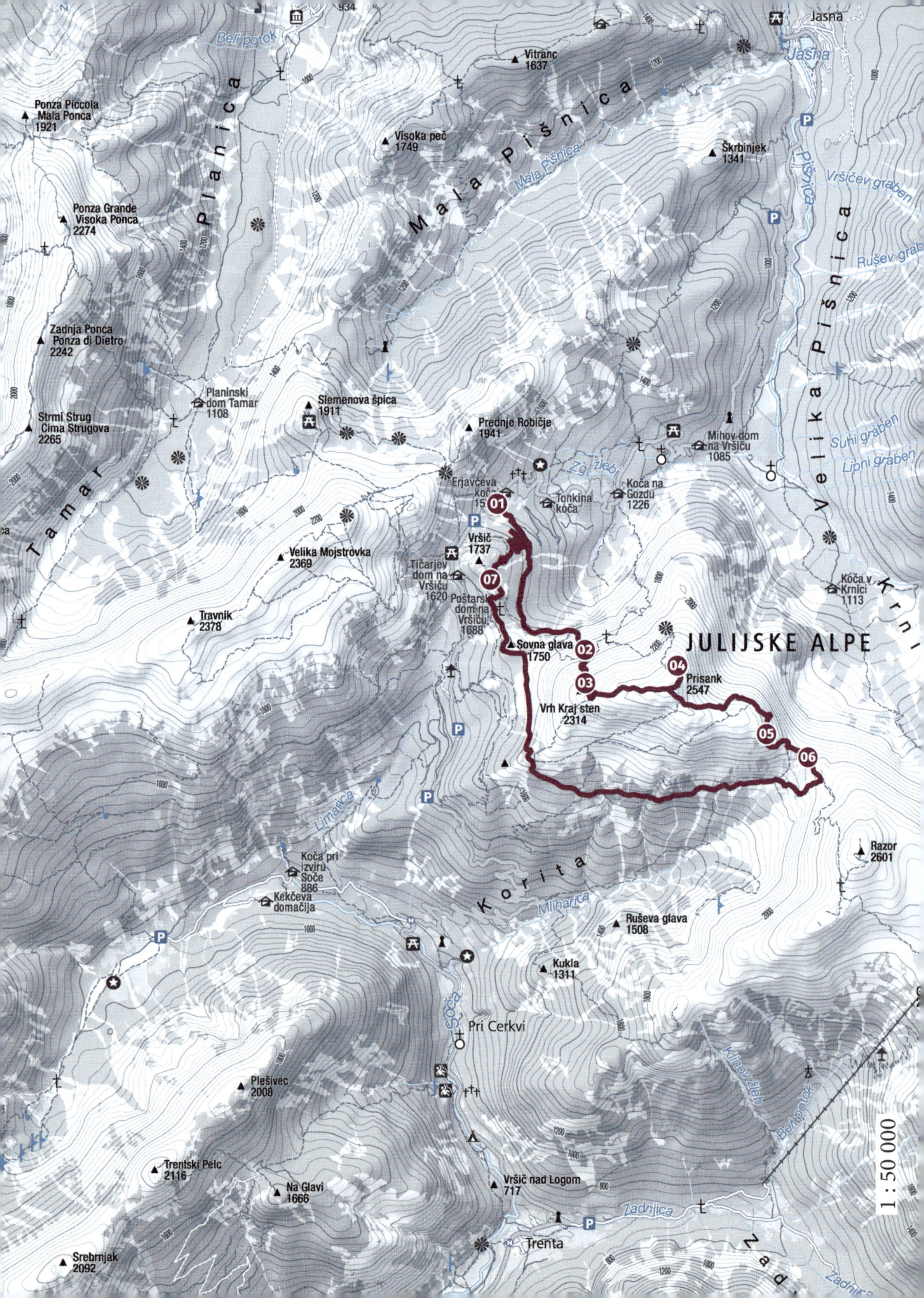

JULIJSKE ALPE
Jasna
Vitranc
1637
Ponza Piccola
Mala Ponca
1921
Visoka peč
1749
Škrbinjek
1341
Ponza Grande
Visoka Ponca
2274
Zadnja Ponca
Ponza di Dietro
2242
Planinski
dom Tamar
1108
Slemenova špica
1911
Strmi Strug
Cima Strugova
2265
Prednje Robičje
1941
Mihov dom
na Vršiču
1085
Erjavčeva
koča
Tonkina
koča
Koča na
Gozdu
1226
Vršič
1737
Velika Mojstrovka
2369
Tičarjev
dom na
Vršiču
1620
Poštarski
dom na
Vršiču
1688
Koča v
Krnici
1113
Travnik
2378
Sovna glava
1750
Prisank
2547
Vrh Kraj sten
2314
Razor
2601
Koča pri
izviru
Soče
886
Kekčeva
domačija
Ruševa glava
1508
Kukla
1311
Pri Cerkvi
Plešivec
2008
Trentski Pelc
2116
Na Glavi
1666
Vršič nad Logom
717
Srebrnjak
2092
Trenta
Tamar
Planica
Mala Pišnica
Velika Pišnica
Korita
Krni
01
02
03
04
05
06
07
1 : 50 000

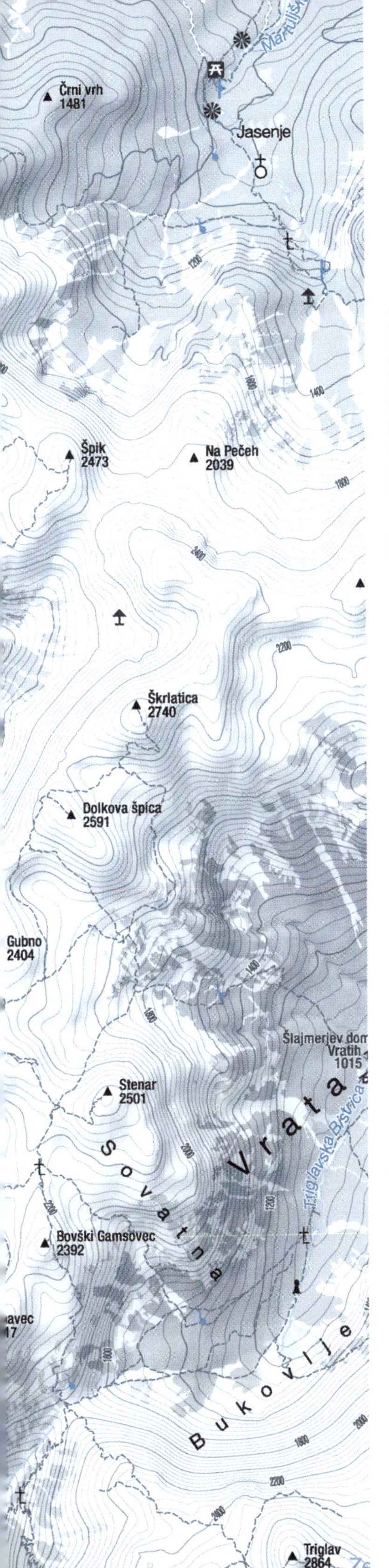

Highlights
IN DEN JULISCHEN ALPEN

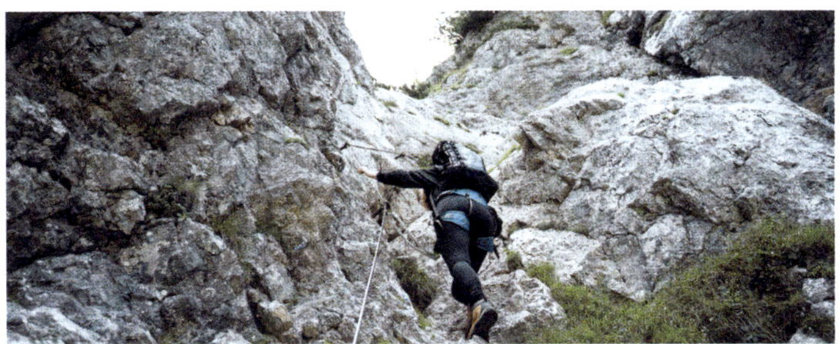

Der Prisojnik (zu Deutsch Prisank) ist mit 2.547 Metern nicht der höchste Gipfel der Julischen Alpen, beeindruckt aber durch seine massive Nordwand und die beiden Fenster: natürliche Felsöffnungen als Ergebnis von Erosion und Verwitterung über Millionen von Jahren.

Von 1920 bis 1943 bildete der Kamm des Prisojnik die Grenze zwischen Jugoslawien und dem Königreich Italien, heute liegt das Massiv zur Gänze in Slowenien und die Grenze zu Italien verläuft rund neun Kilometer weiter westlich über den Gipfel des Mangart. Was einst von historischer Bedeutung war, ist heute ein Klassiker unter den slowenischen Bergtouren. Das liegt nicht nur an der alpinen Herausforderung, sondern auch an den natürlichen Highlights auf dem Weg: Das Vordere Fenster am oberen Rand der Nordwand des Prisanks ist die bekannteste natürliche Öffnung in den Julischen Alpen und auch eine der größten. Sie ist etwa 80 Meter hoch und 40 Meter breit. Beim Abstieg passiert man anschließend noch das Hintere Fenster und schließlich das „Heidnische Mädchen", ein deutlich erkennbares Frauengesicht im Fels. Der Legende nach zog die Prophetin den Zorn anderer heidnischer Frauen auf sich und wurde von ihnen in den Fels verbannt. Man kann sie am besten vom Aussichtshügel bei der Hütte Poštarska auf dem Vršič aus sehen.

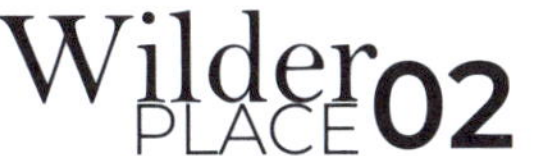

Prisojnik

Eine schwere Bergtour, die Kletterkenntnisse voraussetzt. Die Querung der beiden Prisojnik/Prisank-Fenster (Vorderes und Hinteres) ist eine echte Herausforderung.

Dauer ca. 9:00 h I Distanz: 12,2 km I Höhenmeter: 1050

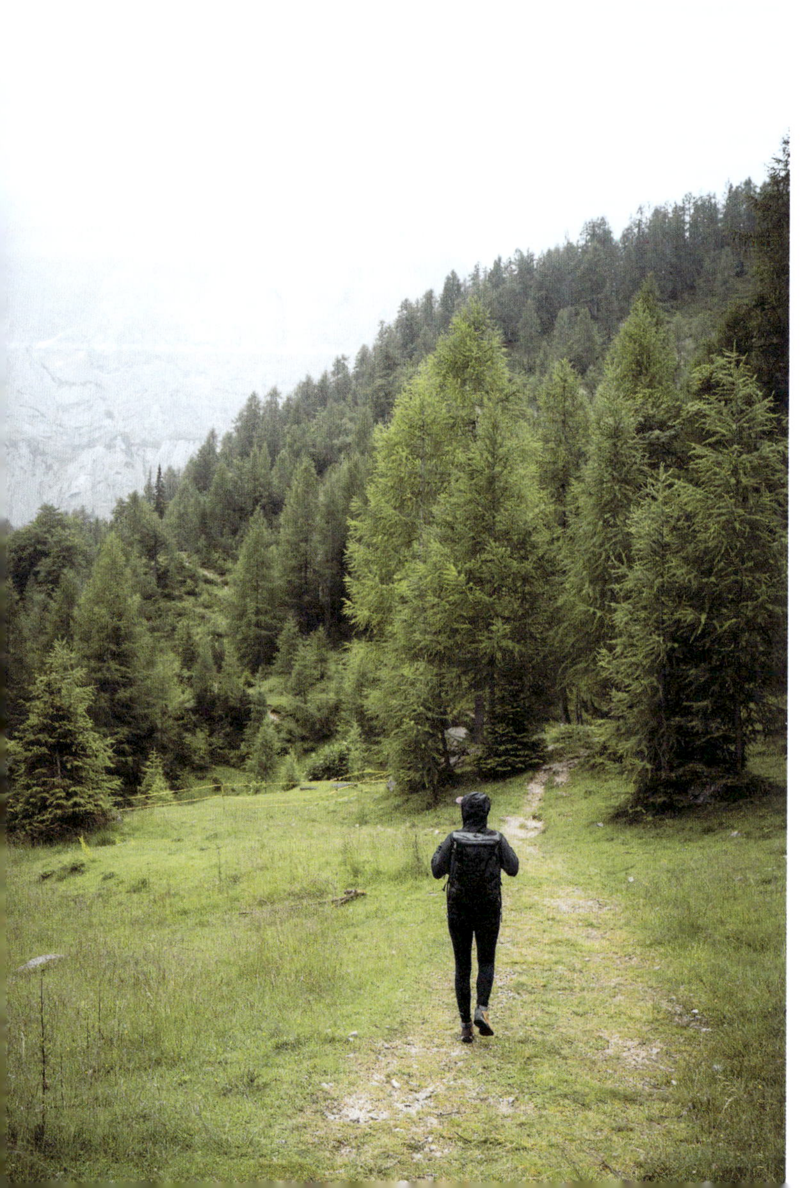

▶ Etwa 1 km unter dem Vršič-Sattel kann man bei der Erjavčeva-Hütte **01** parken. Man folgt den Markierungen Richtung „Prisojnik/Prisank skozi okno“ oder „Kopiščarjeva pot“. Der Weg führt in Richtung Süden, bis man die Nordwand **02** des Prisojnik/Prisank erreicht hat. Klettergurt anlegen, Helm aufsetzen und ab in die Felsen.

Die Kletterabschnitte wechseln sich mit zwischenzeitlichen Wandereinlagen ab. Entscheidend ist die zweite Felsstufe: Die Seile und Bolzen führen zu einem Kamin, der überhängend ist. Anschließend wird das Klettern etwas leichter, zum Schluss kommt allerdings eine enge Stelle, an der der Rucksack zum Hindernis werden kann. Hier ist Akrobatik gefragt. In der Wand hängend muss man den Rucksack abnehmen und ihn vor sich herschieben, bis man den engen Abschnitt hinter sich gebracht hat. Einzelgänger sind hier im Nachteil. An dieser Stelle kann der Vordermann allen Bergsteigern, die nach ihm in die Spalte kommen, entscheidende Hilfe leisten, indem er andere Rucksäcke zu sich aus der Enge zieht.

Die Schlüsselstelle ist damit geschafft, das Aufsteigen und Klettern sind aber noch lange nicht vorbei. Es folgen weitere Abschnitte mit Seilen und Bolzen, die Fensteröffnung rückt immer mehr ins Blickfeld. Je nach Witterungsverhältnissen kann man hier noch auf Schneereste stoßen. Nachdem das Fenster **03** durchwandert ist, wartet noch ein weiteres Kletterzuckerl, anschließend kann man die sonnige Seite der Trenta genießen und in eineinhalb Stunden auf den Gipfel des Prisojnik/Prisank **04** (2547 m) aufsteigen. Aufatmen und den Ausblick genießen.

Der Abstieg auf dem Jubiläumsweg durch das Hintere Fenster ist auch nur für geübte Wanderer geeignet. Man steigt auf der Schattenseite des Prisojnik/Prisank ab und erreicht auf den oft engen Felsvorsprüngen das Hintere Fenster **05**. Es ähnelt einer gotischen Kathedrale, der Boden ist lange in den Sommer hinein mit Schnee bedeckt. Auf der Südseite steigt man mit Hilfe von Stahlbolzen und Seilen zur Škrbina-Scharte **06** (1989 m) ab. Kurz nach der Scharte erreicht man eine Wegkreuzung. Vom Gipfel bis hier braucht man mit der nötigen Vorsicht zwei Stunden. Nach rechts biegt der weitere Weg zum Vršič ab, der Weg geradeaus führt zur Pogačnikov-Hütte. Ab hier hat man die technisch schwierigen Stellen hinter sich und geht auf dem Weg zurück zum Vršič. Zuerst erreicht man die Poštarski-Hütte **07**, von dort geht es auf einem Fußweg zur Erjavčeva-Hütte (1525 m). Von der Škrbina Scharte bis zum Vršič sind es noch fast drei Stunden zu gehen. Dann ist die anstrengende Tagestour geschafft.

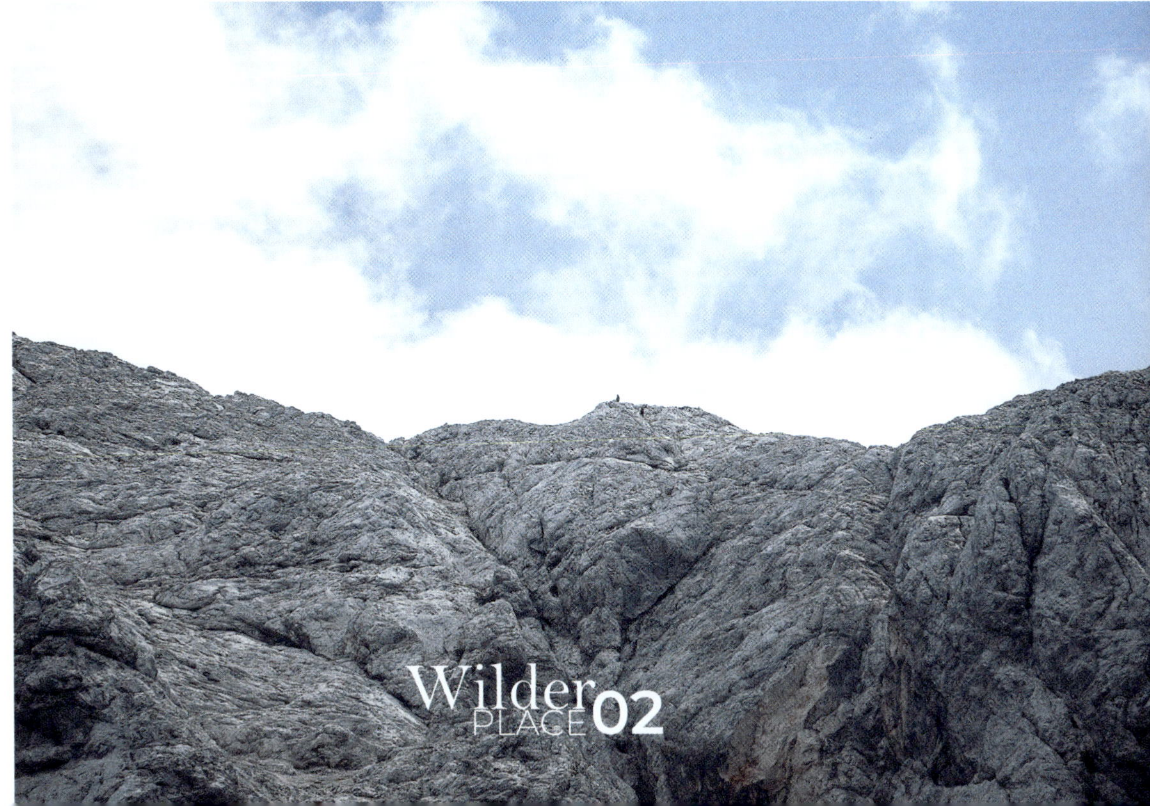

3. Bovški Gamsovec

IM REICH DER STEINBÖCKE

In etwas Entfernung die massive Nordwand des Triglav, ganz nah die Steinböcke, Gämsen und Murmeltiere – was will man mehr von einer hochalpinen Tour?

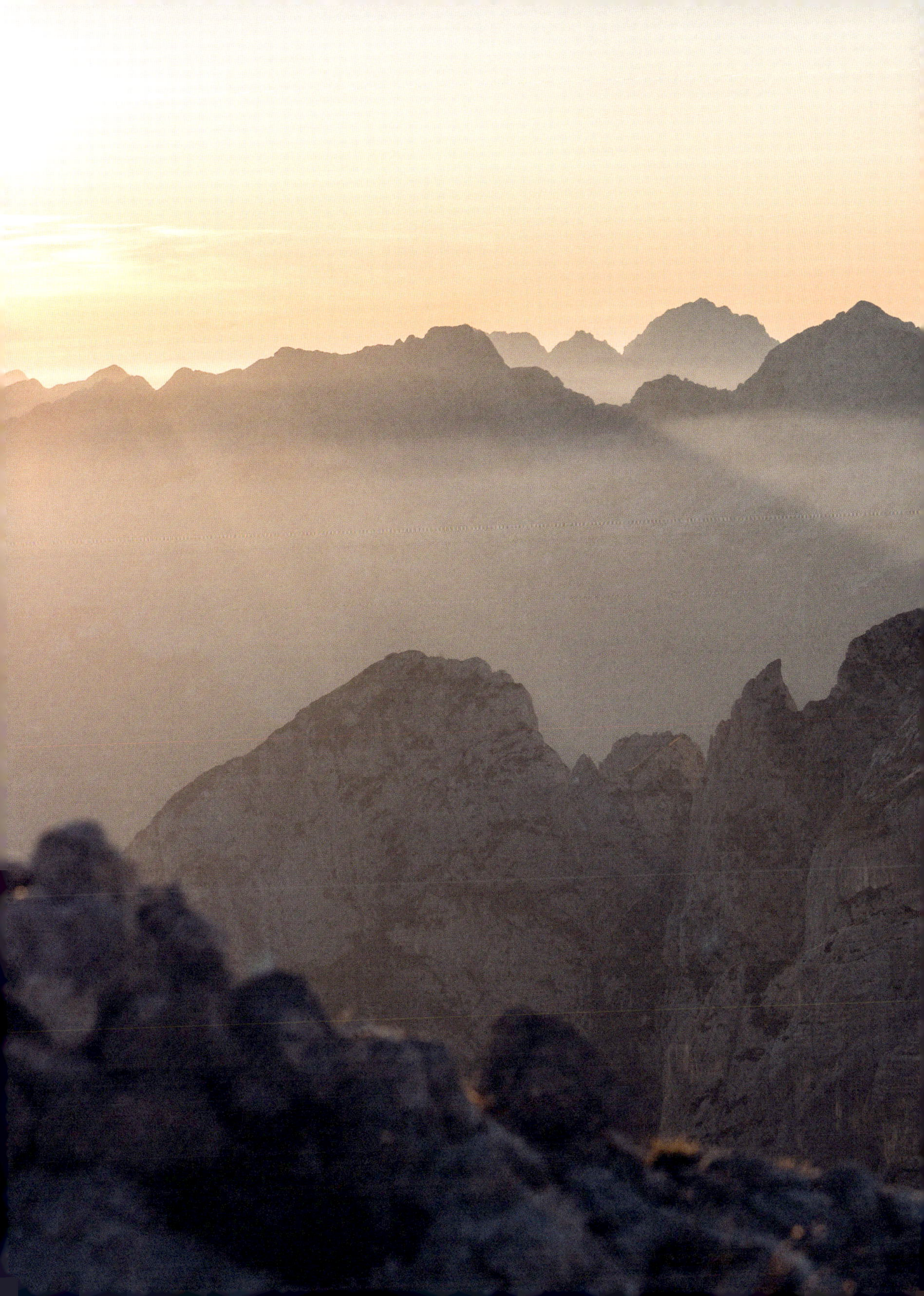

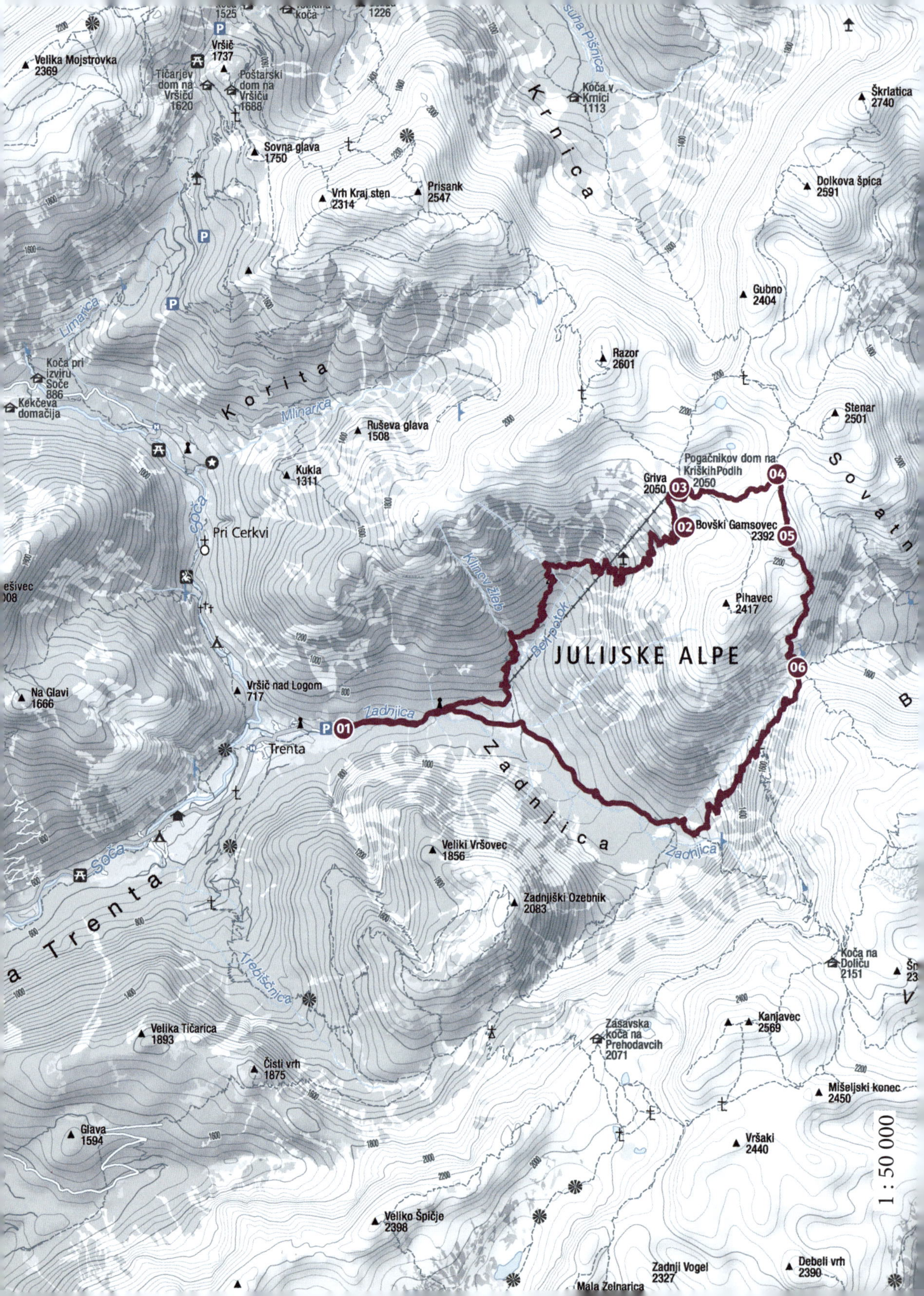

Velika Mojstrovka
2369
Vršič
1737
Tičarjev dom na Vršiču
1620
Poštarski dom na Vršiču
1688
Sovna glava
1750
Vrh Kraj sten
2314
Prisank
2547
Krnica
Koča v Krnici
1113
suha Pišnica
Škrlatica
2740
Dolkova špica
2591
Gubno
2404
Razor
2601
Stenar
2501
Limarica
Koča pri izviru Soče
886
Kekčeva domačija
Korita
Mlinarica
Ruševa glava
1508
Kukla
1311
Soča
Pri Cerkvi
Griva
2050
Pogačnikov dom na Kriških Podih
2050
Bovški Gamsovec
2392
Sovatna
Pihavec
2417
Klinci žleb
Bet potok
JULIJSKE ALPE
Na Glavi
1666
Vršič nad Logom
717
Zadnjica
Trenta
Veliki Vršovec
1856
Zadnjiški Ozebnik
2083
Trenta
Trebiščnica
Koča na Doliču
2151
Velika Tičarica
1893
Zasavska koča na Prehodavcih
2071
Kanjavec
2569
Čisti vrh
1875
Mišeljski konec
2450
Glava
1594
Vršaki
2440
1 : 50 000
Veliko Špičje
2398
Zadnji Vogel
2327
Debeli vrh
2390
Mala Zelnarica
01
02
03
04
05
06

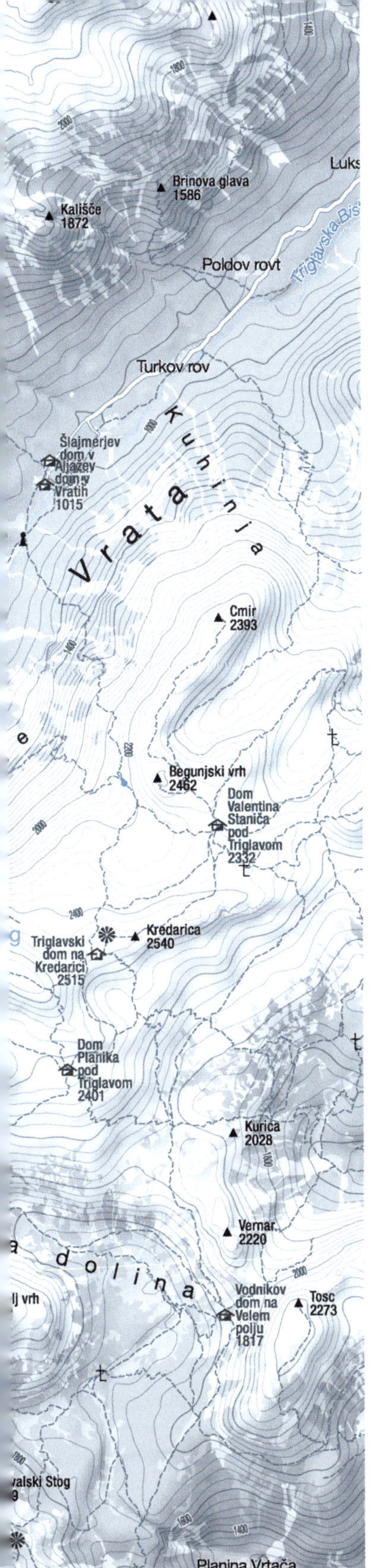

Umkämpfter Berg

UND GANZ VIEL NATUR

2392 Meter ist der Bovški Gamsovec hoch, doch von der verhältnismäßig geringen Höhe darf man sich nicht täuschen lassen: Er ist ein anspruchsvoller Berg, dessen Bezwingung alpine Erfahrung voraussetzt und mühsam ist. Er belohnt aber auch mit herrlichen Ausblicken und umwerfender Kulisse.

Wie in der gesamten Region hat der Erste Weltkrieg auch am Bovški Gamsovec seine Spuren hinterlassen, die heute beliebten Wanderwege und Steige verdanken wir einem erbitterten Stellungskrieg zwischen den österreichisch-ungarischen Streitkräften und den italienischen Truppen. Wo einst Soldaten unter wiedrigen Bedingungen kämpften und nur allzu oft nicht durch eine Kugel sondern in einer Lawine oder durch Erfrierung starben, müssen wir heute nur unseren eigenen Willen bekämpfen, um den Gipfel zu erreichen. Das historische Erbe wandert trotzdem leise mit und schleicht sich manchmal in die Gedanken – ein massiver Kontrast zur imposanten Umgebung und der beeindruckenden Natur.

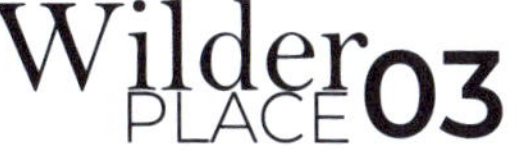

Bovški Gamsovec

Sehr lange und extrem anspruchsvolle Tour, die Kondition, Trittsicherheit und Schwindelfreiheit erfordert. Kurze seilgesicherte Stellen (Klettersteigset empfehlenswert). Alpine Erfahrung dringend vorausgesetzt.

Dauer ca. 7:30 h I Distanz: 20 km I Höhenmeter: 1660

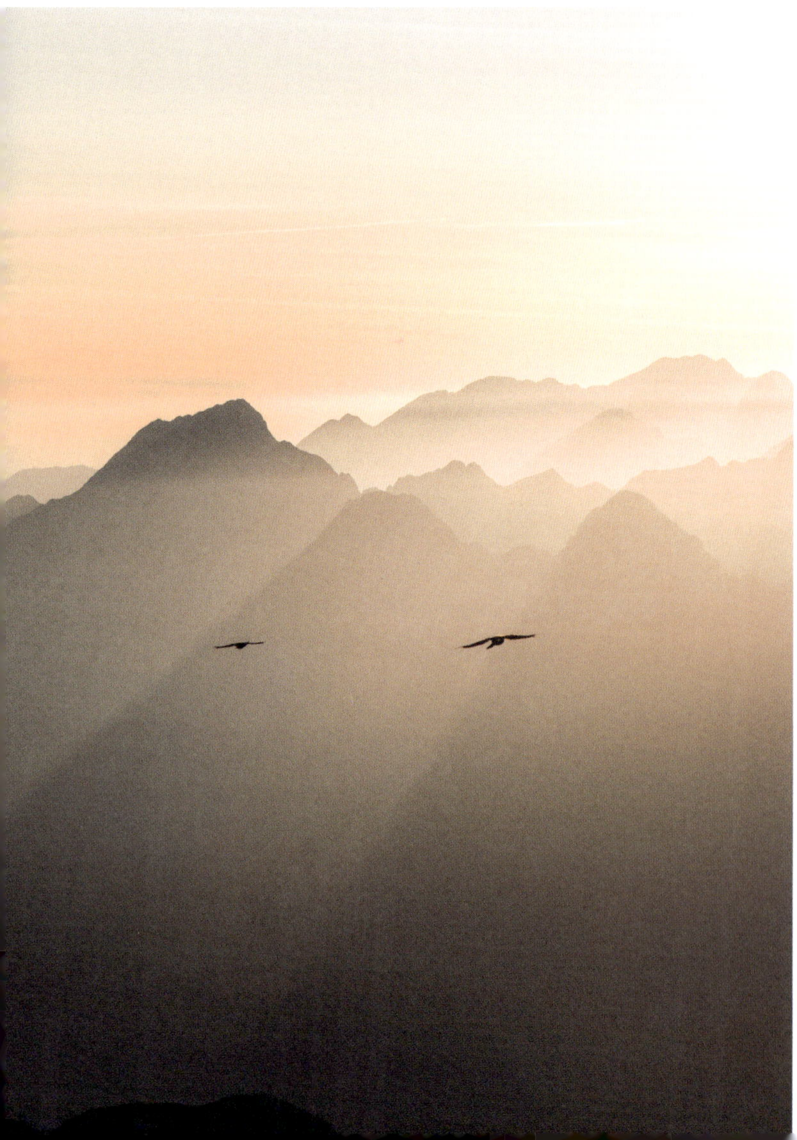

▶ Gleich beim Parkplatz im Zadnjica-Tal **01** befindet sich der Wegweiser „Pogačnikov dom 4 h". Wir betreten einen Militärweg aus dem Ersten Weltkrieg, den die k. u. k. Armee gebaut hat. Der Weg hat viele Kehren, keine steilen Abschnitte und ist meistens breit genug, sodass wir den Blick auf die umliegenden Berge genießen können. An manchen Stellen ist der Weg beschädigt, aber das stellt für uns kein Problem dar. Es gibt auch zwei Wasserquellen auf dem Weg zur Hütte. Oberhalb von 1200 Meter weicht der Wald dem Gebüsch und unser Ausblick wird immer großartiger. Der Bach verschwindet unter den Felsen. Nach dreistündiger Gehzeit kommen wir zum „Unteren See" Kriško jezero **02**. Diese Perle der Südlichen Kalkalpen – einer von drei Hochgebirgsseen in dieser Gegend – ist eine Pause wert. Der

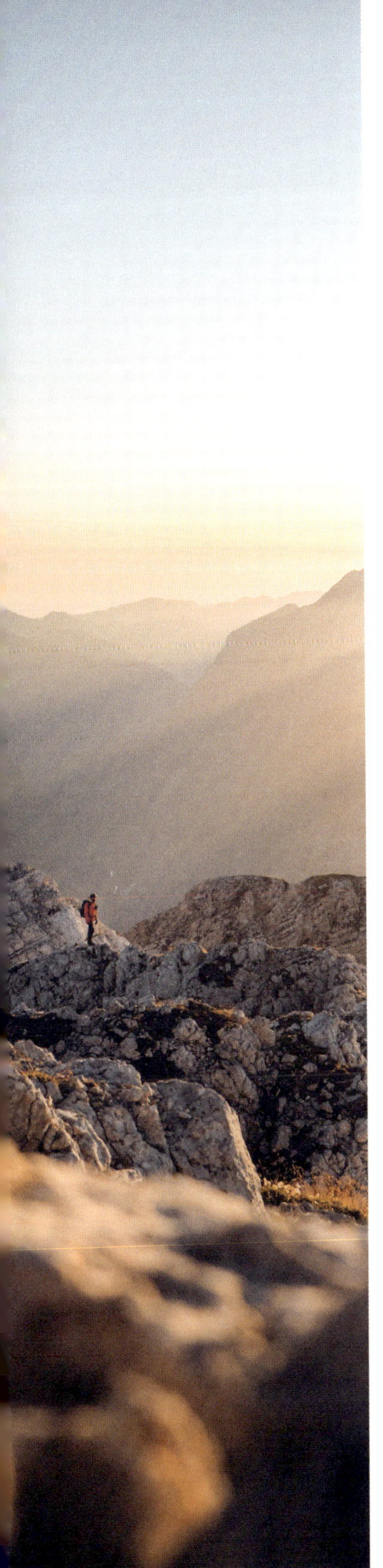

Zugang zu diesem See ist leicht, die beiden anderen befinden sich tief in einer Mulde, der „Obere See" ist bis lange in den Sommer hinein mit Schnee bedeckt. Das Entstehen dieser Seen ist eine geologische Besonderheit, da sich wasserundurchlässige Schichten in den Kalkalpen nur selten so ausrichten, dass sich Seen bilden können. Nach vier Stunden erreichen wir die Pogačnikov-Hütte **03** (2050 m). Rundherum stehen zahlreiche imposante Gipfel Wache.

Anschließend geht es weiter Richtung Dovška Vrata (2176 m). Der Weg führt durch Karstgelände, zwischendurch ist immer wieder einmal leichte Kletterei gefordert. An der Dovška Vrata **04** könnte man nun weiter auf den Stenar wandern.

Wir biegen jedoch rechts hinauf in Richtung Bovški Gamsovec. Der Steig verläuft erst auf einem grasigen Rücken, dann führt der Weg nach rechts in die steile Westwand des Bovški Gamsovec. Rasch sind die ersten Sicherungen erreicht. An Stahlseilen geht man bis zu einer ungesicherten Rinne, die durch viele Stahlstifte gangbar gemacht wurde. Kurz vor dem Ausstieg des Steigs wartet ein enger Kamin mit vielen Trittstiften (Stahlseile gibt es hier nicht mehr) darauf, bezwungen zu werden **05**. Man errreicht den Grat und folgt diesem bis zu einem Stahlseil, das links nach unten führt.

Die Ostflanke des Gipfels ist nur noch kurz mit Sicherungen versehen und der Steig wird zu einem schmalen Pfad, der in langen steilen Schleifen durch grasig-felsiges Gelände führt. So steigt man ungesichert zur Luknja-Scharte **06** ab. Von hier aus grüßt die gigantische Nordwand des Triglavs. Nun geht es nach rechts über einen komfortablen Pfad ins Zadnjica-Tal hinab. Ist die Talsohle erreicht, führt eine Schotterstraße nach rechts talauswärts zurück zum Parkplatz **01**.

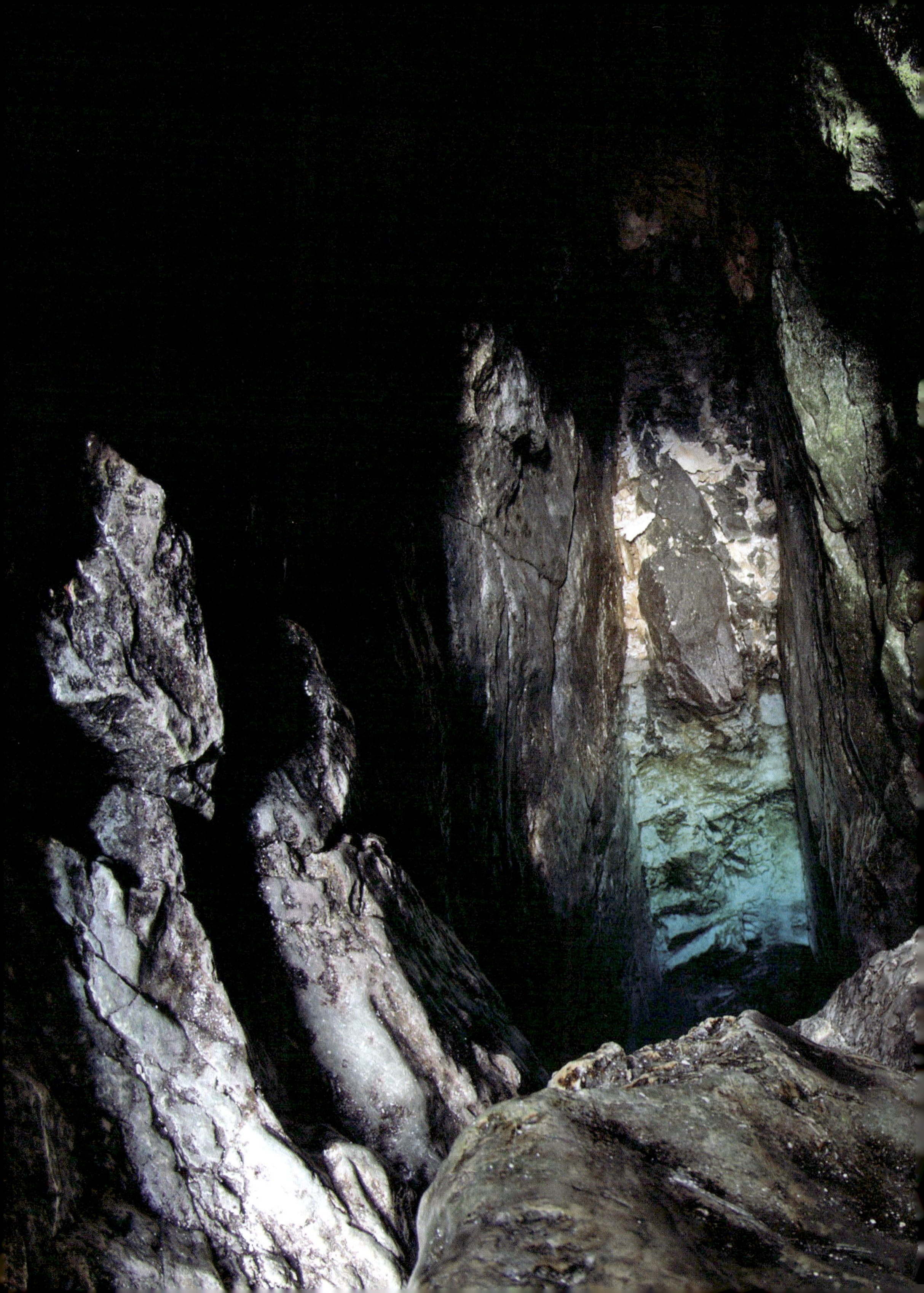

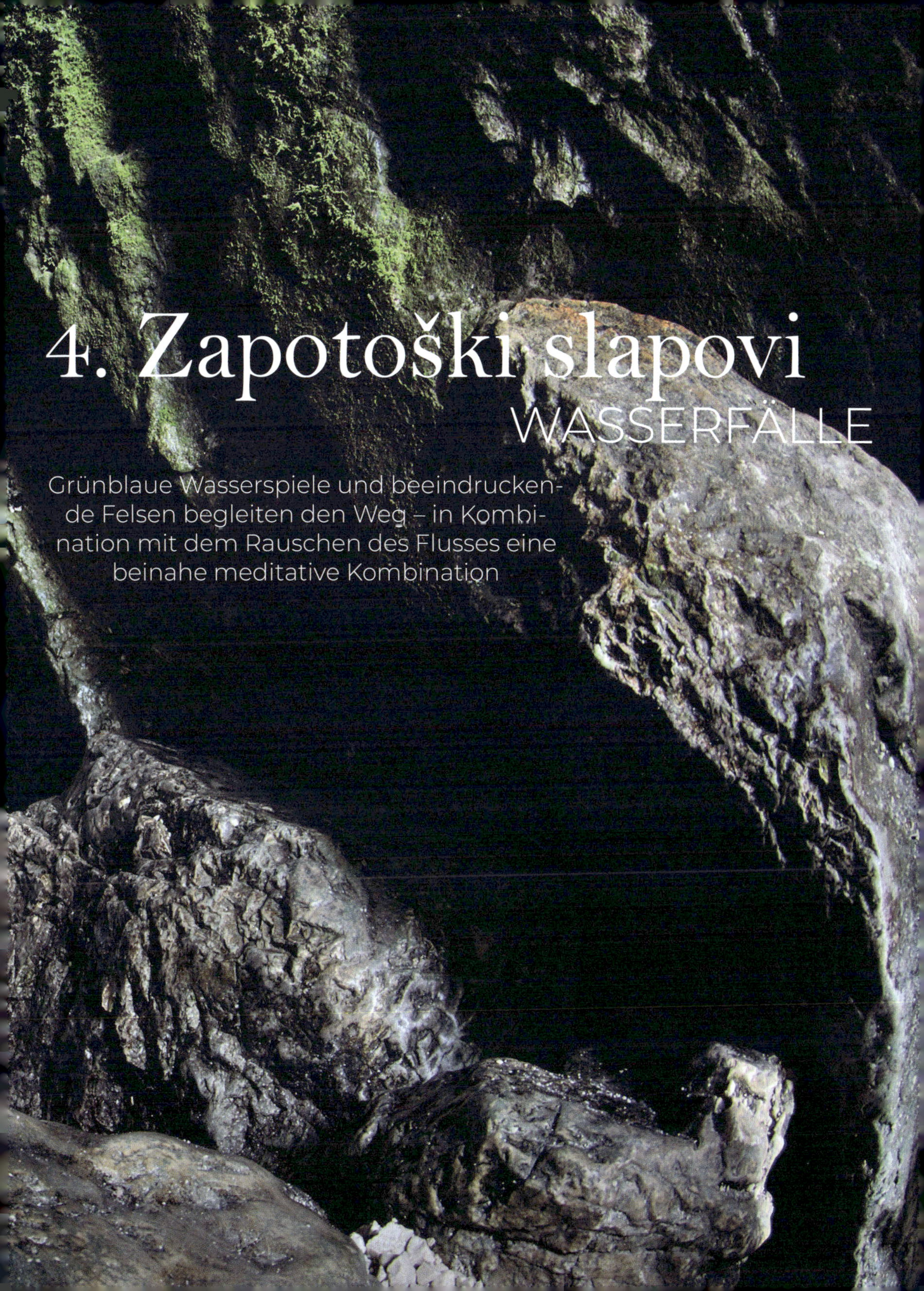

4. Zapotoški slapovi

WASSERFÄLLE

Grünblaue Wasserspiele und beeindruckende Felsen begleiten den Weg – in Kombination mit dem Rauschen des Flusses eine beinahe meditative Kombination

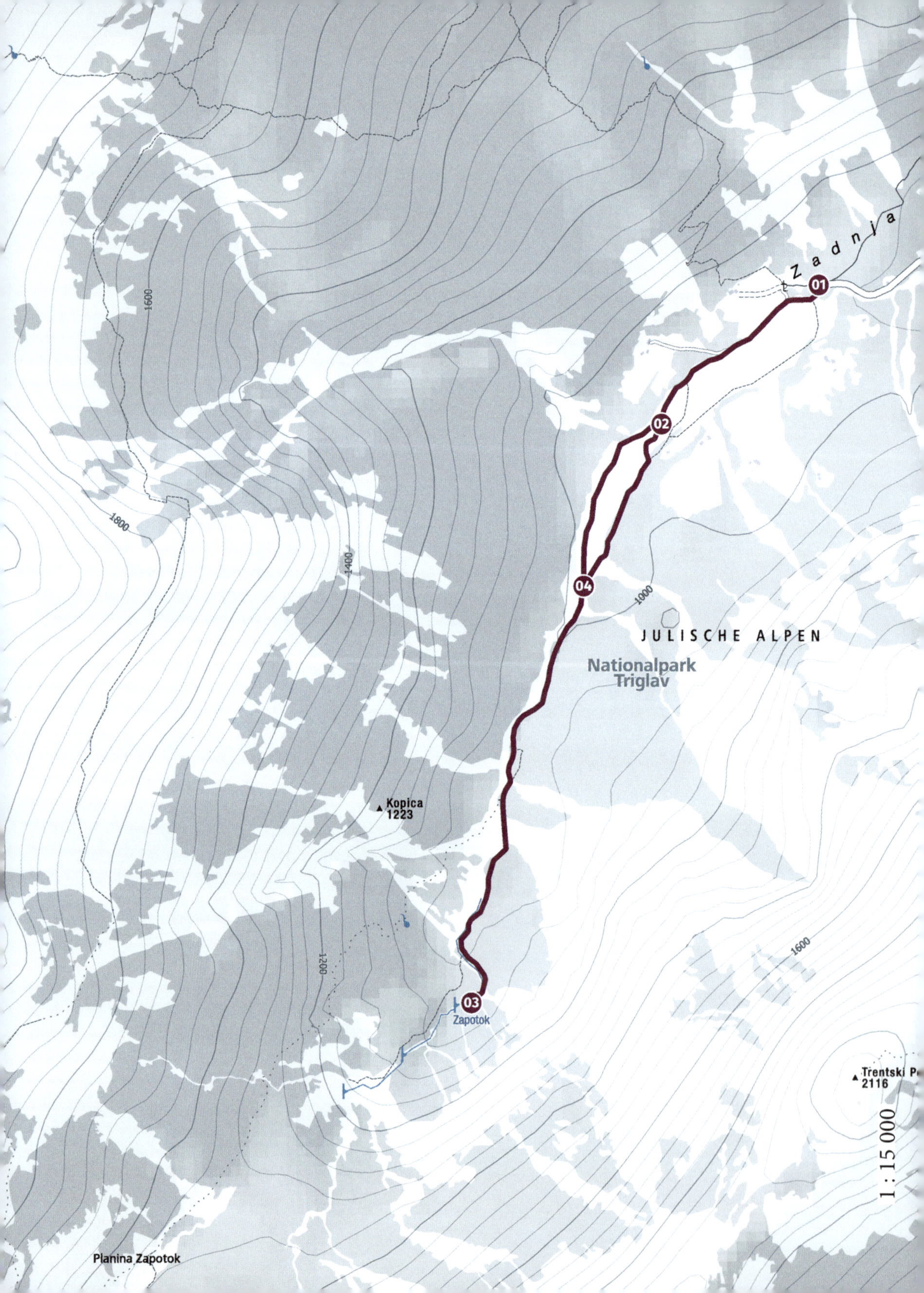
Zadnja
01
02
04
03
Zapotok
1600
1800
1400
1000
1200
1600
JULISCHE ALPEN
Nationalpark
Triglav
Kopica
1223
Trentski P
2116
1 : 15 000
Planina Zapotok

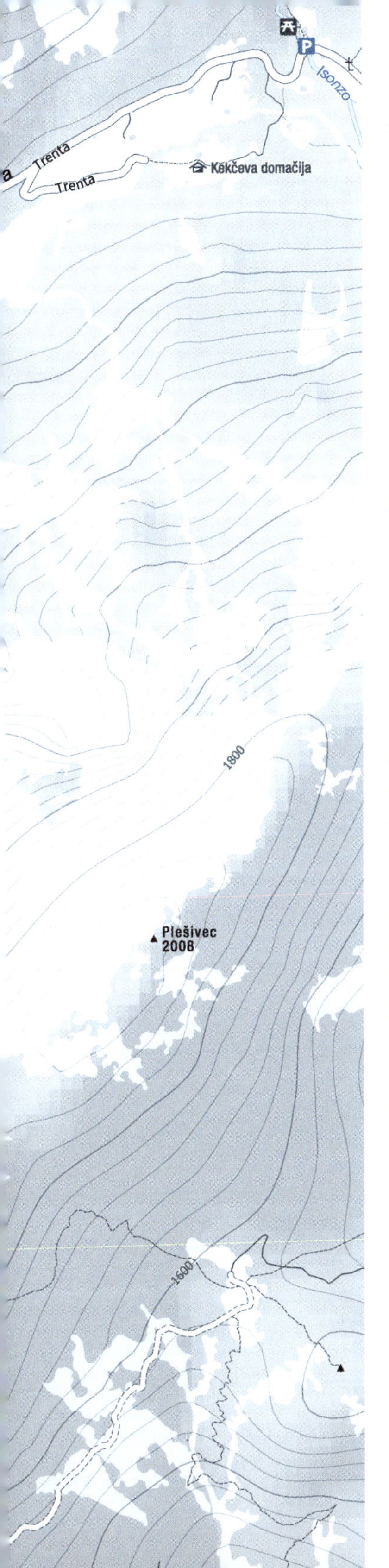

Naturschauspiel

IM JAHRESZYKLUS

Regenfälle sind jene Naturkraft, die ganz maßgeblich das Erscheinungsbild der Zapotok-Wasserfälle prägen: Führt der Bach normalerweise im Sommer eher wenig Wasser, können sie ihn rasch in ein reißendes Gewässer verwandeln.

Auf der Alm Zapotok in einer Höhe von 1385 Metern entspringt der Suhi potok, in seinem Verlauf schafft er mehrere wunderschöne Wasserfälle. Während man zu Beginn der Tour noch einem meist trockengefallenen Bachbett folgt, wird der kleine Fluss schon bald ein abwechslungsreicher Begleiter – jede seiner Kaskaden hat ihre Besonderheiten und will erkundet werden. Naturgemäß führt der Suhi potok im Frühjahr am meisten Wasser, die Erkundung seines Verlaufs kann dann durchaus zur Herausforderung werden und man wird froh sein, gutes Schuhwerk gewählt zu haben. Das Schöne daran: Jedem steht es frei, den Bachverlauf so weit zu erkunden, wie es die eigenen Fähigkeiten zulassen. Lohnenswert ist es in jedem Fall.

Zapotoški slapovi

Ein mittelschwerer Aufstieg zu einer versteckten Perle der Natur. Am Ende des Tales genießt man eine Ruhe, die nur vom Rauschen des Wassers begleitet wird.

Dauer ca. 4:00 h I Distanz: 9 km I Höhenmeter: 750

▶ Vom Parkplatz **01** aus folgen wir dem breiten Bachbett. Kurz nach der Abzweigung zum Špiček und zum Jalovec überqueren wir ein meist trockenes Bachbett und steigen auf der linken Seite weiter. Bis zur Abzweigung zum Bavški Grintovec gibt es die üblichen runden Markierungen.

Nach der Abzweigung **02** gehen wir entlang des Baches weiter. In diesem Abschnitt beginnt das Wasser wieder zu fließen. Hilfreich sind uns dann die Wegweiser zu den Zapotoški slapovi. Die ersten 30 Minuten sind einfach, dann rücken die beiden Hänge zusammen und wir finden kaum Platz, um entlang des Wassers zu gehen. Wenn wir das Rauschen des Wasserfalls schon ganz deutlich hören, beginnen die Schwierigkeiten. Wir können entweder von Stein zu Stein springen, oder wir müssen barfuß im Wasser weitergehen. Um eine Kehre des Wassers zu umgehen, können wir über die Scharte auf den Gegenhang klettern. Von dort sind es nur noch 100 Meter, bis wir den etwas versteckten Wasserfall **03** entdecken. Uns erwartet ein bis zu 73 Meter hoher Wasserfall, der uns ins Staunen versetzt. Da dieser eher schwer zugänglich ist, können alternativ auch die anderen, von der Natur geschaffenen Wasserfälle besucht werden. So bietet etwa der 18 Meter hohe Wasserfall am Bach Suhi potok auch einen sehr schönen Anblick. Beim Rückweg machen wir einen Schlenker, indem wir uns bei der Abzweigung **04** links halten. Wenig später erreichen wir wieder das Bachbett und wandern zurück zum Parkplatz **01**.

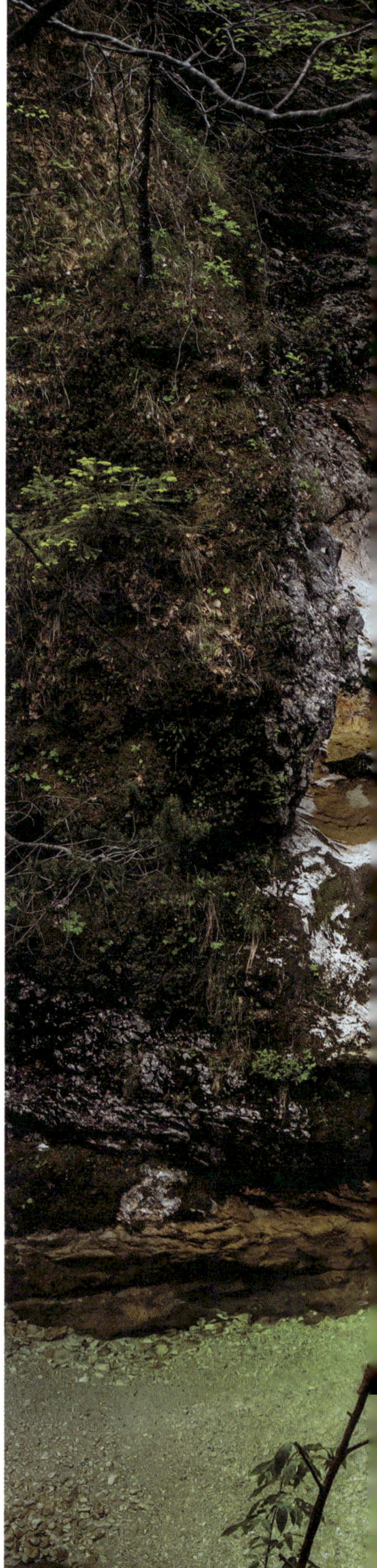

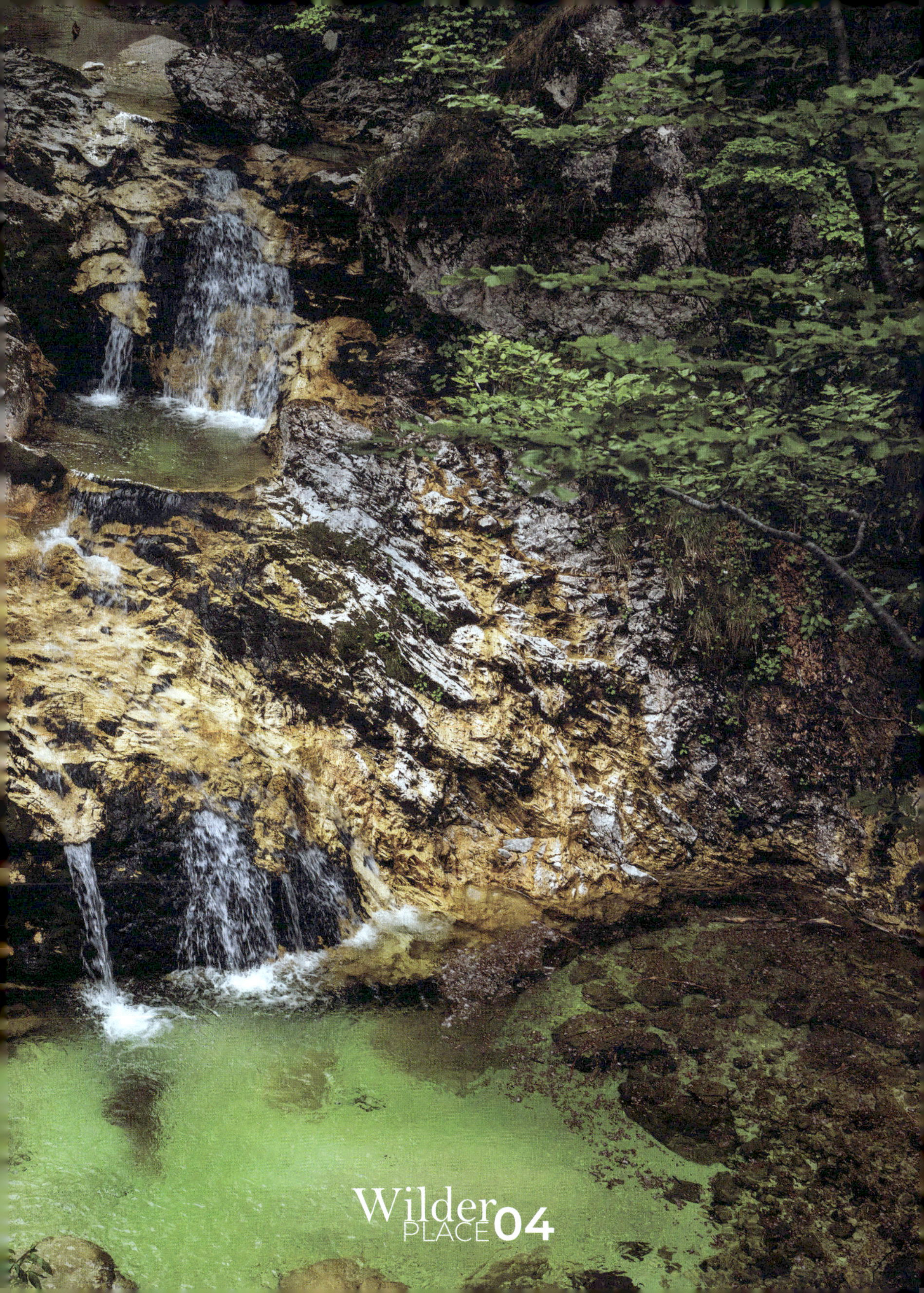
Wilder
PLACE 04

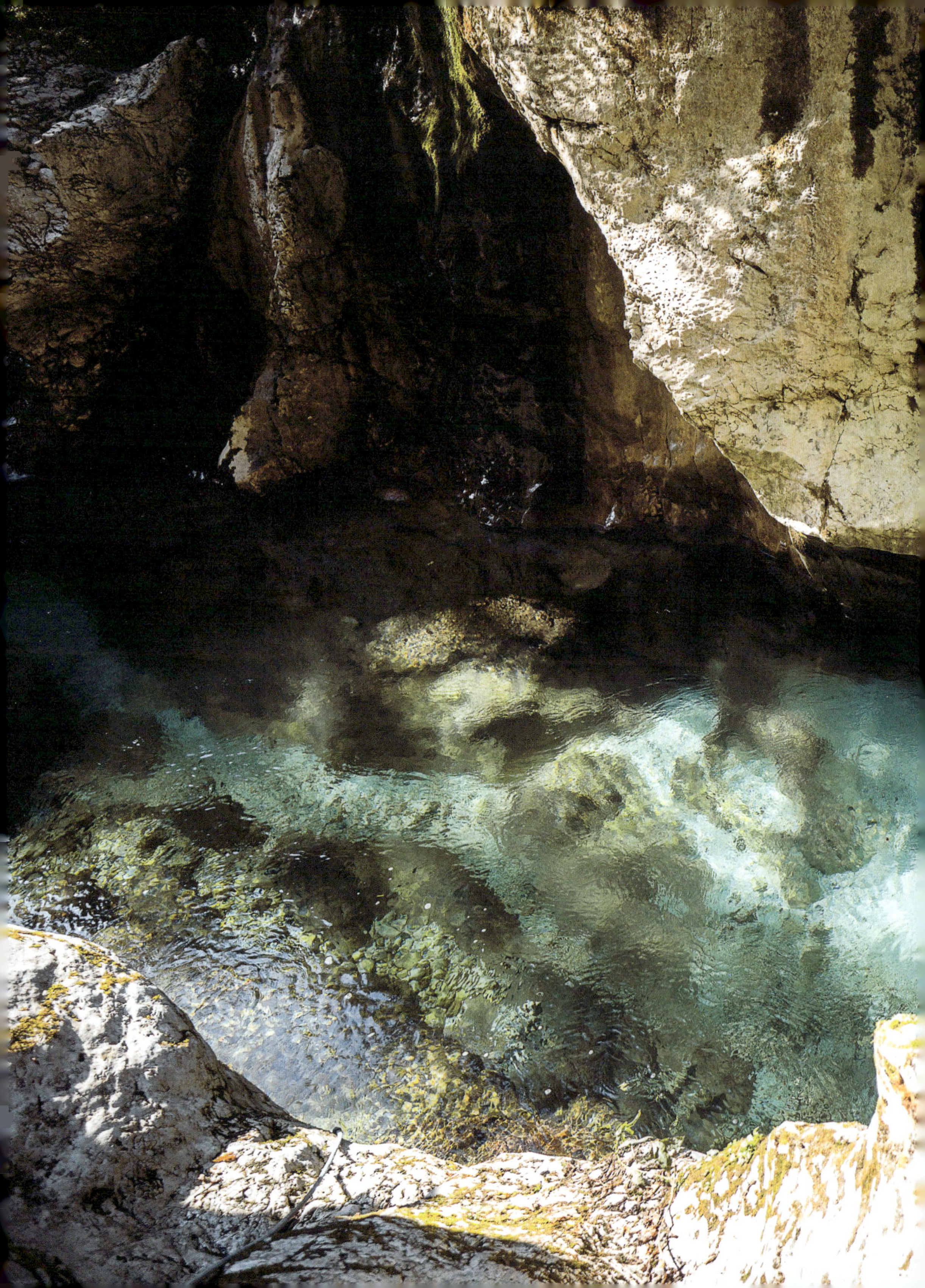

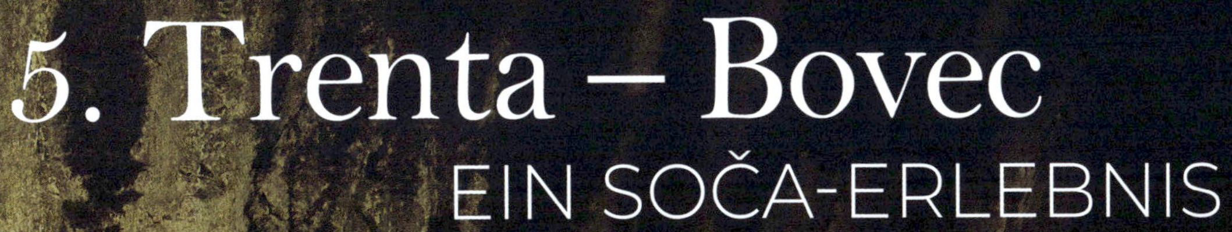

5. Trenta – Bovec

EIN SOČA-ERLEBNIS

Kristallklares Wasser und herrliche Kühle machen diese Tour ideal für die Sommermonate – Badesachen nicht vergessen!

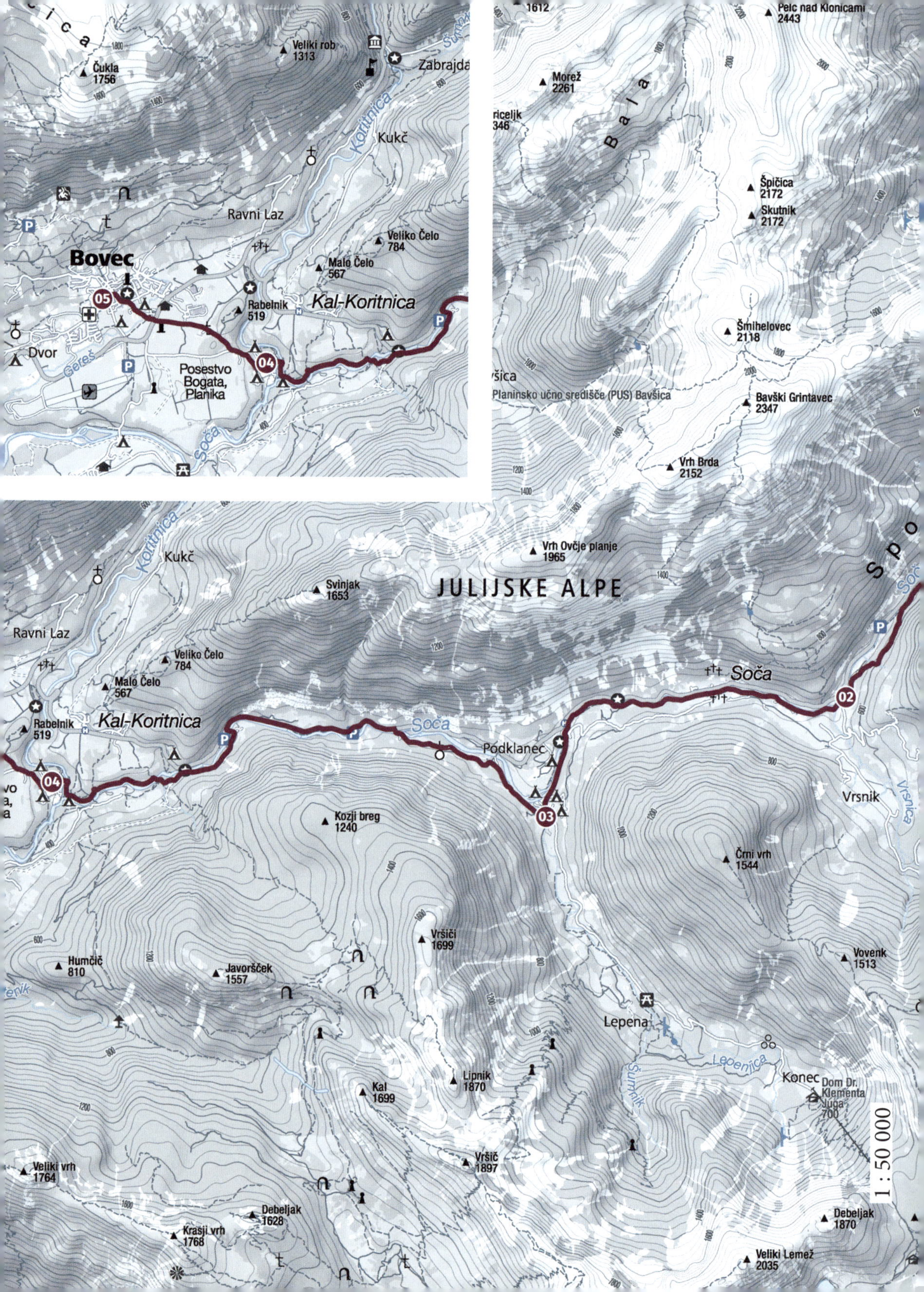

Čukla 1756
Veliki rob 1313
Zabrajda
Koritnica
Kukč
Ravni Laz
Veliko Čelo 784
Malo Čelo 567
Bovec
05
Rabelnik 519
Kal-Koritnica
Dvor
Gereš
04
Posestvo Bogata, Planika
Soča
1612
Pelc nad Klonicami 2443
Morež 2261
Bala
Špičica 2172
Skutnik 2172
Šmihelovec 2118
Planinsko učno središče (PUS) Bavšica
Bavški Grintavec 2347
Vrh Brda 2152
Vrh Ovčje planje 1965
JULIJSKE ALPE
Svinjak 1653
Soča
02
Podklanec
03
Vrsnik
Vrsnica
Kozji breg 1240
Črni vrh 1544
Vršiči 1699
Humčič 810
Javoršček 1557
Vovenk 1513
Lepena
Lepenjica
Konec
Dom Dr. Klementa Juga 700
Šumnik
Lipnik 1870
Kal 1699
Vršič 1897
Veliki vrh 1764
Debeljak 1628
Krasji vrh 1768
Debeljak 1870
Veliki Lemež 2035
1 : 50 000

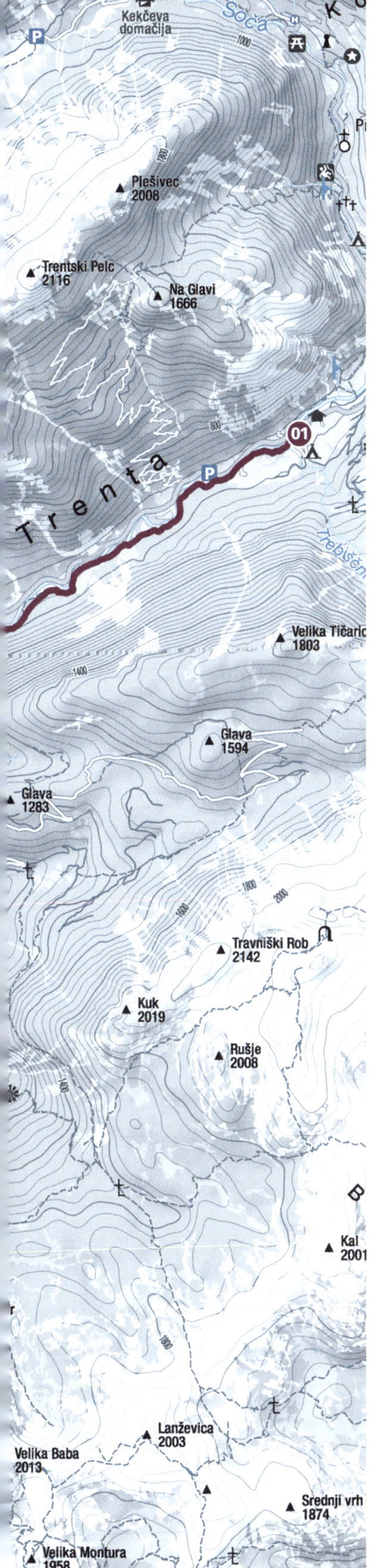

Natürliche
SCHLUCHTENKÜHLUNG

Wenn die Hitze im Sommer nicht mehr zu ertragen ist, dann bietet sich diese kühle Wanderung entlang der wunderschönen Soča an. Ein Sprung ins beinahe kitschig schöne Wasser des Flusses ist zwar instagramtauglich, lässt sich aber besser in vollen Zügen und ganz im Moment genießen.

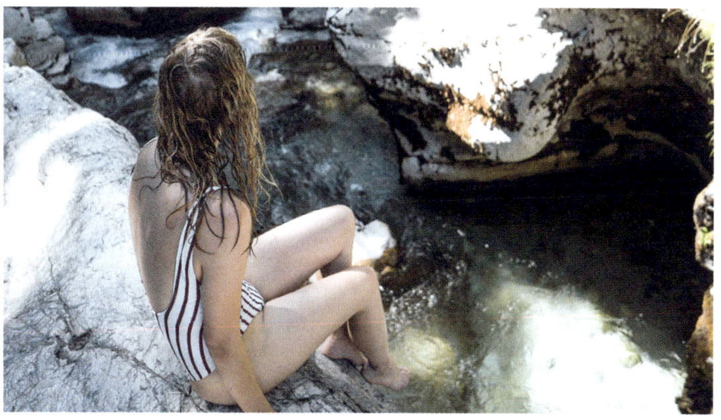

Das Soča-Tal im Nordwesten von Slowenien ist eines der schönsten Täler der Julischen Alpen. Der namensgebende Fluss Soča (deutsche Bezeichnung: Issnitz) entspringt unterhalb des Travnik (2378 m) in der Nähe von Trenta und schlängelt sich zur slowenisch-italienischen Grenze bei Nova Gorica. Im Verlauf der hier vorgestellten Tour befindet man sich großteils im Nationalpark Triglav.

Während das Soča-Tal im Ersten Weltkrieg ein heißumkämpftes Gebiet war, fasziniert der Fluss heute vor allem mit seiner smaragdgrünen Farbe und Sauberkeit: Beweis dafür ist das Vorkommen der größten Forellenart der Welt (Salmo marmoratus), die eine Länge von 120 cm erreichen kann. Aber keine Sorge: Die Forellen sind nicht angriffslustig, einem Sprung ins kühle Nass steht nichts im Weg!

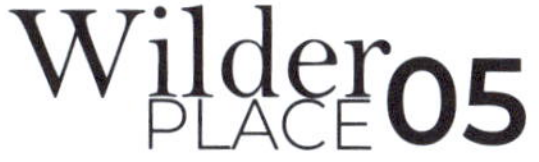

Trenta – Bovec

Mittelschwere Flusswanderung auf meist wurzeligen Pfaden, nur wenige und kurze, ausgesetzte Stellen; an einer Weggabelung kann man zwischen einem schwierigen (steiler und felsig) und einem leichten Weg wählen; nur ganz kurze Asphaltpassagen.

Dauer ca. 6:00 h I Distanz: 20,1 km I Höhenmeter: 650

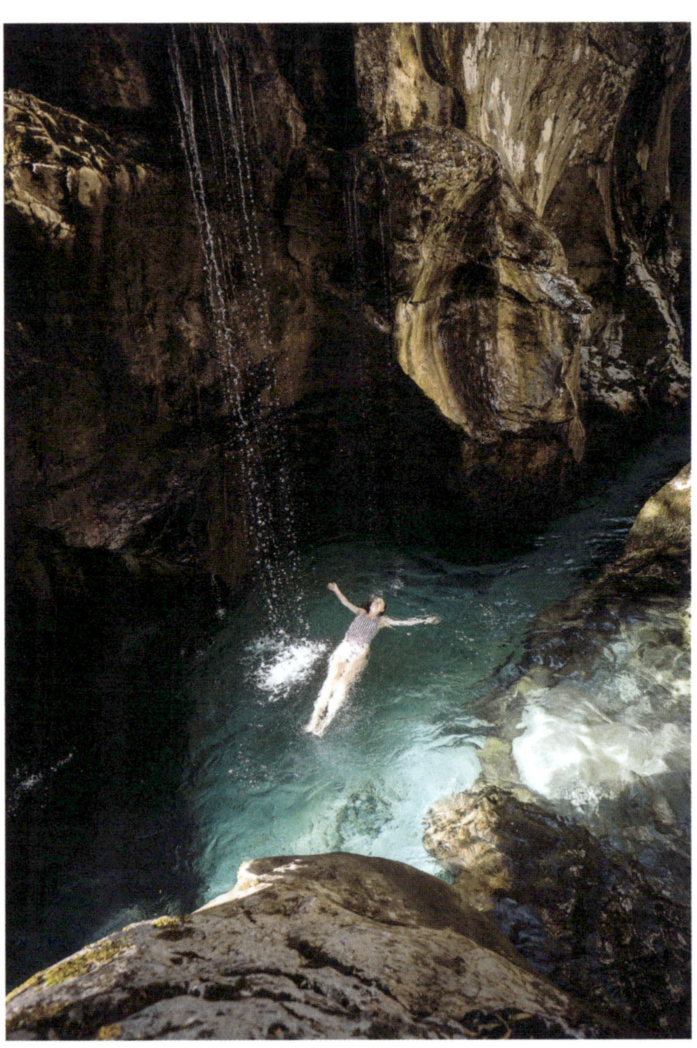

▶ Startpunkt der Wanderung ist beim Campingplatz in Trenta/Kamp Triglav **01**, von wo man der Soška-pot-Beschilderung folgt. Ein schmaler Fußweg führt über einen kleinen Steg direkt ans Ufer der Soča. Der wurzelige Pfad verläuft durch niedrigen Wald am Flussufer entlang, man passiert eine wackelig aussehende Brücke, geht aber am linken Ufer weiter. Der Weg steigt dann über ein paar Stufen etwas an und fällt anschließend wieder auf Flussniveau ab, ein ständig leichtes Auf und Ab, an Hängebrücken und einer Tafel vorbei, die über einen Bergrutsch auf der anderen Soča-Seite informiert. Eine kurze, etwas ausgesetzte Stelle, ein paar Meter über dem Bachlauf, ist mit einem Drahtseil gesichert.

Man überquert schließlich die Soča und wandert ein Stück weit an der rechten Uferseite entlang. Nachdem man erneut

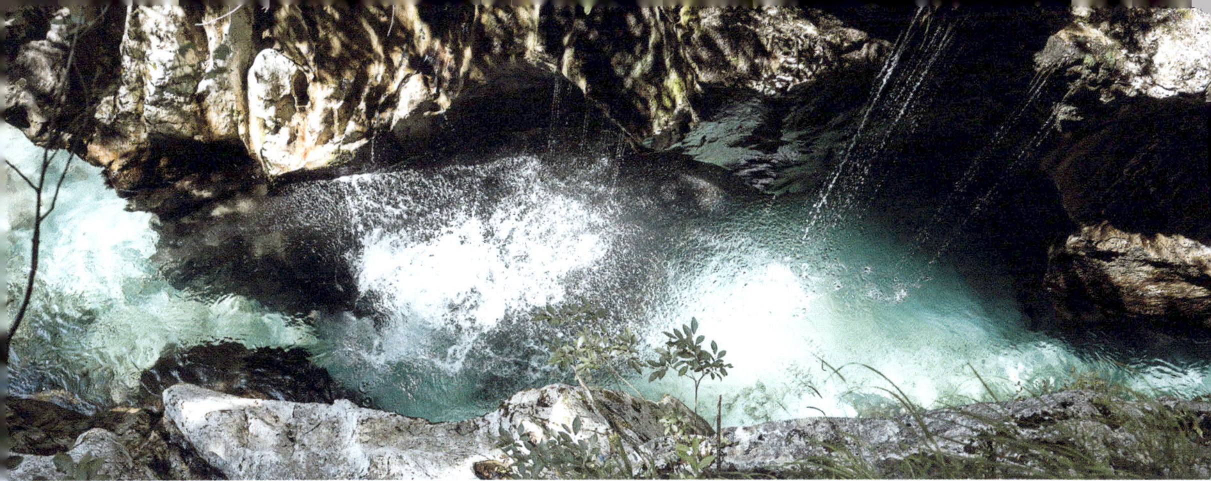

die Flussseite gewechselt hat, stößt man auf eine Wegverzweigung, rechts weiter verläuft der „easier way“, nach links ist ein „difficult way“ ausgeschildert, der aber nicht wirklich Probleme macht.

Man steigt auf dem schwierigeren Pfad recht steil über Fels- und Holzstufen am Hang hinauf, nach einer kurzen, flacheren Traverse geht es nochmals bergauf und nach einer Infotafel zum Thema „Flora und Fauna im Sočatal“ fällt der von eindrucksvollen Felswänden flankierte Weg wieder ab. In Kehren geht es den Waldhang hinab zu einem Campingplatz. Vorbei am Restaurant Kamp Korita und dem Kamp Jelinc **02** stößt man auf eine Asphaltstraße, biegt aber gleich wieder links auf einen Kiesweg ab. Hier hat man rechts einen herrlichen Blick in die enge Soča-Schlucht. Man wandert nahe am Flussufer entlang, auf wurzeligem und teilweise steinigem Pfad, kommt dann auf eine breitere Kiesstraße, die man aber vor einer Betonbrücke nach links verlässt, und geht weiter auf einem schmalen Pfad. Am anderen Ufer ist immer wieder die Autostraße zu erkennen, mehrere Gebäude und eine kleine Kirche.

Der wurzelig-steinige Pfad steigt wieder steiler in den Wald hinauf, dann führt er in Kehren bergab zu einem Asphaltsträßchen und einer Brücke. Hier bieten sich wieder fantastische Blicke in die Soča-Schlucht. Auf dem Sträßchen wandert man zum Kamp Klin **03**, biegt nach der Pension auf einer Brücke über einen Zufluss, und stößt wieder auf die Soča. Auf breitem Kiesfahrweg folgt man bei der Weggabelung dem Soška-pot-Schild, passiert eine Gedenkstätte für an der Soča gefallene Soldaten und wandert zunächst über eine Wiese, dann wieder im Wald am Flussufer entlang. Wenig später überquert man die Soča auf einer Hängebrücke und geht neben der Straße, streckenweise auf einem steinig-felsigen bzw. sandigen Pfad. Nachdem man wieder direkt bei einer Brücke auf die Straße trifft, überquert man die Soča erneut und folgt auf der anderen Seite einem breiten Kiesfahrweg nach rechts. Dieser verzweigt sich: Rechts kommt man zu einer Hängebrücke, die wieder tolle Tiefblicke erlaubt, und trifft wenig später wieder auf den Kiesweg. An der nächsten Weggabelung hält man sich rechts.

Leicht abwärts geht's erneut über den Fluss und wieder in den Wald hinein. Nach einem kurzen Anstieg erreicht man die nächste Hängebrücke, bleibt aber rechts und überquert erst nach einer deutlichen Rechtskehre die nächste

Hängebrücke, die hinüber zum Kamp Liza **04** führt. Man durchquert den Zeltplatz und biegt am Ende scharf rechts auf einem Asphaltsträßchen ab. Kamp Vodenca wird passiert, man gelangt auf eine Hochfläche, verlässt den Asphalt und schwenkt rechts auf einen Forstweg ein.

An einem alten Schlepplift vorbei führt der flache Kiesweg über eine Autostraße, vorbei an einer kleinen Kirche und dem Kamp Polovnik in einer Rechtskehre leicht ansteigend zu den Häusern hinauf. Man stößt auf Asphalt und folgt dem AAT-Schild Richtung Center Bovec **05** direkt zum Tourismusbüro.

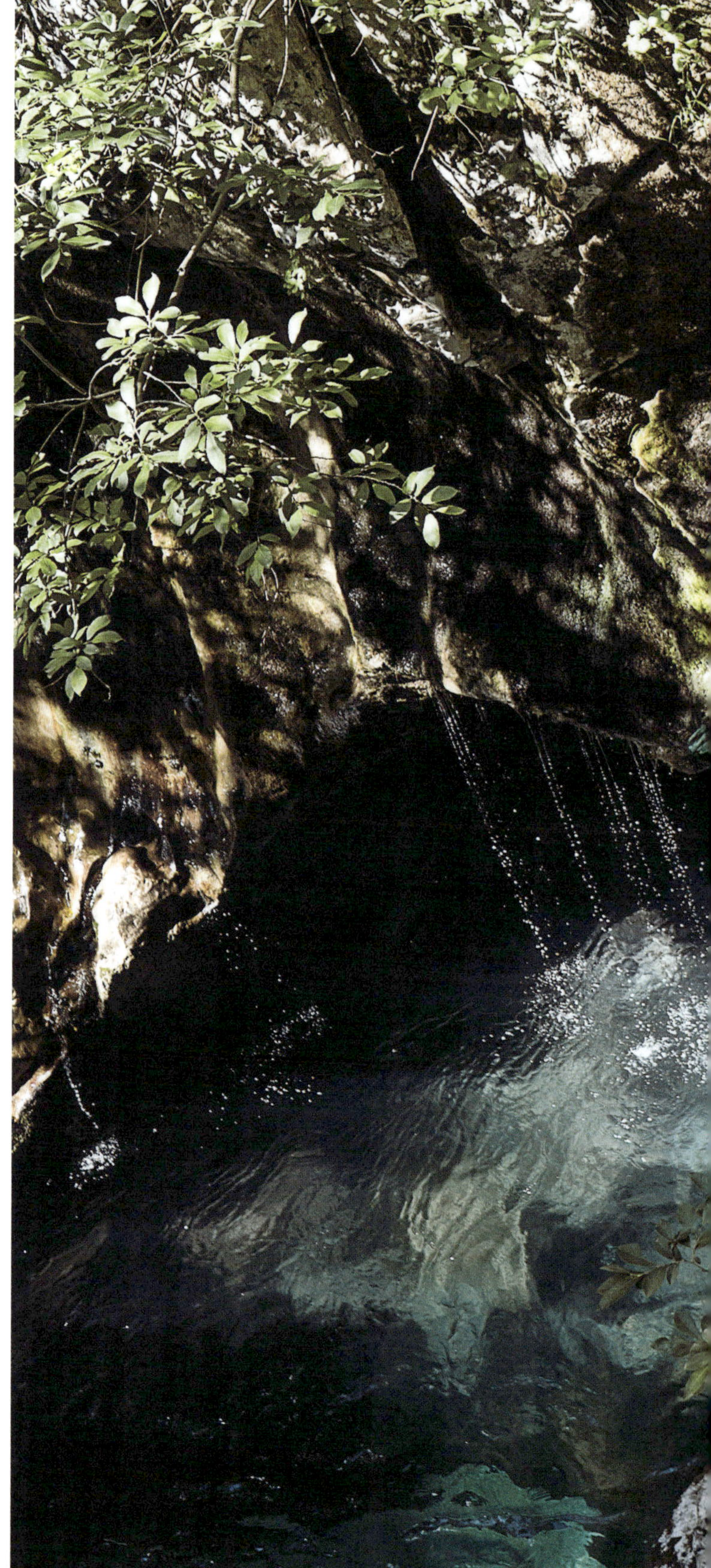

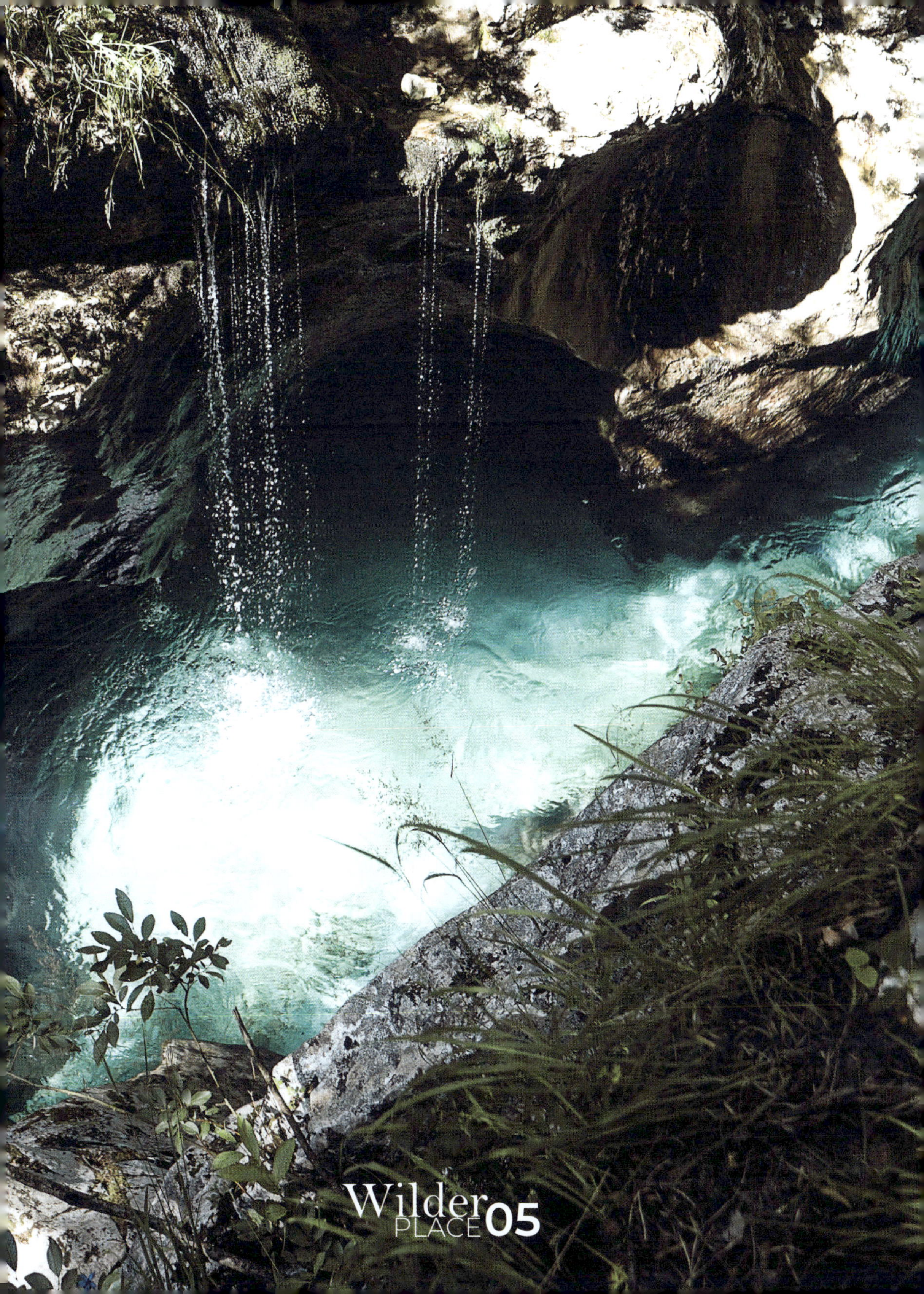
Wilder
PLACE 05

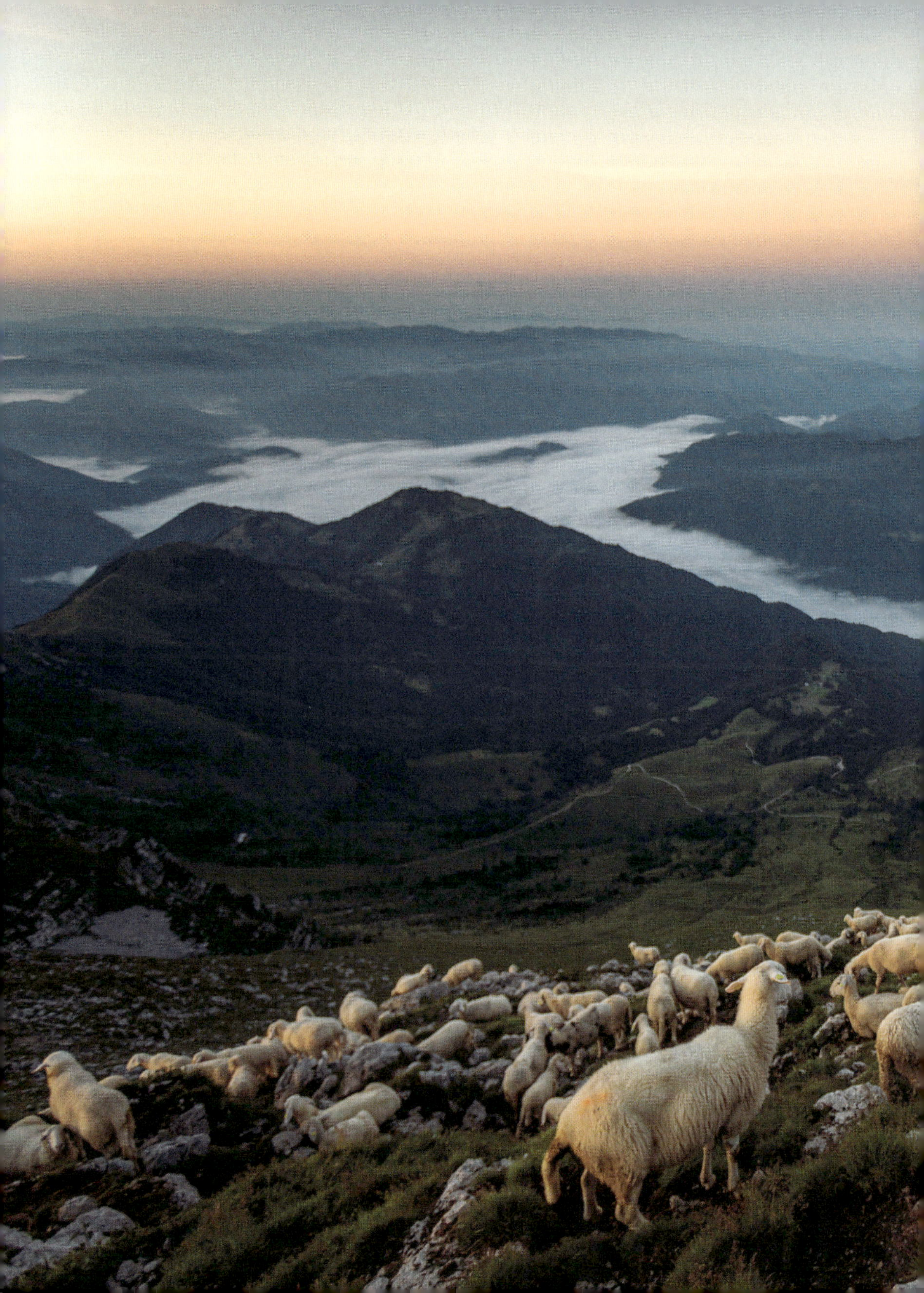

6. Krn

HEISS UMKÄMPFTER GIPFEL

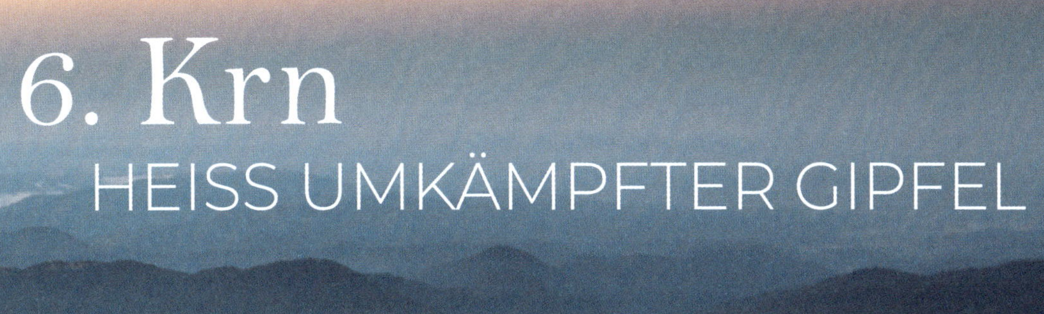

Im Ersten Weltkrieg Stützpunkt der italienischen Armee und Schauplatz furchtbarer Schlachten ist der Krn heute aufgrund der Kriegshandlungen etwas niedriger als einst und trotzdem ein wunderbarer Aussichtsberg.

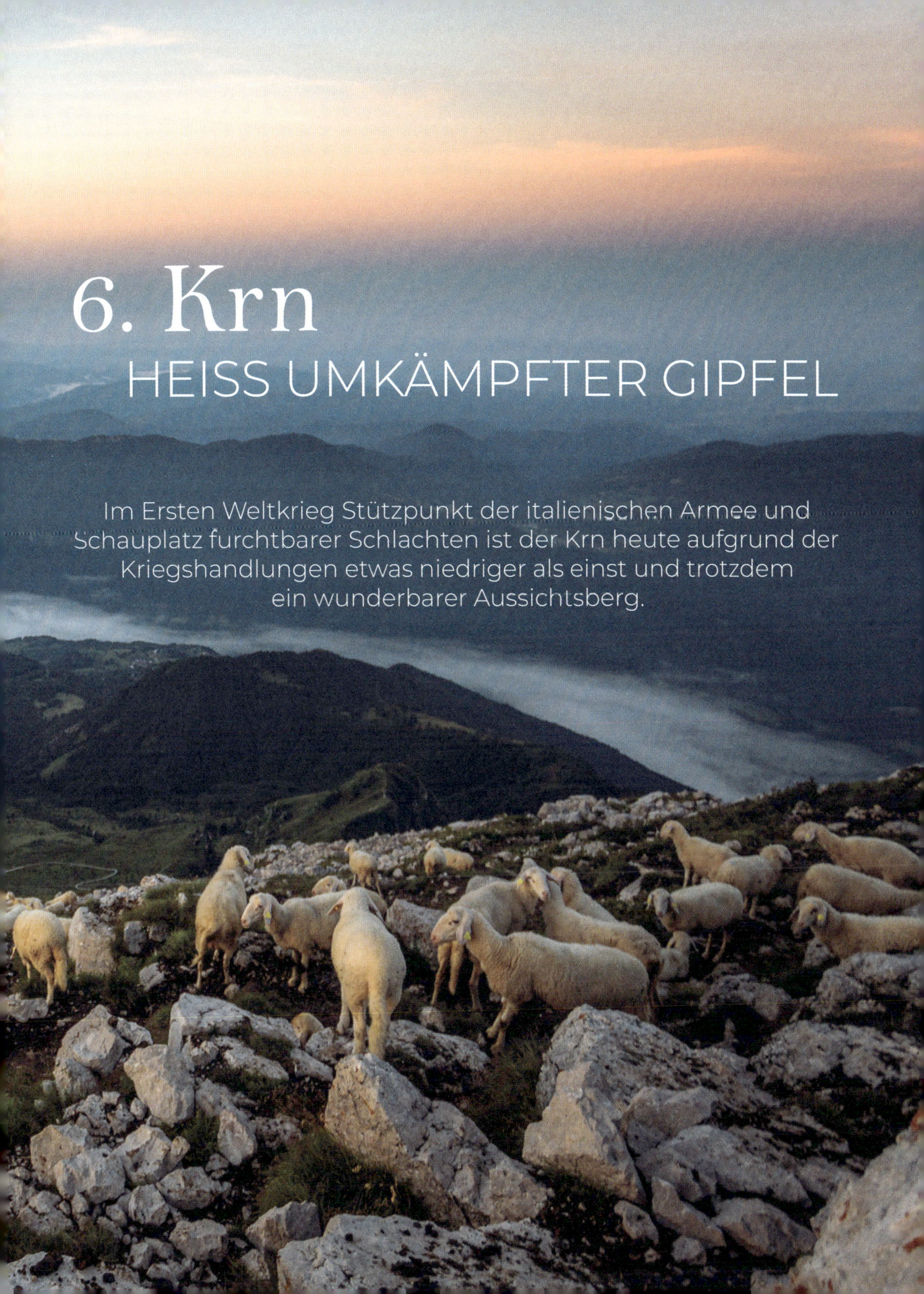

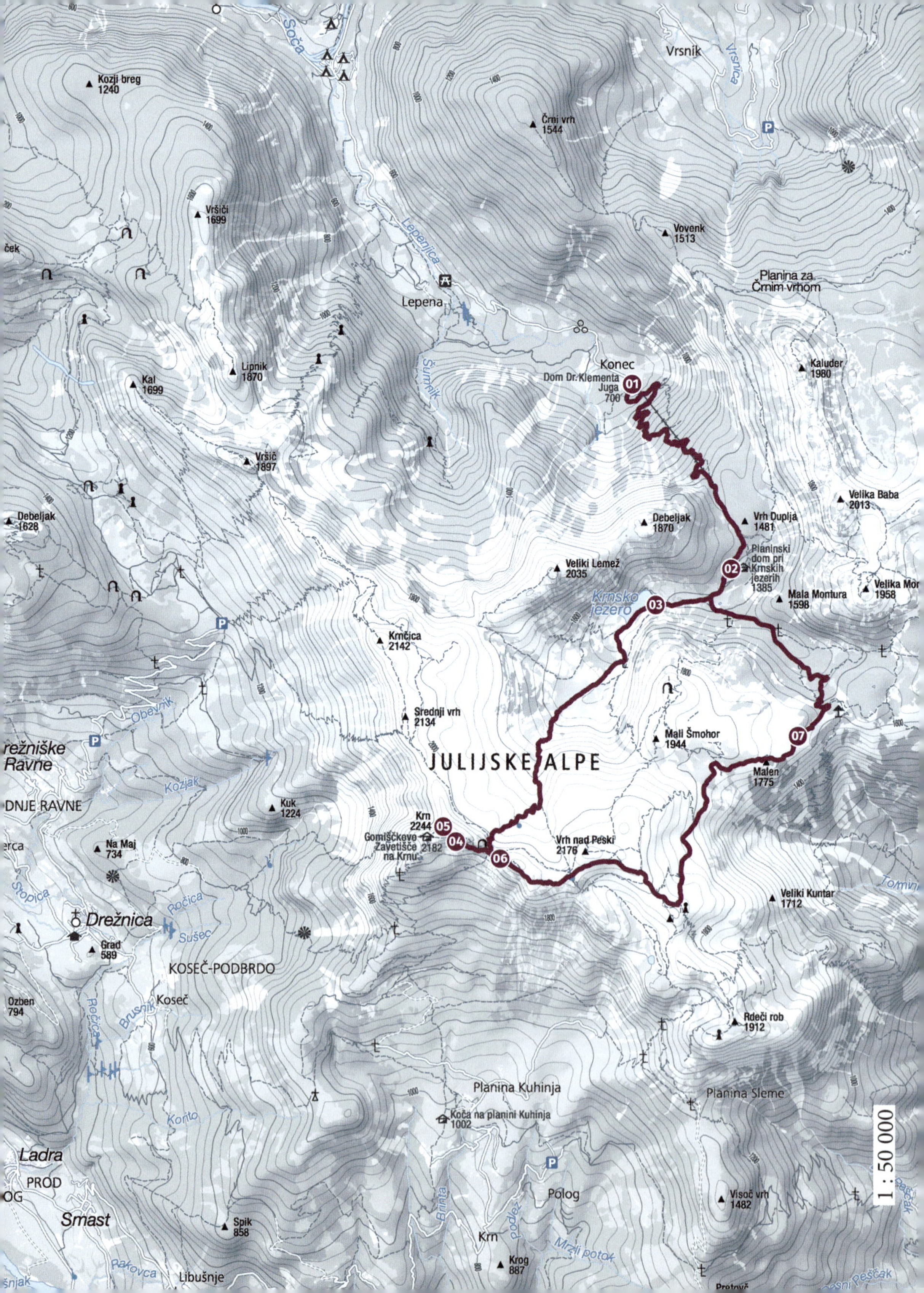
Soča
Kozji breg 1240
Vrsnik
Vršnica
Črni vrh 1544
Vršiči 1699
Lepenjica
Vovenk 1513
Planina za Črnim vrhom
Lepena
Šumnik
Konec
Dom Dr. Klementa Juga 700
01
Kaluder 1980
Kal 1699
Lipnik 1870
Vršič 1897
Velika Baba 2013
Debeljak 1628
Debeljak 1870
Vrh Duplja 1481
Veliki Lemež 2035
02
Planinski dom pri Krnskih jezerih 1385
Velika Mon 1958
Krnsko jezero
03
Mala Montura 1598
Krnčica 2142
Obevnik
Srednji vrh 2134
Mali Šmohor 1944
07
režniške Ravne
JULIJSKE ALPE
Malen 1775
Kozjak
DNJE RAVNE
Kuk 1224
Krn 2244
05
04
Gomiščkovo Zavetišče na Krnu 2182
06
Vrh nad Peski 2176
Na Maj 734
Veliki Kuntar 1712
Stopice
Ročica
Drežnica
Sušec
Grad 589
KOSEČ-PODBRDO
Ozben 794
Ročica
Brusnik
Koseč
Rdeči rob 1912
Planina Kuhinja
Planina Sleme
Koča na planini Kuhinja 1002
Korito
Ladra
PROD
Smast
Pološ
Brinta
Podež
Visoč vrh 1482
Spik 858
Krn
Mrzli potok
Rakovca
Libušnje
Krog 887
1 : 50 000

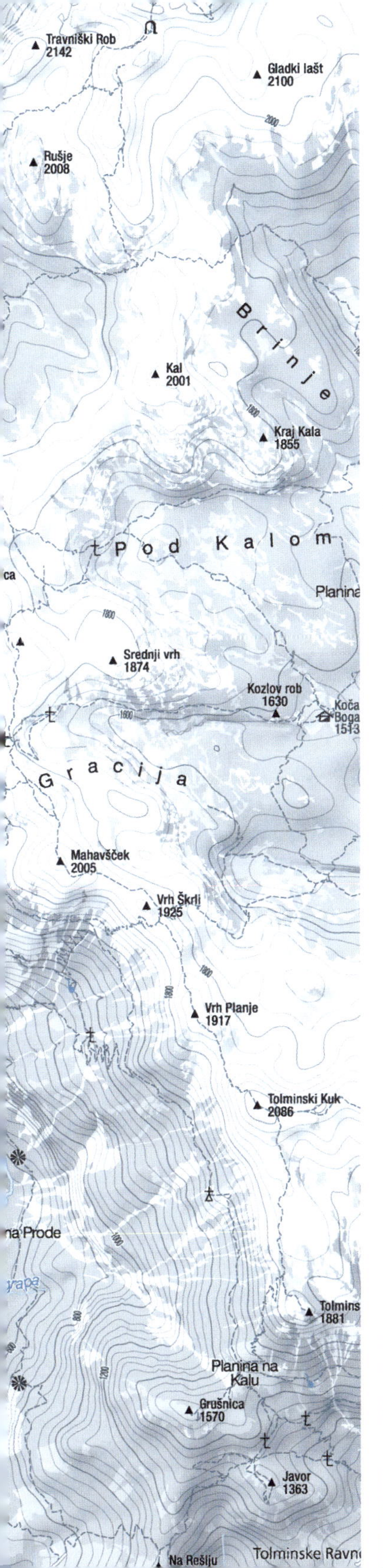

Geschichte

AUF SCHRITT UND TRITT

Wessen Interesse durch die vielen Hinweise auf den Ersten Weltkrieg geweckt wird, dem sei das Museum von Kobarid ans Herz gelegt. Es zeigt eine umfangreiche Sammlung von Artefakten, Dokumenten und Fotos, sowie viele historische Fakten, insbesondere aus der Region Kobarid und von der Isonzofront.

Das Historische ist jedoch nur eine Seite des Krn. Die andere Seite des 2.244 Meter hohen Bergs ist seine landschaftliche Schönheit: Die Region um den Krn ist bekannt für ihre unberührte Natur und die Vielfalt der Tierwelt. Hier sind unter anderem Steinböcke, Gämsen und verschiedene Vogelarten heimisch. Wer Glück hat, bekommt sogar einen Gänsegeier zu Gesicht.

Willkommenes Zwischenziel am Aufstieg zum Gipfel ist der Krn-See. Wenn das keine gute Gelegenheit für eine Pause ist! Einfach mal verweilen, den Augenblick genießen und die herrliche Berglandschaft auf die Seele wirken lassen. Unter den bunten Alpenblumen rund um den See gibt es übrigens auch bedrohte Arten wie den gelbblütigen Kerners Alpen-Mohn und den schmalblättrigen Eisenhut.

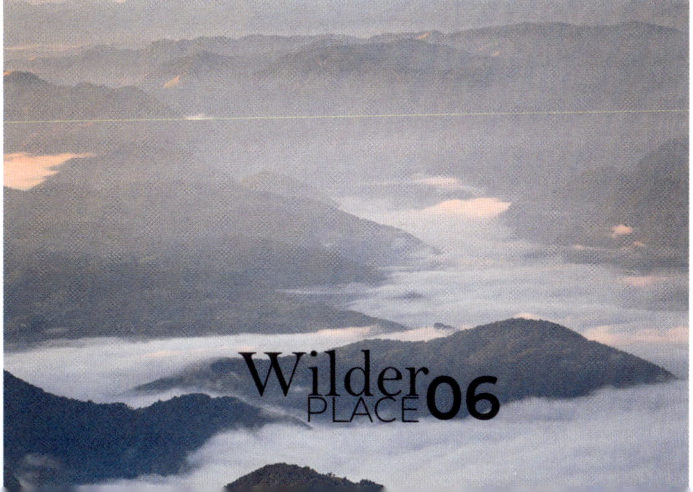

Krn

Ein technisch einfacher, aber langer Aufstieg. Es gibt unterwegs zwei Übernachtungsmöglichkeiten: Die Hütte Koča pri Krnskih jezerih und Gomiščkovo zavetišče.

Dauer ca. 10:30 h I Distanz: 20,8 km I Höhenmeter: 1550

▶ Im Lepena-Tal kann man in der Nähe des Dr.-Klement-Jug-Hauses **01** kostenlos parken. Ein Militärweg aus dem Ersten Weltkrieg führt in vielen Serpentinen und im angenehmen Schatten gemütlich in die Höhe. Nach zwei Stunden wird das Gelände flach. An einem Mast sind die oft beeindruckenden Schneelagen vergangener Winter markiert. Nach 30 Minuten erreicht man die Hütte Koča pri Krnskih jezerih **02** (1385 m), die inmitten einer beeindruckenden Bergszenerie liegt. Das Ziel dieser Wanderung, der Gipfel des Krn, ist allerdings noch nicht zu sehen.

Dieser rückt erst 20 Minuten später beim Krn-See **03** ins Blickfeld, liegt aber noch in weiter Ferne. Der Krn-See ist der größte Hochgebirgssee der Julischen Alpen mit einer Breite von 150 m, einer Länge von 300 m und einer maximalen Tiefe von 17,6 m. Aus Umweltschutzgründen ist das Baden im See verboten. Im See leben allerdings kleine Fische, die jedem Wanderer, der seinen Fuß in das Wasser taucht, die Haut „abknabbern"; müden Füßen tut das gut.

Vom See aus hat man das Gipfelziel nun mehr als drei Stunden vor Augen. Den Wald hat man hinter sich gelassen, die Aussicht reicht weit und der Weg steigt wieder aufwärts. Man wandert an einer verlassenen Alm vorbei und nach einem kurzen Flachstück geht es wieder bergauf. Das Ziel ist die Krnska škrbina (2058 m), dabei gelangt man in das heiß umkämpfte Gebiet des Ersten Weltkriegs. Den Gipfel des Krn eroberten die Italiener bereits 1915, doch die Front verlief auf der Scharte, der man sich nun nähert. Der Berg links, die Batognica, war vor dem Ersten Weltkrieg um 8 m höher. Unterhalb der Gipfelfestung wurde ein Tunnel ausgegraben, mit Dynamit vollgestopft und die Felsen wurden in die Luft gesprengt. Diese Explosion war umso heftiger, weil auch die Munitionsvorräte, die in der Festung gelagert waren, explodierten. Die Batognica sank etwas in sich zusammen. Wer eine Taschenlampe dabei hat und keine Eile, kann die Kavernen und unterirdischen Räume erforschen.

Nach mehr als drei Stunden vom Krn-See aus erreicht man die Scharte und folgt dem Wegweiser zur Gomiščkovo-zavetišče-Schutzhütte **04** unterhalb des Gipfels Krn. Dort kann man das Gepäck deponieren und in 15 Minuten den Krn **05** besteigen. Bei klarem Himmel ist die Aussicht einfach herrlich. Mehr als 2000 m weiter unten fließt die Soča (Issnitz).

Da der Gipfel des Krn so weit nach Süden ragt, kann man das Panorama der gesamten Julischen Alpen bewundern. Im Westen sind die Dolomiten zu sehen. Bei klarer Sicht kann man mit dem Fernglas die Marmolata erkennen. Zur Adria sind es 60 km Luftlinie.

Für den Rückweg bietet sich der Weg an, der von der Krnska škrbina 06 Richtung Osten führt. Die Wegweiser nach Komna helfen bei der Orientierung. Nach der Batognica wird der Wanderweg zum Militärweg. Auf diesem erhielten die Einheiten der k. u. k. Armee Nachschub und Versorgung. Man stößt immer wieder auf die Überreste militärischer Bauten, abseits des Wegs werden immer wieder Kriegsrelikte gefunden.

Man steigt zum Sattel Prehodci 07 (1639 m, 3 Std. vom Krn) ab und folgt von hier dem Wegweiser zur Hütte Koča pri Krnskih jezerih 02, die in 45 Minuten erreicht wird.

Der weitere Abstieg bis zum Dr.-Klement-Jug-Hause 01 im Lepena-Tal dauert mit müden Füßen fast zwei Stunden.

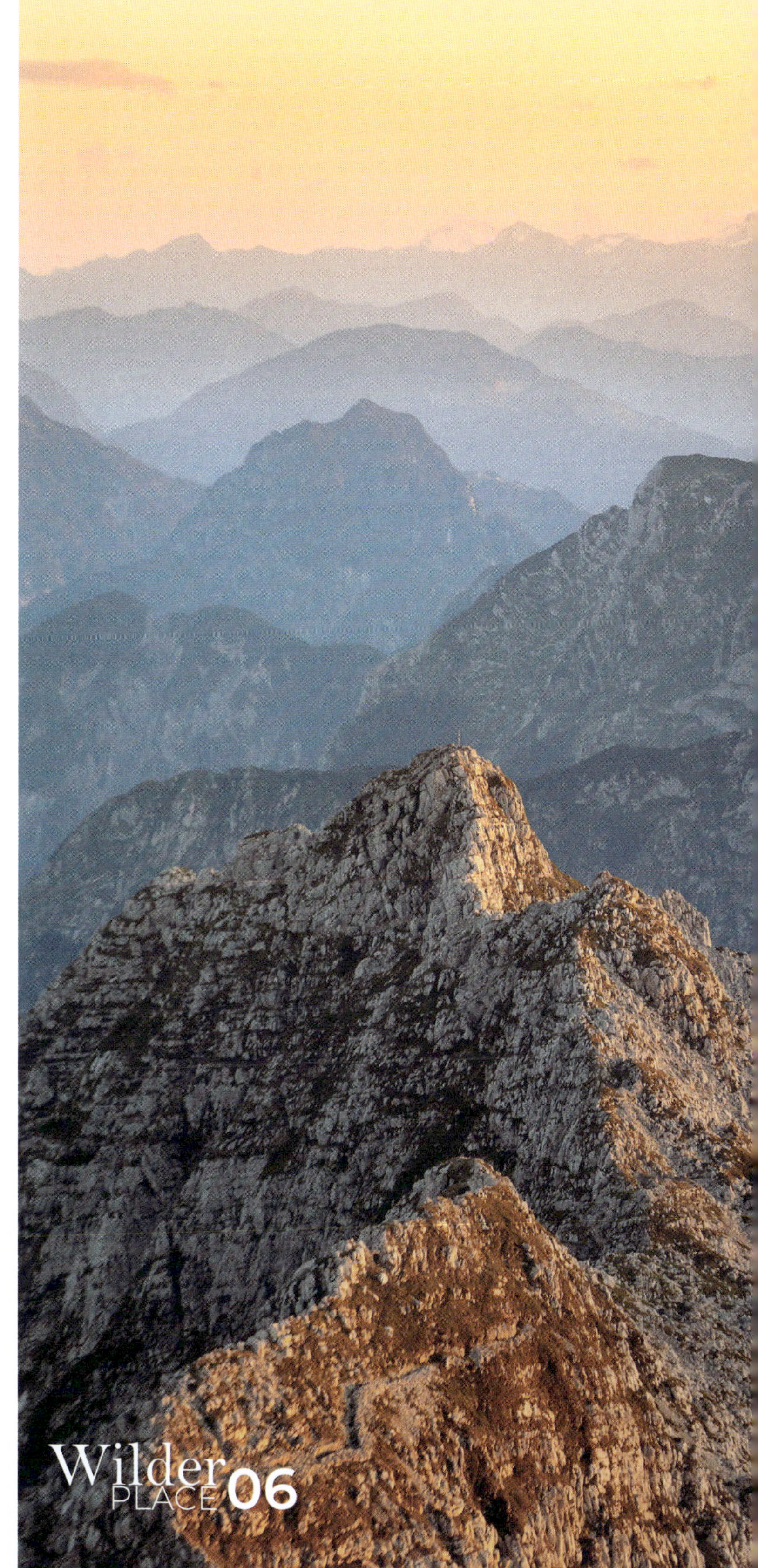

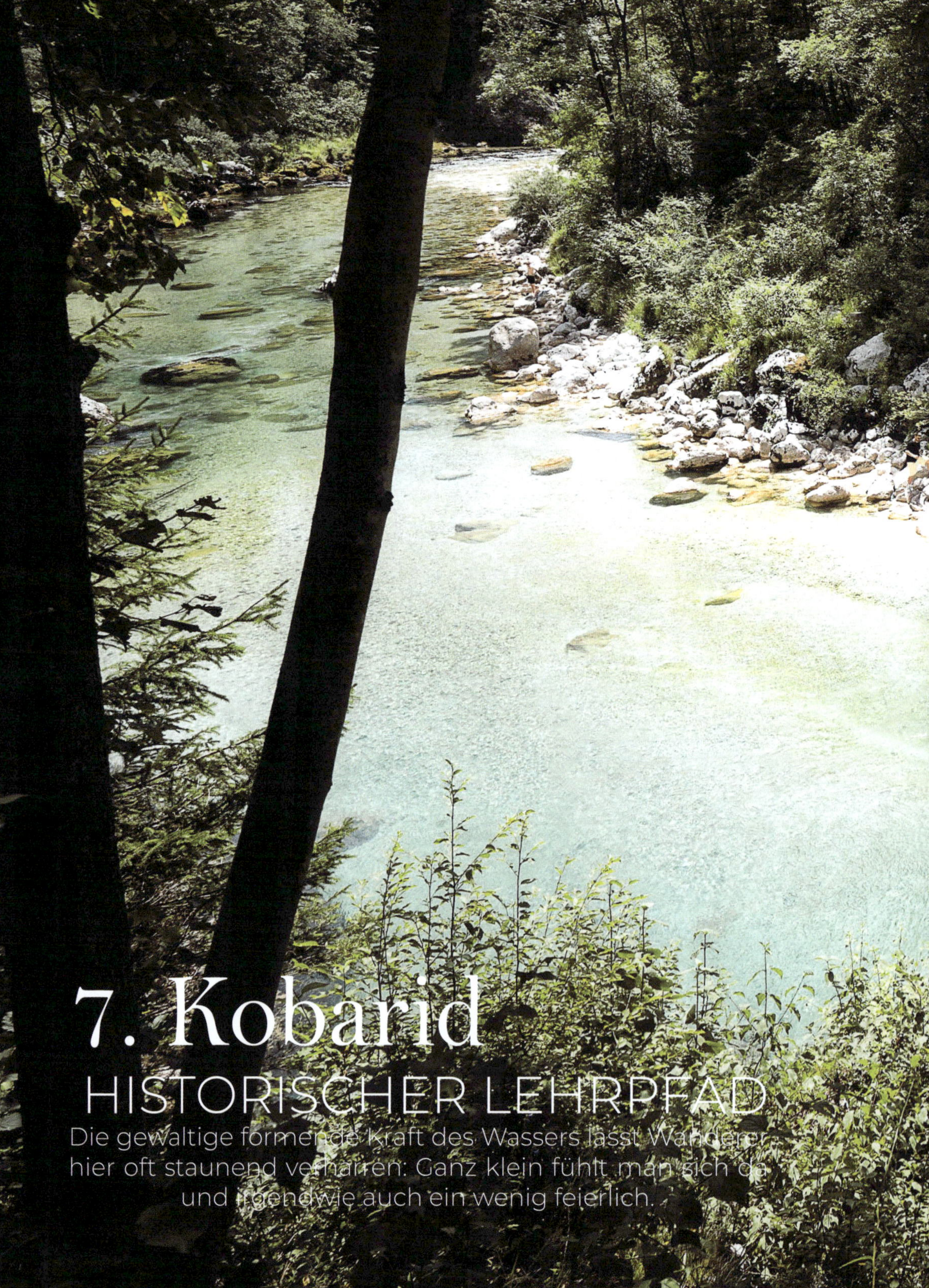

7. Kobarid

HISTORISCHER LEHRPFAD

Die gewaltige formende Kraft des Wassers lässt Wanderer hier oft staunend verharren: Ganz klein fühlt man sich da und irgendwie auch ein wenig feierlich.

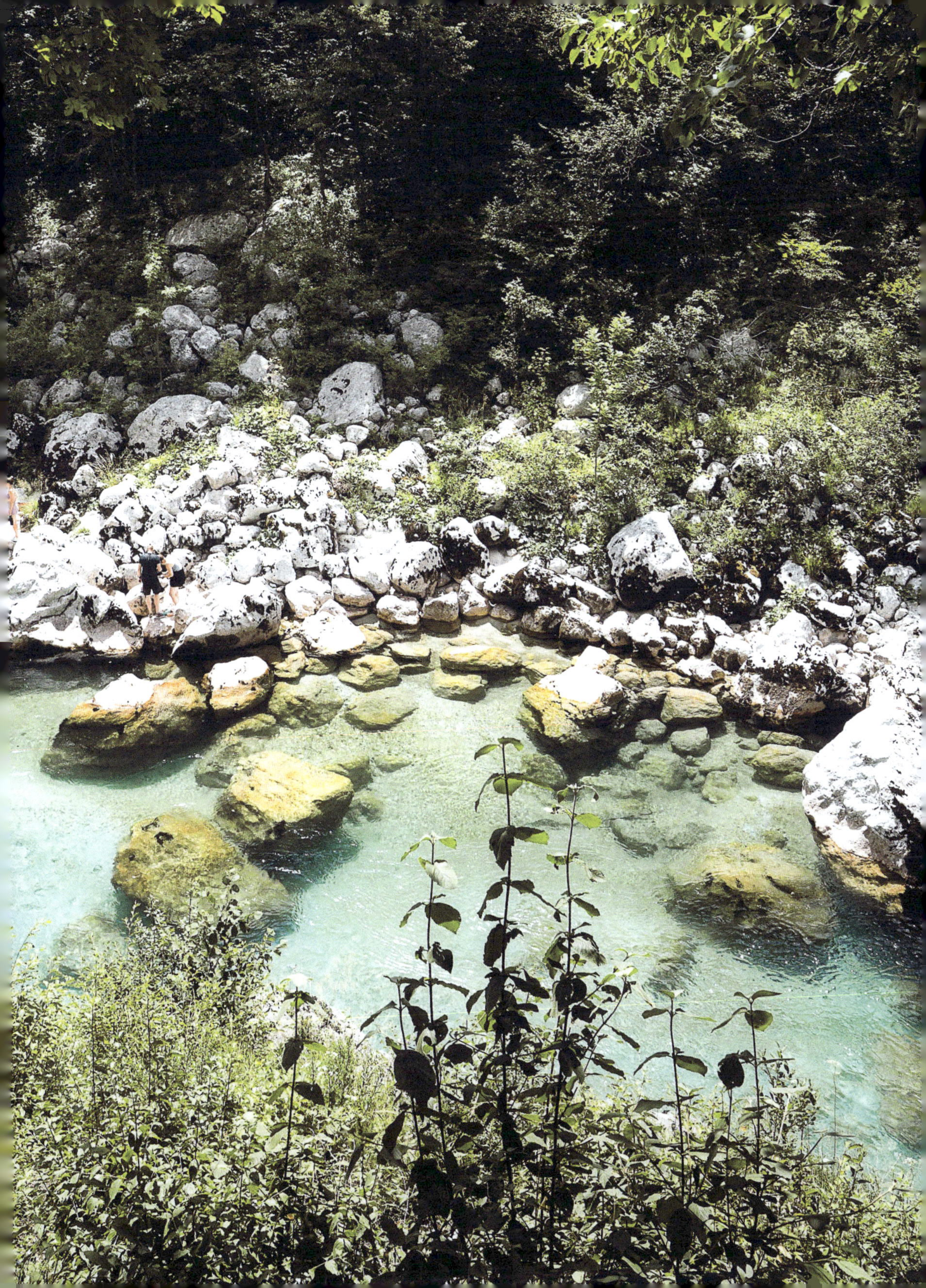

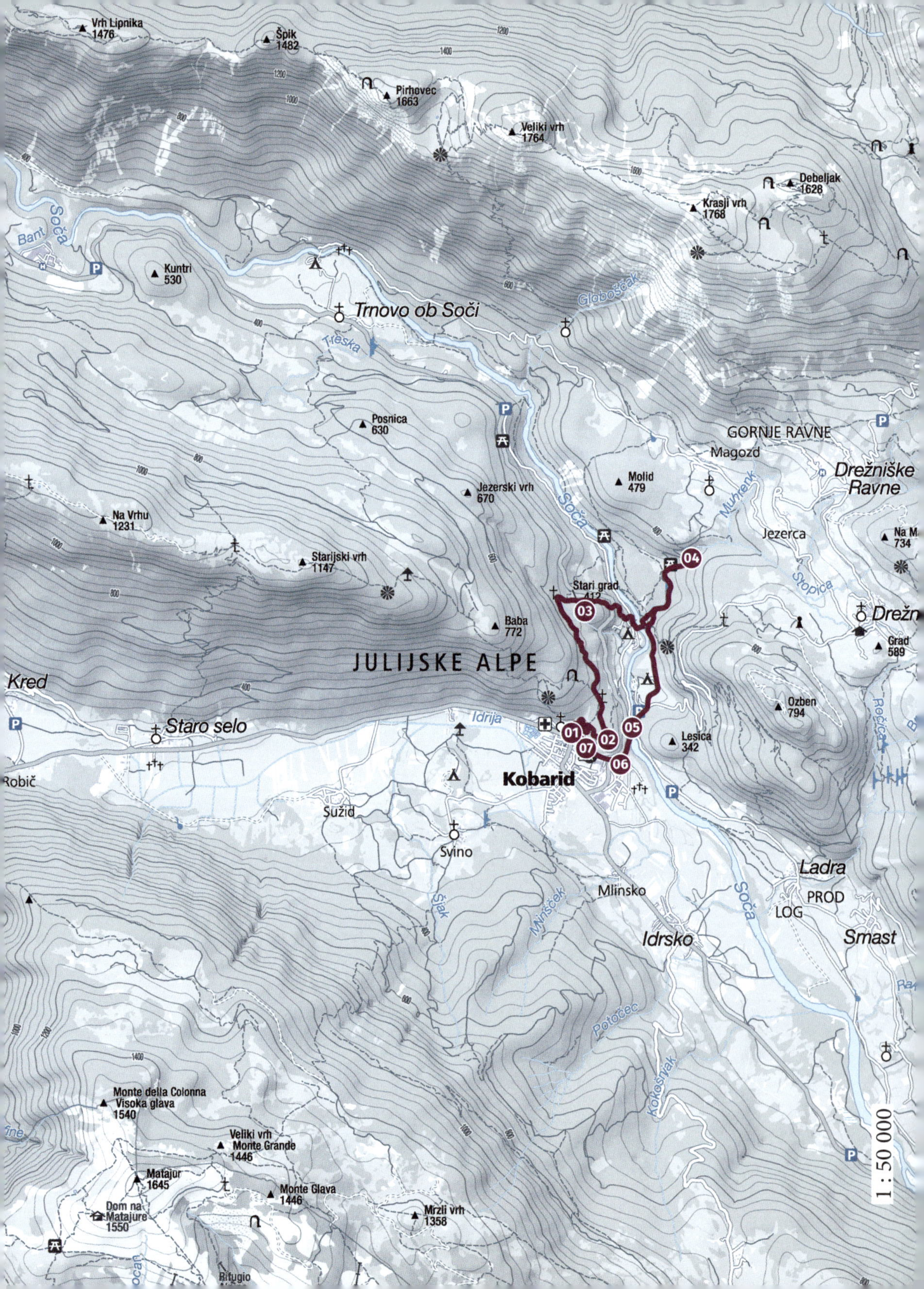
Vrh Lipnika 1476
Špik 1482
Pirhovec 1663
Veliki vrh 1764
Debeljak 1628
Krasji vrh 1768
Bant
Soča
Kuntri 530
Trnovo ob Soči
Globoščak
Treska
Posnica 630
GORNJE RAVNE
Magozd
Drežniške Ravne
Molid 479
Jezerski vrh 670
Muhrenk
Jezerca
Na Vrhu 1231
Starijski vrh 1147
Stari grad 412
Stopica
Drežn
Baba 772
Grad 589
JULIJSKE ALPE
Kred
Ozben 794
Staro selo
Idrija
Lesica 342
Robič
Kobarid
Sužid
Svino
Ladra
Mlinsko
PROD
LOG
Šjak
Minšček
Idrsko
Smast
Potočec
Kokošnjak
Monte della Colonna
Visoka glava 1540
Veliki vrh
Monte Grande 1446
Matajur 1645
Monte Glava 1446
Dom na Matajure 1550
Mrzli vrh 1358
Rifugio
1 : 50 000
01
02
03
04
05
06
07

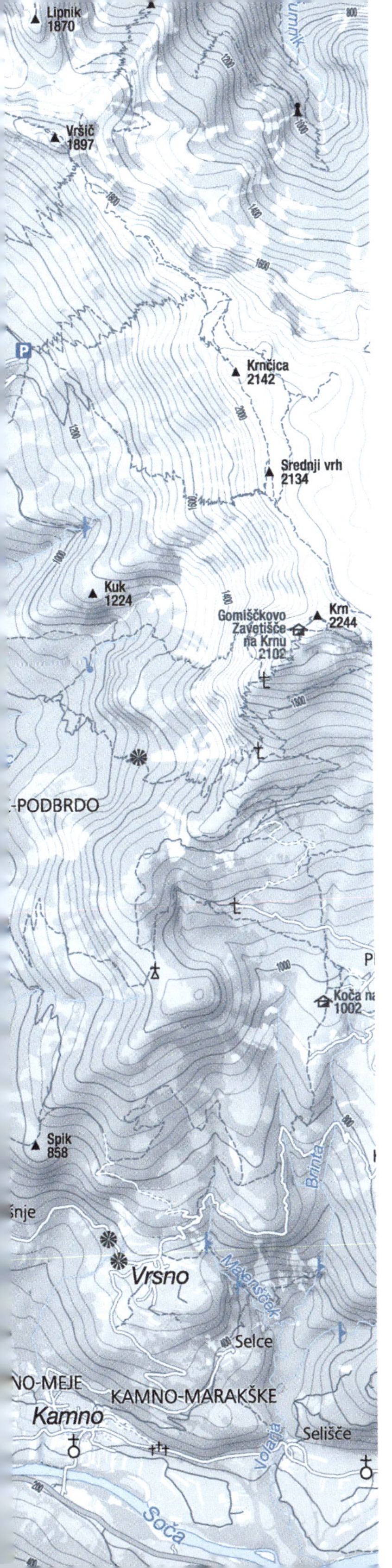

Wasserkraft

UND VIEL HISTORISCHES

Man wandert hier quasi von der Antike bis zum Ersten Weltkrieg. Das Naturspektakel gibt es in Form von beeindruckenden Flusslandschaften, imposanten Felsformationen und wunderschönen Wasserfällen als Sahnehäubchen dazu.

Der historische Lehrpfad ist Kultur- und Geschichtsprojekt in einem. Er wurde angelegt, um über die Ereignisse des Ersten Weltkriegs in der Region von Kobarid zu informieren, insbesondere über die Schlacht von Caporetto im Jahr 1917, die einen entscheidenden Wendepunkt in diesem Krieg markierte. Informative Lehrtafeln entlang des Wegs erklären Geschichte und Bedeutung der jeweiligen Orte und sind damit Teil der regionalen Erinnerungskultur. Es geht hier aber nicht nur geschichtsträchtig und ernst zu. Einzige Voraussetzung: Badesachen!

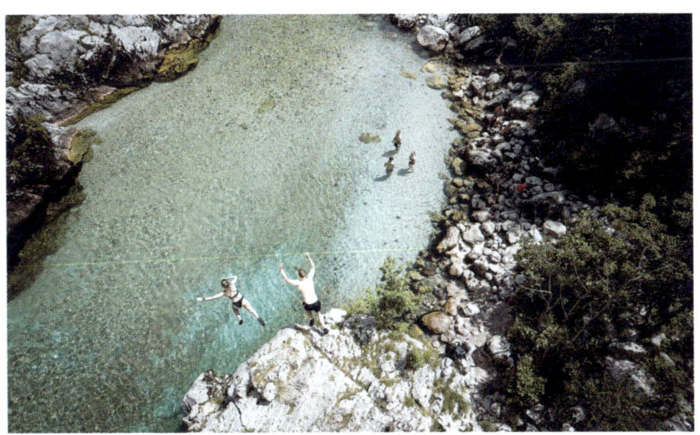

Wilder PLACE 07

Kobarid

Einfache Wanderung, auf den Treppen und Holzstegen ist etwas Vorsicht geboten.

Dauer ca. 2:40 h I Distanz: 7,4 km I Höhenmeter: 290

▶ Von der Tourist-Information in Kobarid **01** aus geht man ein paar Schritte zum Kirchenplatz und wandert nach links aus dem Ort hinaus und durch den Wald zum Italienischen Beinhaus **02**, von wo aus man einen herrlichen Blick auf die Soča und Kobarid hat. Die Überreste von 7.014 gefallenen italienischen Soldaten, die während des Ersten Weltkriegs im Soča-Tal kämpften, wurden hierher gebracht.

Vom Parkplatz aus führt der Weg an der linken Seite des achteckigen Gebäudes vorbei und links in den Wald, wo man gleich wieder links abbiegt (Tonovcov grad). Der Weg führt in gut einer halben Stunde mit leichtem Anstieg zur alten Höhensiedlung Tonovcov grad **03**, die bereits in der Stein- und Eisenzeit bewohnt war. Ende des 5. Jahrhunderts wurden hier über zwanzig Häuser und mehrere Kirchen errichtet, die Überreste sind heute noch zu sehen. Tonovcov grad zählt zu den wichtigsten spätantiken Höhensiedlungen in den östlichen Alpen.

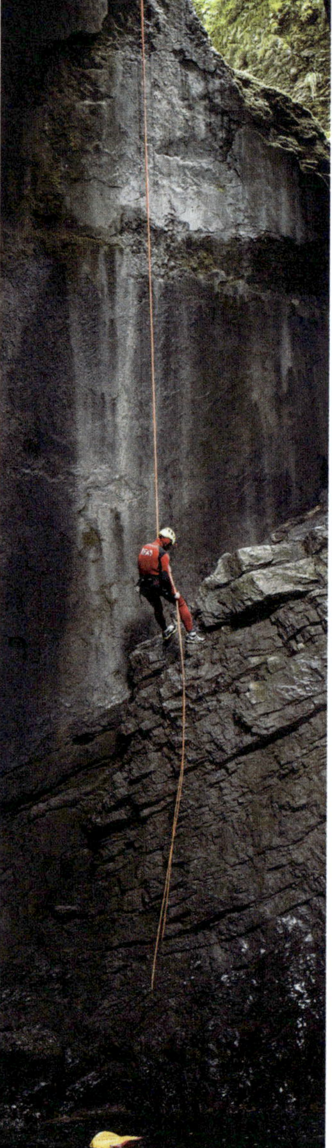

Von hier geht es über eine Treppe steil zur Soča hinunter (Wegweiser zum Wasserfall Kozjak). Man überquert die Hauptstraße nach rechts und biegt nach wenigen Metern nach links ab zur hölzernen Hängebrücke über der Soča. Gleich danach geht es nach links weiter, man überquert eine kleine Steinbrücke, unter der der Kozjak-Bach den Wasserfall Mali Kozjak bildet. Nach rechts erreicht man den Wasserfall Veliki Kozjak **04**. Das Tosen des 15 Meter hohen paradiesischen Wasserfalls ist bereits zuvor zu hören, sein grünes Becken zwischen den hohen, dunklen Wände hat etwas Mystisches. Der Kozjak-Bach entspringt aus mehreren Quellen auf dem Berg Krnčica (2142 m), fließt durch mehrere Klammen und stürzt über sechs Wasserfälle hinab, von denen zwei für Besucher erreichbar sind: Neben dem Wasserfall Veliki Kozjak noch der zuvor passierte 8 Meter hohe Wasserfall Mali Kozjak. Die Schlucht kann man übrigens auch im Rahmen eines Canyoning-Abenteuers bei einer geführten Tour mit einem lokalen Unternehmen erleben.

Bis zur Hängebrücke kehrt man auf demselben Weg zurück. Man verbleibt auf dieser Seite des Flusses und folgt der Schotterstraße bis zur Napoleonbrücke **05**. Im Jahr 1616 rissen die Venezianer hier eine alte Holzbrücke ab, 1750 entstand die alte steinerne Napoleonbrücke, über die die Truppen Napoleons Richtung Predel marschierten. Auf dem Weg zum Ausgangspunkt finden Kulturinteressierte noch zwei Museen, bei denen sich ein Besuch lohnt: Zunächst passiert man das Käsereimuseum „Od planine do Planike“ **06**, unweit davon entfernt findet man das Kobarid-Museum **07**. Das kriegsgeschichtliche Museum wurde 1990 gegründet und hat schon mehrere Auszeichnungen erhalten.

Über die Brücke und links geht es zurück zum Ausgangspunkt **01**.

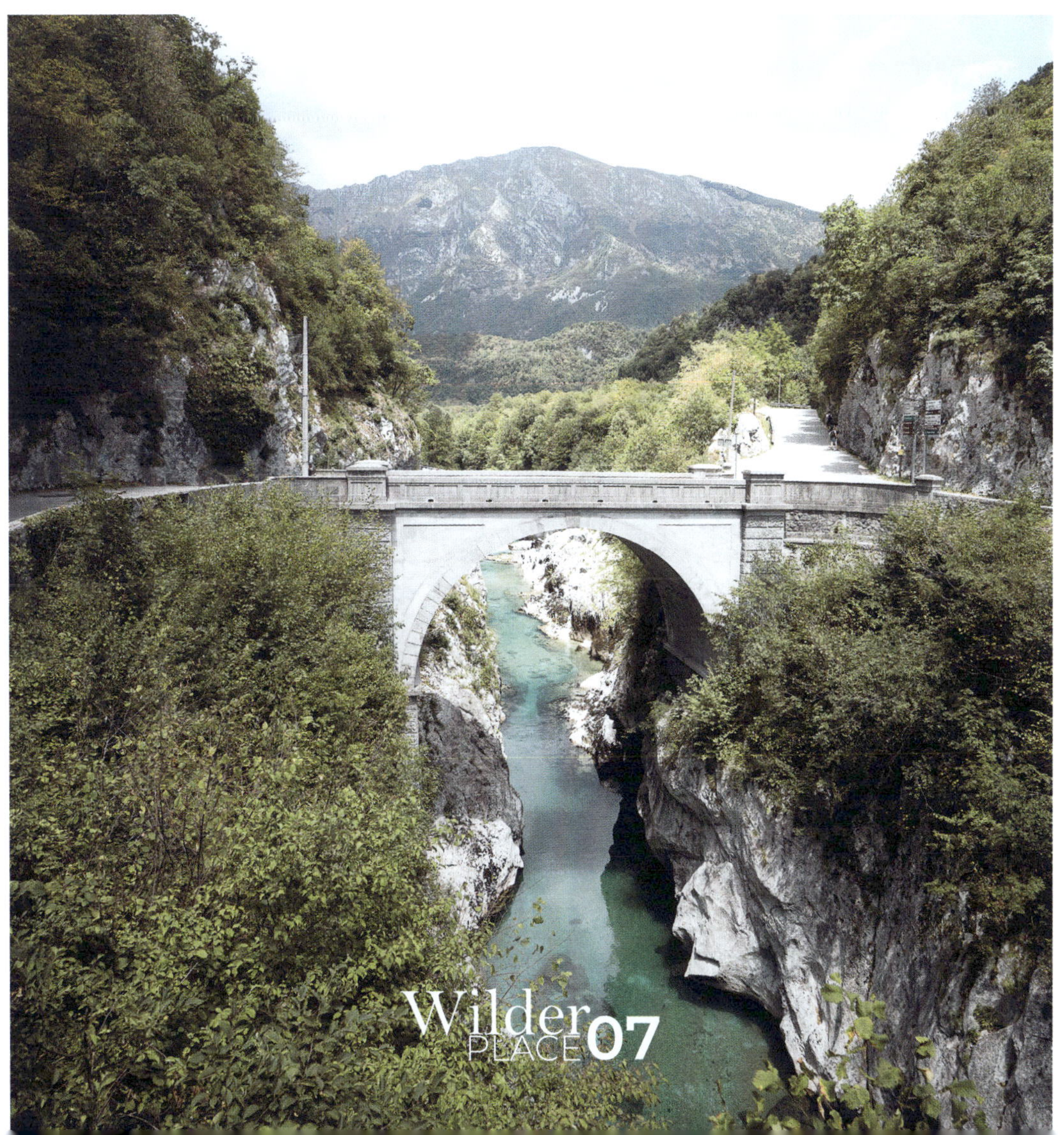

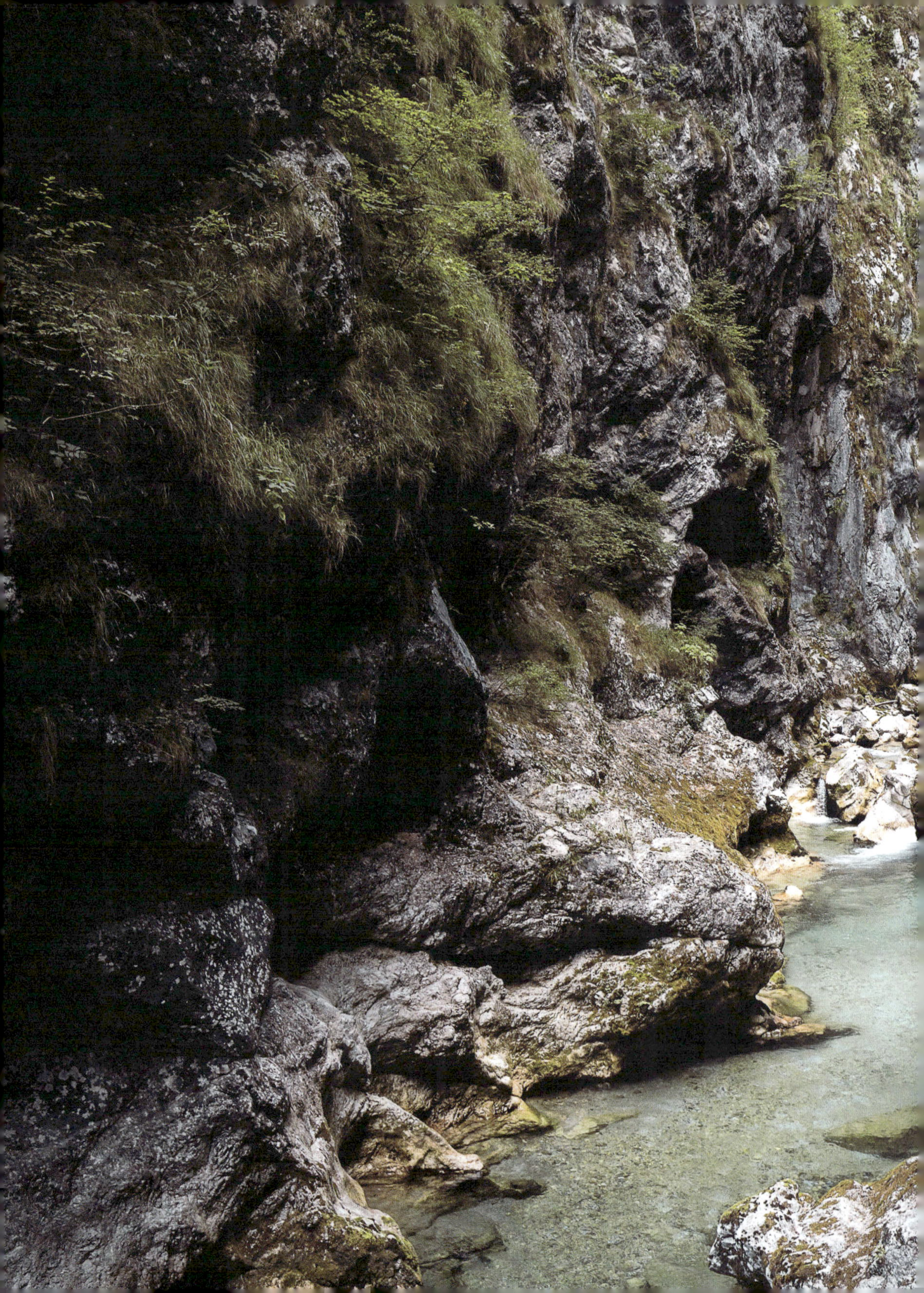

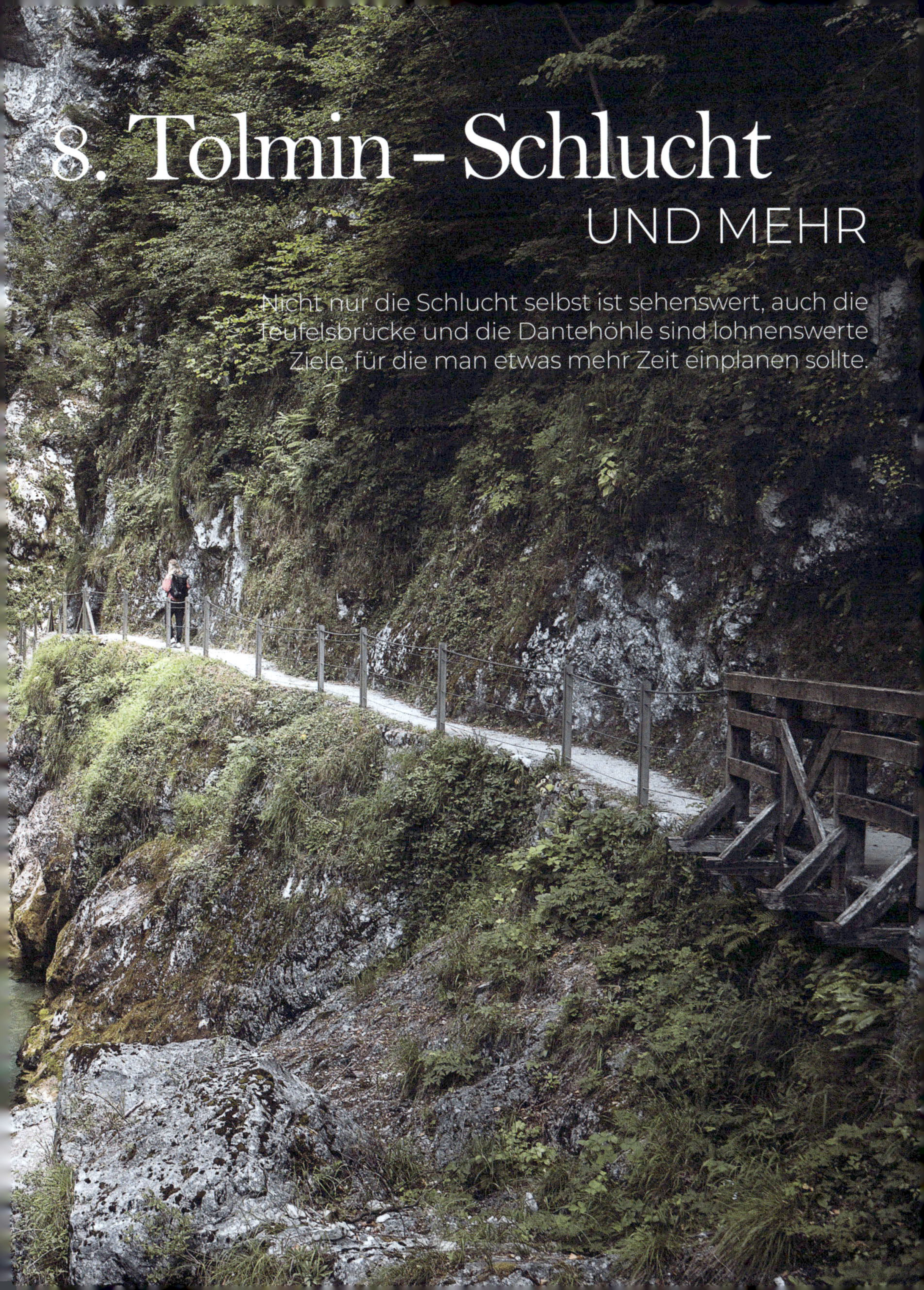

8. Tolmin - Schlucht

UND MEHR

Nicht nur die Schlucht selbst ist sehenswert, auch die Teufelsbrücke und die Dantehöhle sind lohnenswerte Ziele, für die man etwas mehr Zeit einplanen sollte.

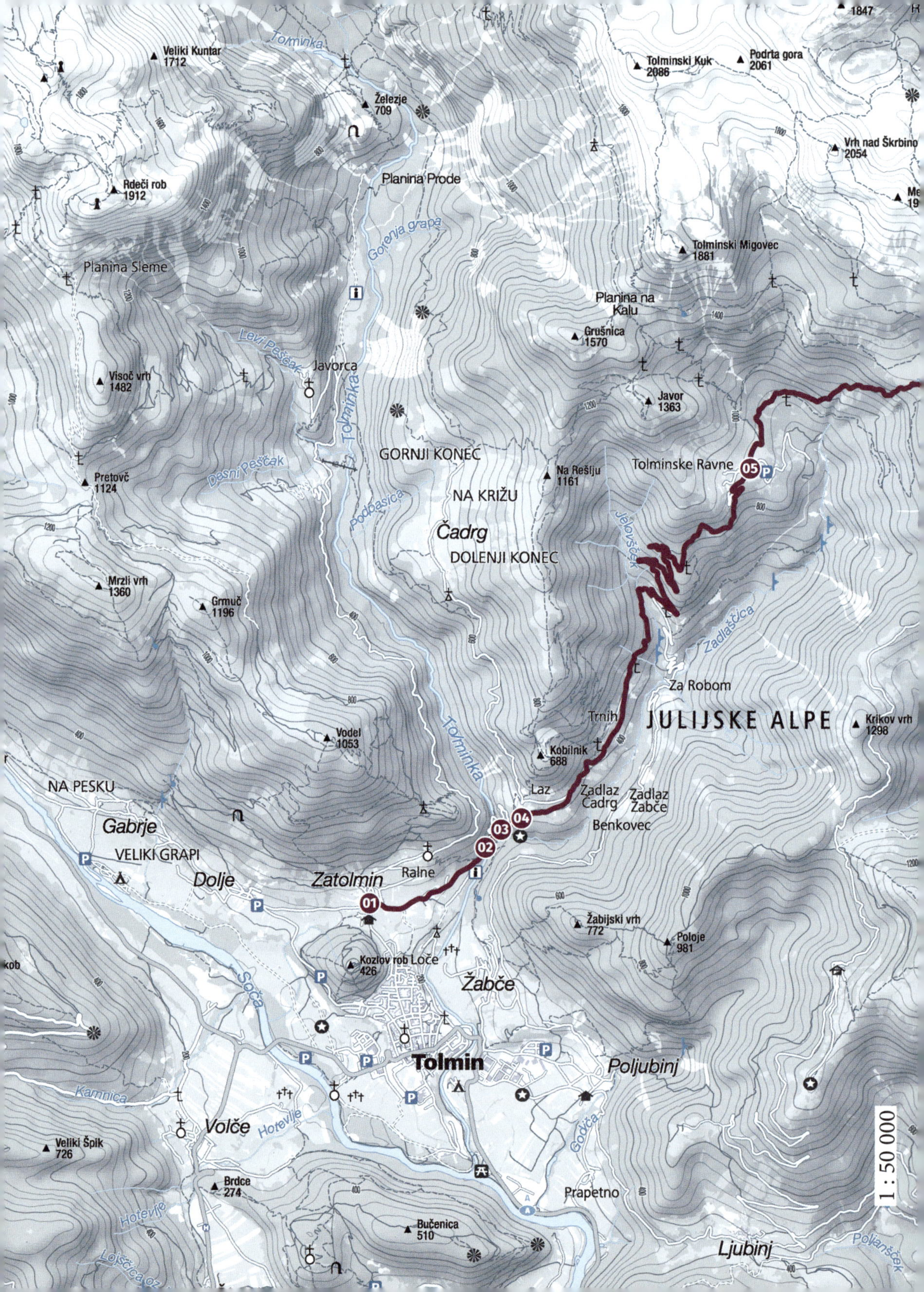

Veliki Kuntar 1712
Tolminka
Železje 709
Tolminski Kuk 2086
Podrta gora 2061
Vrh nad Škrbino 2054
Rdeči rob 1912
Planina Prode
Gorenja grapa
Planina Sleme
Tolminski Migovec 1881
Planina na Kalu
Grušnica 1570
Levi Pešček
Javorca
Visoč vrh 1482
Javor 1363
GORNJI KONEC
Na Reštju 1161
Tolminske Ravne
Pretovč 1124
Desni Pešček
NA KRIŽU
Podbasica
Čadrg
DOLENJI KONEC
Jelovšček
Mrzli vrh 1360
Grmuč 1196
Zadlaščica
Za Robom
Trnih
JULIJSKE ALPE
Krikov vrh 1298
Vodel 1053
Kobilnik 688
NA PESKU
Laz
Zadlaz Čadrg
Zadlaz Žabče
Gabrje
Benkovec
VELIKI GRAPI
Ralne
Dolje
Zatolmin
Žabijski vrh 772
Poloje 981
Kozlov rob 426
Loče
Žabče
Soča
Tolmin
Poljubinj
Kamnica
Volče
Hotevlje
Veliki Špik 726
Godiča
Brdce 274
Prapetno
Bučenica 510
Ljubinj
Polanšček
1 : 50 000

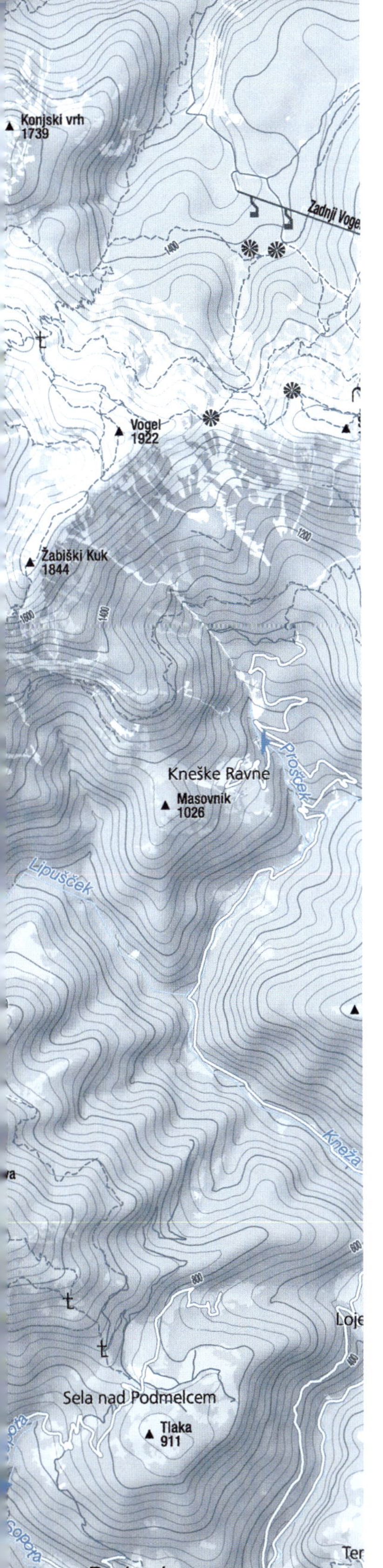

Höhenmeter
SAMMELN

Die Tour ist lang und anstrengend, dafür äußerst abwechslungsreich: Es geht von der malerischen und wilden Tolmin-Schlucht über mehrere Sehenswürdigkeiten hinauf zur Alm Razor. Es ist die Mühen wert!

Das Wasser, das sich über Jahrmillionen seinen Weg in das Gestein gegraben hat, wird aus einer Thermalquelle gespeist, deren Temperatur konstant zwischen 18,8 °C und 20,8 °C liegt. Versickerndes Regenwasser wird durch geothermische Energie erwärmt, kommt durch Felsspalten als türkises Wasser wieder an die Oberfläche und bildet zusammen mit dem grauen Fels der Schluchtenwände und dem teilweise leuchtend grünen Moosbewuchs ein farbenprächtiges Naturspektakel. Die in den 1950er Jahren für den Tourismus erschlossene Schlucht lässt sich auf Holzstegen und in den Fels gehauenen Steigen erwandern, der Blick von der Teufelsbrücke 60 Meter hinunter in die Schlucht ist beeindruckend.

Gänzlich anders präsentiert sich anschließend der zweite Teil der Tour, wenn man auf der Razor Alm in eine Höhe von 1.315 Metern gelangt und dabei weitläufige Bergwiesen passiert und dichten Laubwald durchwandert. Hier ist wirklich alles dabei, was das Wanderherz begehrt.

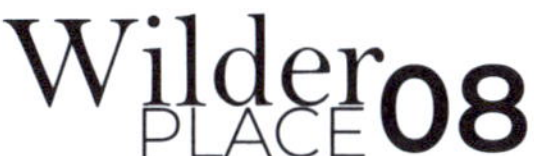

Tolmin-Schlucht

Eine lange, mittelschwere Wanderung vom äußersten Süden des Triglav-Nationalparks in das Gebiet der Spodnje Bohinjske gore.

Dauer ca. 7:00 h I Distanz: 23,2 km I Höhenmeter: 1100

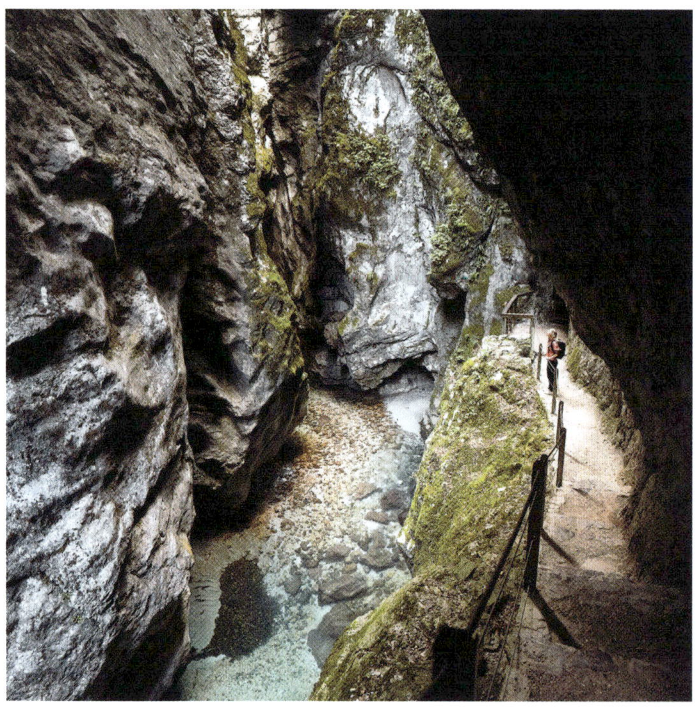

▶ Von Zatolmin 01 führt die Straße zur Tolmin-Schlucht. Um sie zu besuchen, wandert man von der Straße 02 hinunter, hier liegt am Zusammenfluss der zwei Bergbäche Tolminka und Zadlaščica der niedrigste Punkt des Triglav-Nationalparks. Zurück an der Straße oben überquert man die Schlucht der Tolminka nach 400 m über die sogenannte Teufelsbrücke 03. Ein Blick in die Tiefe und auf die heranrückenden Felsen überzeugt von der Richtigkeit der Namensgebung.

Nach einigen Minuten erreicht man den Eingang der Dantehöhle 04. Der Patriarch Pagano della Torre bekam Anfang des 14. Jahrhunderts Besuch vom berühmten italienischen Dichter Dante Alighieri und zeigte ihm diese Höhle. Der Dichter soll hier den Ansporn für die Darstellung der Hölle in seinem Werk „Die Göttliche Komödie" bekommen haben. Der Zugang zur Höhle ist nur mit einem Guide möglich.

Hier verlässt man das Gebiet von Tolminka und Zadlaščica und folgt dem Weg zur Berghütte auf der Alm Razor. Nach 2 km endet die Asphaltstraße in Zadlaz-Čadrg und man wandert auf dem markierten Fußweg weiter. Der letzte Ort an dem man vorbeikommt ist Tolminske Ravne 05. Von hier dauert die Wanderung bis zur Alm Razor 06 noch 1,5 Stunden. Zurück nach Zatolmin 01 geht es auf demselben Weg.

Tipp: Wer noch die Tolmin- und die Zadlaščica-Schlucht besichtigen möchte muss eine Stunde mehr einplanen. Für Besichtigungen der Dantehöhle mit einem Höhlenführer bekommt man Informationen an der Kassa bei der Tolmin-Schlucht.Auch eine versteckte Perle ist hier noch zu erwähnen: Westlich von Kobarid fließt der Bach Nadiža. Er hat im oberen Teil viele Gumpen und erwärmt sich im Sommer auf angenehme Badetemperaturen. Der größte der Gumpen liegt unter der Napoleonsbrücke zwischen den Orten Podbela und Robidišče. In der Nähe gibt es einen gebührenpflichtigen Parkplatz. Bei hohem Wasserstand wird von der Brücke in den Gumpen gesprungen (7–8 m bis zum Wasserspiegel). Diese Gegend am Bach bietet eine schöne Erholung nach langen Bergtouren.

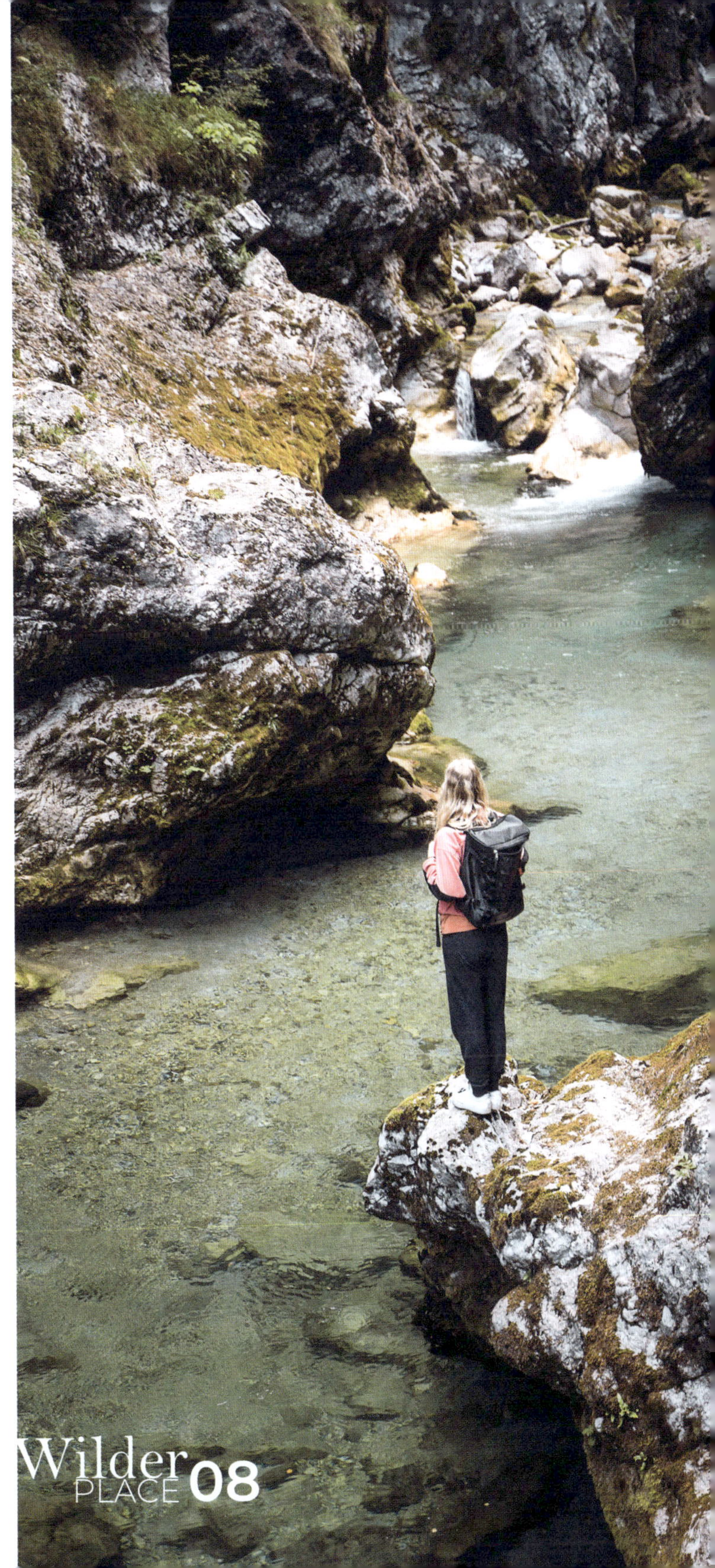

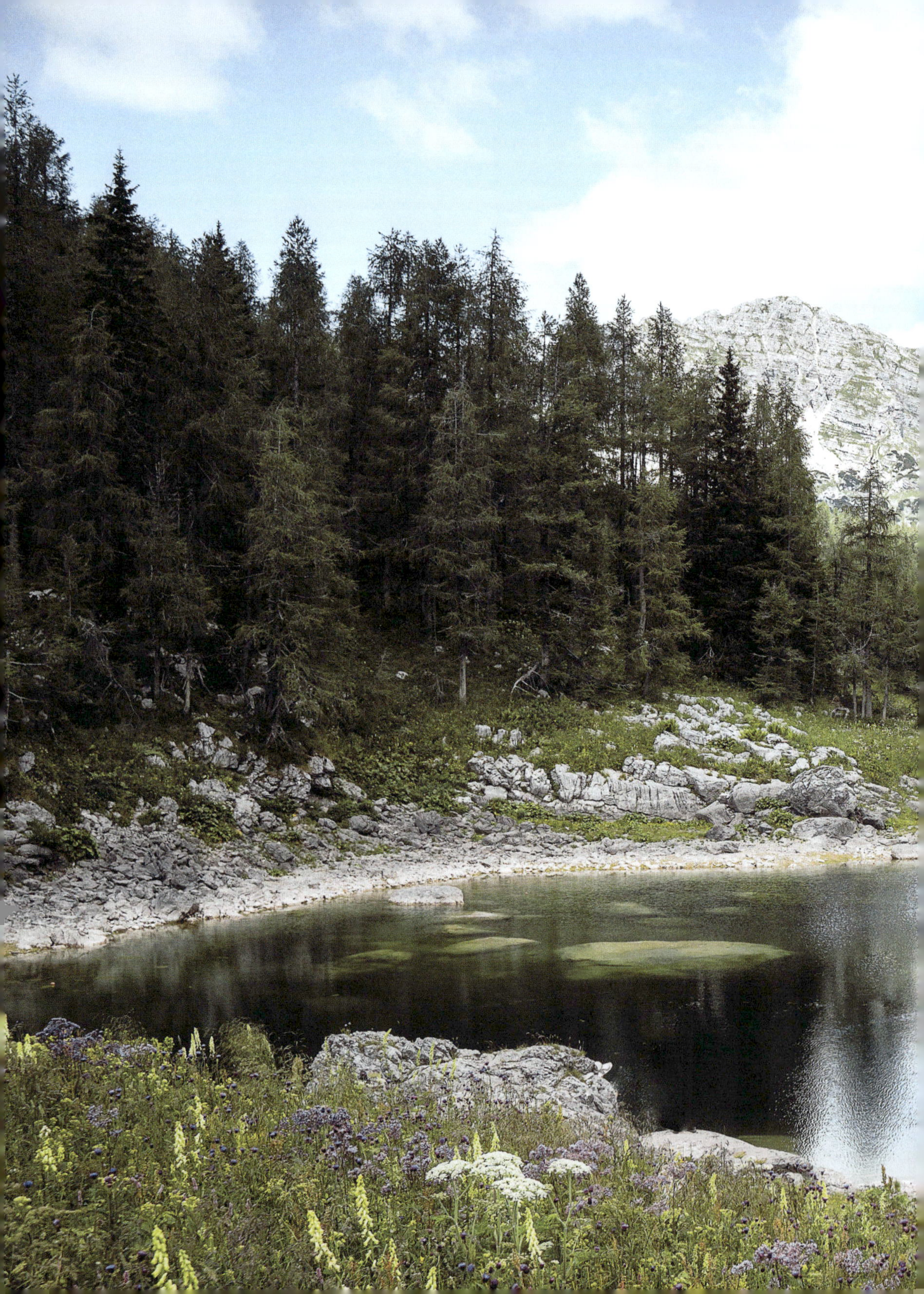

9. Sieben-Seen-Tal

BEZAUBERNDES NATURWUNDER

Das Hochtal am Fuße des Triglav besticht durch das kristallklare Wasser der sieben Gewässer, in denen sich die umgebenden Wälder und schroffen Berge spiegeln

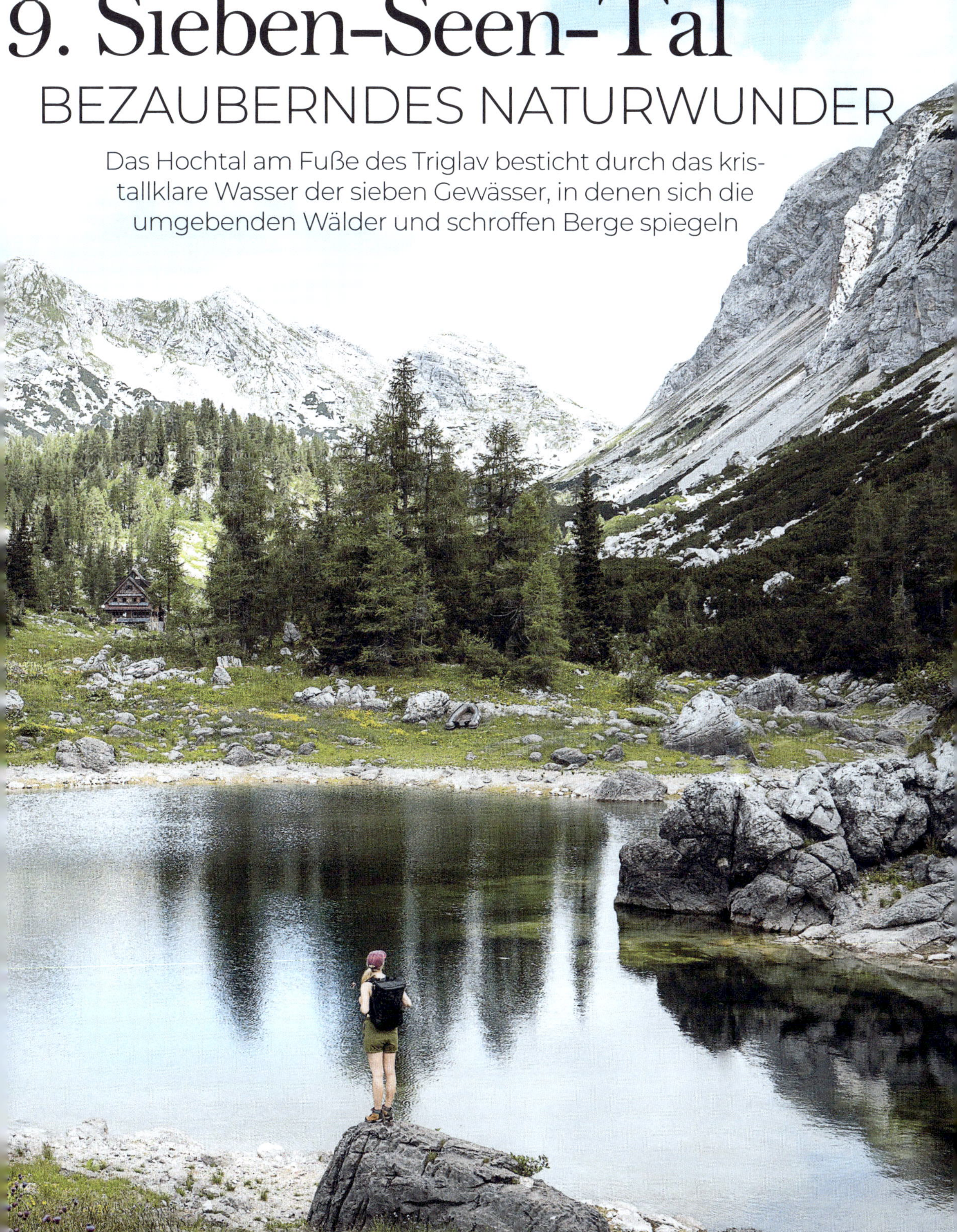

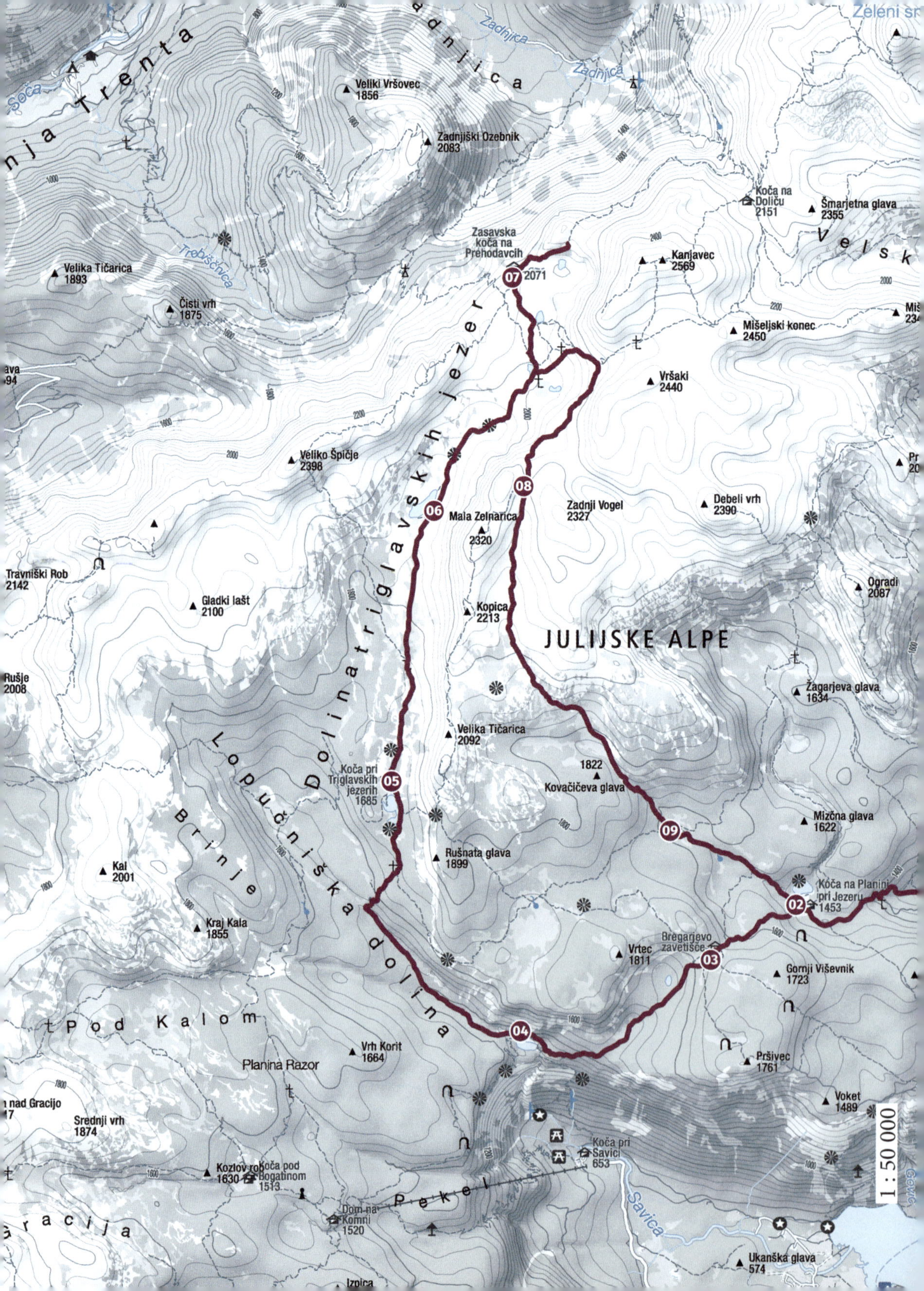

Zasavska koča na Prehodavcih
2071
Kanjavec 2569
Koča na Doliču 2151
Šmarjetna glava 2355
Velika Tičarica 1893
Čisti vrh 1875
Mišeljski konec 2450
Vršaki 2440
Veliki Vršovec 1856
Zadnjiški Ozebnik 2083
Veliko Špičje 2398
Mala Zelnarica 2320
Zadnji Vogel 2327
Debeli vrh 2390
Travniški Rob 2142
Gladki lašt 2100
Kopica 2213
JULIJSKE ALPE
Ograde 2087
Rušje 2008
Žagarjeva glava 1634
Velika Tičarica 2092
Koča pri Triglavskih jezerih 1685
1822
Kovačičeva glava
Mizčna glava 1622
Kal 2001
Rušnata glava 1899
Koča na Planini pri Jezeru 1453
Kraj Kala 1855
Bregarjevo zavetišče
Vrtec 1811
Gornji Viševnik 1723
Pod Kalom
Vrh Korit 1664
Pršivec 1761
Planina Razor
Voket 1489
Srednji vrh 1874
Koča pri Savici 653
Kozlov rob 1630
Koča pod Bogatinom 1513
Dom na Komni 1520
Pekel
Savica
Ukanška glava 574
Dolina Triglavskih jezer
Lopučniška dolina
Brinje
Zadnjica
Trenta
Soča
Trebiščica
Gracija
1 : 50 000
01 02 03 04 05 06 07 08 09

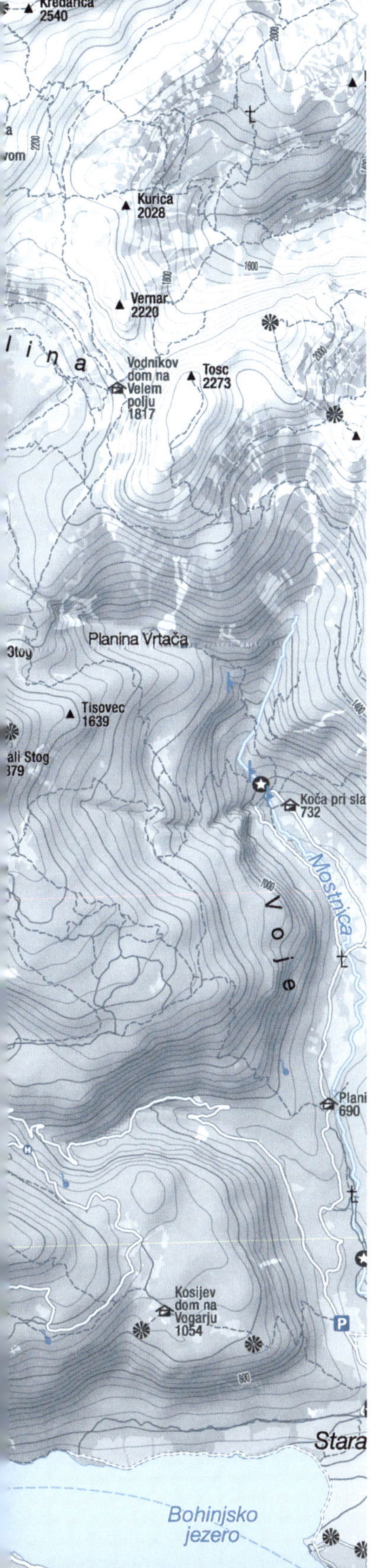

Bergidylle

WIE AUS DEM BILDERBUCH

Das „Tal der sieben Seen“ zieht sich vom Triglav aus in Richtung Südosten. Die Wanderung führt über blühende Sommerwiesen im Tal bis hinauf zum letzten See, um den herum man noch im Sommer oft auf Schneereste stößt.

Von smaragdgrün bis dunkelblau gibt es kaum eine farbliche Schattierung, die man nicht in einem der Seen entlang des rund 8 Kilometer langen Tals entdecken könnte. Im Westen und im Osten wird das Tal eingerahmt von schroffen Felsen und Berggipfeln, die einen schönen Kontrast zu den saftigen und üppig blühenden Bergwiesen bilden. Zusammen mit den sieben Seen ergeben sich so beinahe kitschig schön anmutende Ausblicke und Eindrücke, während die Reinheit der Luft verblüffend ist. Tief einatmen und ausatmen und dabei dieses landschaftlich äußerst reizvolle Alpental auf die Seele wirken lassen – so lassen sich die eigenen Batterien wieder richtig aufladen.

Die Hochalmen des Tals werden von Hirtengemeinschaften bewirtschaftet. Die Wahrscheinlichkeit, auch Murmeltiere und Steinböcke zu Gesicht zu bekommen, ist groß. Um den Schutz der Gewässer zu gewährleisten, ist das Schwimmen verboten. Das Genießen und Fotografieren ist ausdrücklich erlaubt.

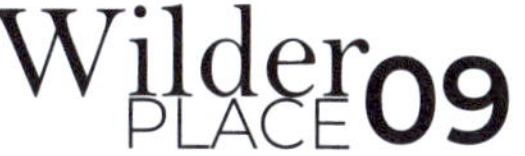

Sieben-Seen-Tal

Eine lange, aber sehr erlebnisreiche Bergwanderung zu vielen Almen, Hütten und Seen im Herzen der Julischen Alpen. Die Übernachtung in einer der Hütten am Weg ist sehr empfehlenswert.

Dauer ca. 5:30 h I Distanz: 16,1 km I Höhenmeter: 1100

Die Julischen Alpen in Slowenien und der italienischen Region Friaul-Julisch Venetien sind ein ganz besonderes Schmuckstück der Südalpen. Diese Tour ist eine lange Wanderung – vorbei an den bekanntesten Wasserperlen der Julischen Alpen. Viele Übernachtungsmöglichkeiten am Weg erleichtern uns die Etappenwahl und machen unsere Wanderpläne noch interessanter. Weitere Informationen über den Triglav-Nationalpark, der weite Teile der Julischen Alpen umfasst, und Angaben über seine Schutzhütten findet man unter www.tnp.si/nationalpark

▶ In der Umgebung des Parkplatzes bei der Alm Blato **01** gehen wir auf dem Wanderweg nach Westen. Unser erstes Ziel ist die Hütte Koča na Planini pri Jezeru **02** (1450 m). Bis dahin sind 1 ½ Stunden zu gehen. Der Weg wird auch mit Traktoren befahren. Die Planina pri Jezeru (Alm am See) ist eine bewirtschaftete Alm mit einer Berghütte. Weiter folgen wir dem Wegweiser zur Planina Viševnik **03** (1615 m, 1 Std.). Auch diese Alm ist im Sommer geöffnet.

Wir biegen nach Süden in Richtung Črno jezeru ab (Schwarzer See). Der Weg fällt ab und nach einer Stunde erreichen wir den letzten der Triglav-Seen (Schwarzer See) **04**. Da er sich mitten im Wald befindet, ist seine Oberfläche tatsächlich dunkel. Von dort folgen wir dem Wegweiser zur Koča pri Triglavskih jezerih **05**. Bei der Hütte finden wir den sogenannten „doppelten See“ (Dvojno jezero). Die Hütte ist im Sommer stark frequentiert, daher ist eine Reservierung der Zimmer sehr ratsam.

Vom „doppelten See“ aus steigen wir aufwärts ins Tal der Sieben Seen. Bis zum nächsten See Ledvica **06** („die Niere“, 1831 m) brauchen wir weniger als eine Stunde. Das ist der größte von allen Triglav-Seen. In der folgenden Stunde werden wir noch den restlichen vier Triglav-Seen begegnen.

Der letzte See, der Jezero pod Vršacem (2030 m), ist sehr klein und lange in den Sommer hinein verschneit. Von diesem See aus kehren wir um zur Zasavska koča **07** (2071 m), die wir nach nur 15 Minuten erreichen. Der Weg würde zwar weiterführen, jedoch ist er als schwerer Klettersteig einzustufen, da er die Nordwand des Kanjavec quert. Auf diesem Weg erleben wir die weite Welt der Almen von Bohinj, den Wasserreichtum des Sieben-Seen-Tales und die Steinwelt am Kanjavec. Wenn das Auto auf der Alm Blato geparkt ist, dann müssen wir zurückkehren, aber es gibt Varianten, damit wir nicht über den Aufstiegsweg wieder zurückmüssen.

Zum Beispiel können wir von der Hütte Zasavska koča na Prehodavcih in Richtung Zelnarica gehen. Nach einer Stunde erreichen wir den Sattel Vrata **08** (2192 m). Dort steigen wir in das

Tal Za Kopico ab – die Variante über den Kamm von Zelnarica zur Tičarica ist anstrengender und länger. Der Weg vom Sattel Vrata zur Alm Dedno Polje 09 (1550 m, 1 Std. vom Sattel Vrata) ist ein ganz einsamer Weg, auf dem wir die Ruhe und Einsamkeit genießen können. Von dieser Alm zur Hütte Koča na Planini pri Jezeru 02 (1450 m) ist es nicht weit. Von dort erreichen wir den Parkplatz bei der Alm Blato 01 in einer Stunde.

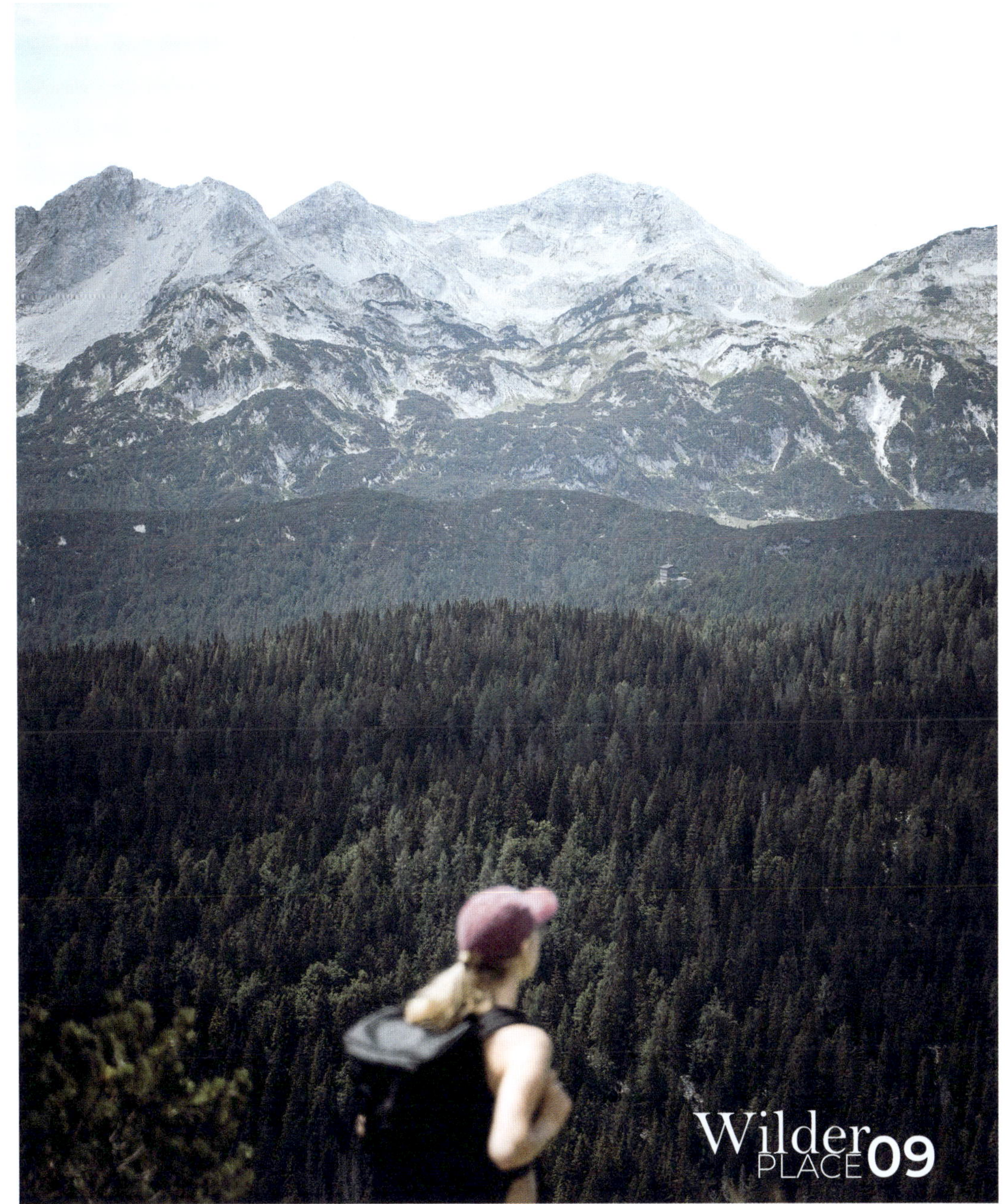

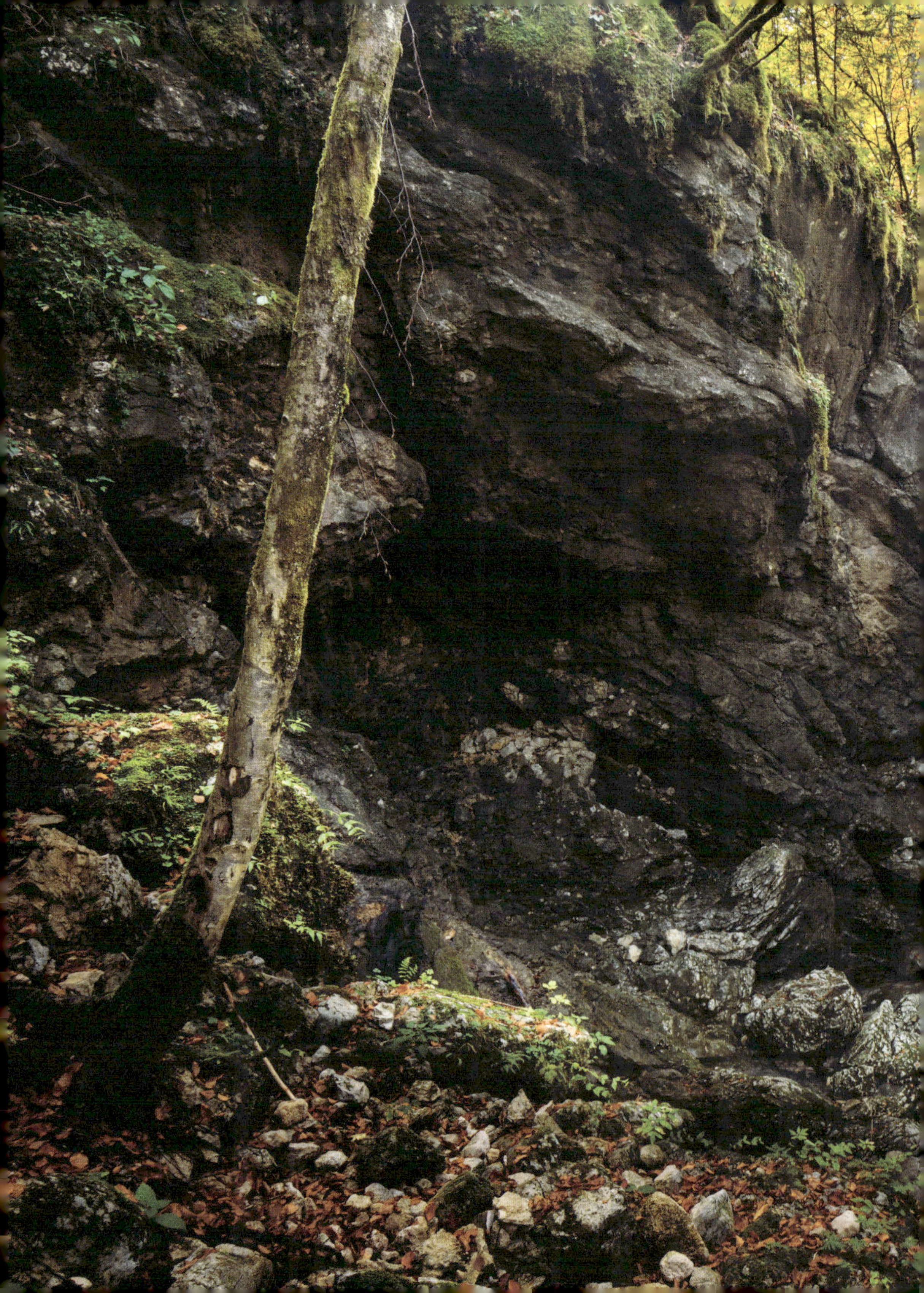

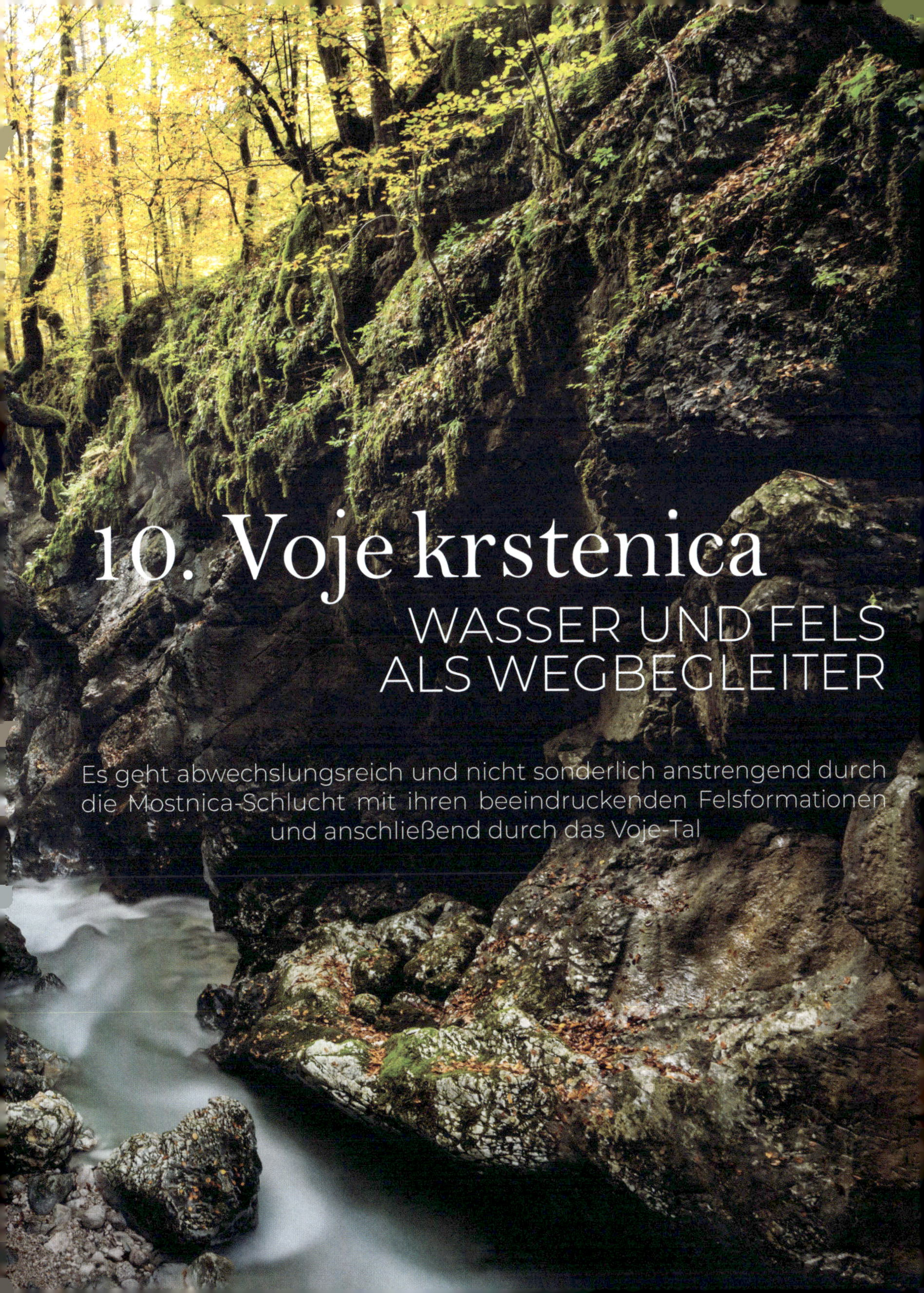

10. Voje krstenica

WASSER UND FELS ALS WEGBEGLEITER

Es geht abwechslungsreich und nicht sonderlich anstrengend durch die Mostnica-Schlucht mit ihren beeindruckenden Felsformationen und anschließend durch das Voje-Tal

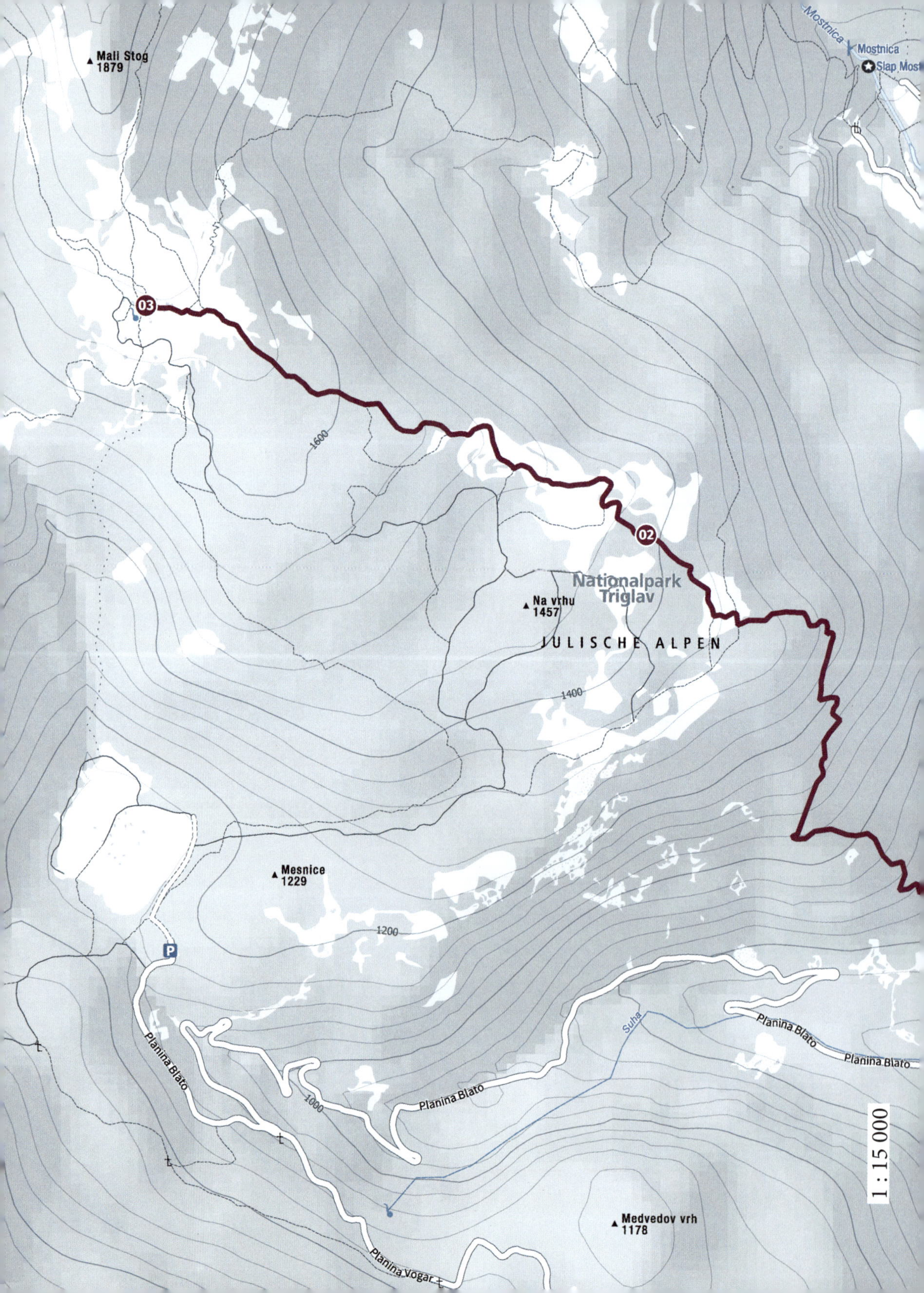

Mali Stog
1879
Mostnica
Mostnica
Slap Most
03
1600
02
Nationalpark
Triglav
Na vrhu
1457
JULISCHE ALPEN
1400
Mesnice
1229
1200
P
Suha
Planina Blato
Planina Blato
Planina Blato
Planina Blato
1000
Medvedov vrh
1178
Planina Vogar
1 : 15 000

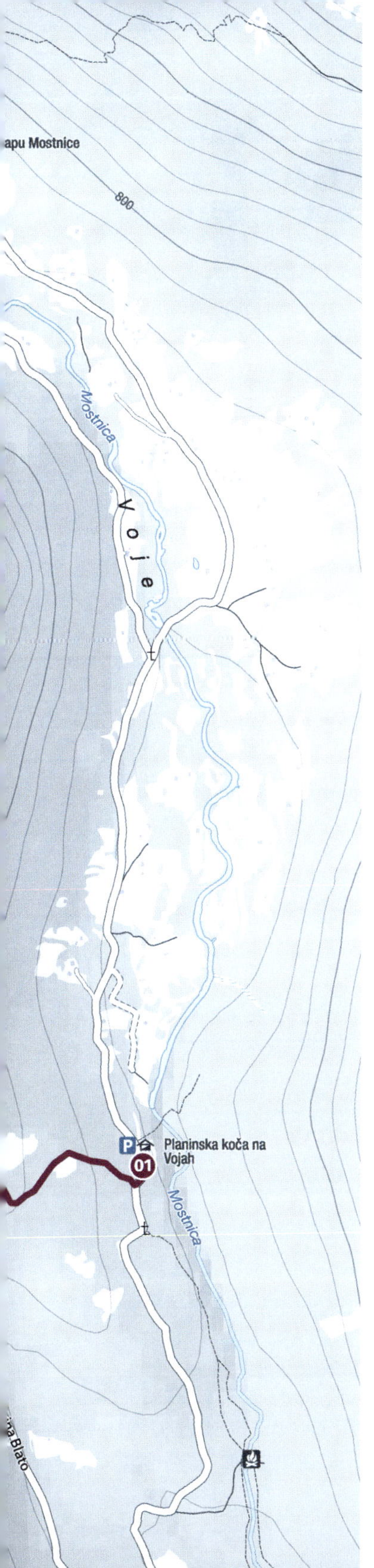

Enge Schlucht

WEITES TAL

Wenn die glühende Sommersonne viele Wandertouren zur Strapaze macht, dann gibt es glücklicherweise Ausweichmöglichkeiten, die nicht bloß eine Verlegenheitsalternative sind, sondern ganz für sich allein als wunderschöne Touren stehen, die man nicht verpassen sollte.

Viel Wasser und Schatten, das ist Balsam für die Seele im Hochsommer. Da macht es sogar wieder Spaß, sich zu bewegen und damit den Kreislauf ein wenig in Schwung zu bringen. Für die Begehung der Mostnica-Schlucht zahlt man einen kleinen Beitrag, mit dem die Wege erhalten werden können. Es ist die Ausgabe wert: Das beeindruckende Wasser in der Schlucht präsentiert sich in den schönsten Türkis- und Blautönen mal ruhig, dann wieder schnell über Felsen hüpfend und schäumende Strudel bildend. An manchen Stellen ist die Schlucht bis zu 20 Meter tief und nur schulterbreit. Das Wasser hat beeindruckende Formen in den Fels geschliffen, in denen sich mit etwas Fantasie unter anderem etwa ein Elefantenrüssel erahnen lässt. Bekanntlich sind die Gedanken jedoch frei – und damit der Fantasie keine Grenzen gesetzt.

Im krassen und interessanten Gegensatz zur Schlucht öffnet sich im Anschluss daran das Voje-Tal zu weitläufigen Blumenwiesen, auf denen im Sommer Weidevieh gehalten wird. Auch hier ist das Wasser nie weit.

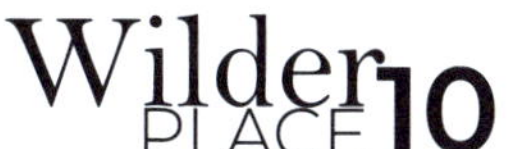

Voje krstenica

Eine leichte Alm-Wanderung in das Voje-Tal vorwiegend über Waldwege mit äußerst empfehlenswerter Verlängerungsmöglichkeit

Dauer ca. 4:30 h I Distanz: 8 km I Höhenmeter: 1000

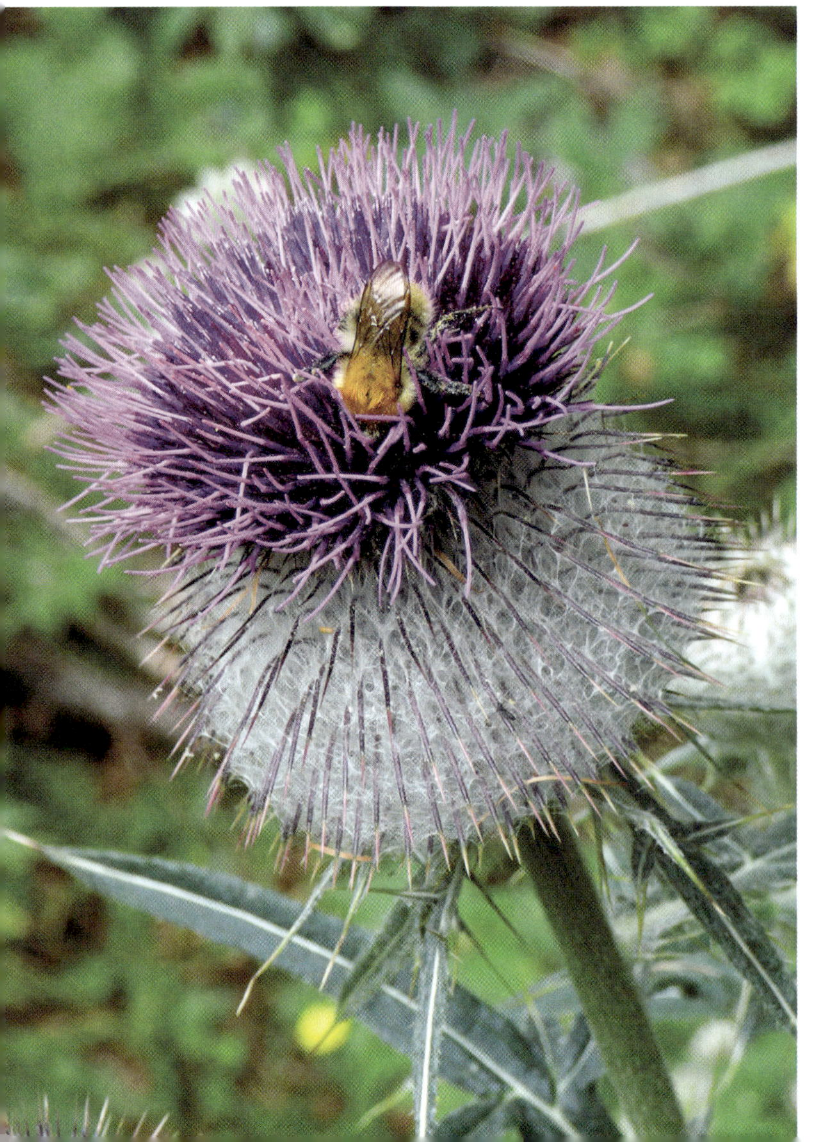

Eine leichte Wanderung zu einer der schönsten Almen in den Julischen Alpen. Wenn wir das Auto in Stara Fužina parken, verlängert sich die Tour um 45 Minuten, aber der Umweg lohnt sich sehr: Die Wunder der Natur in der Schlucht Mostnica sind atemberaubend. Zuerst die „Teufelsbrücke", dann die sogenannten „Korita" (Tröge) und als Highlight „der Elefant" (eine Schöpfung des Wassers und Gesteins). Kurz vor der Planinska koča na Vojah achten wir auf ein Wegschild, das uns nach Westen weist (Alm Krstenica, 2 ½ Std.).

▶ Ansonsten starten wir die Tour direkt bei der Planinska koča na Vojah **01**. Wir folgen einem Weg, welcher bergauf durch den Wald führt. Dieser ist gut beschildert und wir kommen bis zur einer Einebnung **02** auf ca. 1300 Meter Höhe. Dort gibt es viele umgestürzte Bäume, außerdem überquert unser markierter Weg einen nicht markierten. Wir wandern weiterhin nach wie vor Richtung Westen/Nordwesten. Umso näher wir der Alm kommen, desto flacher wird das Gelände. Zum Schluss treten wir aus dem Wald hinaus und müssen noch ein paar Meter absteigen, damit wir die bewirtschaftete Hütte erreichen.

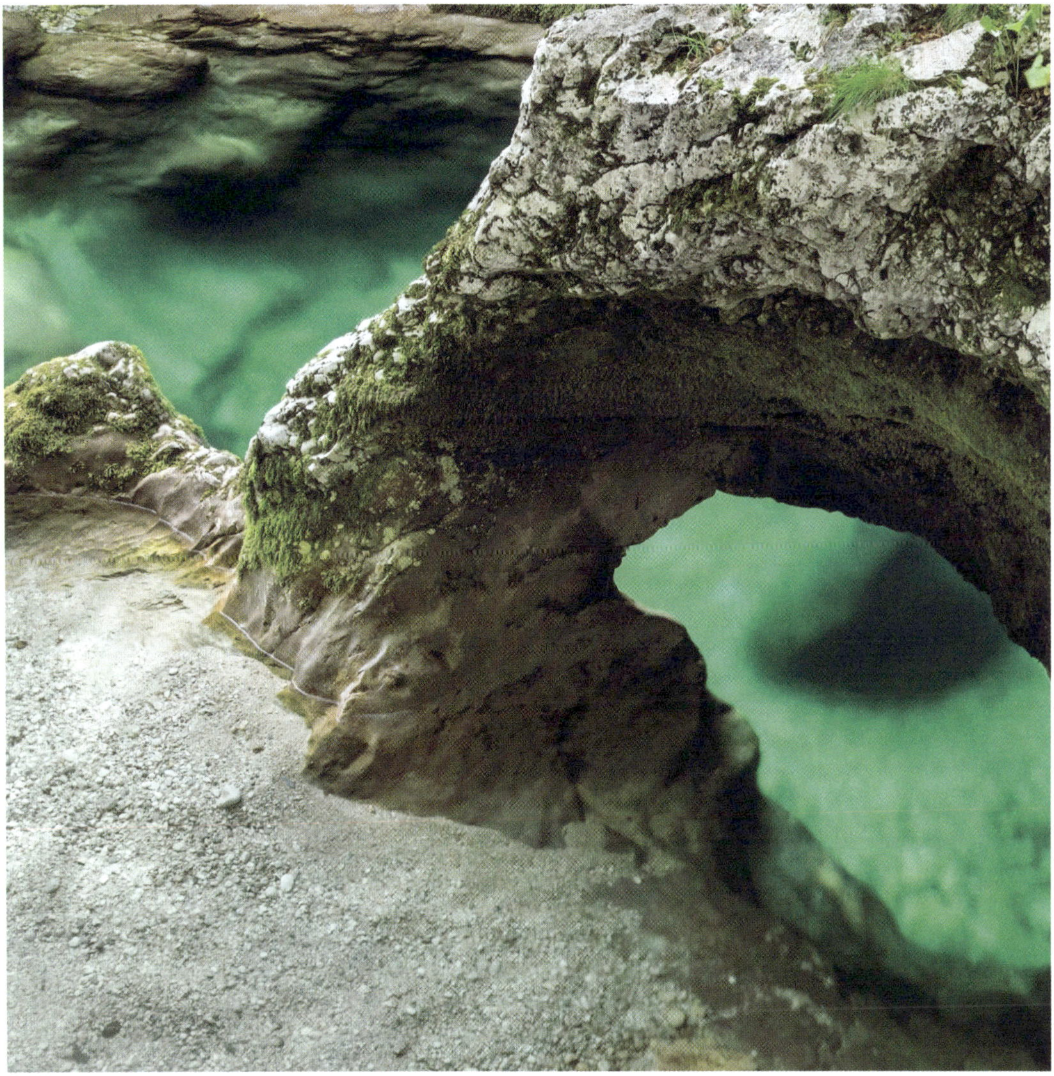

Wir befinden uns auf weichen Wiesen, die grauen Felsen sind nur von Weitem zu sehen.

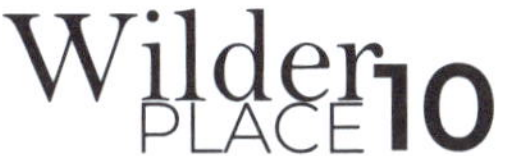

In der bewirtschafteten Almhütte Krstenica **03** bekommen wir gutes Essen und Getränke. Wenn wir nicht den direkten Weg zum Abstieg nutzen wollen, gibt es Abstiegsvarianten über die Alm Blato Richtung Süden oder die Alm Zgornja Richtung Norden.

11. Rodica

MARKANTE SCHÖNHEIT MIT WEITBLICK

Bergblicke, Seeblicke, Meerblicke und dann auch noch zu jeder Jahreszeit machbar – die perfekte Tour?

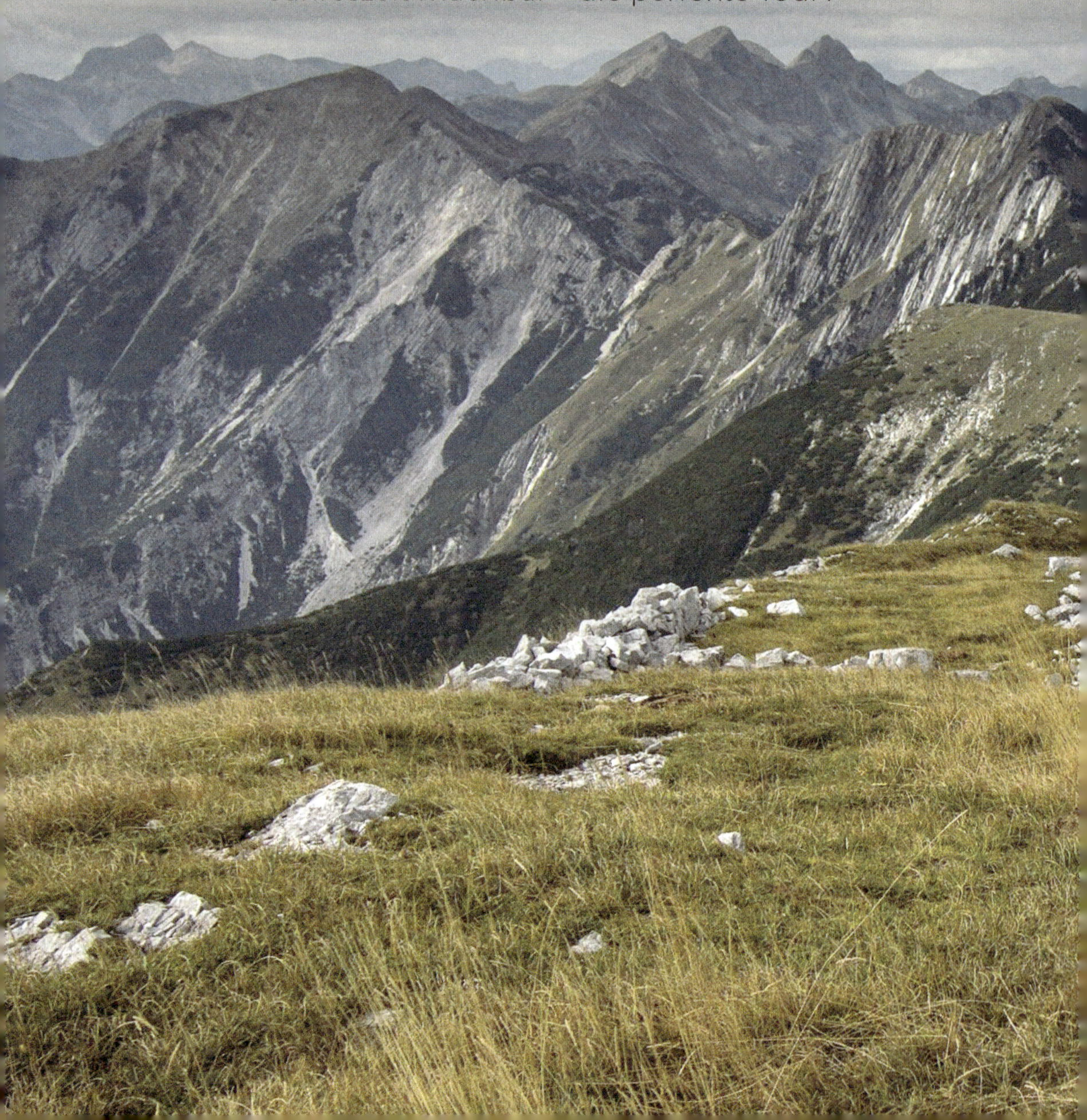

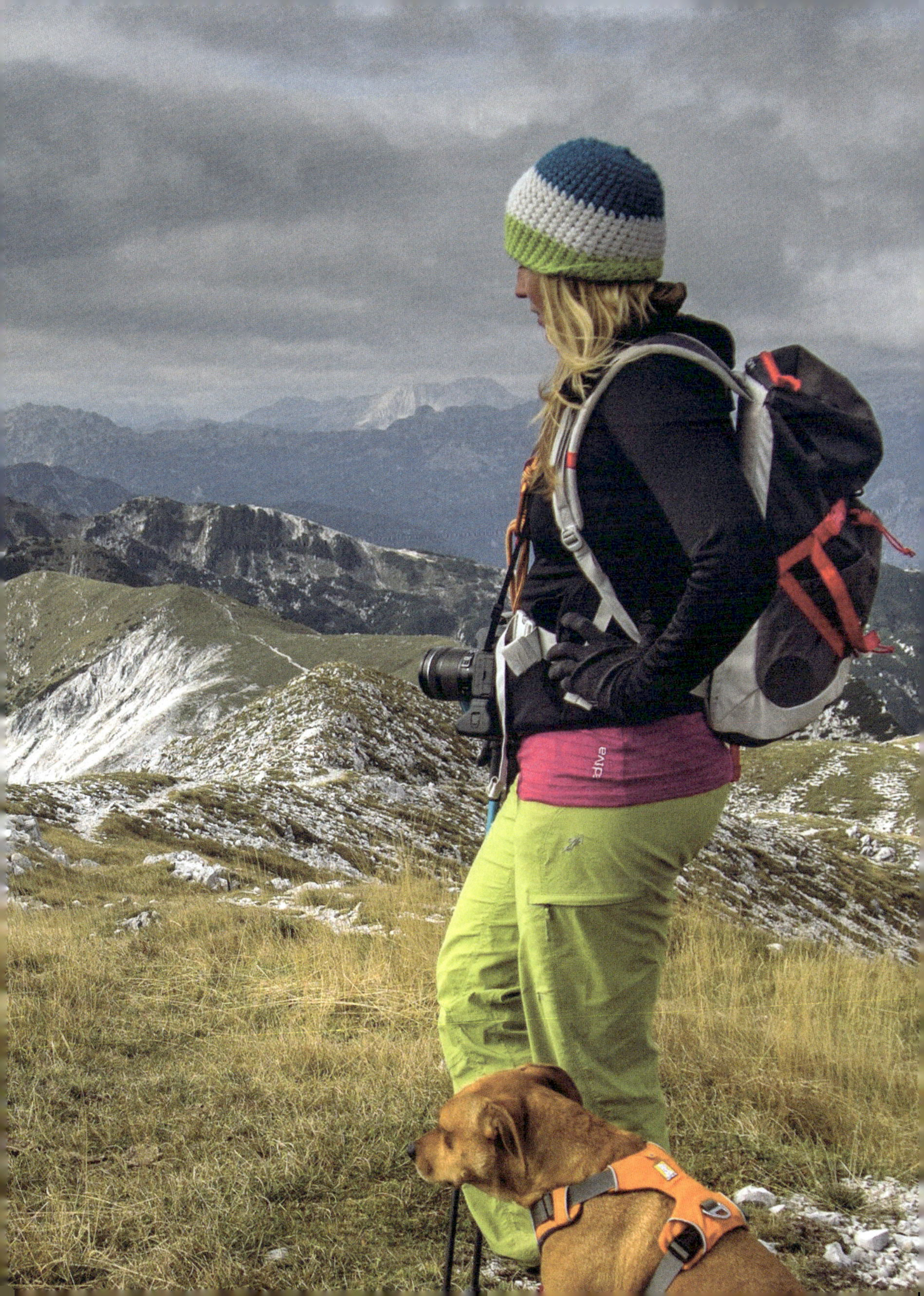

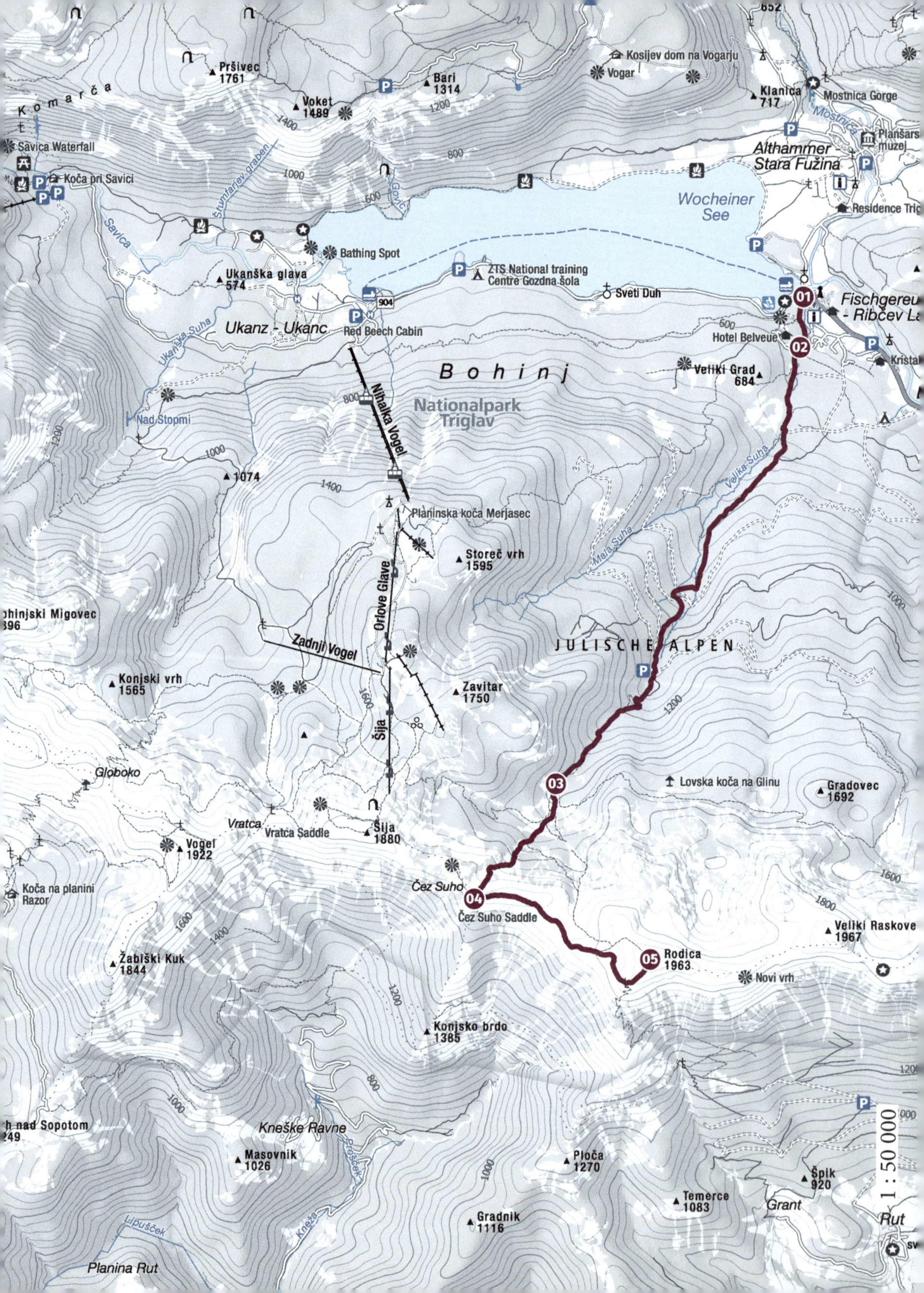
Komarča
Pršivec 1761
Voket 1489
Bari 1314
Kosijev dom na Vogarju
Vogar
Klanica 717
Mostnica Gorge
Mostnica
Planšarski muzej
Althammer Stara Fužina
Savica Waterfall
Koča pri Savici
Štumfarjev graben
Govic
Wocheiner See
Residence Triglav
Savica
Bathing Spot
Ukanška glava 574
ZTS National training Centre Gozdna šola
Sveti Duh
Fischgereuth - Ribčev Laz
Ukanz - Ukanc
Red Beech Cabin
904
Hotel Belveue
Veliki Grad 684
Kristal
Bohinj
Nationalpark Triglav
Nihalka Vogel
Nad Stopmi
1074
Velika Suha
Planinska koča Merjasec
Mala Suha
Storeč vrh 1595
Orlove Glave
Bohinjski Migovec 1896
JULISCHE ALPEN
Zadnji Vogel
Konjski vrh 1565
Zavitar 1750
Šija
Lovska koča na Glinu
Gradovec 1692
Globoko
Vratca
Vratca Saddle
Šija 1880
Vogel 1922
Koča na planini Razor
Čez Suho
Čez Suho Saddle
Veliki Raskovec 1967
Rodica 1963
Novi vrh
Žabiški Kuk 1844
Konjsko brdo 1385
Vrh nad Sopotom 1249
Kneške Ravne
Masovnik 1026
Ploča 1270
Špik 920
Temerce 1083
Grant
Rut
Gradnik 1116
Lipušček
Prošček
Kneža
Planina Rut
1 : 50 000
01
02
03
04
05

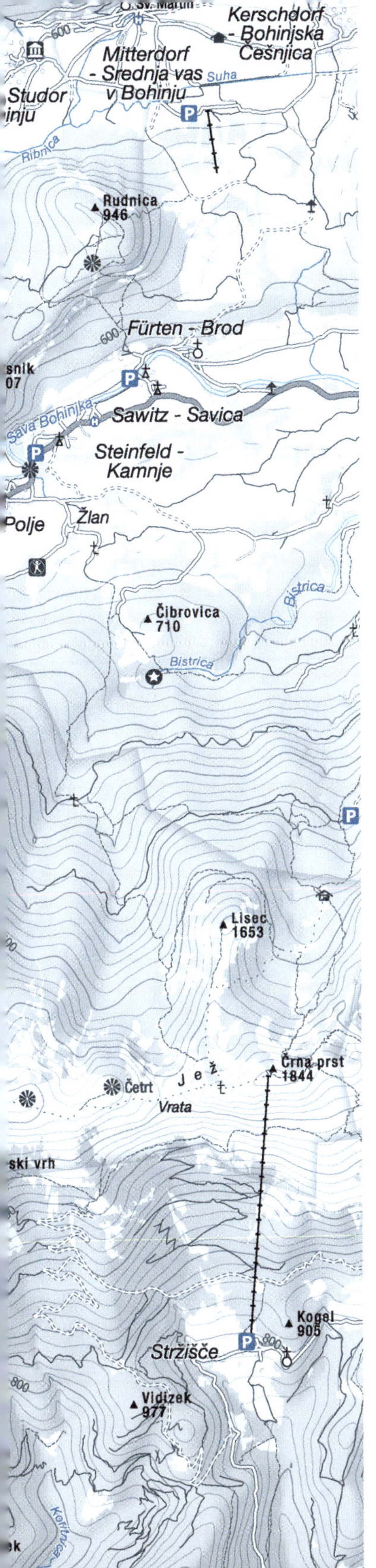

Grüße von
DER ADRIA

Der Berg Rodica ist zu jeder Jahreszeit ein beliebtes Ziel. Kein Wunder – die Aussicht vom Gipfel ist fantastisch und reicht an klaren Tagen bis nach Venedig und Grado. Dreht man sich um, schweift der Blick über den Wocheiner See, Bergpanorama inklusive.

Während des Ersten Weltkriegs verlief die Frontlinie zwischen Österreich-Ungarn und Italien durch die Julischen Alpen, der Berg Rodica war aufgrund seiner strategischen Bedeutung zur Kontrolle der Alpenpässe und der Grenzregionen Teil des Konflikts. Noch heute sind Überreste von Befestigungen und Schützengräben aus dieser Zeit in der Umgebung des Gipfels zu sehen, stille Zeugen der vergangenen Kämpfe und Erinnerung an die harten Bedingungen, unter denen die Soldaten damals kämpfen mussten.

So nachdenklich diese Überreste stimmen, so beeindruckend ist das Panorama, das der Berg bietet. Die Adria grüßt nur von weitem, der Wocheiner See liegt da schon näher und kann praktischerweise nicht nur aus der Ferne genossen werden, sondern auch ganz unmittelbar, wenn man nach der Tour die Wanderstiefel abstreift und die Füße in seinem kühlen Nass wohltuende Erleichterung erfahren. Noch besser: Badesachen anziehen und einen wunderbaren Tag mit einem Sprung in Sloweniens größtem See ausklingen lassen!

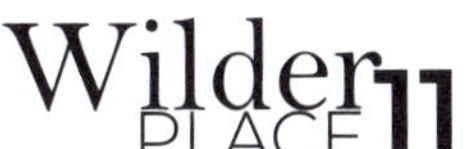

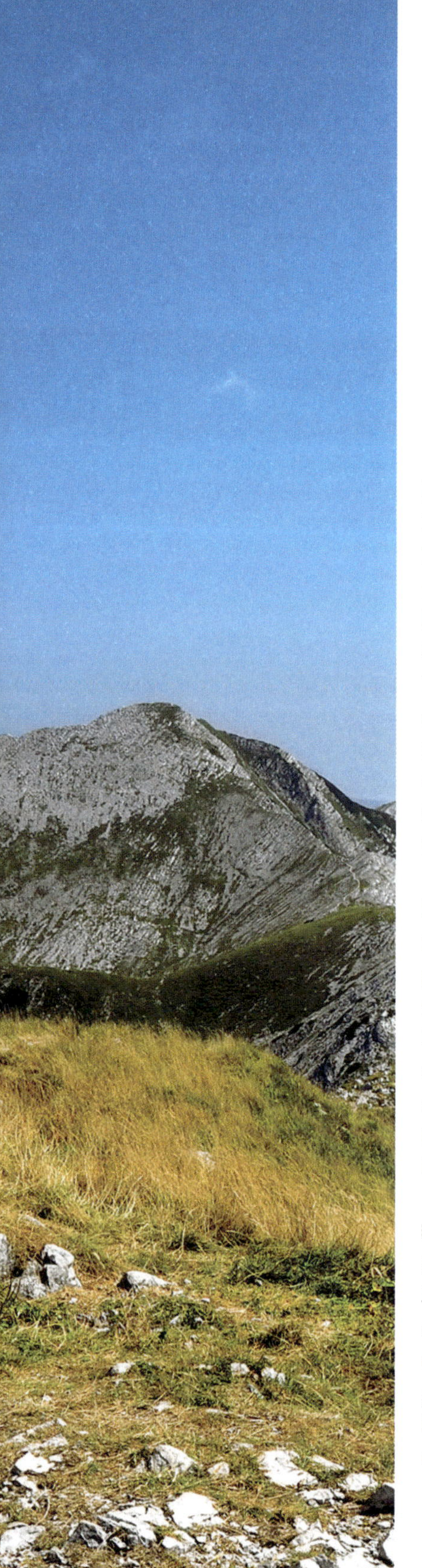

Rodica

Die leichte aber sehr lange Wanderung, die viel Ausdauer erfordert, führt auf einen Gipfel, der Lust auf den Winter und Skitouren macht.

Dauer ca. 7:00 h I Distanz: 12 km I Höhenmeter: 1400

Hier erwartet uns eine sehr lange, aber leichte Wanderung. Dabei bieten sich immer wieder schöne Ausblicke über den Bohinjsee, der auch Wocheiner See genannt wird. Am Ende der Tour bietet das glasklare Wasser herrliche Erfrischung! Nicht nur im Sommer ist das Gebiet ein beliebtes Ausflugsziel, auch im Winter bietet es sich für Skitouren an.

Es gibt wenige Parkmöglichkeiten in der Nähe des Ausgangspunkts. Deshalb ist es ratsam, sich 1 km östlich in Richtung Bohinjska Bistrica an der Rechtsabzweigung auf der Forststraße zu halten. Nach 1 km gelangt man zum Wanderweg auf den Rodica, hier endet die Straße.

▶ Der Ausgangspunkt ist nicht schwer zu finden. Das Hotel Jezero **01** liegt an der Hauptstraße zum See. Wir passieren das Ende der Forststraße **02** und gehen weiter entlang der Markierungen. Ein Wegweiser führt uns nach links in das Suha-Tal. Diesem folgen wir bis zur Waldgrenze (Suhaalm 1385 m). Man überquert auf dem Weg hierher einige Forststraßen. Auf der Suhaalm **03** (2 Stunden von Ribčev Laz und 1 Stunde von der letzten Überquerung der Forststraße) auf ca. 1050 Meter können wir rasten, meist gibt es aber keine Bewirtung, es sei denn ein Hirte ist gut bei Laune und bietet etwas an. Nun gelangen wir zu einer Strecke mit besserer Aussicht. Zuerst geht es steil bergauf, bis wir das Becken Zadnja Suha erreichen. Danach wird es zum Hauptkamm hin etwas flacher. Diesen erreichen wir auf dem Sattel Čez Suho (1773 m) **04**. Nun biegt unser Weg nach Osten (links) ab und circa in circa einer halben Stunde erreichen wir den Gipfel Rodica (1966 m) **05**.

Da der Gipfel nur 70 Kilometer Luftlinie entfernt von der Adria liegt, kann man bei einigermaßen schönem Wetter das Meer sehen. Meistens ist die Werft Monfalcone zu sehen (man kann dort die riesigen Schiffe beobachten), Grado und sogar Venedig.

Wir kehren auf demselben Weg über den Sattel Čez Suho (1773 m) 04, die Suhaalm (1385 m) 03 und über einige Forststraßen nach Ribčev Laz zurück.

Man kann die Tour auch als Rundgang machen, indem man vom Gipfel nach Osten (Wegweiser für Črna Prst) bis zur Zorko Jelinčič Hütte (1840 m) geht (ca. 3 Stunden), dort übernachtet, am nächsten Tag hinunter nach Bohinjska Bistrica wandert und mit dem Bus nach Ribčev Laz zurückkehrt. Eine gute Wanderkarte ist Voraussetzung für diese Rundtour.

Als Tagesausflug ist auch ein Rundgang über das Skigebiet Vogel möglich. Wir steigen dafür zunächst auf dem Weg des Aufstiegs ab. Vom Sattel Čez Suho (1773 m) folgen wir den Schildern Berg Vogel und in 1 ½ Stunden erreichen wir die Skilifte. Auf den Pisten wandern wir (wenn wir Glück haben, können wir auch mit dem Sessellift fahren) bis zur oberen Station der Kabinenbahn Vogel. Von der Talstation sind es nur noch 4 Kilometer bis zum Ausgangsort.

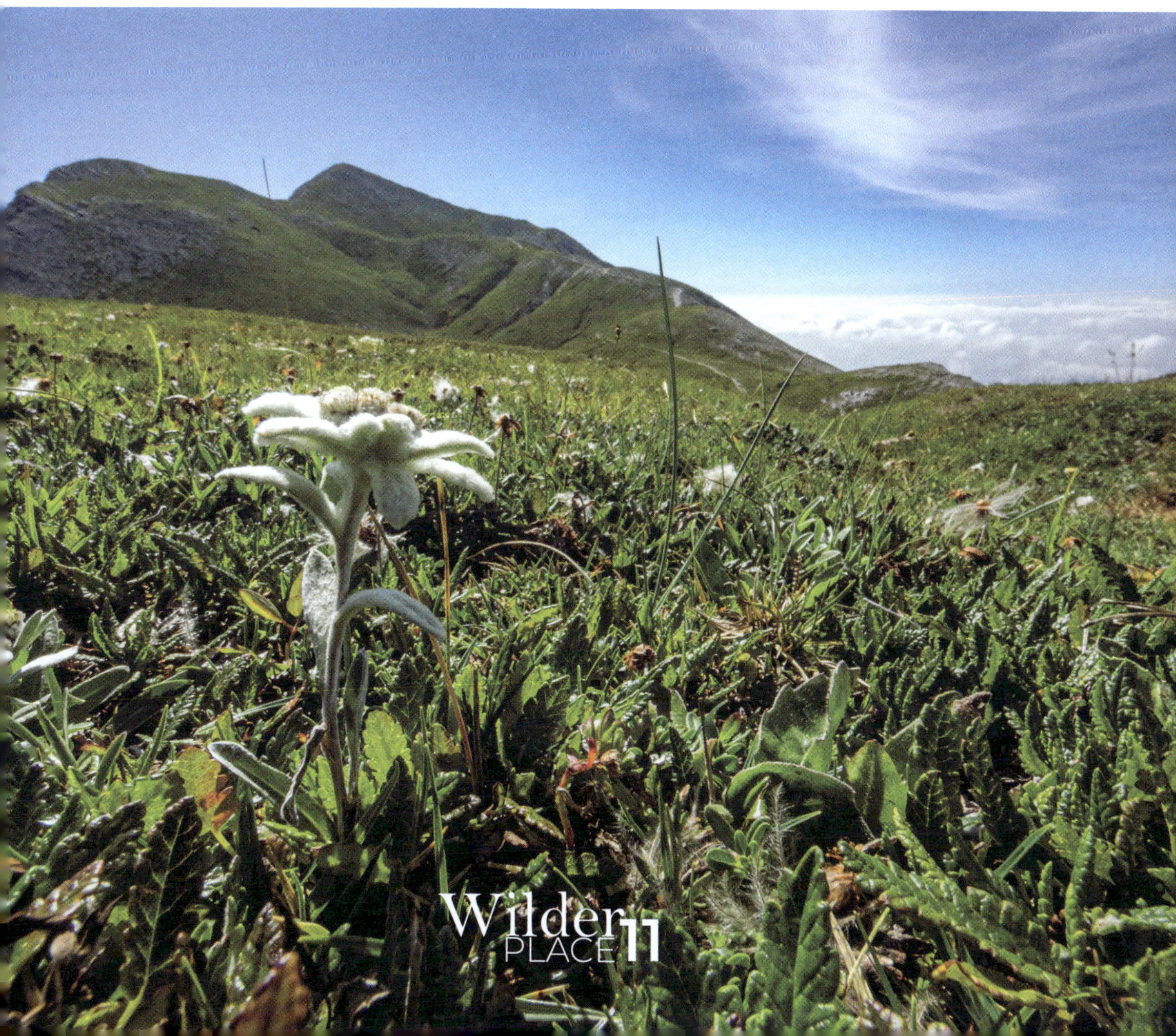

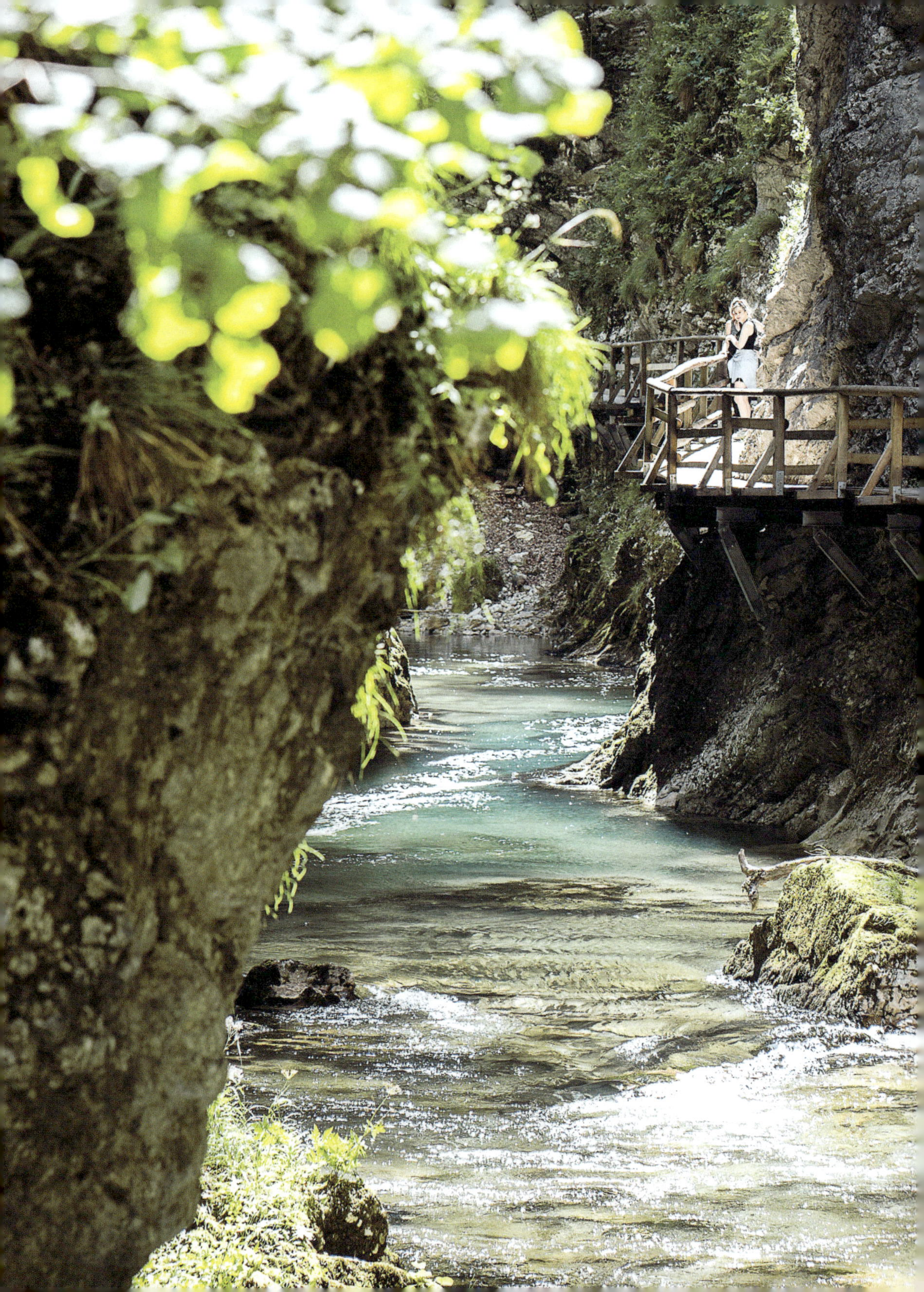

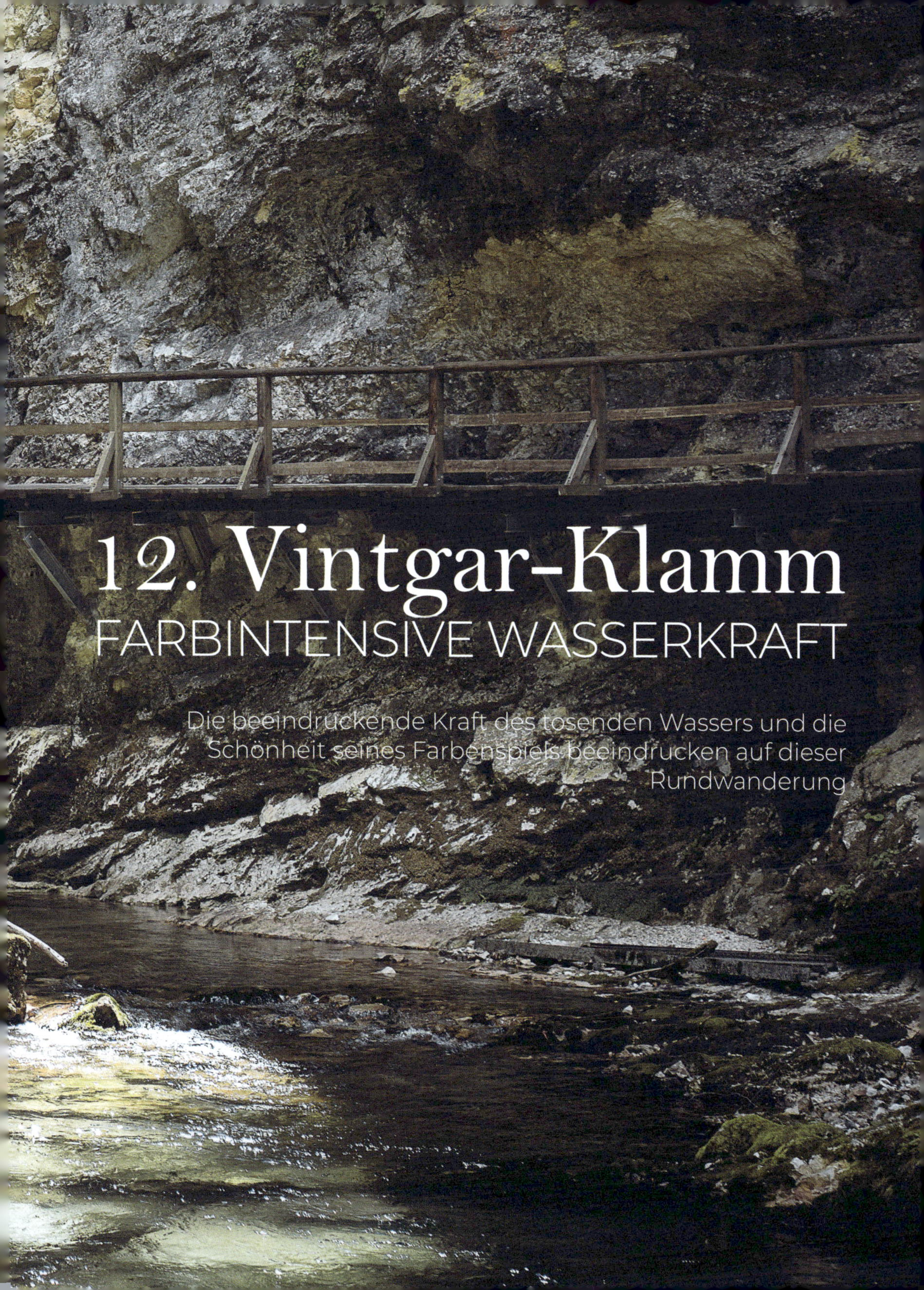

12. Vintgar-Klamm

FARBINTENSIVE WASSERKRAFT

Die beeindruckende Kraft des tosenden Wassers und die Schönheit seines Farbenspiels beeindrucken auf dieser Rundwanderung

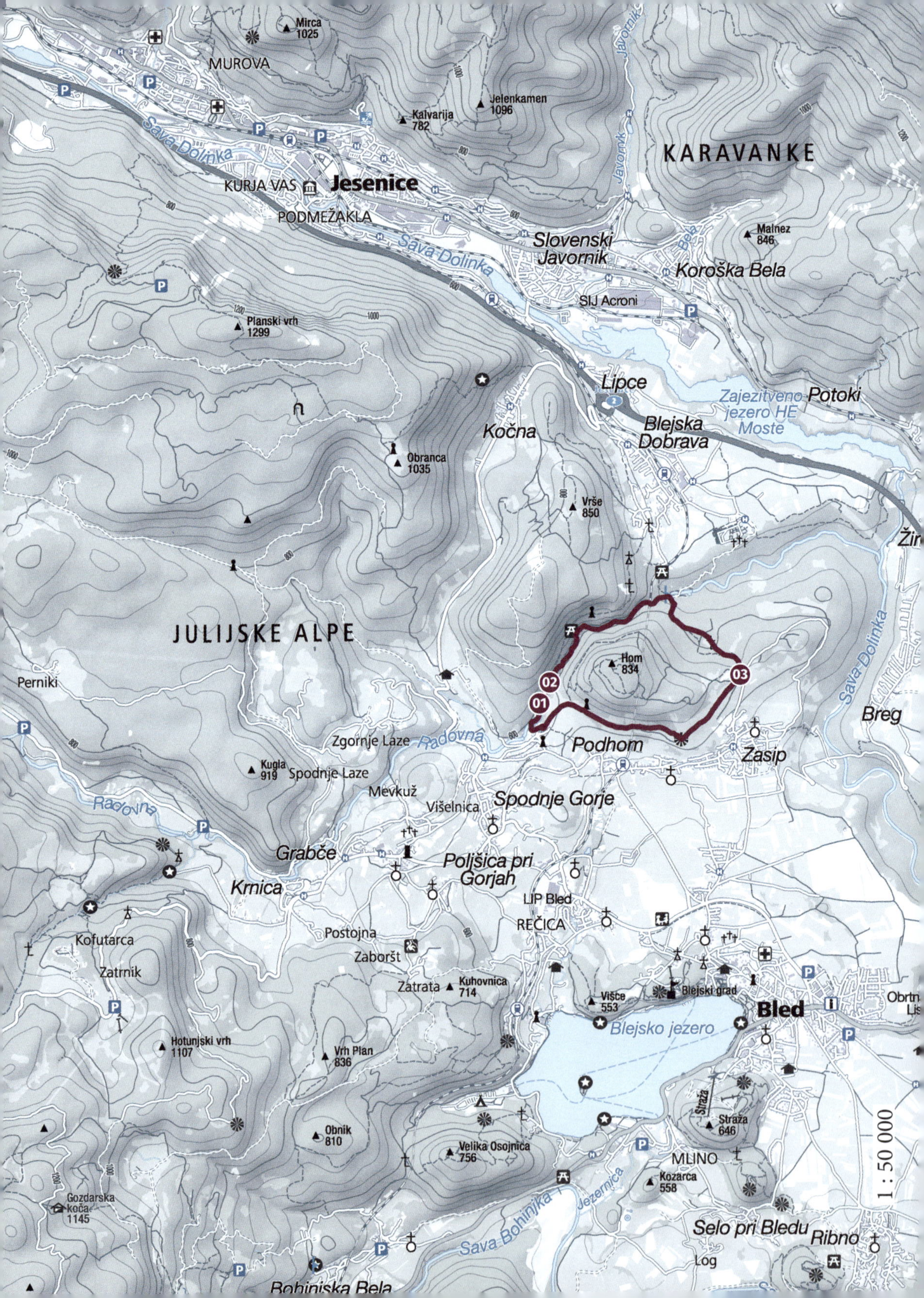

Mirca 1025
MUROVA
Jelenkamen 1096
Kalvarija 782
Sava Dolinka
KARAVANKE
KURJA VAS
Jesenice
PODMEŽAKLA
Sava Dolinka
Slovenski Javornik
Malnez 846
Koroška Bela
SIJ Acroni
Planski vrh 1299
Lipce
Zajezitveno jezero HE Moste
Potoki
Kočna
Blejska Dobrava
Obranca 1035
Vrše 850
JULIJSKE ALPE
Hom 834
Perniki
Zgornje Laze
Radovna
Podhom
Zasip
Breg
Sava Dolinka
Kugla 919
Spodnje Laze
Mevkuž
Višelnica
Spodnje Gorje
Radovna
Grabče
Poljšica pri Gorjah
Krnica
LIP Bled
REČICA
Kofutarca
Postojna
Zaboršt
Zatrnik
Zatrata
Kuhovnica 714
Višce 553
Blejski grad
Bled
Blejsko jezero
Hotunjski vrh 1107
Vrh Plan 836
Straža
Straža 646
Obnik 810
Velika Osojnica 756
MLINO
Kozarca 558
Gozdarska koča 1145
Sava Bohinjka
Jezernica
Selo pri Bledu
Ribno
Log
Bohinjska Bela
1 : 50 000

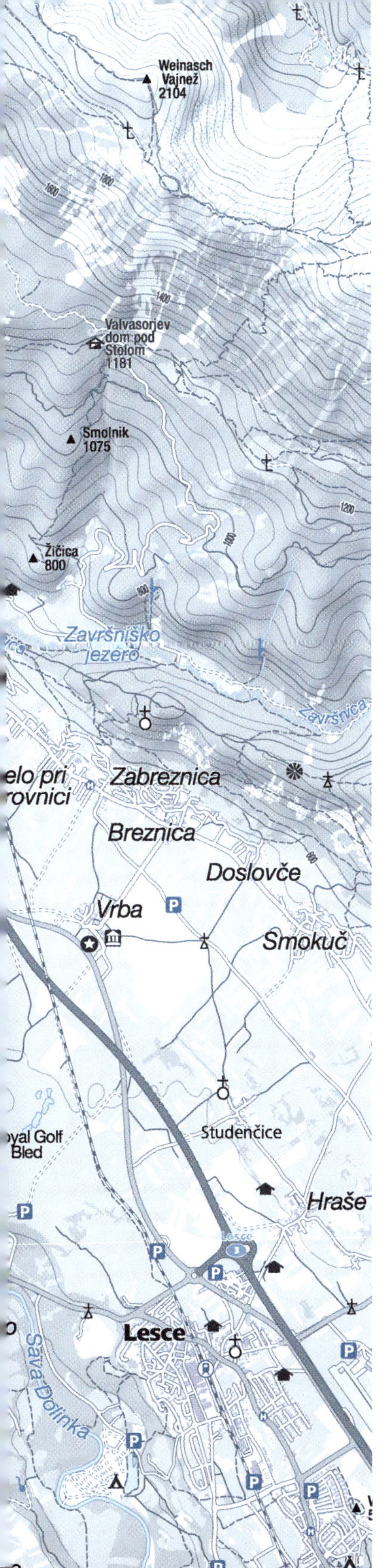

Natürliche
SEHENSWÜRDIGKEIT

Die Radovna hat sich zwischen den Bergen Hom und Boršt bis zu 250 Meter tief in den Fels gegraben und dabei eine Klamm geschaffen, die zu Recht eine der beliebtesten Natursehenswürdigkeiten Sloweniens ist.

Die wildromantische Schlucht rund 4 Kilometer nordwestlich von Bled beeindruckt mit dem smaragdgrünen, kristallklaren Wasser der Radovna und ist zu jeder Tageszeit äußerst fotogen: Früh am Morgen zaubert der Nebel oft noch eine mystisch anmutende Kulisse. Sobald sich die Sonne durchsetzen kann, wetteifern sämtliche Grüntöne des Wassers und des Bewuchses miteinander und man kann sich an den beeindruckenden Wasserfällen, Stromschnellen und türkisfarbenen Becken kaum sattsehen.

Während der Hauptsaison empfiehlt es sich, die Tour möglichst früh am Morgen zu machen, um das Naturschauspiel noch in Ruhe genießen zu können. Wer nur schwer aus dem Bett kommt, sollte sich schon vorab online eine Eintrittskarte sichern. In den Wintermonaten ist die Klamm geschlossen und kann nicht begangen werden, über die aktuellen Öffnungszeiten informiert man sich am besten im Internet.

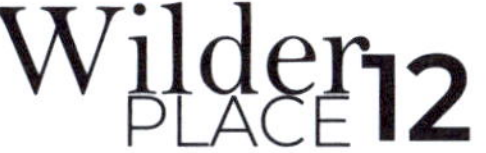

Vintgar-Klamm

Beliebter Rundwanderweg im Triglav-Nationalpark, mit Schwierigkeiten ist nicht zu rechnen.

Dauer ca. 1:40 h I Distanz: 5,4 km I Höhenmeter: 190

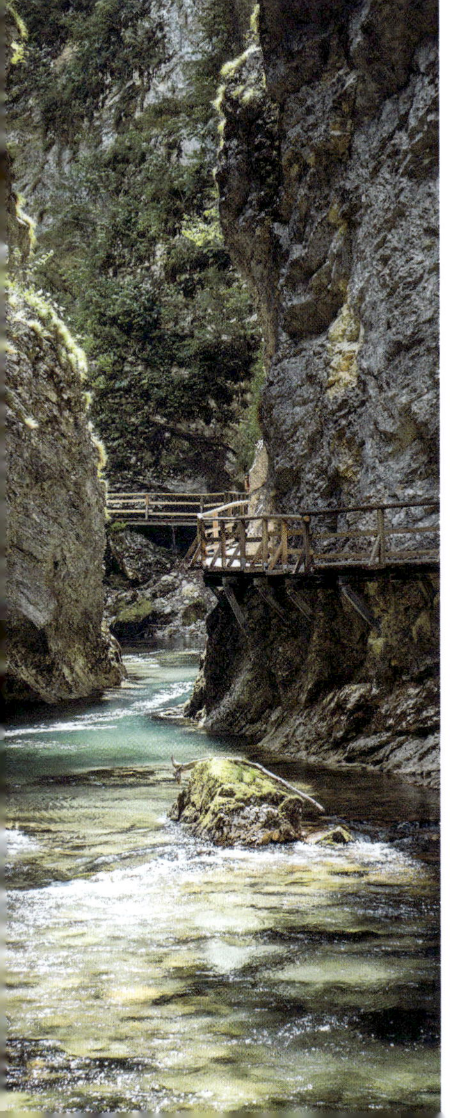

Die Vintgar-Klamm ist eine der beliebtesten und bekanntesten Natursehenswürdigkeiten in der Region. Sie wurde 1893 der Öffentlichkeit zugänglich gemacht. Heute verfügt sie über einen Staudamm und eine der größten vollständig erhaltenen Steinbogen-Eisenbahnbrücken Sloweniens. Vor allem im Sommer kann es auf dem Rundweg sehr voll werden, die Route ist allerdings das ganze Jahr über begehbar und zu jeder Jahreszeit einen Ausflug wert.

▶ Vom Parkplatz 01 aus wandert man taleinwärts und kommt rasch auf den Klammweg, der dicht entlang des Flusses führt und mehrmals dessen Seiten wechselt. Hauptsächlich verläuft der Weg auf Holzstegen und über Holztreppen (Vorsicht: Rutschgefahr bei Nässe), die Kühle des rauschendes Wassers ist vor allem an heißen Sommertagen eine Wohltat und der Fluss beeindruckt durchgehend mit seiner Kraft und allen Schattierungen von Grün. Kurz nach Unterquerung der Steinbogen-Eisenbahnbrücke erreicht man den zauberhaften Wasserfall 02.

Hier knickt der Weg nach rechts ab, führt weg vom Fluss und durch Wald zur kleinen St.-Katharinenkirche 03. Rechts kurz entlang der Straße und dann auf einem angenehmen Weg mit schönen Ausblicken vorbei an Wiesen bis zu den ersten Häusern. Hier wechselt man die Flussseite nach rechts und gelangt zum Ausgangspunkt 01 zurück.

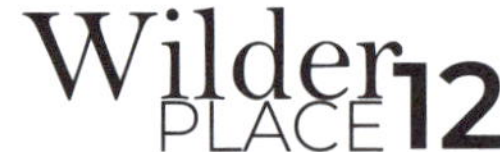

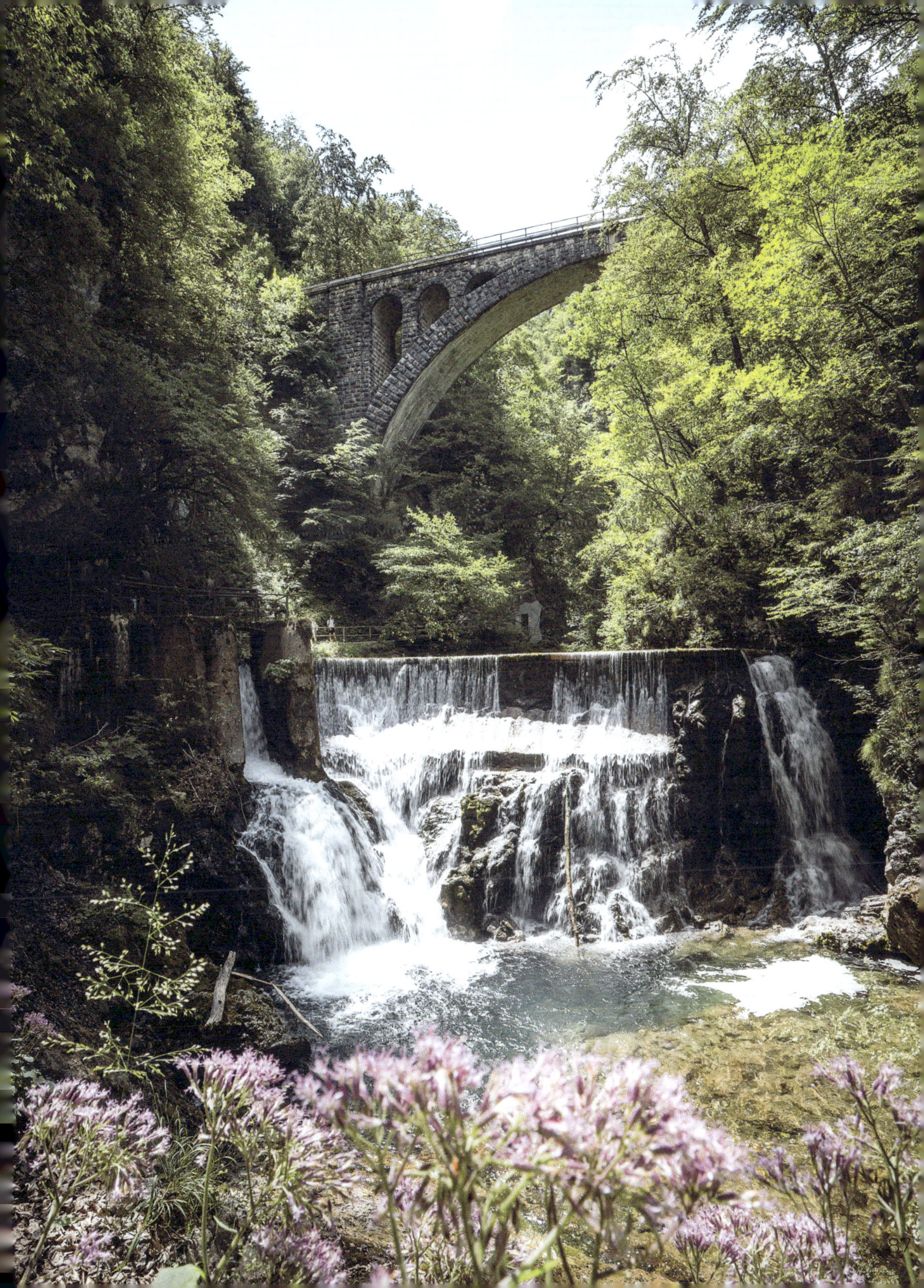

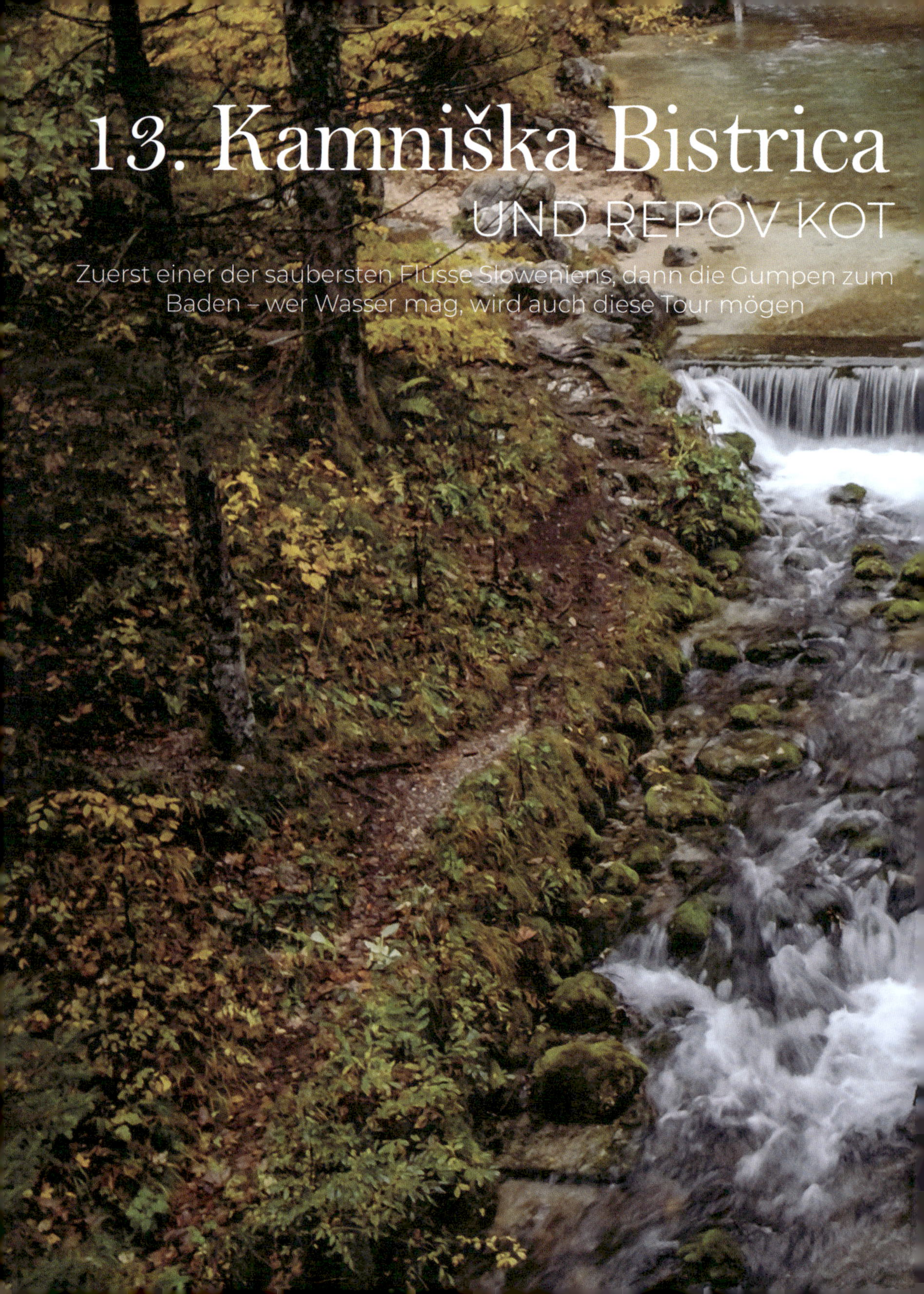

13. Kamniška Bistrica

UND REPOV KOT

Zuerst einer der saubersten Flüsse Sloweniens, dann die Gumpen zum Baden – wer Wasser mag, wird auch diese Tour mögen

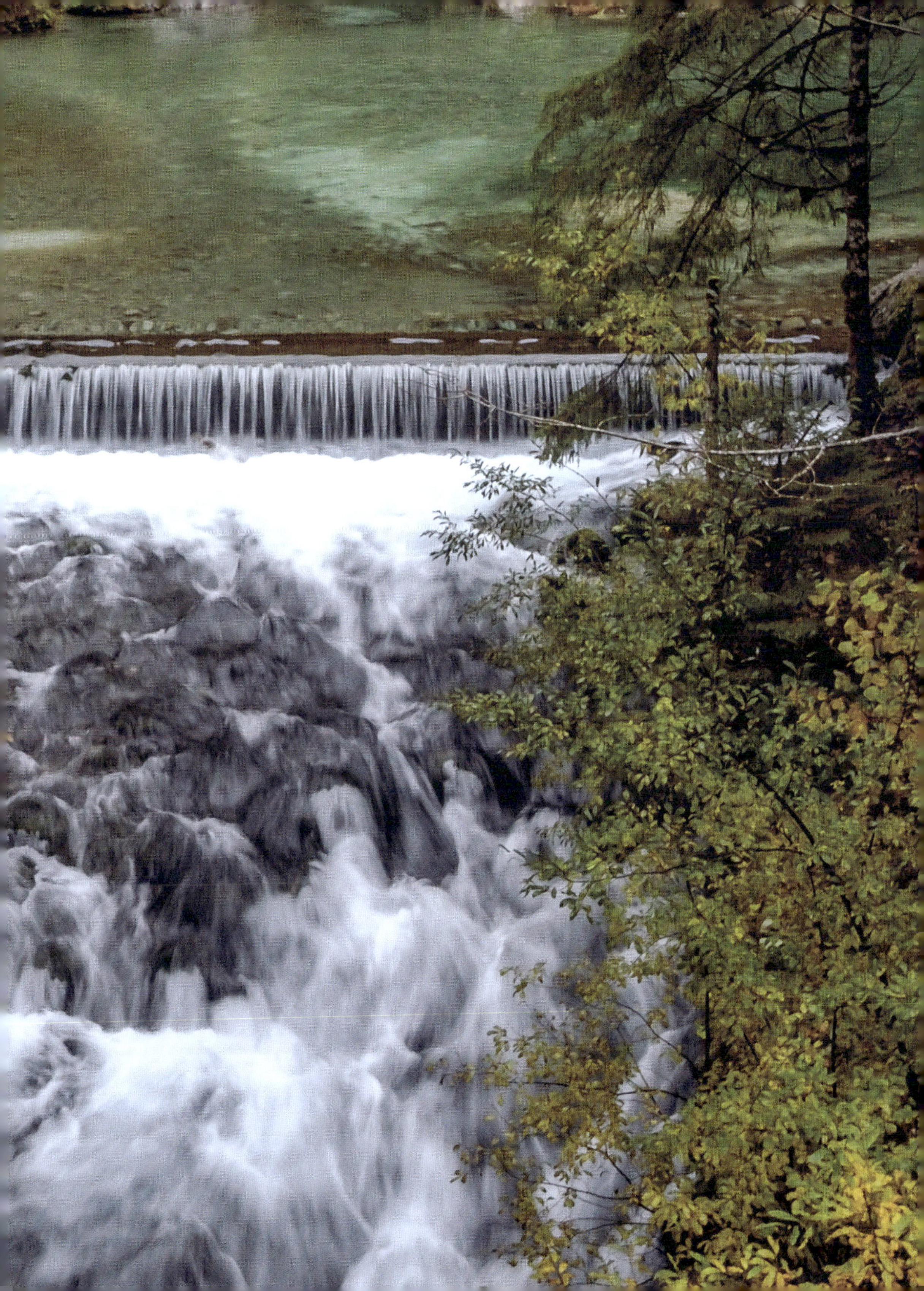

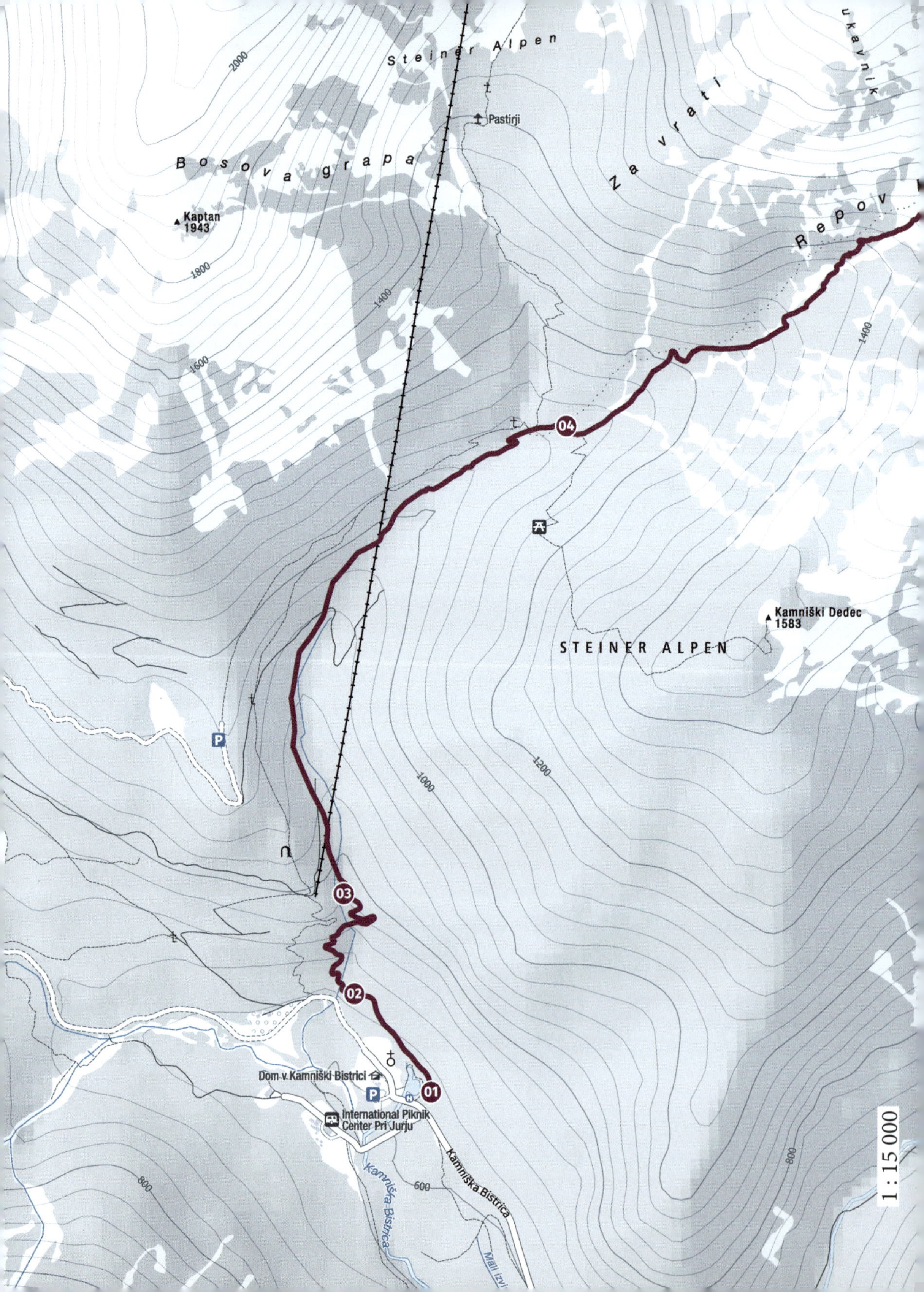
Steiner Alpen
Pastirji
Bosova grapa
Za vrati
Repov
Kaptan 1943
2000
1800
1600
1400
STEINER ALPEN
Kamniški Dedec 1583
1200
1000
800
600
Dom v Kamniški Bistrici
International Piknik Center Pri Jurju
Kamniška Bistrica
Mali Izvir
01
02
03
04
1 : 15 000

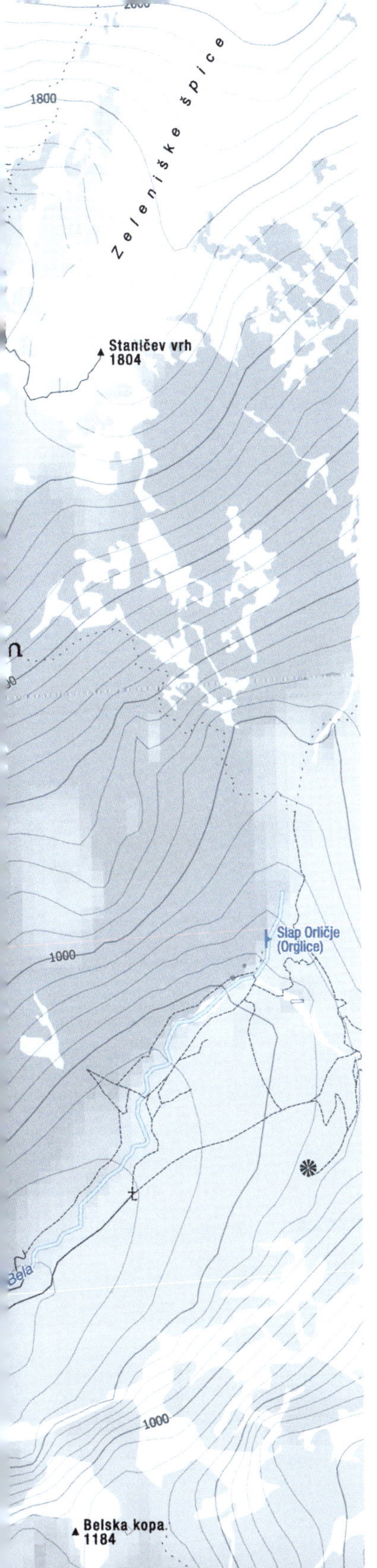

Gumpenbaden

MIT AUSBLICK

Eingerahmt von den mächtigen Gipfeln der Steiner Alpen erstreckt sich das Tal Kamniška Bistrica, das seinen Namen dem 33 Kilometer langen Fluss verdankt – einem der saubersten in Slowenien. Mineralien sind der Grund für sein faszinierendes kristallklares Grün.

Der Fluss Kamnik Bistrica entspringt in einem Alpental glazialen Ursprungs und bahnt sich seinen Weg durch eine malerische Schlucht, rundherum grüßen die Gipfel der Steiner Alpen. Der Andrang auf den aussichtsreichen und nicht allzu schwer zu bezwingenden Bergsattel Kamniško Sedlo ist meist groß, doch die hier vorgestellte Tour hat ein anderes Ziel: Eine Reihe von Gumpen, die sich wie auf einer Perlenschnur aufgefädelt in den Sommermonaten dank eines nicht allzu viel Wasser führenden Flusses auf angenehme Badetemperaturen aufheizen. Die Bergkulisse ist auch hier nicht minder beeindruckend.

Die Tour lässt sich übrigens nicht nur in den heißen Monaten der Hauptsaison machen. Während der kälteren Zeit werden zwar nur die wirklich Hartgesottenen in die natürlichen Badewannen tauchen, für alle anderen ist aber auch der Anblick der Wasserbecken inmitten der schönen und unberührten Natur ein wunderbares Erlebnis.

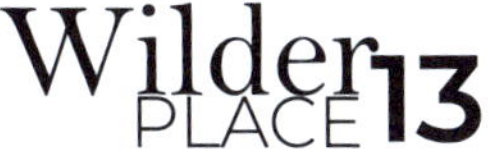

Kamniška Bistrica

Es erwartet dich ein interessanter Wanderweg, auf dem du deine Orientierungsfähigkeit auf die Probe stellen kannst.

Dauer ca. 5:00 – 6:00 h I Distanz: 10 km I Höhenmeter: 1000

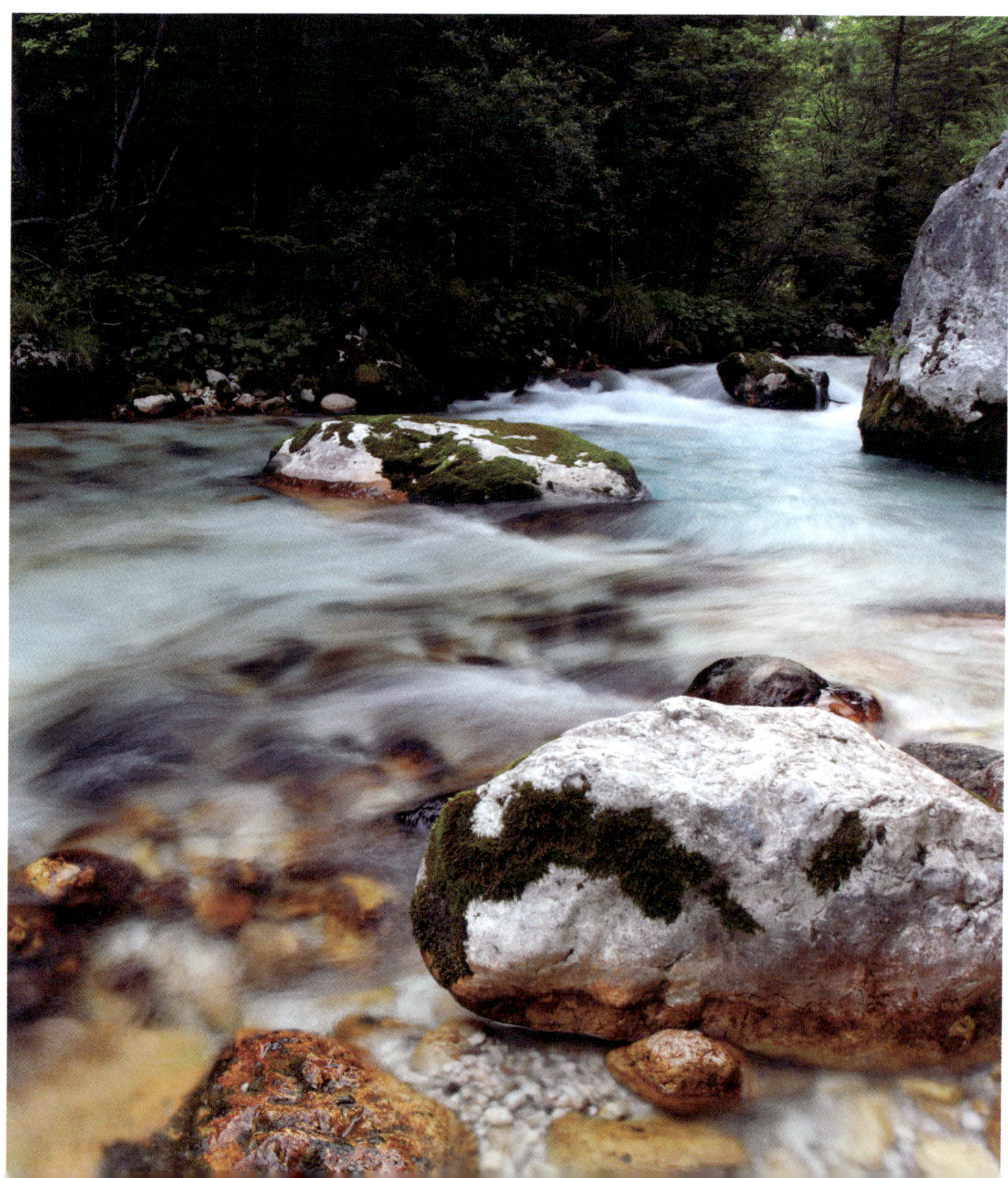

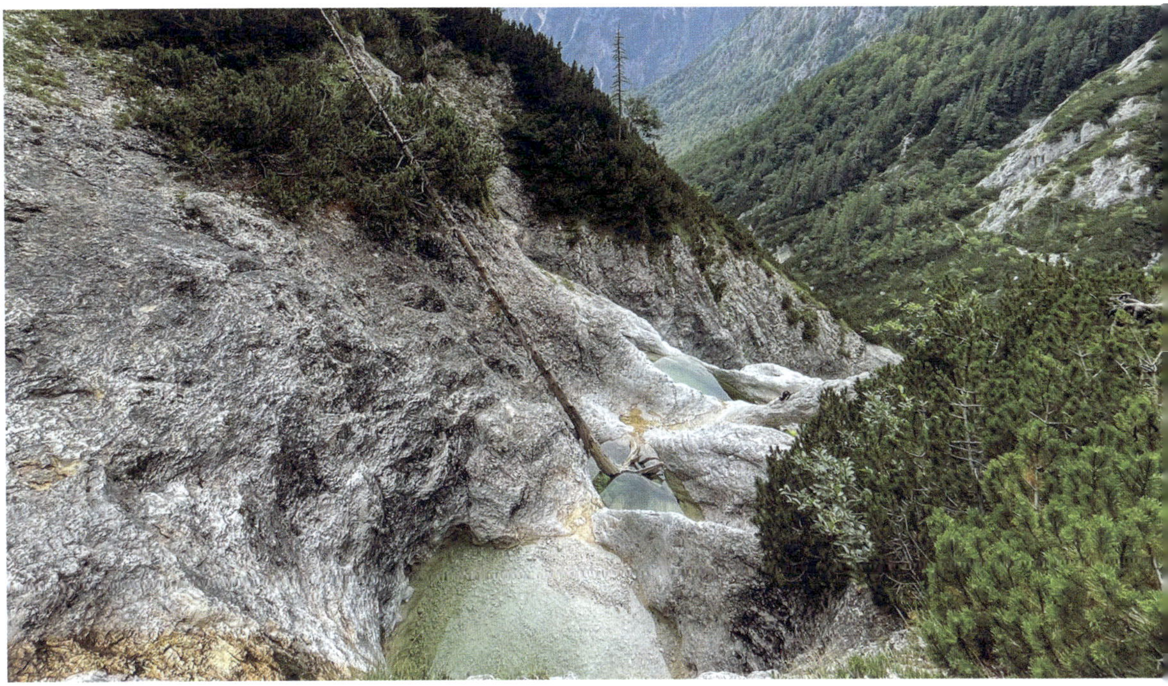

Der Ausflug zum Repov kot gilt als eine Art Flucht vor dem Massenandrang zum Kamniško Sedlo; eine einzigartige Wildnis. Die Anreise gestaltet sich jedoch abenteuerlich: die Verkehrsregelung im Tal der Kamniška Bistrica ändert sich oft. Einmal ist die Zufahrt Richtung Kamniško sedlo und Kokrsko sedlo gesperrt, dann wieder nicht. Deswegen ist es besser, die Tour bei der Quelle zu starten; auch Busse fahren von Kamnik bis hierher (Haltestelle Kamniška Bistrica).

▸ Vom Parkplatz 01 oder der Bushaltestelle folgen wir der Straße ins Talende der Kamniška Bistrica, anschließend nehmen wir den Weg Richtung Kamniško Sedlo 02. Wir steigen in Kehren an einem interessanten Felsen – Rokovnjaške jame – vorbei. Bald kommen wir zur Talstation der Materialseilbahn 03.

Dann wird der Hang angenehmer und wir kommen schnell voran. Nach fast einer Stunde kommen die nächsten Kehren und wir steigen weiter bis zur fünften Kehre 04. Erst dort ist die richtige Abzweigung zum Repov kot erreicht, ab hier ist der Steig nicht mehr markiert. Wir folgen dem Weg noch gut eine Stunde. Auf der Südseite werden wir immer öfter einige Wege zu den Gumpen finden. Der Bach Sedelšček führt nur sehr wenig Wasser, daher verbleibt es ziemlich lange in den Gumpen und es erwärmt sich im Sommer so stark, dass man darin baden kann – ein Spaß, den man sich nicht entgehen lassen sollte. So lange die Sonne scheint, haben wir ausgezeichnete Badebedingungen.

Nachdem wir uns erfrischt haben, treten wir wieder den Rückweg zurück zum Startpunkt 01 an.

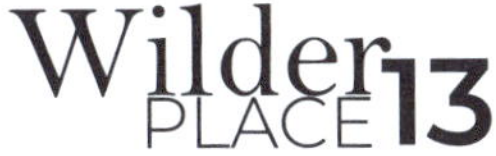

14. Vom Tošč zum Govejku

VIEL NATUR MIT EIN BISSCHEN GESCHICHTE

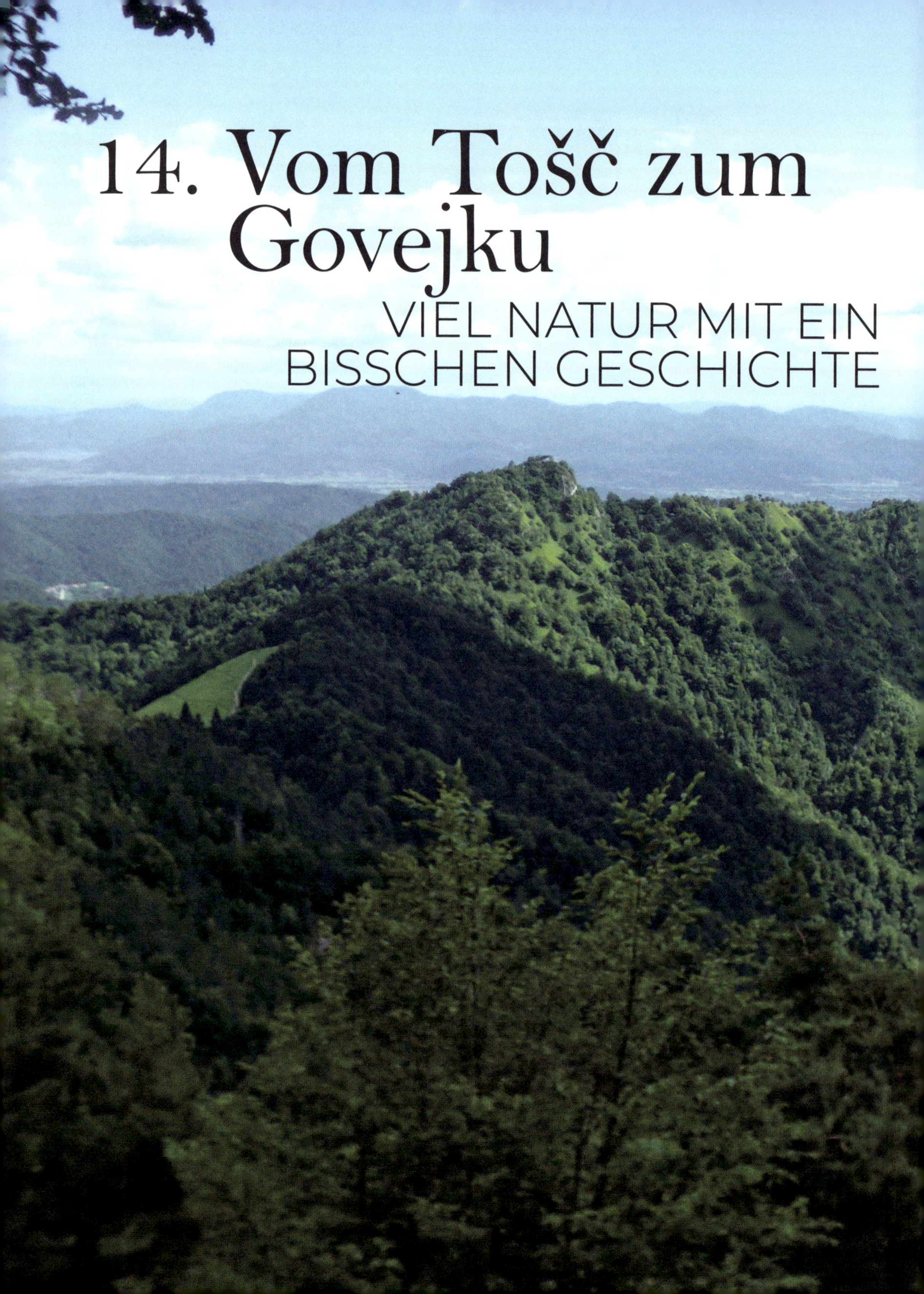

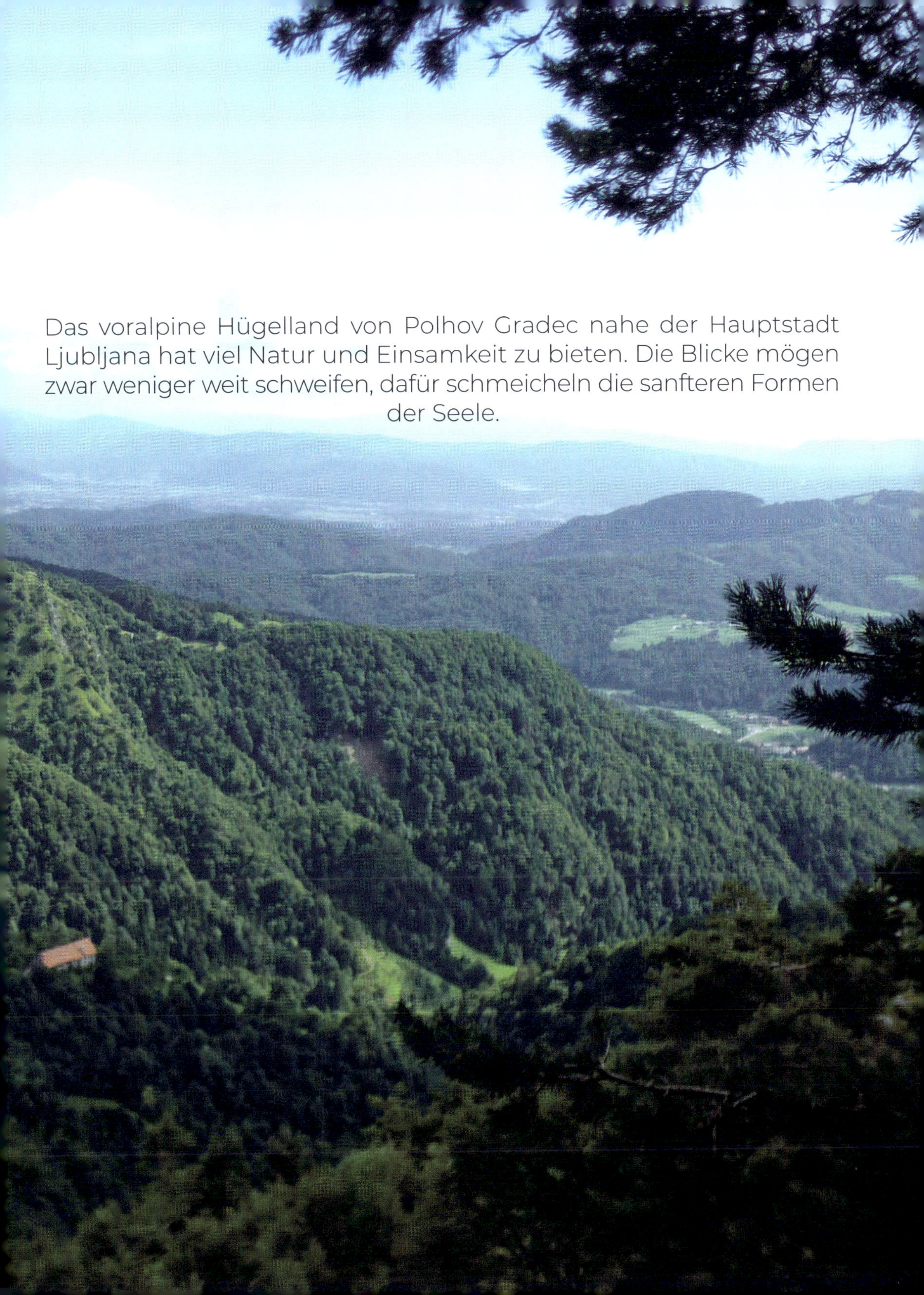

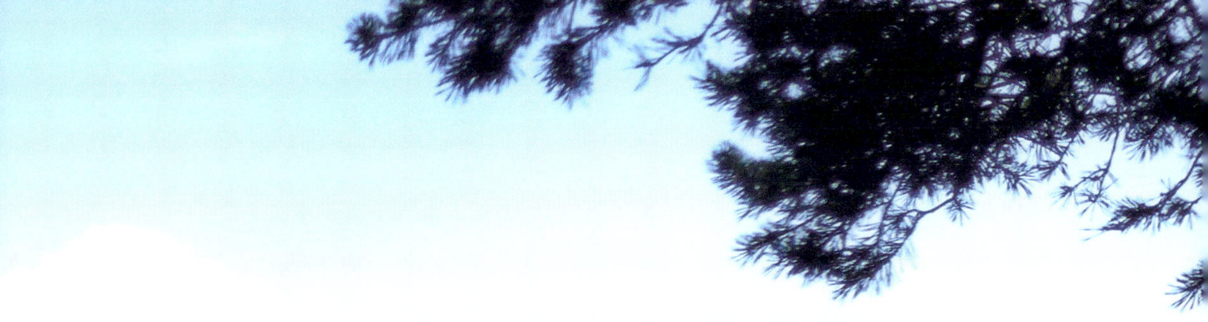

Das voralpine Hügelland von Polhov Gradec nahe der Hauptstadt Ljubljana hat viel Natur und Einsamkeit zu bieten. Die Blicke mögen zwar weniger weit schweifen, dafür schmeicheln die sanfteren Formen der Seele.

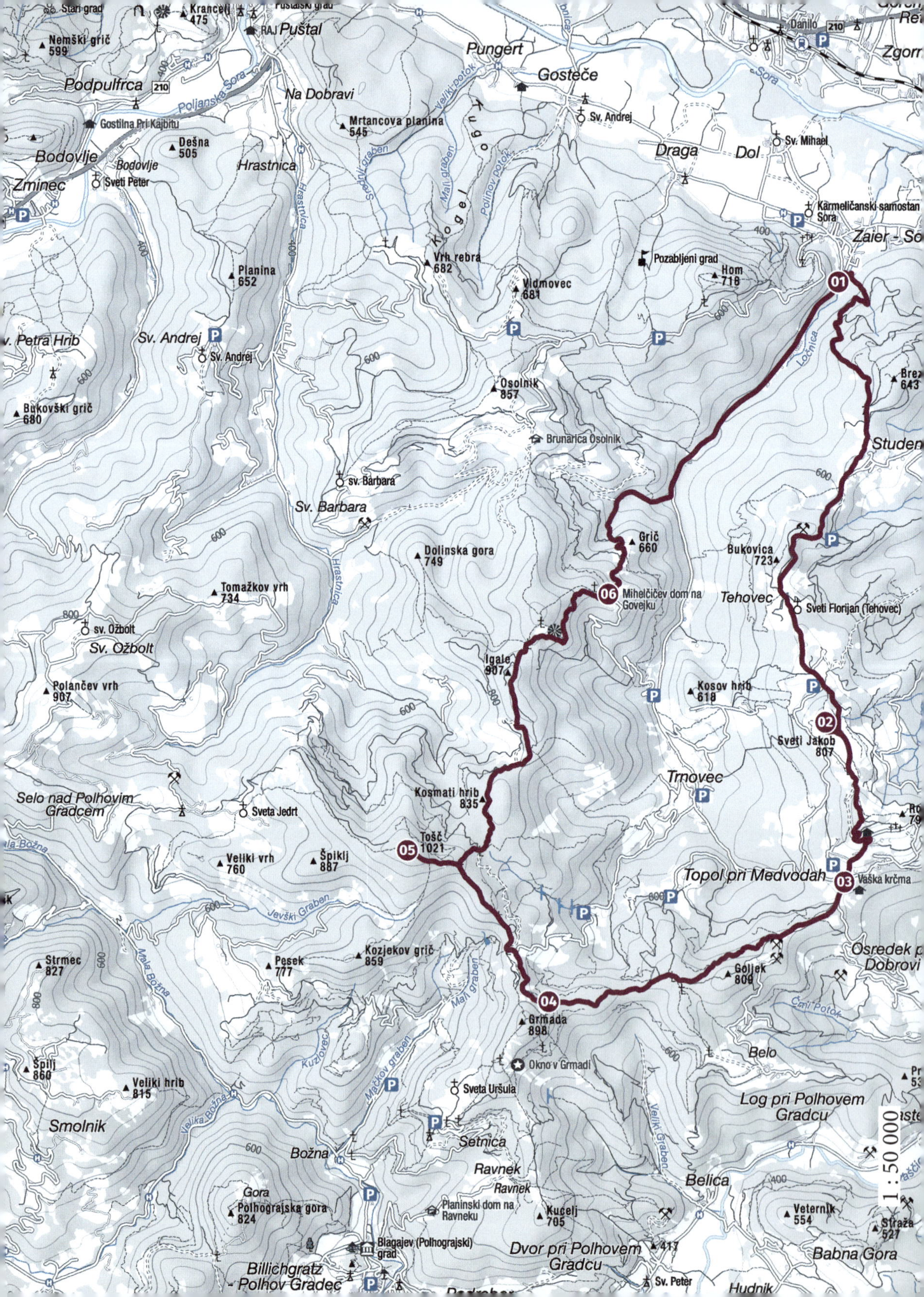

Pungert
Gosteče
Podpulfrca
Bodovlje
Zminec
Hrastnica
Draga
Dol
Zaier - So
Sv. Andrej
Sv. Barbara
Sv. Ožbolt
Selo nad Polhovim Gradcem
Vrh rebra 682
Vidmovec 681
Osolnik 857
Brunarica Osolnik
Grič 660
Mihelčičev dom na Govejku
Dolinska gora 749
Tomažkov vrh 734
Igale 907
Kosmati hrib 835
Tošč 1021
Bukovica 723
Tehovec
Sveti Florijan (Tehovec)
Kosov hrib 618
Sveti Jakob 807
Trnovec
Topol pri Medvodah
Vaška krčma
Goljek 809
Grmada 898
Okno v Grmadi
Sveta Uršula
Setnica
Ravnek
Kozjekov grič 859
Pesek 777
Veliki vrh 760
Špiklj 887
Strmec 827
Špilj 860
Veliki hrib 815
Smolnik
Božna
Polhograjska gora 824
Planinski dom na Ravneku
Kucelj 705
Blagajev (Polhograjski) grad
Billichgratz - Polhov Gradec
Dvor pri Polhovem Gradcu
Belica
Belo
Log pri Polhovem Gradcu
Osredek pri Dobrovi
Veternik 554
Babna Gora
Hom 718
Pozabljeni grad
Karmeličanski samostan Sora
Sv. Mihael
Sv. Andrej
Mrtancova planina 545
Dešna 505
Planina 652
Bukovški grič 680
Polančev vrh 907
Sveta Jedrt
Nemški grič 599
Gostilna Pri Kajbitu
Na Dobravi
Danilo
01
02
03
04
05
06
1 : 50 000

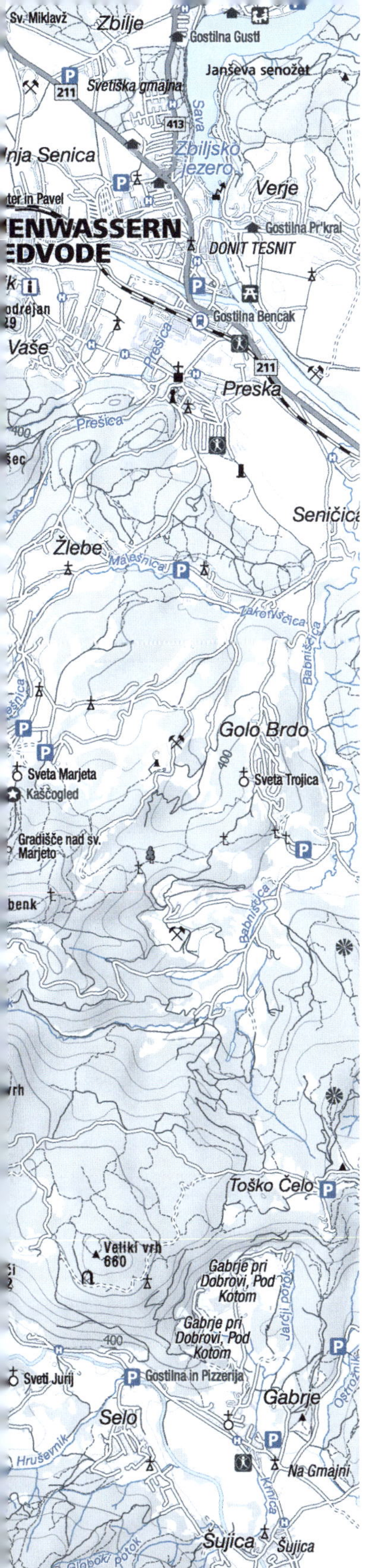

Grün, grün, grün
IST ALLES WAS ICH MAG

Das Hügelland von Polhov Gradec wird auch Polhograjski Dolomiti genannt, was wohl darauf zurückzuführen ist, dass in den höheren Lagen Kalkstein und Dolomit vorkommen und das Gebiet von steilen Tälern und Schluchten durchzogen ist.

Mit den italienischen Namensvettern hat das aber trotzdem nichts tun: Hier geht es auch wesentlich ruhiger zu. Das Gebiet ist größtenteils von Wald bedeckt, es gibt einige Wiesen und Felder neben vereinzelt gelegenen Bauernhöfen und trotz der Nähe zu Ljubljana kann man in dieser zerklüfteten Region viel Einsamkeit finden.

Der Tošč ist schon alleine deshalb eine Besteigung wert, weil er der größte des Gebirgszugs ist. Zwar stimmt es, dass sich die Alpen hinter den Baumkronen verstecken, dafür öffnet sich aber der Blick auf das Bergland, welches das Moor von Ljubljana säumt, und in Richtung der Notranjska-Region. Ein weiterer Pluspunkt ist der abwechslungsreiche Wandergenuss – mal wandern wir auf einem breiten Weg, mal einen schmalen Pfad entlang, der Untergrund ist manchmal felsig, dann wieder weich, es geht steil bergauf und dann wieder sanft bergab.

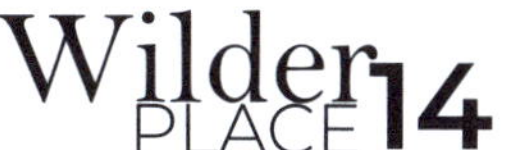

Vom Tošč zum Govejku

Dies ist eine Tour, die markante Stellen mit dem höchsten Gipfel der Bergkette verbindet. Ein einsamer Weg führt vom Gipfel Tošč (1029 m) zum Govejku (740 m).

Dauer ca. 7:00 – 9:00 h I Distanz: 22 km I Höhenmeter: 1200

Der Ort Sora ist Ausgangspunkt für viele Touren in der Bergkette von Polhov Gradec. Ausgeprägte Gastfreundschaft findet man im Agritourismus Gonte und in der Berghütte auf dem Govejku.

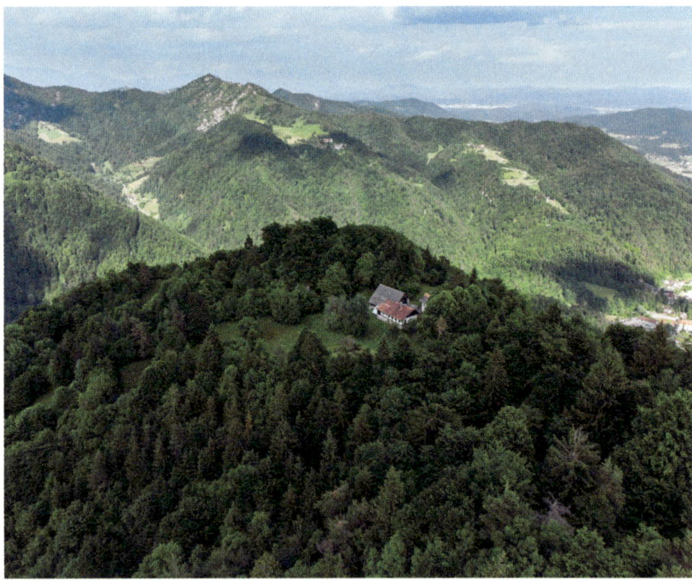

▶ Eine Parkmöglichkeit bietet sich hinter der Firma Prima Filtertehnika Sora 42a, 1215 Medvode 01. Je weiter wir fahren, desto weniger werden wir bei der Rückkehr auf Asphalt gehen müssen.

Wir queren den Bach und biegen nur kurz nach Norden, danach kommt eine Kehre und wir wandern Richtung Südwesten. Unser erstes Ziel ist die Kirche Sveti Jakob 02. Unterwegs gibt es Wasser, aber keine Hütte. Die Kirche bietet eine hervorragende Aussicht. Hier wurde im Jahre 1990 überschwänglich die Volksabstimmung zur Trennung von Jugoslawien gefeiert. Die wichtigsten Politiker eilten nach der Bekanntgabe des Ergebnisses der Volksabstimmung (88 % zu 12 % für einen selbstständigen Staat) zur Kirche Sveti Jakob hinauf. Von dort führt uns der Weg nach Süden. Unser nächstes Ziel ist der Ort Katarina, danach gehen wir auf einer Asphaltstraße bergab nach Topol 03. Dort gibt es Verpflegungsmöglichkeiten.

Nun folgen wir der Straße nach Belo und nach einem Kilometer gibt es eine Abzweigung nach rechts zur Grmada 04 auf einem abwechslungsreichen Weg. Nach der Wegkreuzung zum Gipfel von Grmada gehen wir weiter Richtung Gonte und Tošč. Dann sind es nur noch 45 Minuten bis zum höchsten Gipfel der Bergkette, dem Tošč

(1029 m) **05**. Die Aussicht ist durch Bäume begrenzt, aber es gibt Bänke zum Rasten und ein Gipfelbuch mit Stempel.

Abwärts folgen wir bis zur Abzweigung demselben Weg, dann geht es den Wegweisern folgend zur Hütte auf dem Govejku **06**. Obwohl es gar nicht so weit aussieht, dauert dieser Abschnitt der Wanderung mit dem vielem Auf und Ab mehr als 2 Stunden. Von der Hütte auf dem Govejku haben wir eine gute Aussicht nach Norden und nach Osten.

Der Abstieg ins Tal ist wieder Genuss pur. Zuerst wandern wir auf der Straße zu einem abgelegenen und einsamen Bauernhof, danach geht es sehr steil bergab zum Wasserfall. Anschließend wandern wir entlang des Baches ins Ločnica-Tal. Von dort sind es ca. 1,5 Kilometer zum Startpunkt **01**.

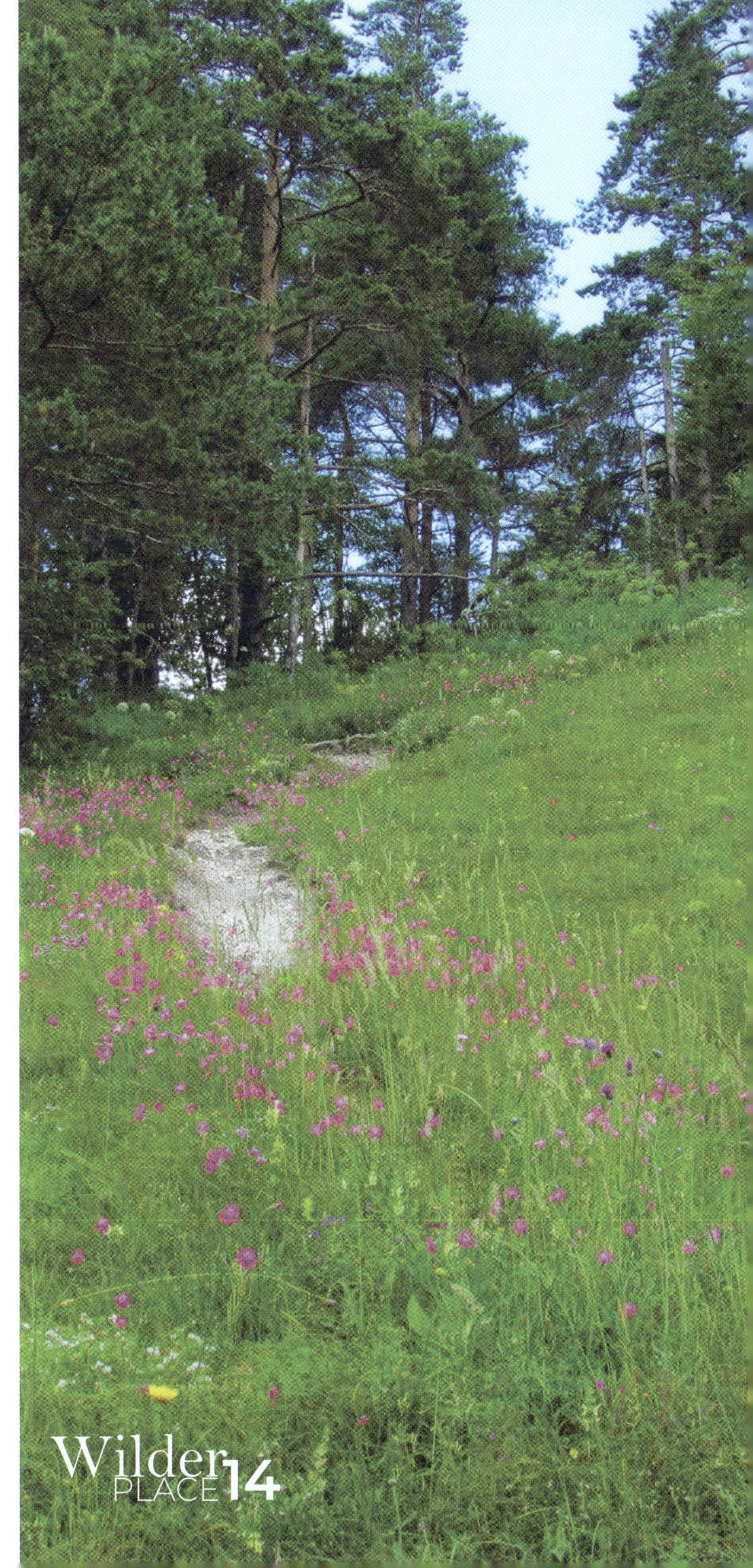

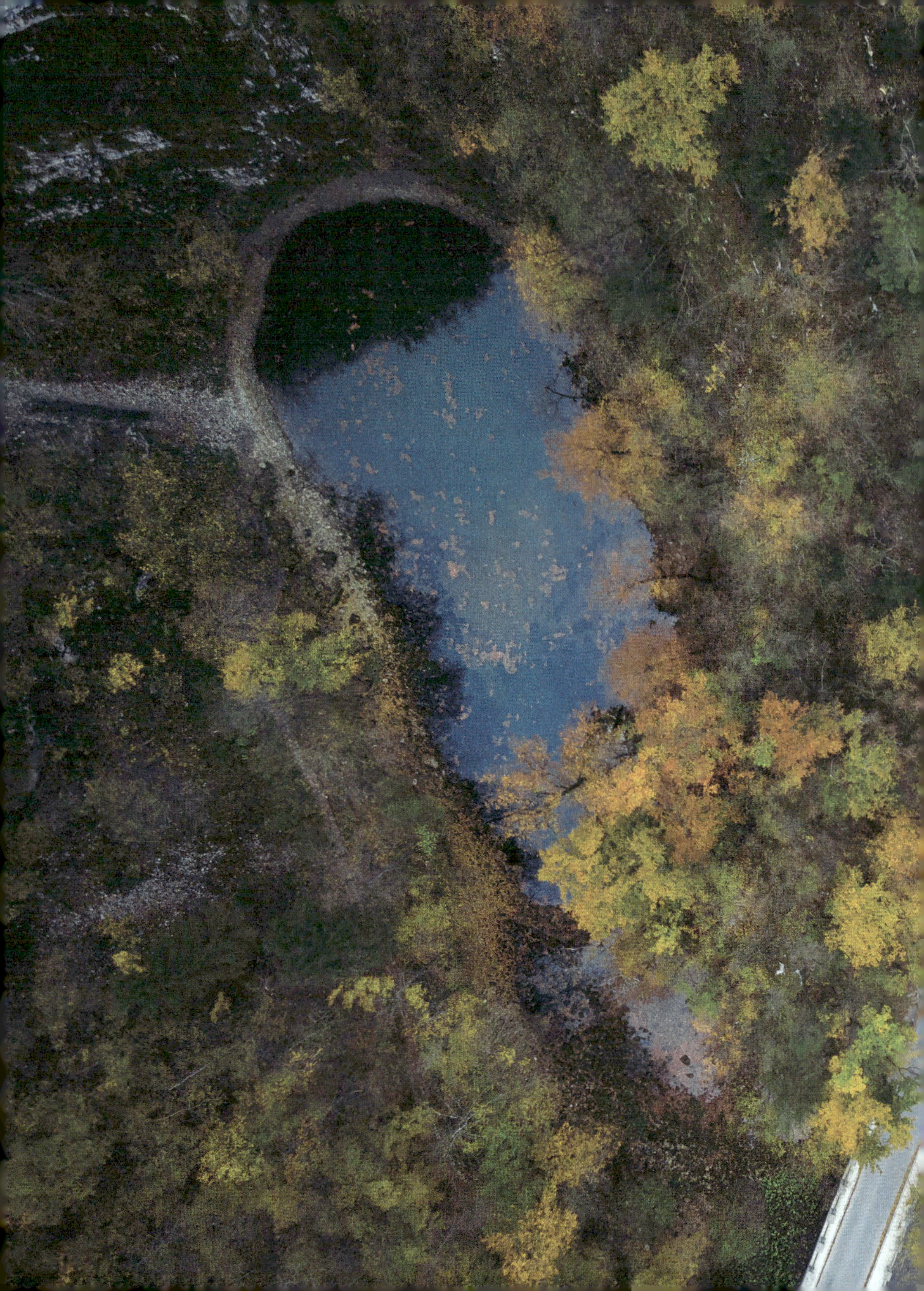

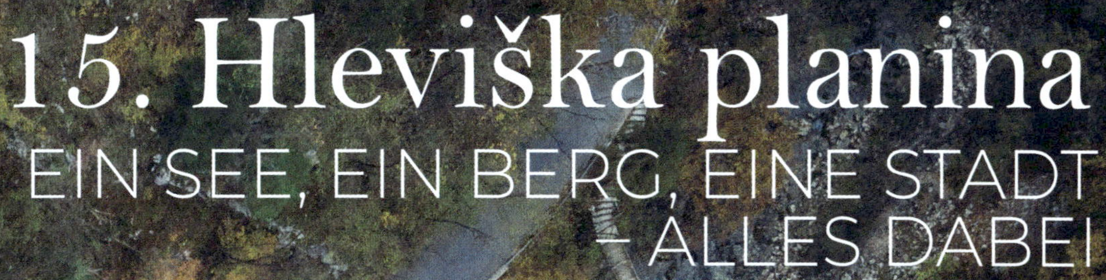

15. Hleviška planina

EIN SEE, EIN BERG, EINE STADT – ALLES DABEI

Eine abwechslungsreiche Wanderung am Übergang des Dinarischen Gebirges zu den Alpen

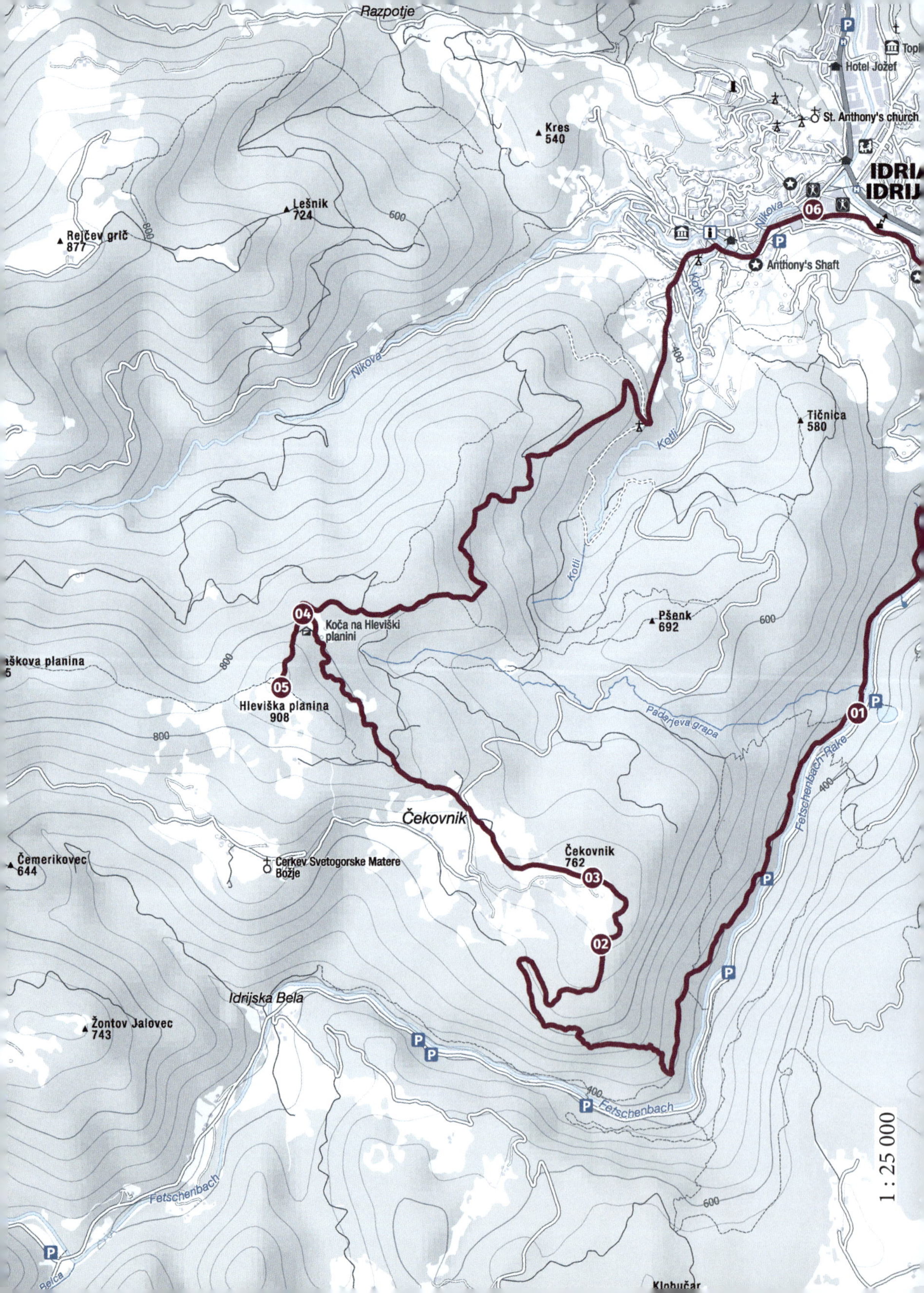

Razpotje
Hotel Jožef
St. Anthony's church
Kres 540
IDRIA
IDRIJA
Lešnik 724
Rejčev grič 877
Anthony's Shaft
Nikova
Kotli
Tičnica 580
Pšenk 692
Koča na Hleviški planini
Hleviška planina 908
Padarjeva grapa
Fetschenbach-Rake
Čekovnik
Čekovnik 762
Čemerikovec 644
Cerkev Svetogorske Matere Božje
Idrijska Bela
Žontov Jalovec 743
Fetschenbach
Klobučar
Belca
1 : 25 000

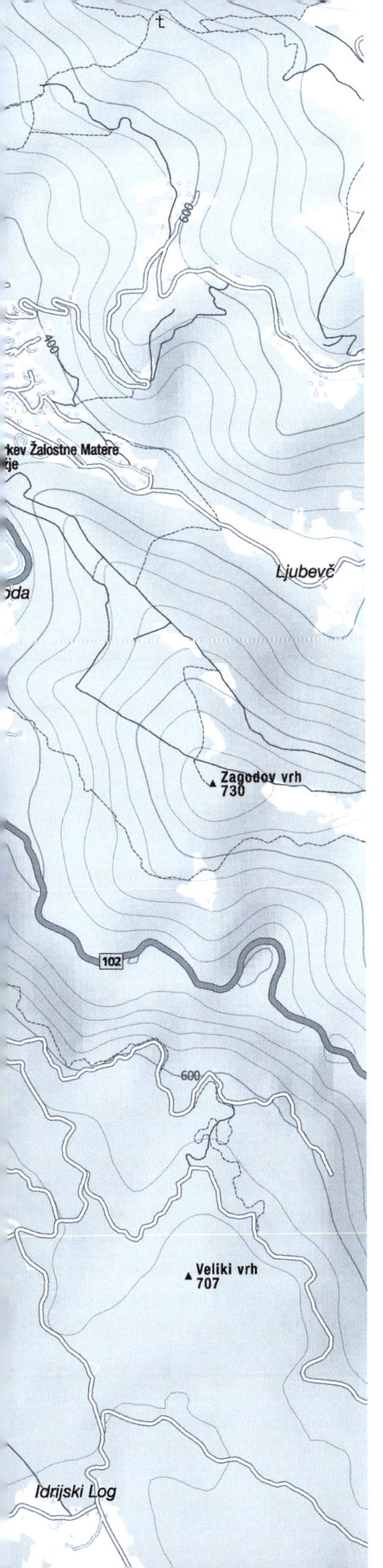

Unbekanntes
GEBIRGE

Relativ wenig bekannt ist das Dinarische Gebirge in Mitteleuropa. Die Bergkette erstreckt sich vom südlichen Ende der Ostalpen bis nach Nordalbanien. Dazwischen streift sie die Ausläufer der Julischen Alpen in Italien und Slowenien und die westliche Seite der Balkanhalbinsel. Im Süden reicht sie bis zur Adria und zum Ungarischen Becken, bevor sie sich nach Serbien ausbreitet.

Die Dinariden (auch Dinarische Alpen genannt) sind das rund 600 Kilometer lange dominante Karstgebirge Südosteuropas und beeindrucken mit ihren Karstreliefs. Wo sie im Norden an die Alpen stoßen, führt die hier vorgestellte Tour abwechslungsreich durch das zentrale Slowenien.

Sie führt dabei unter anderem am „Wilden See" (Divje jezero) vorbei, der Teil des UNESCO-Weltkulturerbes Geopark Idrija ist. Das Naturdenkmal wird von dem Fluss Jezernica gespeist,, dem mit 55 Metern kürzesten Fluss Sloweniens, einem Nebenfluss der Idrijca. Das Wasser des Sees fließt unter der Erde durch einen steil abfallenden Tunnel, der bis zu einer Tiefe von 160 Metern erforscht wurde. Bei starkem Regen verwandelt sich der See in einen wilden, wasserspeienden Kessel.

Auch die Stadt Idrija streift die Tour: Der aus dem Jahre 1500 stammende Antoni-Stollen zählt zu den ältesten Bergwerkseingängen Europas. Er kann besichtigt werden und bietet einen interessanten Einblick in die alten Abbaumethoden.

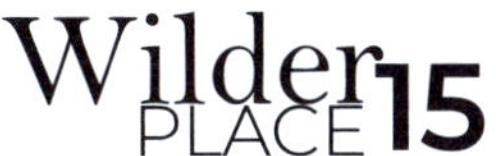

Hleviška planina

Eine mittelschwere Wanderung dort, wo das Dinarische Gebirge endet und die Alpen beginnen.

Dauer ca. 5:00 h I Distanz: 15 km I Höhenmeter: 750

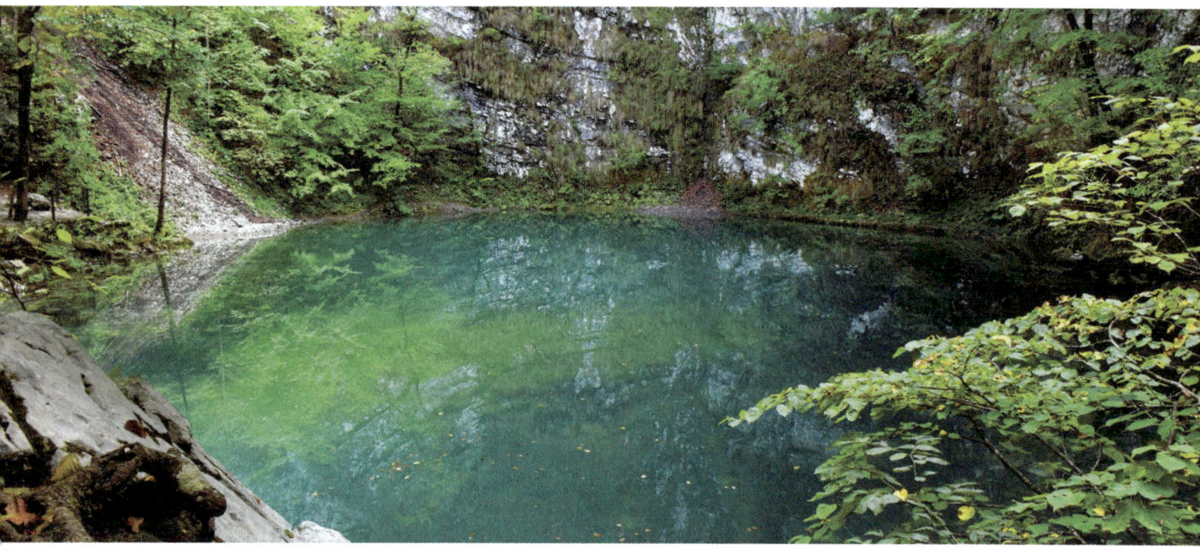

Die Tour verläuft zunächst an einem historisch bedeutenden Wasserkraftwerk vorbei und führt uns über den Vorgipfel Zagrebenc bis zur Hleviški-planina-Alm. Anschließend kann noch der Gipfel (908 m) bestiegen werden. Eine Parkmöglichkeit finden wir beim Schild „Divje jezero".

▶ Die Tour startet direkt bei unserer Parkmöglichkeit, dem Schild mit dem Hinweis „Divje jezero" **01**. Zum See sind es nur wenige Minuten. Meist handelt es sich dabei nur um einen kleinen See mit sehr steilen Ufern und trübem, aber farbintensivem Wasser. Nach reichlichen Regenfällen wird die Wasseroberfläche unruhig, da der Zufluss direkt aus dem Boden erfolgt.

Unser Weg verläuft wenige Meter entlang der Straße talaufwärts. Anschließend überqueren wir den Bach Idrjica auf einer Hängebrücke. Diese Querung kann recht abenteuerlich werden, sollten wir die Brücke beim Gehen durch Resonanz zum Schwingen bringen. Dann werden wir ordentlich durchgeschaukelt.

Auf der anderen Seite des Baches Idrjica biegen wir nach links ab. Einige hundert Meter gehen wir entlang des Wasserkanals, der das Kraftwerk des einstigen Bergbaus von Idrija betrieben hat. Heute ist es ein kleines Wasserkraftwerk für die Stadt Idrija. Wir halten uns an den Wegweiser zur Hleviška planina (abgekürzt Hl.Pl.). Ca.

30 Minuten ab dem Divje jezero steigt unser Weg nach rechts bergauf. Der Anstieg endet nach 1 Stunde bei der Prižnica **02** (Kanzel), danach wird der Weg angenehmer – mit etwas Auf und Ab. Wir erreichen die ersten einzeln stehenden Häuser. Auf dem Vorgipfel (Zagrebenc) **03** erreichen wir schon eine Höhe von 763 Meter. Dann geht es wieder hinunter, wir überqueren die Asphaltstraße und steigen zum letzten Mal bergauf. Nach 30 Minuten ab dem Zagrebenc erreichen wir die Koča na Hleviški planini (insgesamt für den Aufstieg 2 ½ Std.) **04**. Sie ist während der drei Sommermonate durchgängig geöffnet, sonst nur an Wochenenden. Von dieser Hütte aus erreichen wir in 15 Minuten den Gipfel der Alm Hleviška planina **05** auf 908 Meter. Hier gibt es ein Gipfelbuch und einen sogenannten „Schnapsomat". In einem Baumstamm ist Platz für einen Kasten ausgehöhlt worden. Hier stehen eine Schnapsflasche und zwei Gläser. Die Münzen kann man in einen Sparkasten einwerfen – von Wanderern wird Redlichkeit erwartet.

Für den Abstieg wählen wir nun den kürzesten Weg nach Idrija und erreichen so die Stadt in ungefähr 1 ¼ Stunden.

Für die Durchquerung der Stadt Idrija **06** gibt es verschiedene Wege. Wir können die Ortsmitte besichtigen oder das Stollenmuseum besuchen. In jedem Fall müssen wir am Ortsausgang nach dem Kraftwerk fragen bzw. die Wegweiser zum Divje jezero finden. Beim Kraftwerk beginnt der Wanderweg entlang des 3 Kilometer langen Wasserkanals, der uns wieder zu der abenteuerlichen Hängebrücke bringt. Von der Hängebrücke ist der Ausgangspunkt (Parkplatz) nur noch 5 Minuten entfernt, von Idrija sind es 45 Minuten.

Varianten: Die Wanderung entlang des Wasserkanals dauert 2 Stunden. Von Idrija können wir auch direkt zur Hleviška planina wandern (hin und zurück ca. 3 Std.).

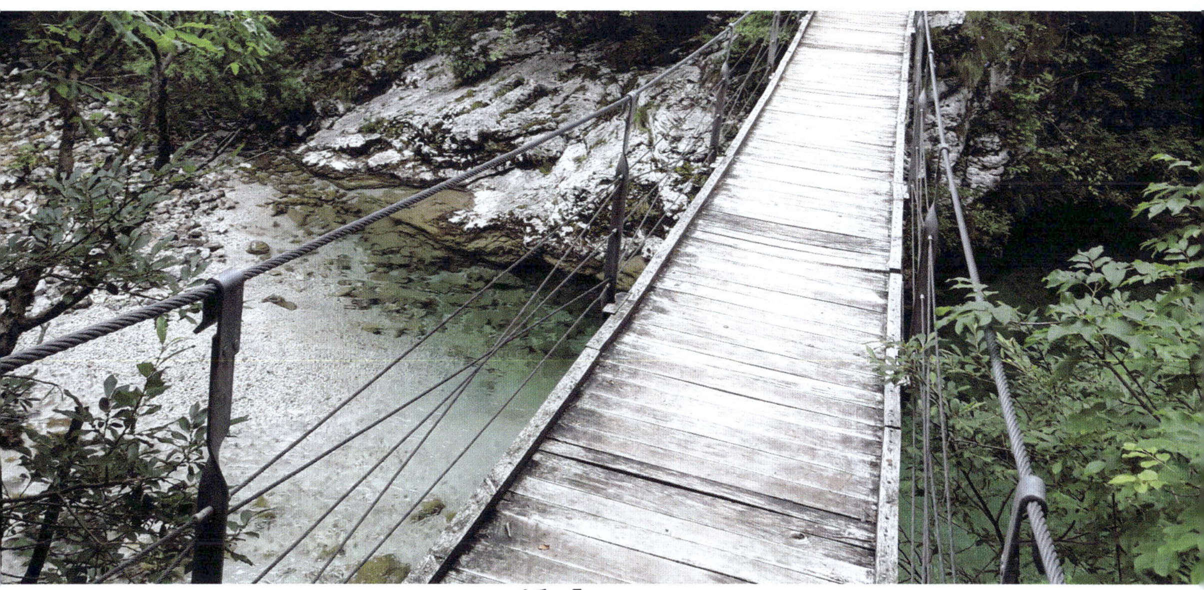

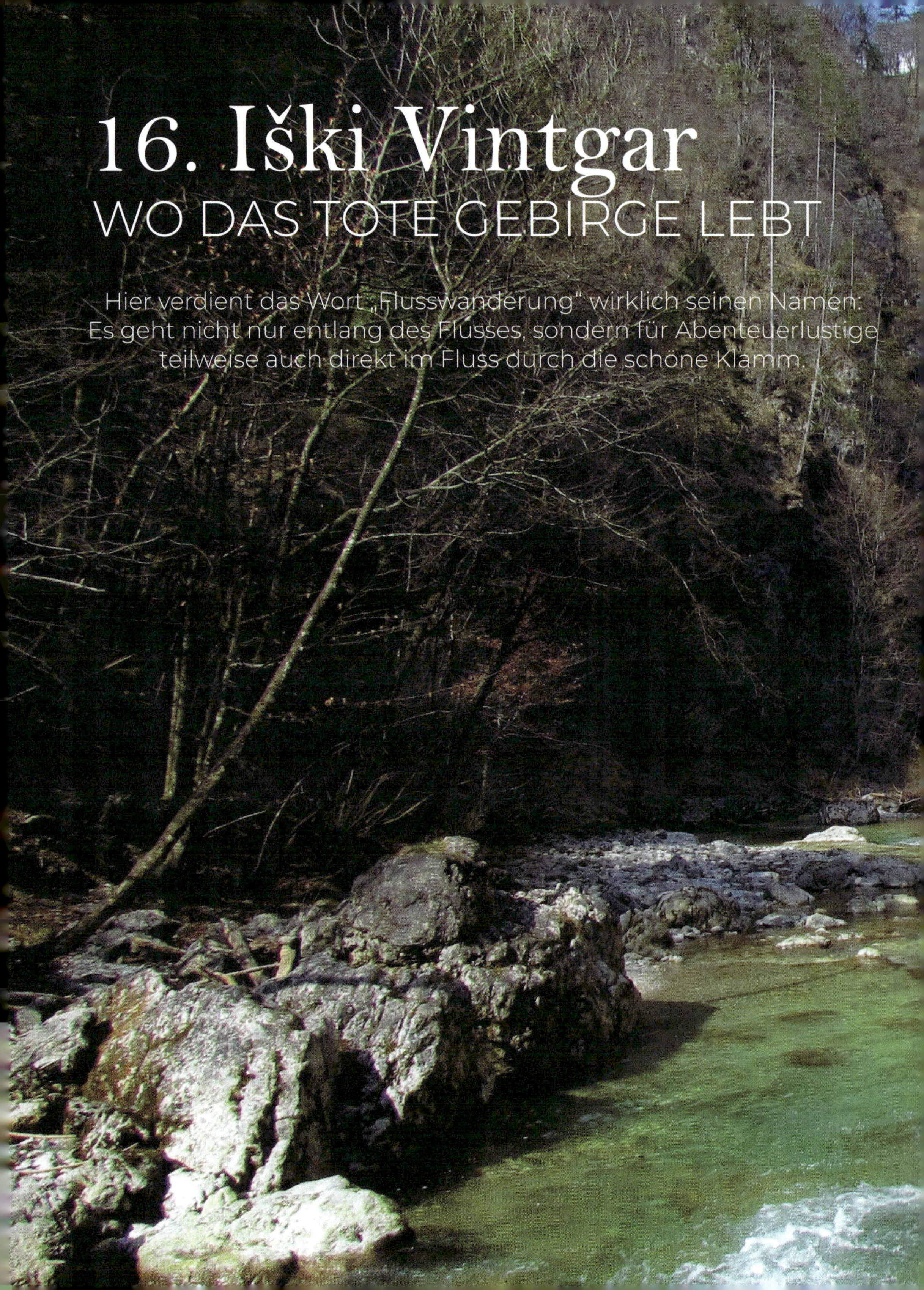

16. Iški Vintgar

WO DAS TOTE GEBIRGE LEBT

Hier verdient das Wort „Flusswanderung" wirklich seinen Namen: Es geht nicht nur entlang des Flusses, sondern für Abenteuerlustige teilweise auch direkt im Fluss durch die schöne Klamm.

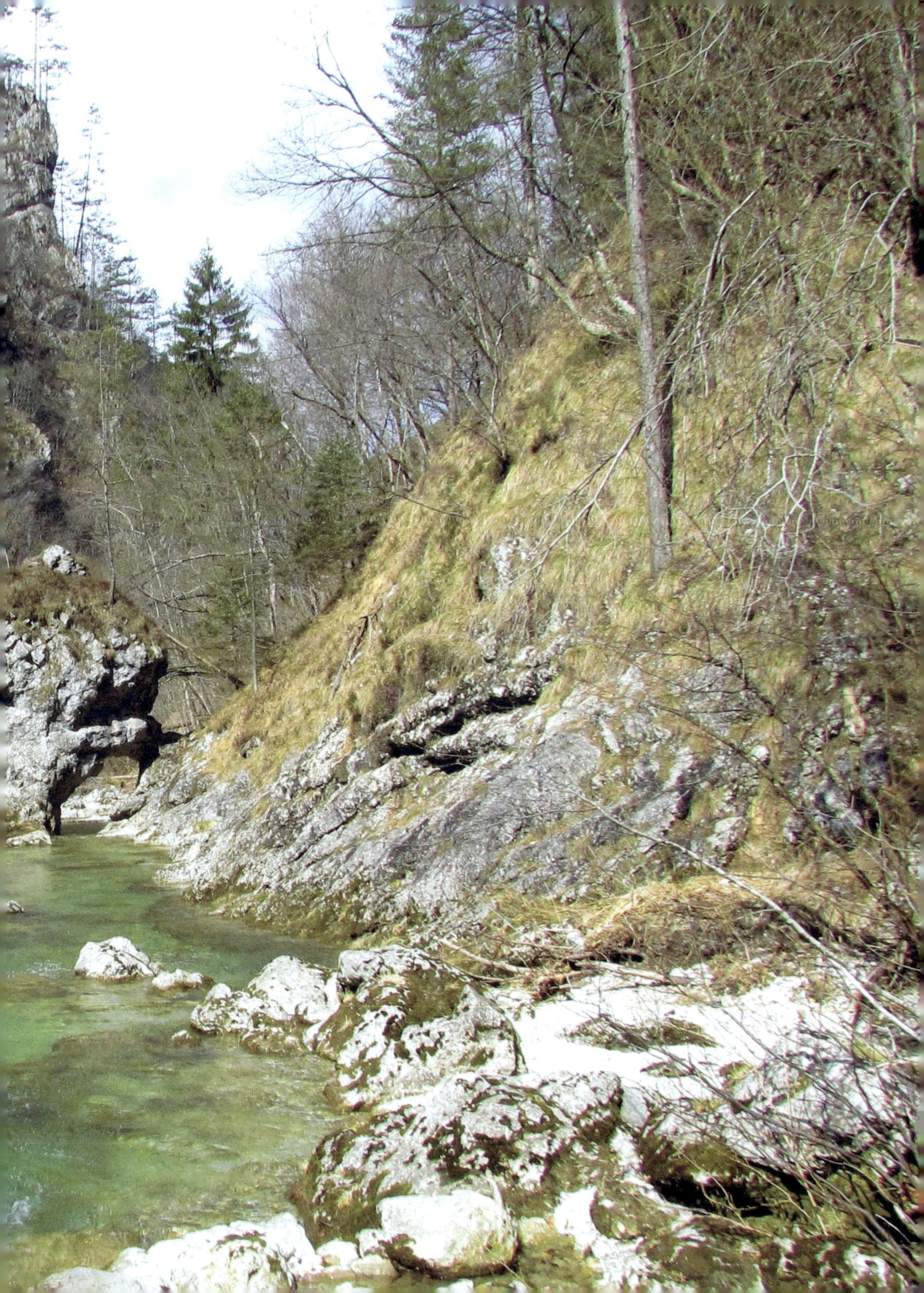

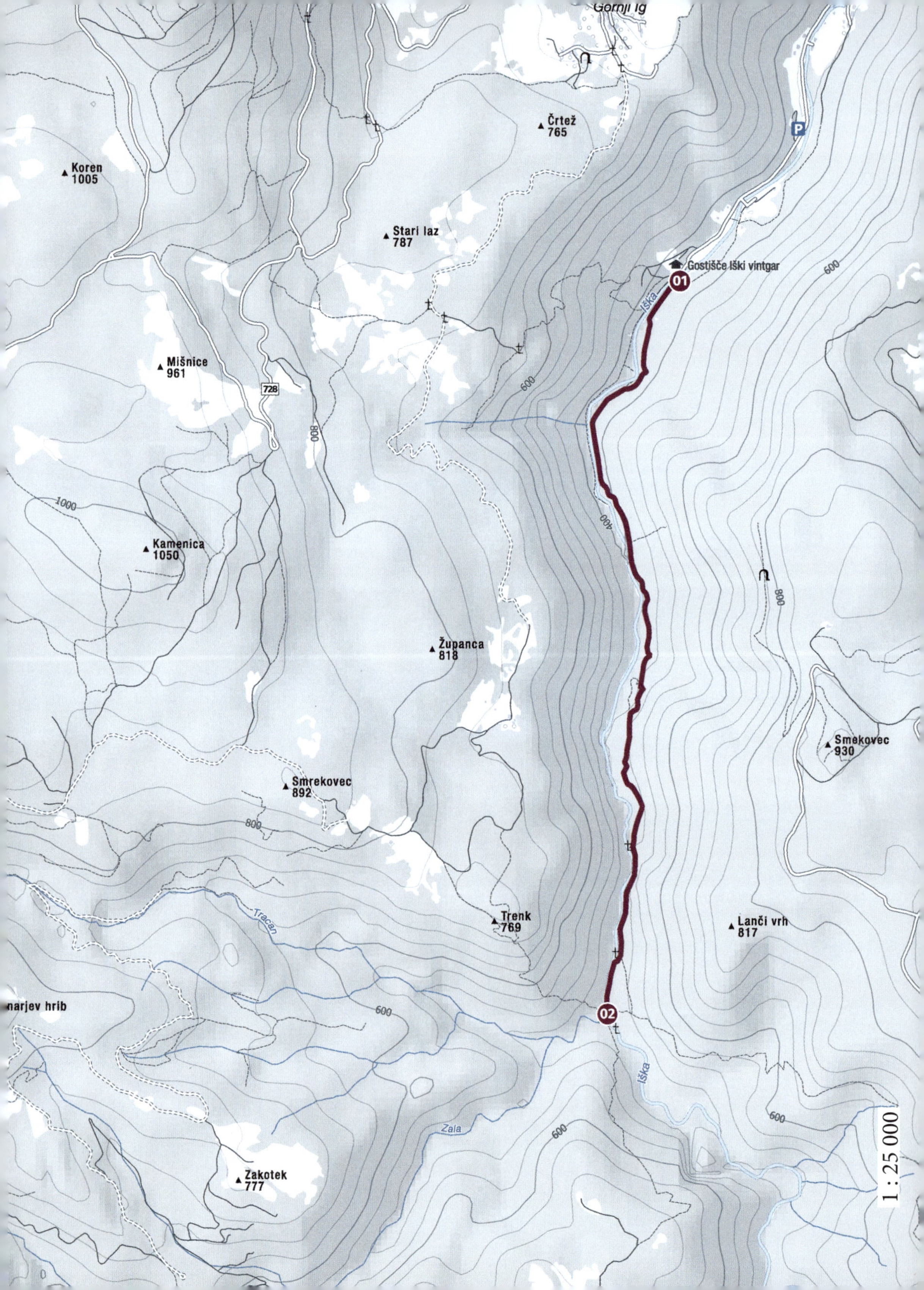
Gornji Ig
Črtež
765
Koren
1005
Stari laz
787
Gostišče Iški vintgar
01
Iška
600
Mišnice
961
728
800
1000
Kamenica
1050
400
800
Županca
818
Smekovec
930
Smrekovec
892
800
Tracan
Trenk
769
Lanči vrh
817
narjev hrib
600
02
Iška
600
Zala
600
Zakotek
777
1 : 25 000

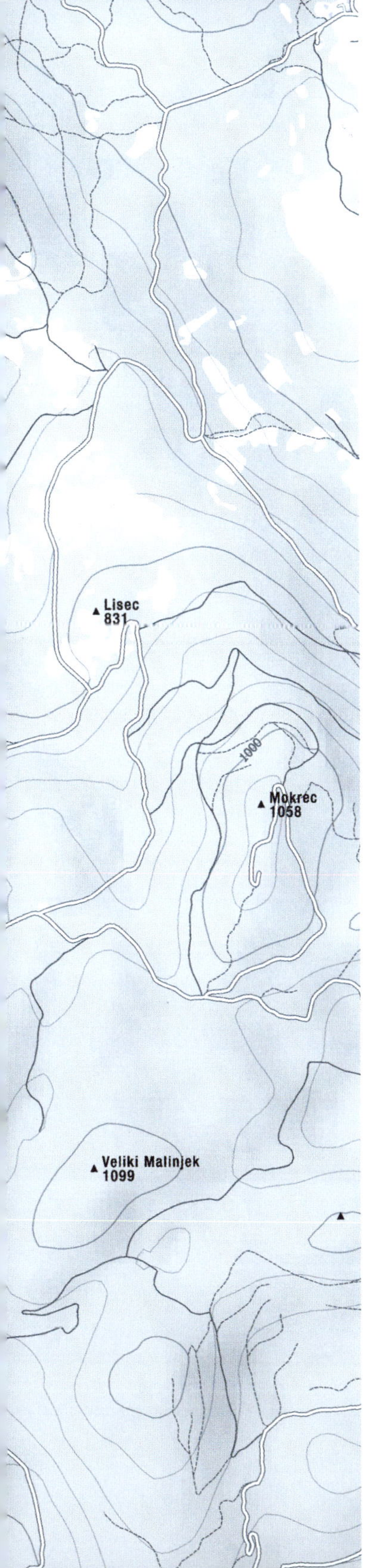

Malerische Schlucht

IN ALLEN GRÜNTÖNEN

Unweit der Hauptstadt so viel Natur ... es ist, als würde sich Sloweniens Wildnis in dieser Schlucht konzentrieren um zu sagen: Schau her, was ich alles zu bieten habe!

Die wildromantische Schlucht Iški Vintgar wurde durch den Fluss Iška und tektonische Brüche geformt. Das von weißen Calcitadern durchzogene Dolomitgestein mit seinen unterschiedlichen Färbungen zeugt von der bewegten geologischen Geschichte dieses Gebiets. Zum malerischen Erscheinungsbild der Schlucht tragen auch die Bäume bei, die sich mit ihren Wurzeln an steilen Felsen klammern, sowie zahlreiche Alpenpflanzen wie etwa die Polster-Segge, die Alpenrose, das Zweiblütige Veilchen, die Krainer Primel und Knotenblumen.

Und das Schönste daran: Es lohnt sich, die Badesachen mitzubringen, um an heißen Sommertagen in die kühlen und intensivgrünen Gumpen eintauchen zu können. Eine kurze Rast auf einer der Sandbänke, um zu trocknen und dann gerne noch einmal das herrliche Nass genießen. So lässt es sich aushalten!

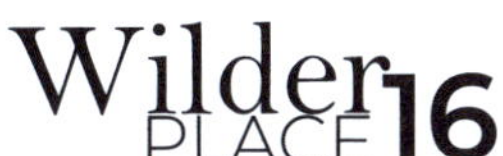

Iški Vintgar

Ein Wanderausflug entlang des Baches in der Klamm. Sehr erholsam in den heißen Sommermonaten, wo wir auch in den Gumpen baden können.

Dauer ca. 3:00 h I Distanz: 8 km I Höhenmeter: 200

Wir begeben uns auf einen schattigen Wanderausflug entlang des Baches in die Klamm.

▶ Vor der Hütte „Gostišče Iški vintgar“ **01** müssen wir wegen der zerstörten Fußgängerbrücke einige Meter entlang der Straße zurückgehen. Dann nehmen wir die neue Betonbrücke und wandern entlang des rechten Ufers bachaufwärts. Die Klamm ist äußerst schattig, deswegen ist diese Tour für die heißen Sommermonate besonders geeignet. Der Bach erwärmt sich im Sommer auf eine erträgliche Badetemperatur.

Zuerst verläuft der Weg flach am Bach entlang. Später weicht er immer öfter hoch in den Hang aus, damit er die begehbaren Passagen erreicht. Es gibt zwei Sehenswürdigkeiten am Weg oder in seiner Nähe. Zuerst finden wir den Wegweiser für den hohlen Stein (Votli kamen). Das ist eigentlich ein Tunnel, durch den ein Teil des Bachwassers fließt.

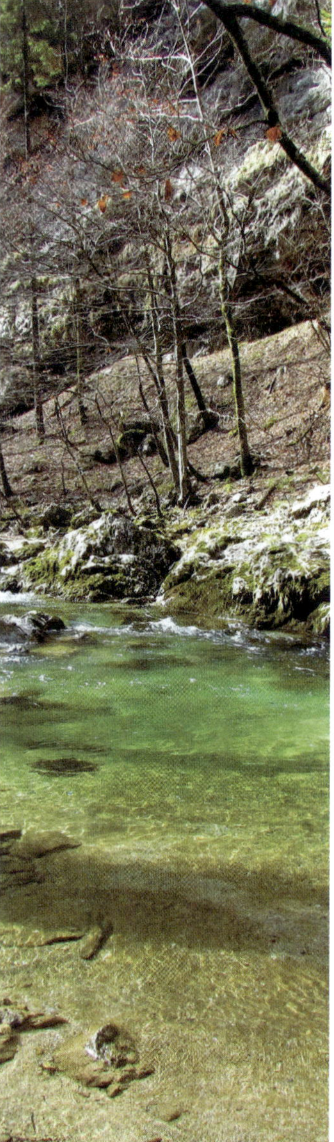

Unser Ziel wird am Zusammenfluss von Iška und Zala Vrbica **02** erreicht. Dort kann man rasten und baden. In der Nähe befindet sich die zweite Sehenswürdigkeit: ein Steinturm – eine einzigartige Felsenformation inmitten der Klamm.

Bei der Rückkehr auf demselben Weg können wir die Klamm aus einer anderen Perspektive bewundern. Im Sommer kann man auch „auf dem Wasserweg“ zurückkehren, wenn man mit guten Sandalen durch das erfrischende Bachbett wandert. Auf diese abenteuerliche Weise erreicht man den Ausgangsort Gostišče Iški vintgar **01** in etwas mehr als 1 ½ Stunden.

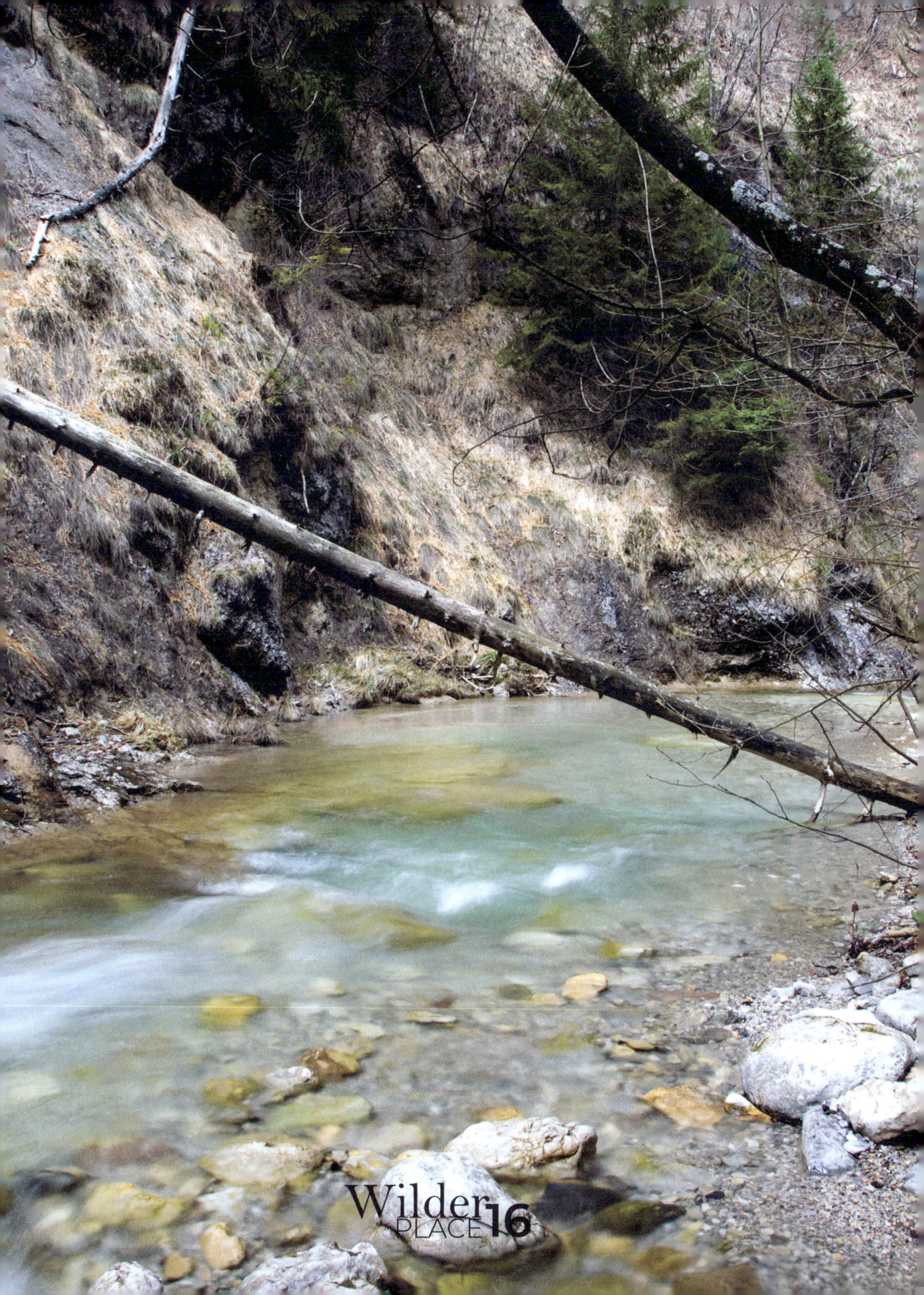
Wilder
PLACE 16

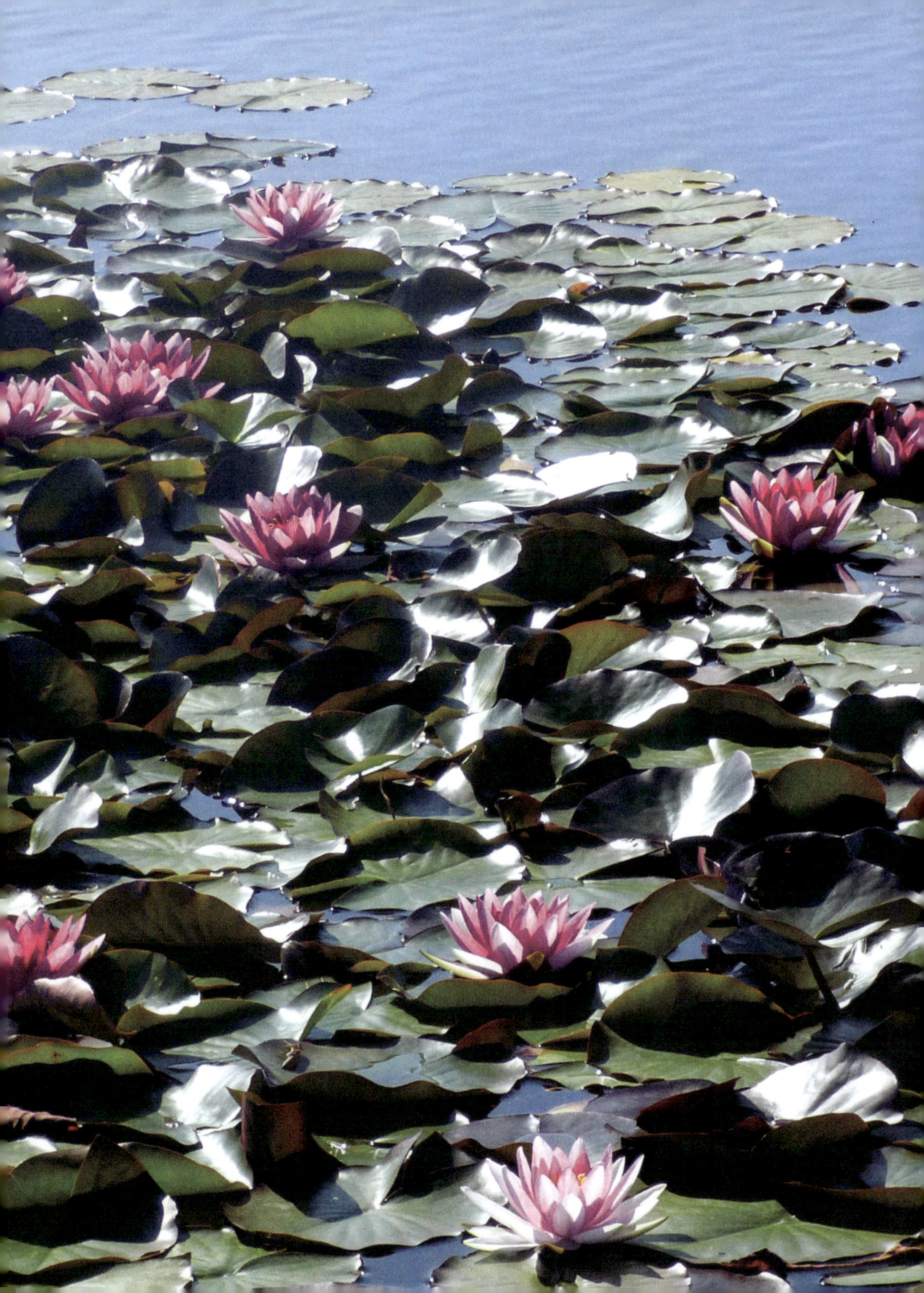

17. Ribniška koča

UNTERWEGS IM HÄNGENDEN MOOR

Die Seen und das Torfmoor sind gern besuchte Ziele, der Weg dorthin kann allerdings – abhängig von der gewählten Route – herrlich einsam sein.

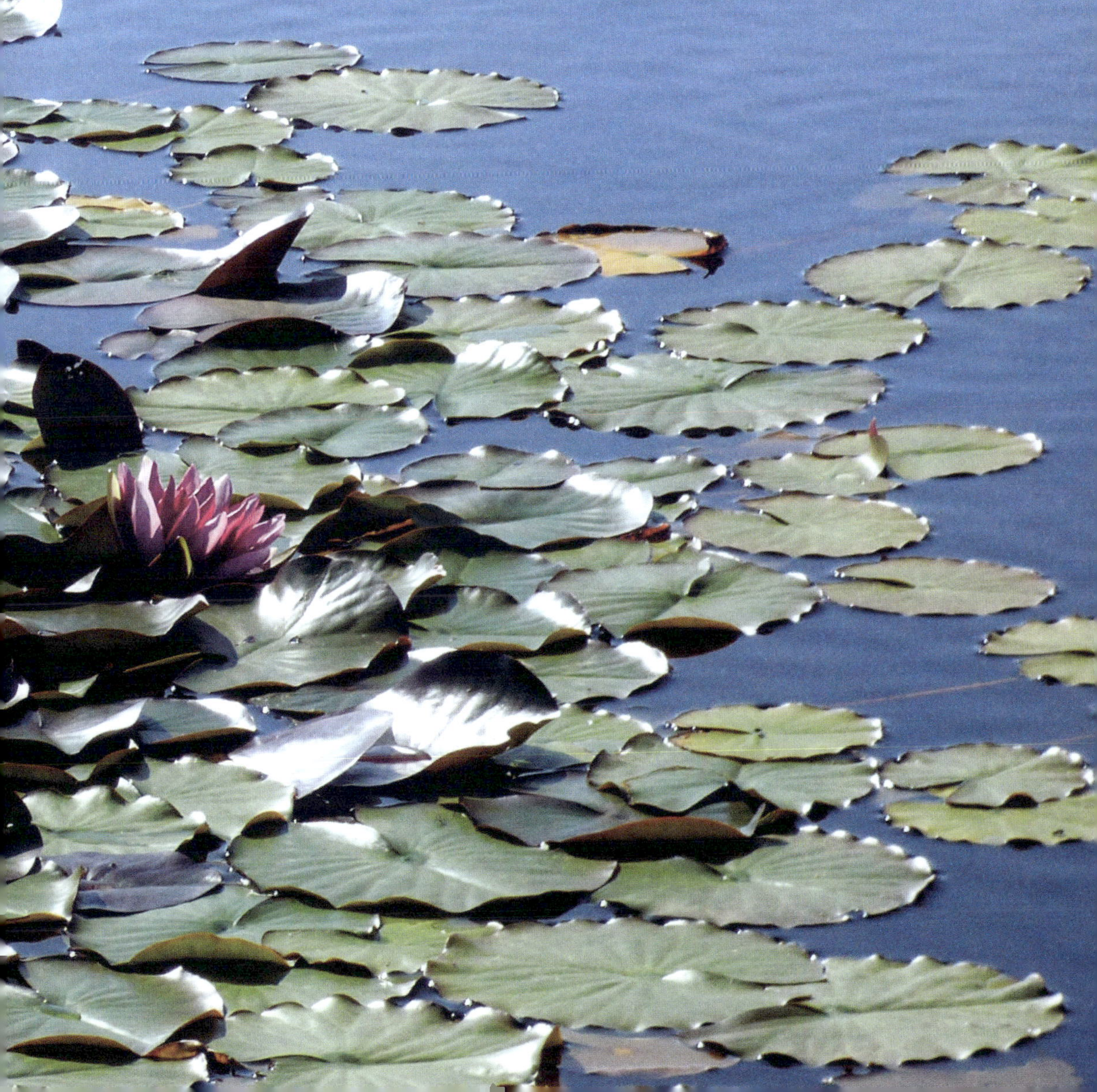

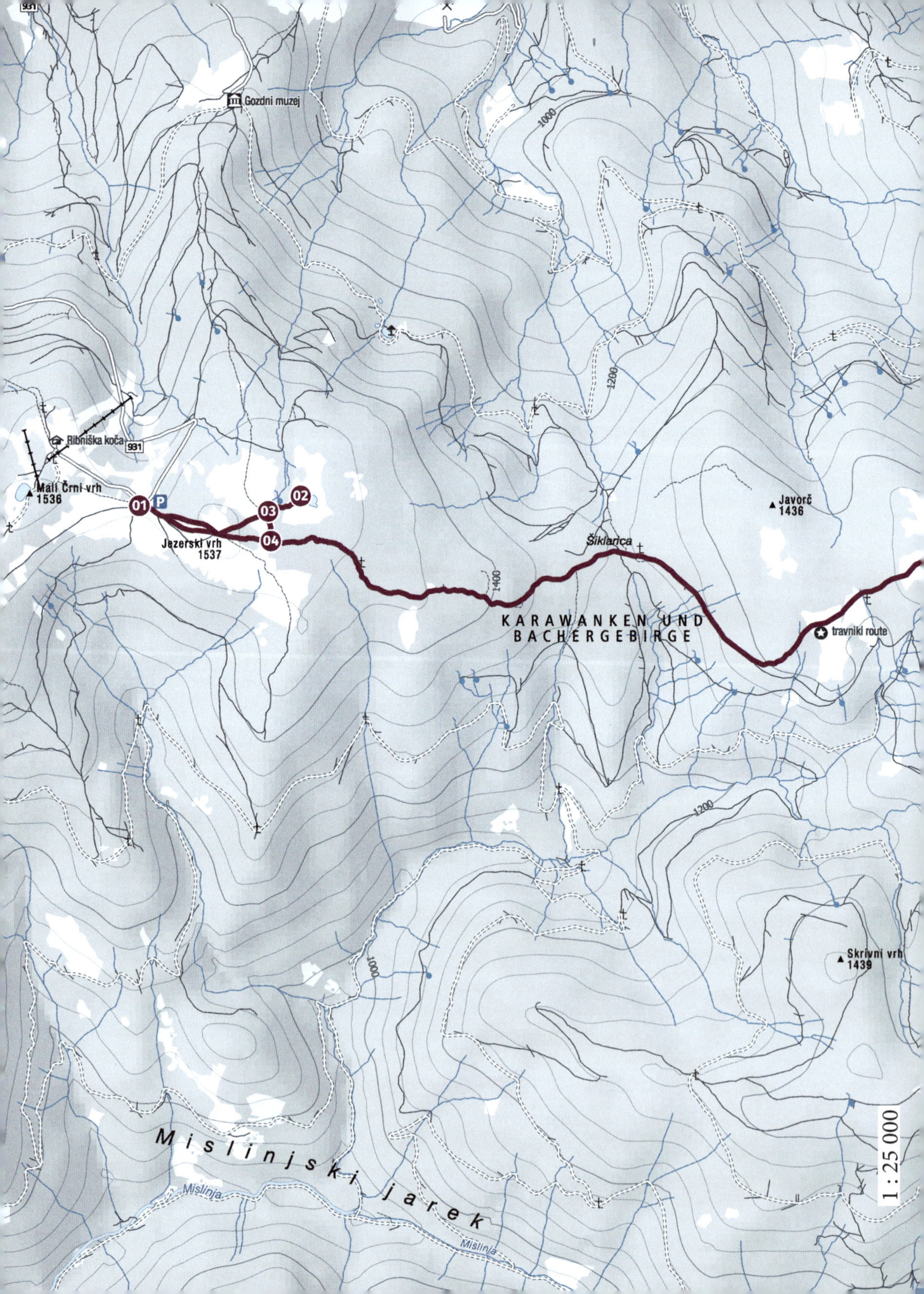

Gozdni muzej
Ribniška koča
931
Mali Črni vrh
1536
Jezerski vrh
1537
01
02
03
04
P
Šiklarica
Javorč
1436
KARAWANKEN UND
BACHERGEBIRGE
travniki route
Skrivni vrh
1439
Mislinjski jarek
Mislinja
1000
1200
1400
1 : 25 000

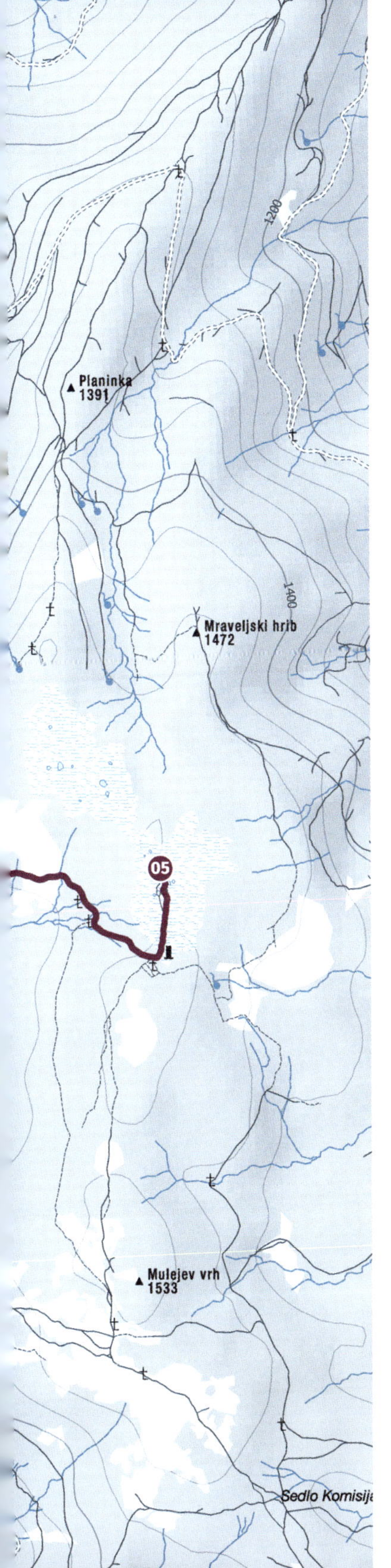

Unberührte Natur

UND VIEL RUHE

Abseits vom Baumwipfelpfad, dem Skigebiet, dem Bike-Park und der Sommerrodelbahn gibt es im Pohorje-Gebiet auch ruhige Ecken – es lohnt sich, sie aufzusuchen.

Das Pohorje-Gebirge (deutschsprachige Bezeichnung: Bachergebirge) nahe der Stadt Maribor ist ein bis zu 1543 Meter hohes Mittelgebirge mit ausgedehnten Wäldern, dem Urwald Šumik, Weiden und Wiesen, Wasserfällen und Torfmooren mit Seen, und außerdem Heimat des sehr seltenen Hochmoorbläulings und des großen Nachtpfauenauges, seines Zeichens der größte Schmetterling Europas. Das bekannte Wintersportgebiet Rogla ist ebenso Teil des Pohorje-Gebiets wie das „Hängende Moor“. Warum das Moor hängt? Ganz einfach: Es liegt auf einem geneigten Hang.

Das weitgehend abflusslose Hochmoor mit dem klingenden Namen liegt auf einer Seehöhe von etwa 1400 Metern. Neben dem See Ribniško jezero gibt es hier noch weitere kleinere Seen bzw. Moorfenster, um die herum teilweise Holzstege angelegt wurden. Auf ihnen lässt sich die ursprüngliche Landschaft wunderbar erkunden.

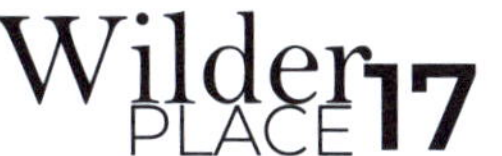

Ribniška koča

Wenig begangener, nicht sehr schwieriger Wanderweg. Hier herrscht Ruhe und unberührte Natur.

Dauer ca. 6:00 h I Distanz: 14 km I Höhenmeter: 900

Dieser Abschnitt des slowenischen Wanderweges (mit 1 bezeichnet) ist wenig begangen. Der Grund liegt darin, dass zwischen den beiden Hütten Koča na Pesku und Ribniška koča mehr als 10 Kilometer alpiner Wege liegen. Zu den Lovrenška jezera kommen 90 % der Wanderer von der Rogla (1 ¼ Std.). Wir gehören zu der Minderheit, die aus dem Westen zu den Seen wandern wird. Aus dem Ort Ribnica na Pohorju (Reifnig) führt eine Schotterstraße hinauf zur Ribniška koča. Kurz vor der Hütte ist ein geeigneter Parkplatz für viele Autos.

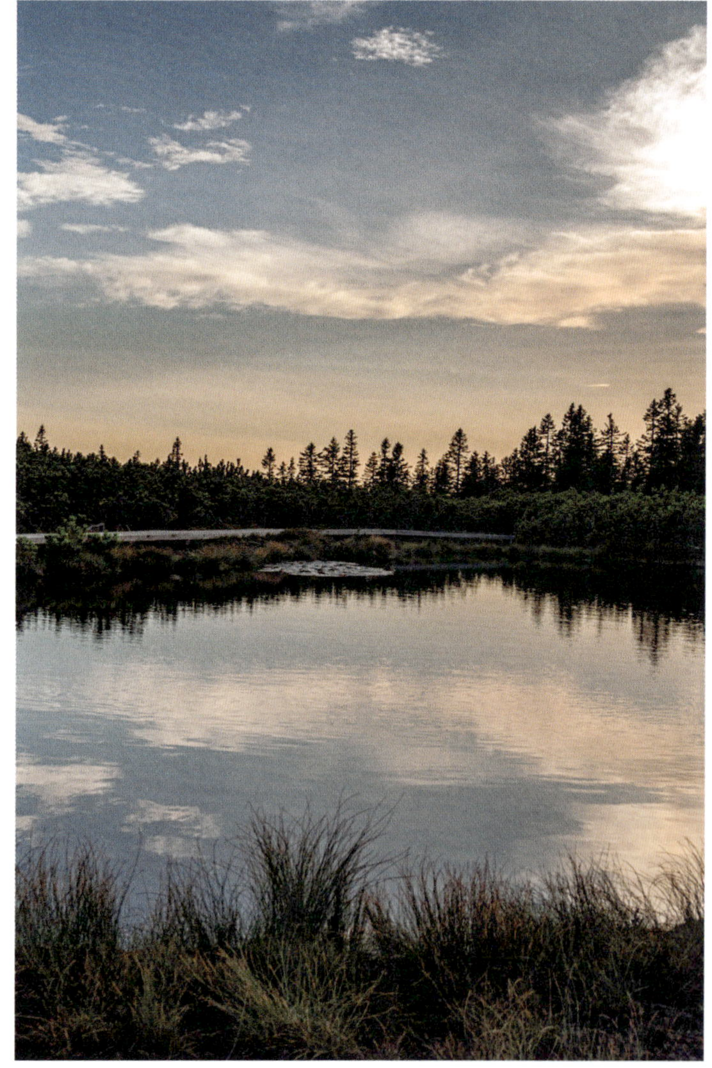

▶ Wir starten die Tour am Parkplatz **01**, in der Nähe finden wir direkt die Wegweiser und starten in Richtung Rogla. Zuerst bringt uns ein 20-minütiger Anstieg zu einem wenig ansehnlichen Partisanendenkmal. Danach folgen wir der Abzweigung zum Ribniško jezero. Diese kleine Perle der Natur sollten wir einfach nicht auslassen. Nach einem angenehmen

Abstieg erreichen wir in 10 Minuten diesen See 02.

Vom See müssen wir zuerst wieder ein bisschen aufsteigen und dann auf einen Wegweiser 03 achten, der uns den Weg Richtung Rogla etwas abkürzt (links). Der breite Weg, auf dem im Winter auch Motorschlitten fahren, bringt uns bergab zum Sattel Šiklarica (1299 m) 04. Dort beginnt der Gegenhang und wir steigen langsam zu den Seen hinauf. Hier treffen wir auf eine sichere Wasserquelle. Sobald wir aus dem Wald kommen, können wir in leichter Steigung auch den weiten Ausblick genießen. Von Norden kommt der Weg aus Lovrenc na Pohorju (St. Lorenzen am Bachern). Nach diesem Ort wurden auch die Seen benannt. Nun verläuft der Weg am südlichen Hang an den Seen vorbei und anschließend erreichen wir die Seen von Osten 05. Nachdem unsere Wanderung bis hierhin sehr einsam verlief, treffen wir hier erstmals auf einige Wanderer und Touristen, da die Seen ein beliebtes Wanderziel sind. Die Stege bringen uns sicher an allen Seen vorbei. Im Osten steht auch ein Aussichtsturm. Mit dem Fernglas können wir bei klarem Himmel auch den Großglockner, den höchsten Berg Österreichs, erkennen. Auf demselben Weg kehren wir zum Parkplatz 01 zurück.

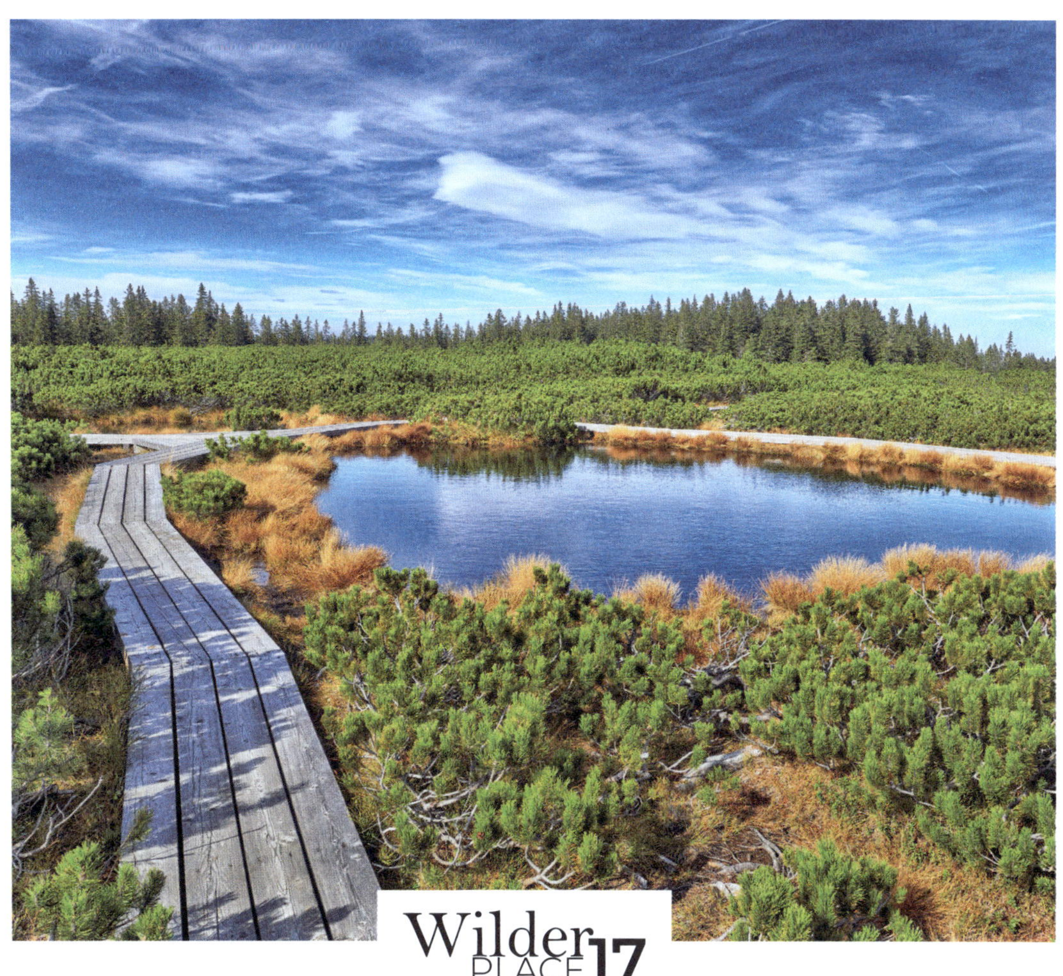

18. Črno jezero

DER SCHWARZE SEE

Dunkelgrüner Wald, hellgrünes Schilfgras und der blaue Himmel doppeln sich in der schwarzen Oberfläche des Sees wie in einem dunklen Spiegel. Die Frage, wer hier die Schönste ist, stellt sich erst gar nicht …

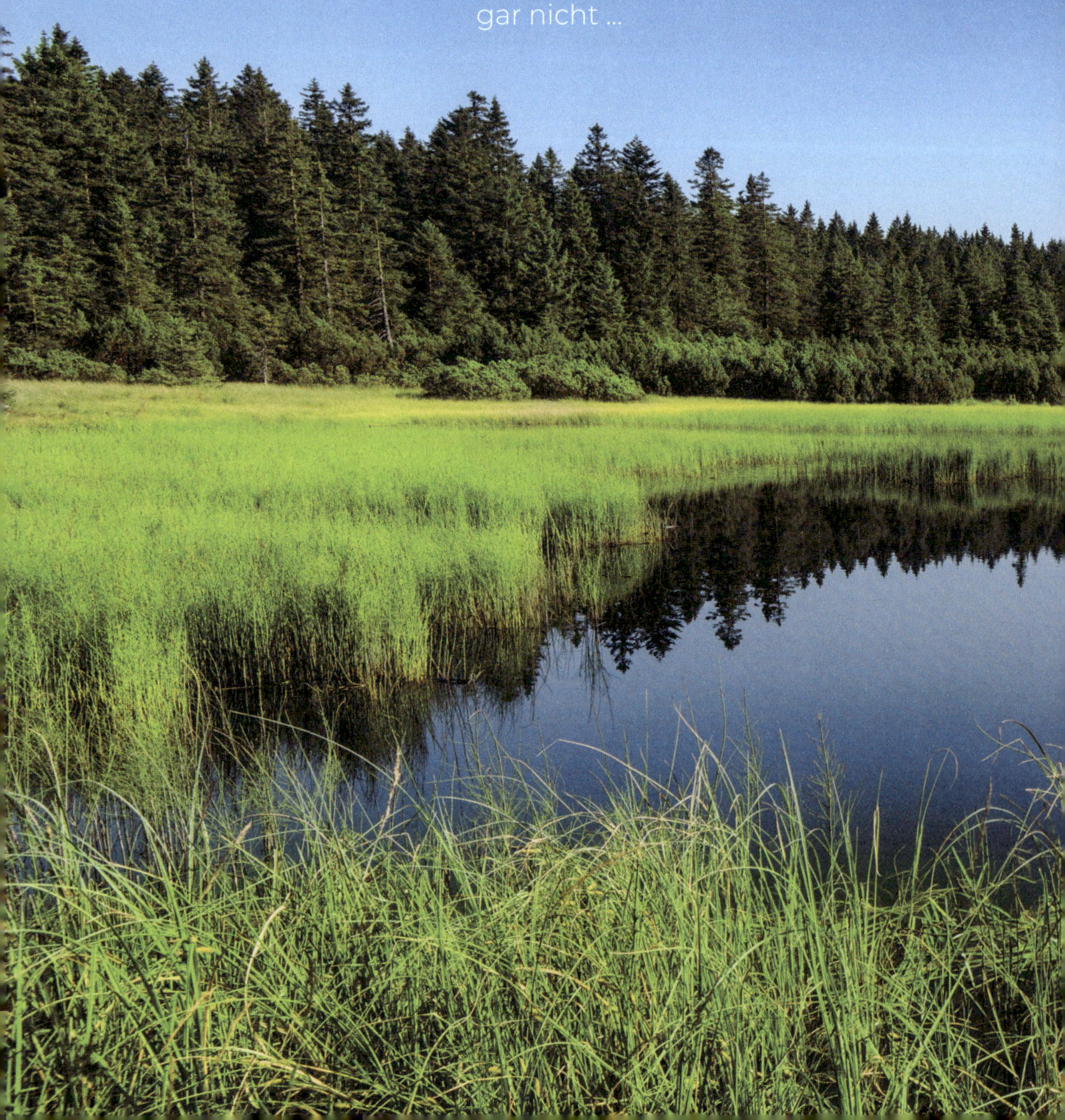

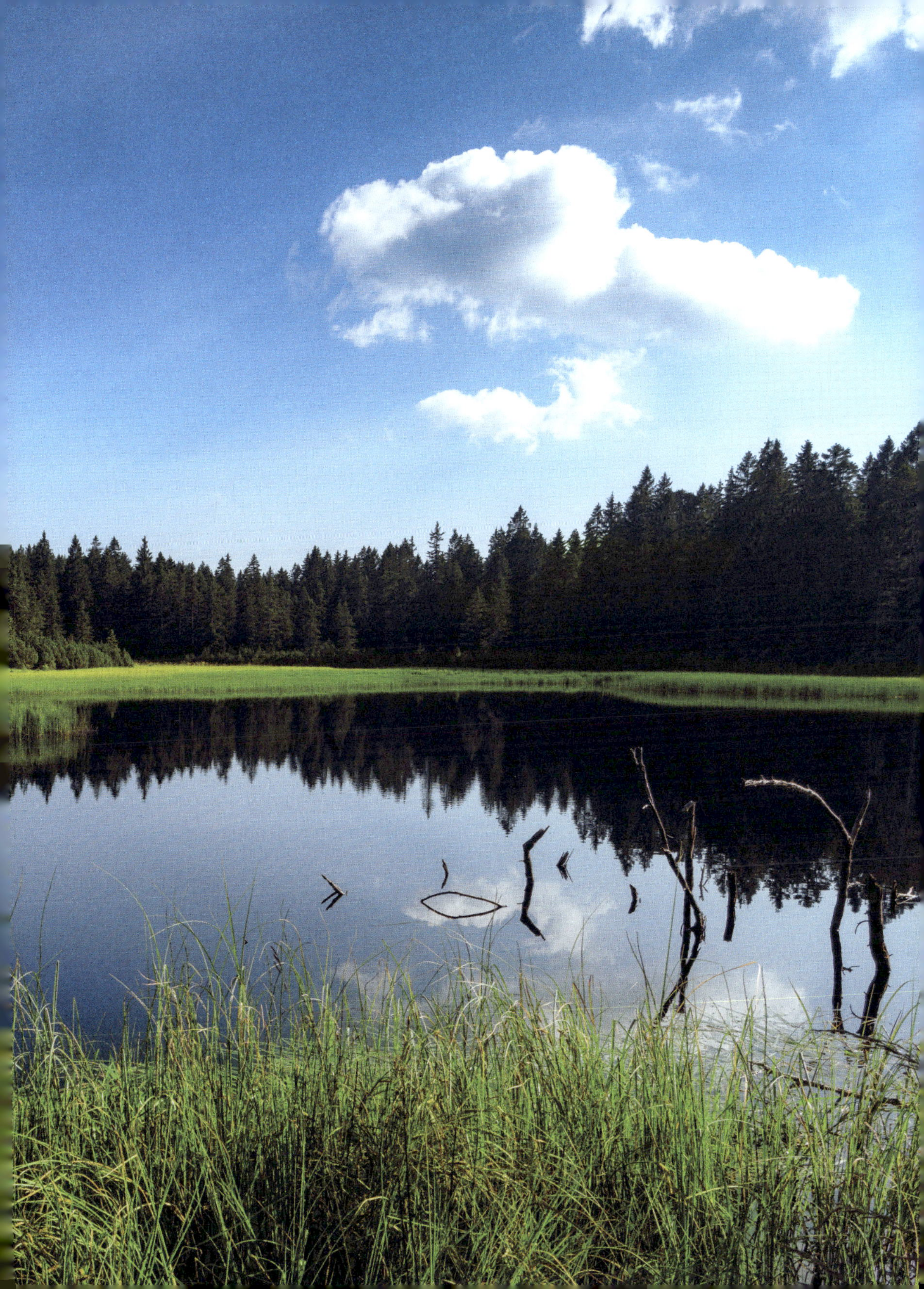

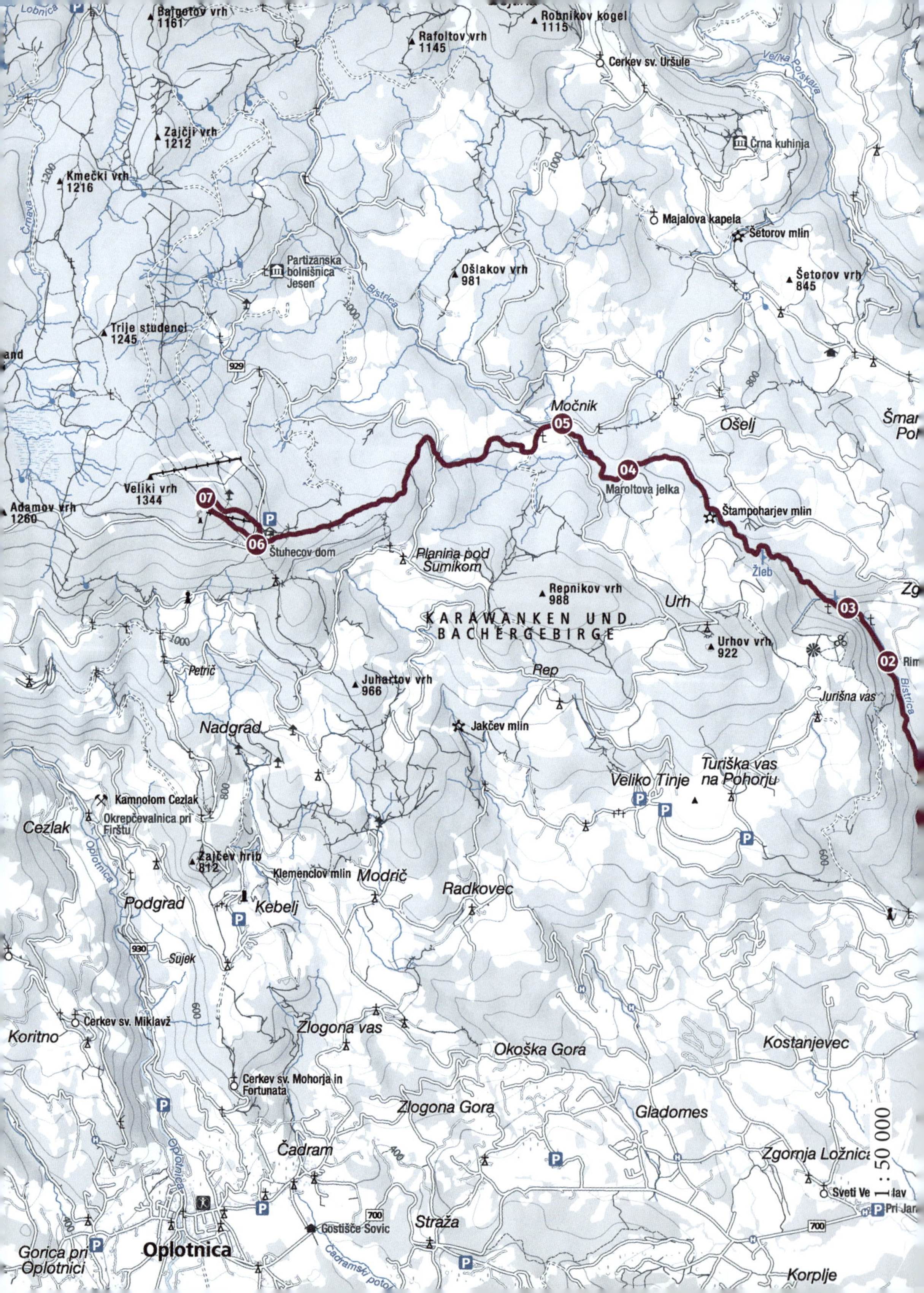
Bajgotov vrh 1161
Robnikov kogel 1115
Rafoltov vrh 1145
Cerkev sv. Uršule
Zajčji vrh 1212
Črna kuhinja
Kmečki vrh 1216
Majalova kapela
Šetorov mlin
Partizanska bolnišnica Jesen
Ošlakov vrh 981
Šetorov vrh 845
Bistrica
Trije studenci 1245
Močnik
05
Ošelj
04
Maroltova jelka
Veliki vrh 1344
07
Adamov vrh 1260
Štampoharjev mlin
06
Štuhecov dom
Planina pod Šumikom
Žleb
Repnikov vrh 988
Urh
03
KARAWANKEN UND BACHERGEBIRGE
Urhov vrh 922
02
Petrič
Rep
Jurišna vas
Juhartov vrh 966
Nadgrad
Jakčev mlin
Turiška vas na Pohorju
Veliko Tinje
Kamnolom Cezlak
Cezlak
Okrepčevalnica pri Firštu
Zajčev hrib 812
Klemenčlov mlin
Modrič
Radkovec
Podgrad
Kebelj
Sujek
Cerkev sv. Miklavž
Koritno
Zlogona vas
Okoška Gora
Kostanjevec
Cerkev sv. Mohorja in Fortunata
Zlogona Gora
Gladomes
Čadram
Zgornja Ložnica
Sveti Vencslav
Pri Jan
Gostišče Sovic
Straža
Oplotnica
Gorica pri Oplotnici
Čadramski potok
Korplje
1 : 50 000

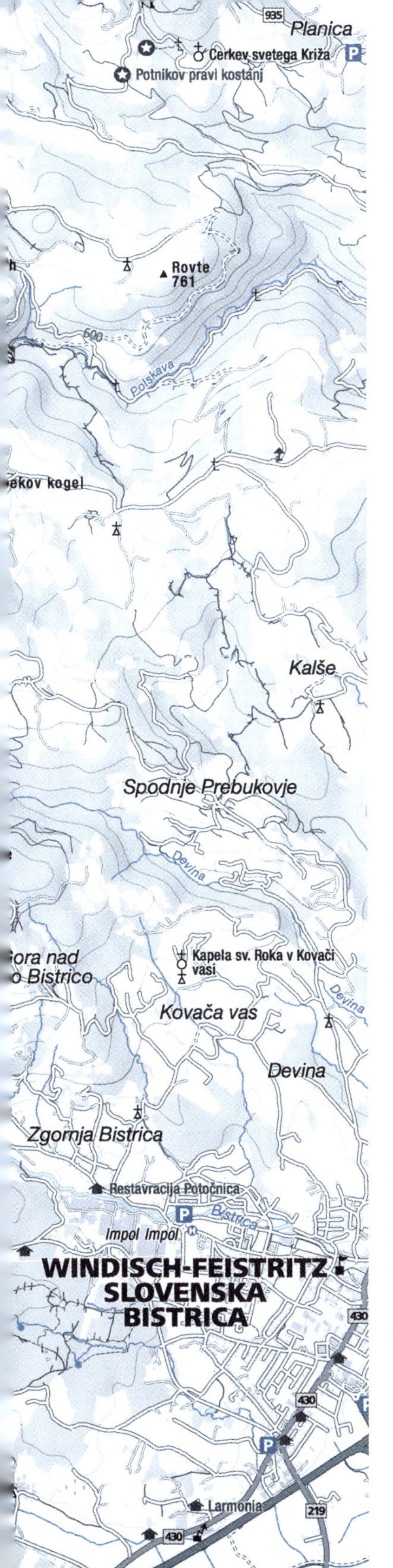

Spieglein, Spieglein

INMITTEN DES WALDES

Eine malerische Schlucht, ein römischer Steinbruch, ein Wasserfall, eine umgestürzte Riesentanne und schließlich der Schwarze See – die Länge der Tour ist ob ihres Abwechslungsreichtums eigentlich nebensächlich.

Von den Wasserläufen des Pohorje-Gebirges ist der Bach Bistrica besonders interessant. Die von ihm geschaffene Klamm am Anfang des Wegs glänzt mit natürlicher Schönheit und Überresten menschlichen Schaffens. Entlang des kristallklar über die Hindernisse rauschenden und dröhnenden Wasserlaufs gelangt man zu einem ehemaligen römischen Steinbruch, in dem einst Marmor für die nahe Steiermark abgebaut wurde, und kurz darauf zu einem 13 Meter hohen, schäumenden Wasserfall. Es ist kein Wasserfall im eigentlichen Sinne, denn er fließt eher den Berg hinunter, als dass er fallen würde. Uns ist's egal, in jedem Fall ist es wunderschön!

Das ist dann übrigens auch der Schwarze See. Er scheint auf den ersten Blick vollkommen schwarz zu sein, obwohl sein Wasser kristallklar ist. Auf dem Grund des Sees lagerten sich über einen langen Zeitraum abgestorbene Pflanzen und Tiere ab und bildeten so mit der Zeit eine dicke Schlammschicht, die für den schwarzen Eindruck des Sees verantwortlich ist.

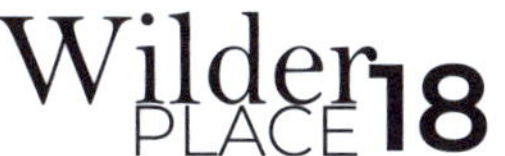

Črno jezero

Ein mittelschwerer Aufstieg von Zg. Bistrica durch die Schlucht Bistriški Vintgar. Die Schlucht ist relativ lang, deswegen sollte man einen Transport für den Rückweg einplanen oder im Hotel Jakac übernachten.

Dauer ca. 4:00 – 5:00 h I Distanz: 11 km I Höhenmeter: 1350

Vom Parkplatz 01 in Zg. Bistrica – beim Eingang in Bistriški Vintgar – gehen wir entlang des Baches. Zuerst erreichen wir den Römischen Steinbruch 02. Bis hierher wird der Weg sehr oft begangen.

Wir folgen dem Weg und erreichen wenig später den Wasserfall Šum 03. Danach wird der Weg einsamer und steiler und wir orientieren uns am Bachverlauf. An schwierigen Stellen gibt es Stege und Geländer, die uns helfen, sicher über alle Hindernisse zu kommen. Nach ca. 2 Stunden kommen wir zu einer leider durch Blitzschlag umgestürzten Riesentanne 04. Sie war die größte Tanne im Bachern. Die Gegend ist ein wahres Paradies für Pilzsammler. Am Ende des Klammverlaufes erreichen wir eine Wiese 05 und sind wieder in der Zivilisation.

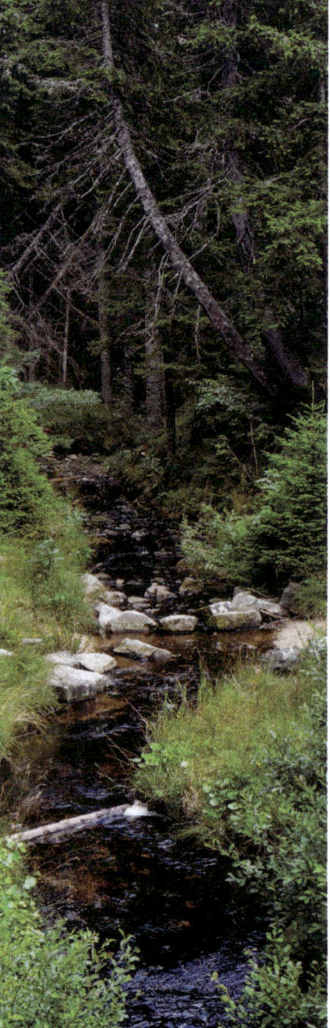

Nun müssen wir auf alle Wegweiser Richtung Sv. Trije Kralji achten. Wir wechseln von der einen zur anderen Straße, gehen an einem Berghof vorbei und schauen, dass wir im Wald auf dem richtigen Weg bleiben. Es gibt viele Fahrwege, Holzriesen und spärliche Markierungen. Mit einigem Orientierungssinn oder mit eingeschaltetem GPX-Gerät finden wir das Berghotel Jakec 06, wo wir gegebenenfalls auch übernachten.

Eine Stunde von hier liegt das Ziel unserer Wanderung: Der Črno jezero (Schwarzer See) 07, welcher von Fichten und Torfmoos umrahmt ist und ein absolutes Naturhighlight darstellt.

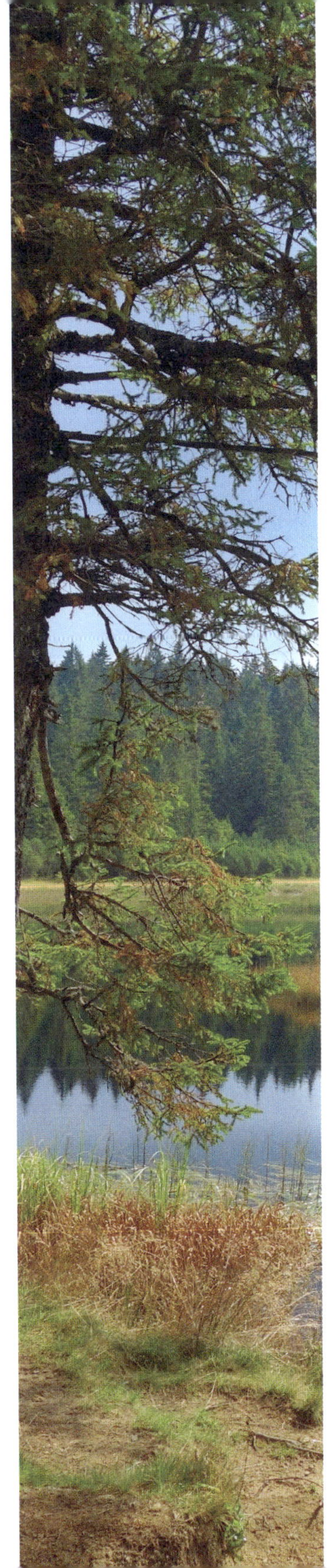
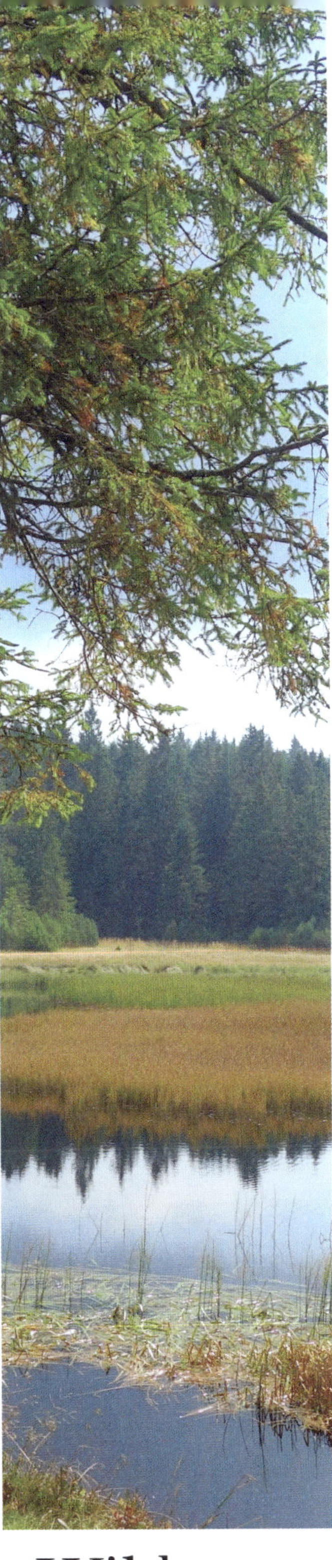
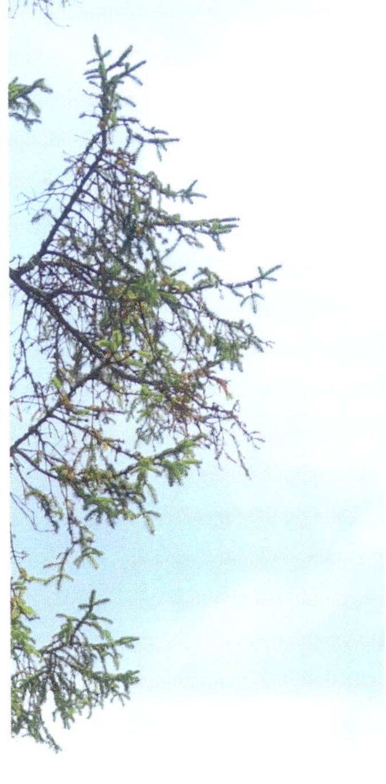
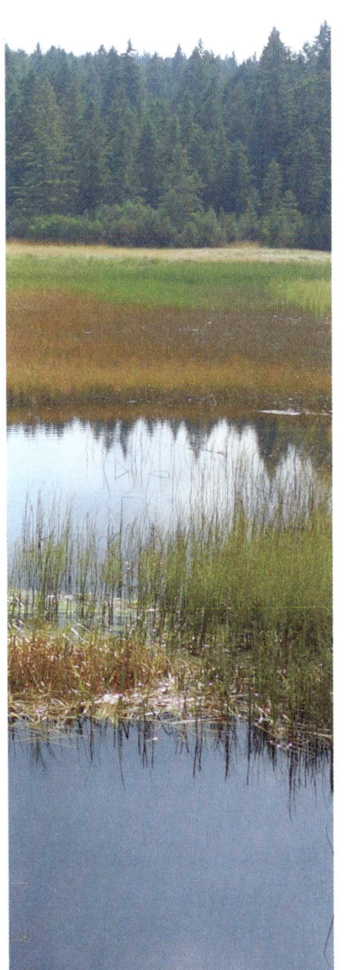
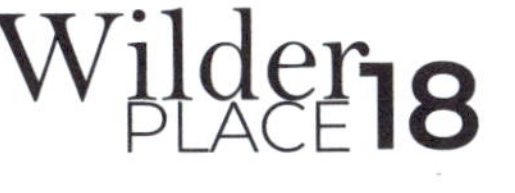
Wilder
PLACE 18

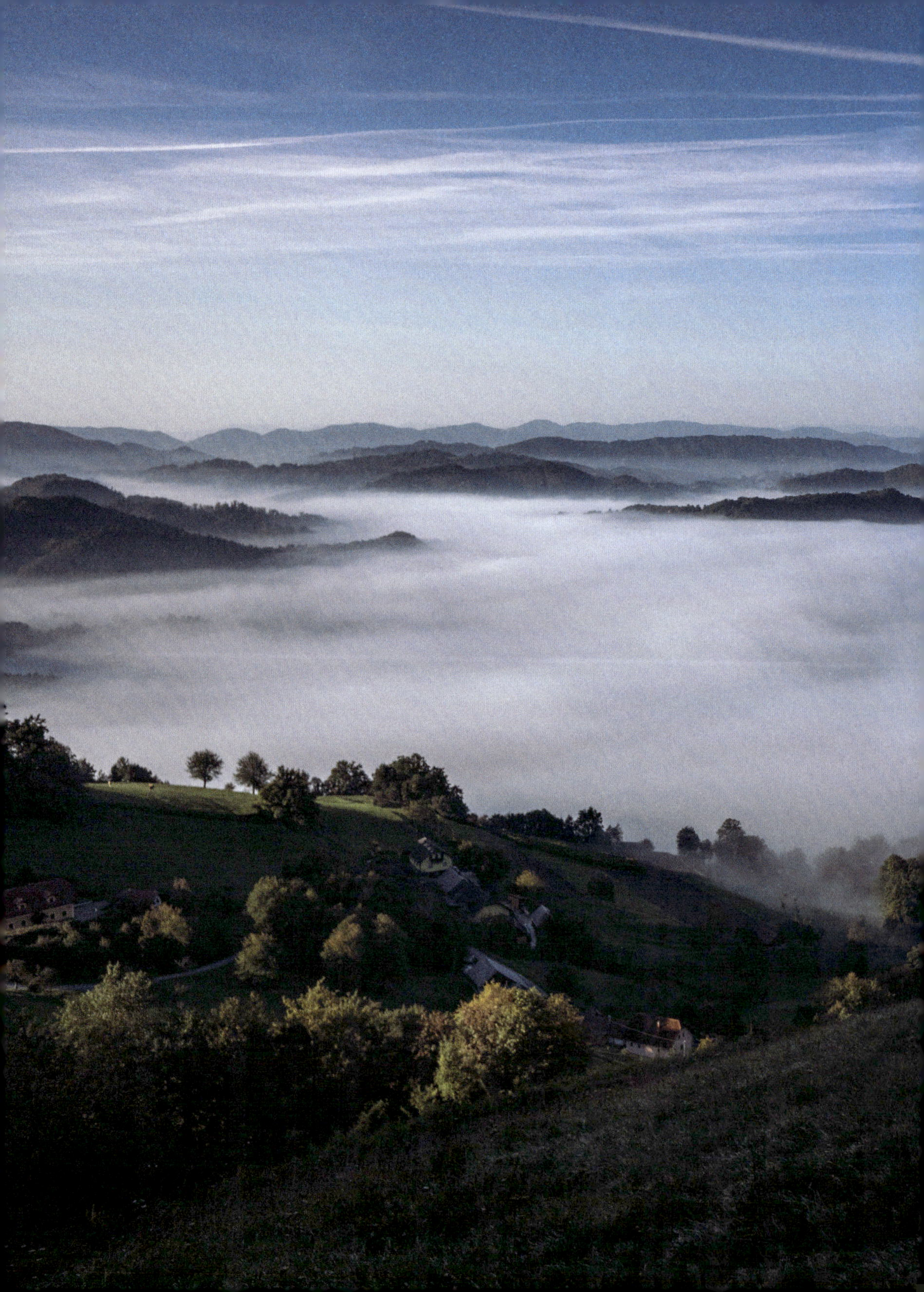

19. Donačka Gora

IM WEINGEBIET DER ŠTAJERSKA

Einst stand auf dem Gipfel die Wallfahrtskirche St. Donat, heute gibt es hier eine Steinpyramide und die Umgebung breitet sich vor uns aus wie eine gezeichnetes Reliefkarte.

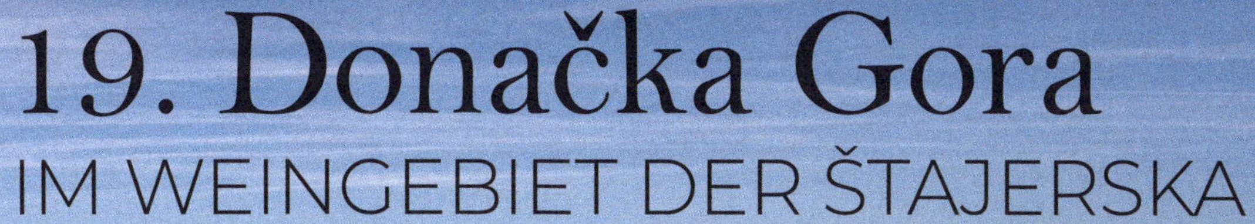

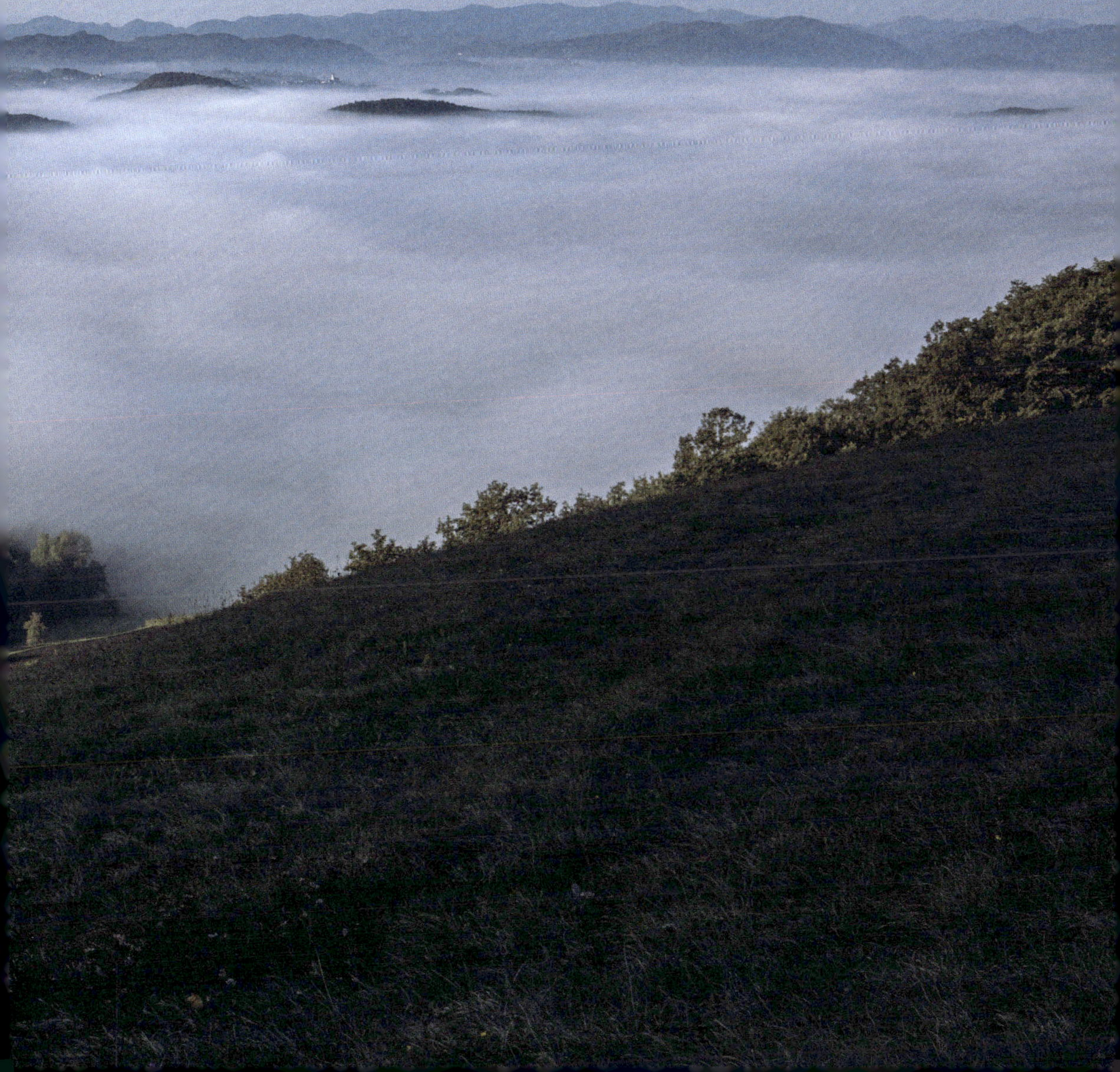

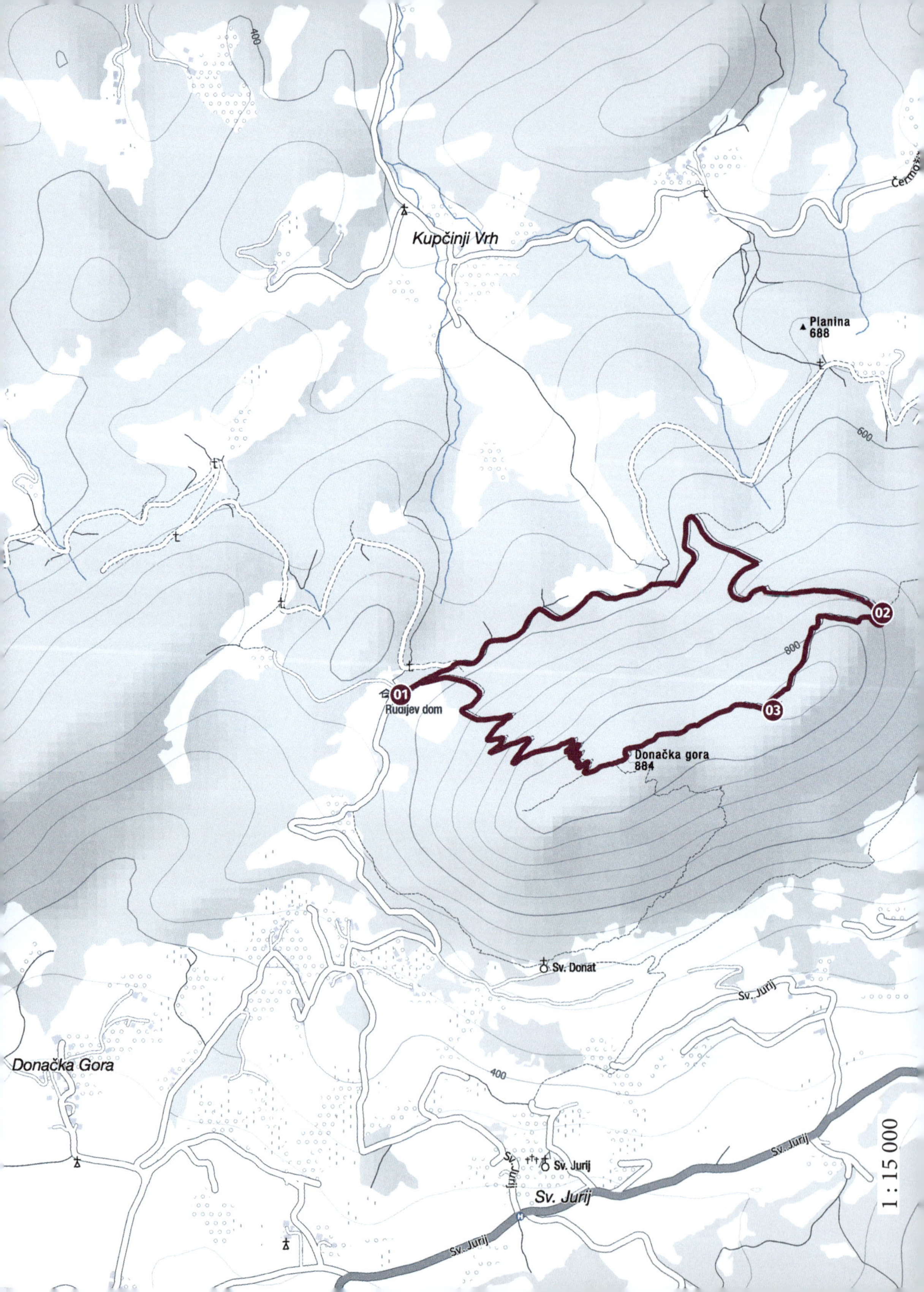
400
Kupčinji Vrh
Planina
688
600
01
Rudijev dom
02
800
03
Donačka gora
884
Sv. Donat
Sv. Jurij
Donačka Gora
400
Sv. Jurij
Sv. Jurij
Sv. Jurij
Sv. Jurij
Sv. Jurij
1 : 15 000

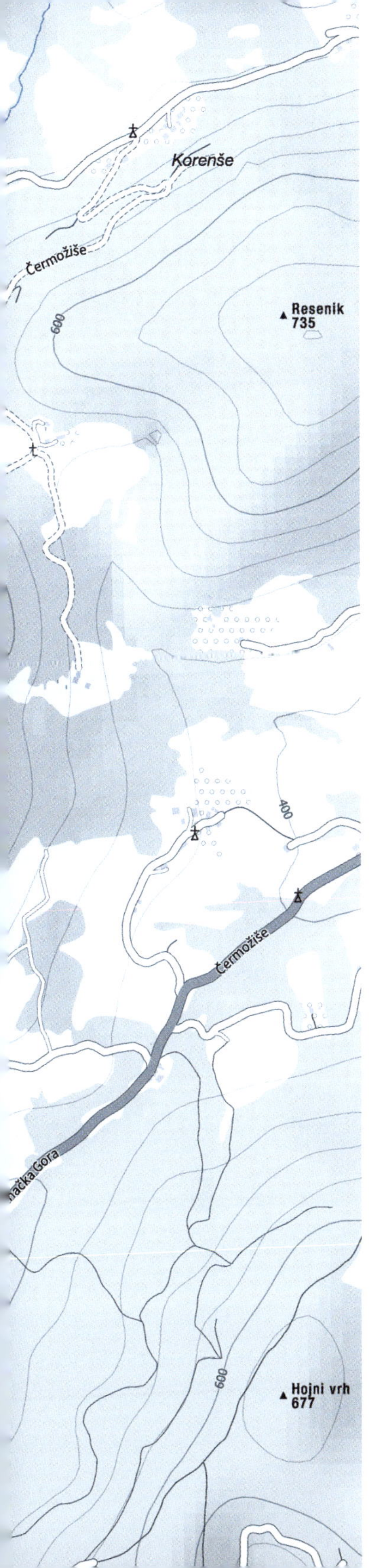

Unscheinbare
HERAUSFORDERUNG

Überraschenderweise belegt die eher bescheidene Erhöhung Donačka Gora Platz 3 in der Statistik der Alpinunfälle – fürchten braucht man sich vor dem Aufstieg aber trotzdem nicht.

Der Grund dafür, dass Donačka Gora zur zweifelhaften Ehre der Aufnahme in diese Statistik kam, ist ein Vorfall aus dem Jahr 1741: Bei einer Wallfahrt am 6. August jenes Jahres wurden 59 Pilger durch einen Blitzschlag getötet. Heutzutage passieren auf diesem Berg keine tödlichen Unfälle mehr.

Sieht man sich die Karte Sloweniens an, dann überrascht heute die Bezeichnung „Štajerska“, zu Deutsch „Untersteiermark“. Dieses Gebiet wurde 1919 mit dem Vertrag von St. Germain von Österreich an Jugoslawien abgetreten und doch ist das alte Erbe noch in vielen Ecken spürbar. Die vom Klima besonders begünstigte Region zeichnet sich durch dichte Wälder und sanfte Weinberge aus, zudem zeugen Schlösser und Burgen von einer bewegten Vergangenheit. Die Erhebung Donačka Gora liegt nahe an der kroatischen Grenze und erlaubt wunderbare Ausblicke auf diesen historisch interessanten Landstrich.

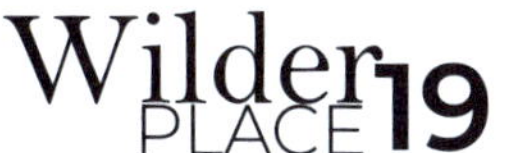

Donačka Gora

Trotz bescheidener Höhe gibt es eine schwierige Passage mit Seilen und Eisenstiften, ein Klettergurt ist hilfreich. Die Tour ist als eher schwierig einzustufen und nicht zu unterschätzen.

Dauer ca. 2:30 h I Distanz: 4,2 km I Höhenmeter: 350

Eine spektakuläre Rundtour auf einen markanten Gipfel zwischen Weinbergen. Trotz bescheidener Höhe gibt es einige schwierige Passagen mit Seilen und Eisenstiften. Schon vor Jahrhunderten besuchten Gäste die klassischen Thermalbäder von Rogaška Slatina. Die Aussicht vom Gipfel ist sehr lohnenswert.

Vom Thermalort Rogaška Slatina fahren wir Richtung Rogatec (Rohitsch) und dann biegen wir nach links ab in Richtung Majšperk, Ptujska gora. Danach folgen wir an allen Kreuzungen der Beschilderung Donačka Gora oder Rudijev dom. Eine asphaltierte Straße bringt uns zur Hütte Rudijev dom. Sie hat im Sommer täglich, im restlichen Jahr an den Wochenenden geöffnet.

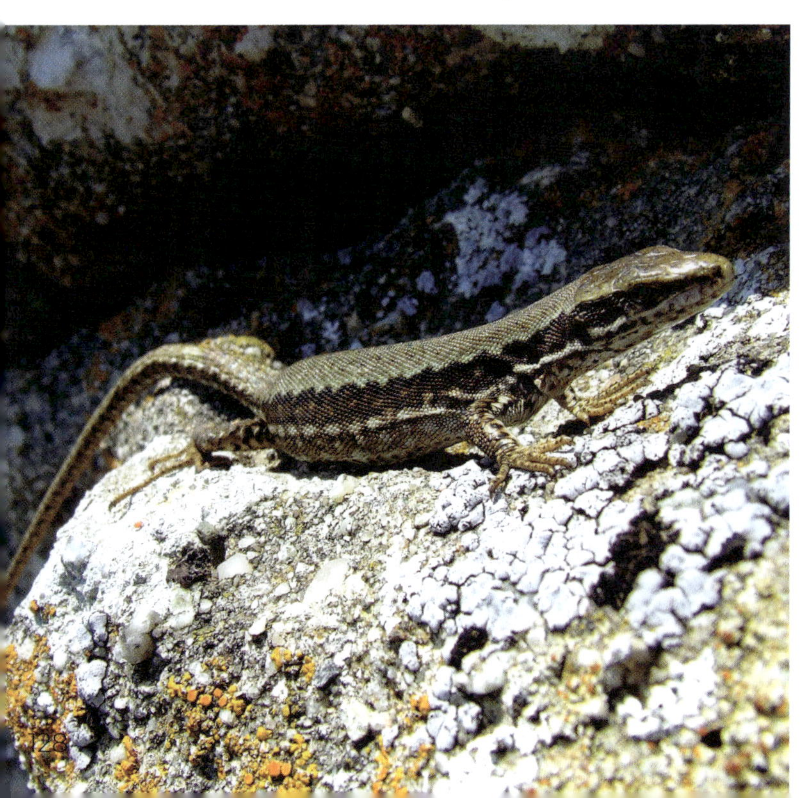

▶ Von der Rudijev-dom-Hütte **01** aus halten wir uns auf dem linken Weg in Richtung Donačka Gora. Die Wegweiser sind mit Rufzeichen versehen. Mit gutem Grund, denn wenn wir nach fast einer Stunde auf die ersten Felsen treffen, darf kein Schwindelgefühl mehr aufkommen. Die nächsten 15 Minuten sind anspruchsvoll, denn hier beginnt eine Kletterstelle **02**. Diese Eisenstifte und Seile sind die einzigen Sicherungen in dem Weingebiet der Štajerska, wie der slowenische Teil der Steiermark genannt wird. Ein Klettergurt kann uns sehr gut helfen, da die schwierige Passage durchwegs mit einem Seil gesichert ist. Der steile Abschnitt endet auf dem Gipfelkamm. Der östliche Gipfel liegt im Wald einige Schritte vom markierten Pfad entfernt. Auf dem Kamm führt uns der markierte Weg Richtung Westen. Manchmal steigen wir einige Meter ab

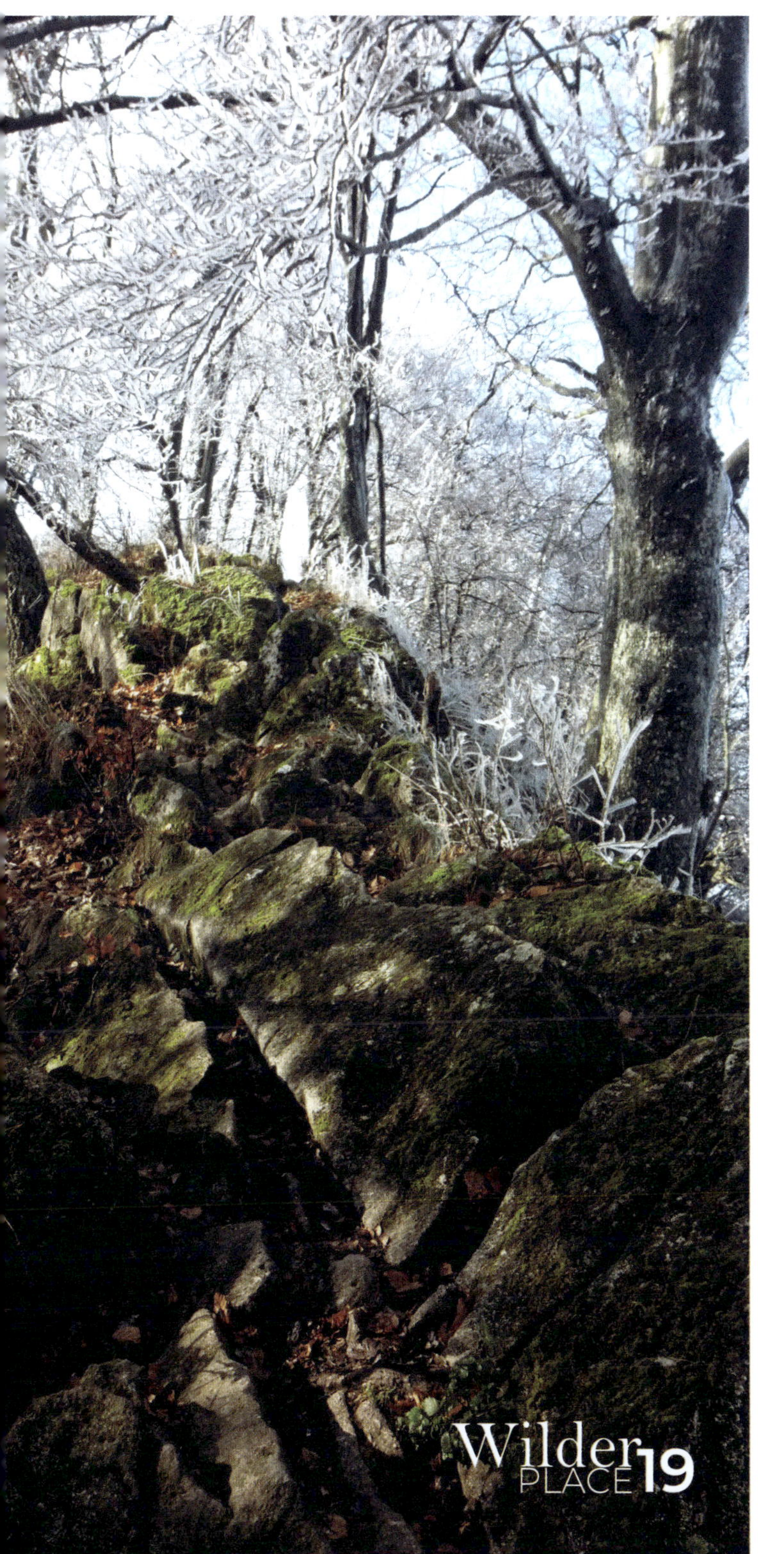

und dann wieder hinauf. Der felsige Kammweg fordert unseren Gleichgewichtssinn heraus. Nun erblicken wir die Steinpyramide des Donačka-Gora-Gipfels **03**. Der Gipfel ist baumlos, so können wir den Blick in alle Richtungen genießen. Nach Norden kann man bei klarem Himmel sogar den Plattensee (Balaton) erkennen. Nach Westen und Nordwesten sind die Gebirgsketten des Pohorje (Bachern), die Karawanken und die Steiner Alpen (Kamniške Alpe) zu sehen. Auf einer Bank können wir auch unsere müden Beine ausstrecken.

Der Abstieg führt direkt zur Hütte Rudijev dom. Einige Zeit verläuft er direkt auf dem Kamm, dann aber verlieren wir in großen Kehren an Höhe und erreichen in weniger als einer Stunde die Hütte Rudijev dom **01**. Eine großartige Runde liegt hinter uns. Wenn wir zurück auf den Gipfel blicken, können wir die Steinpyramide erkennen. Von hier aus ist es kaum vorstellbar, dass dieser Berg, der nicht einmal 900 Meter Höhe erreicht, so viele gefährliche Stellen in sich und um sich birgt.

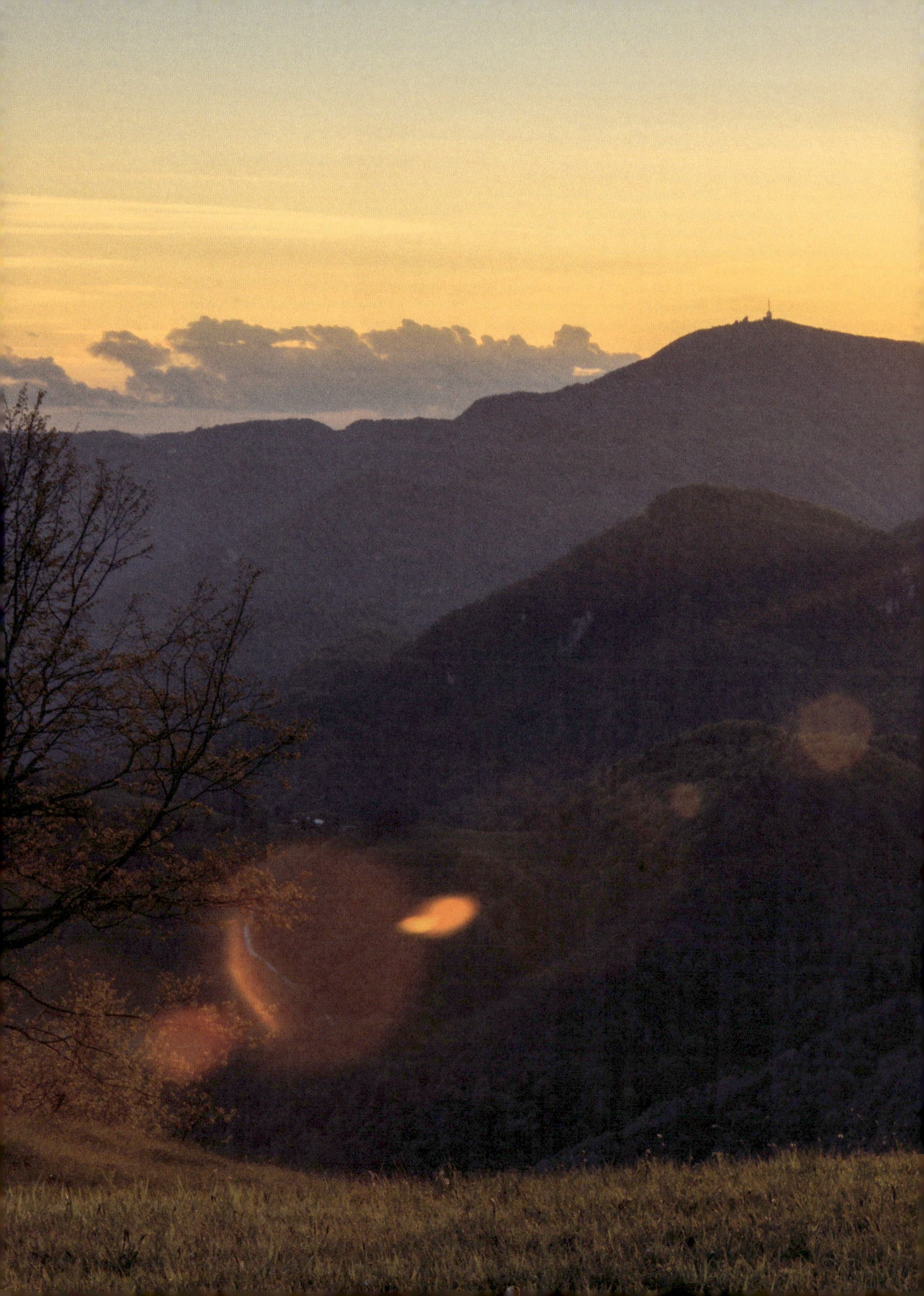

20. Der Gipfel Lisca

AUF DEN HAUSBERG VON SEVNICA

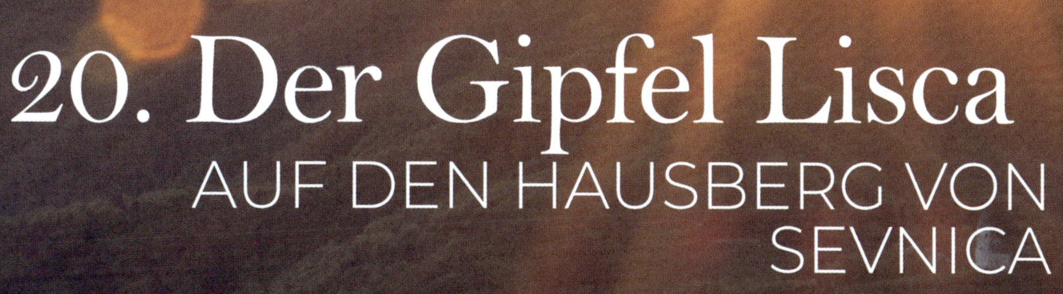

Schöne Ausblicke auf den Fluss Sava und die kroatischen Berge von Gorski Kotar inbegriffen.

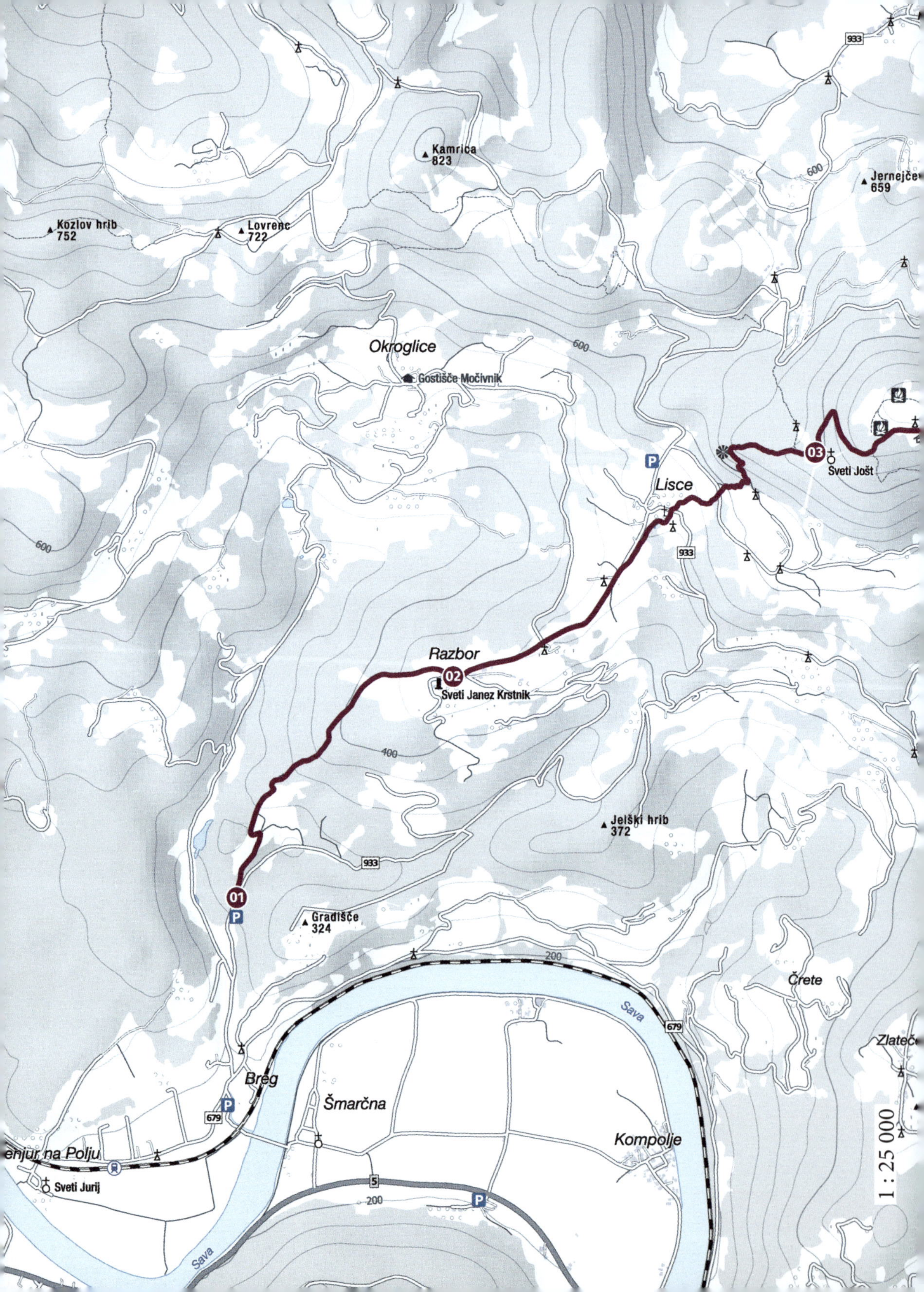

Kamrica
823
Jernejče
659
Kozlov hrib
752
Lovrenc
722
Okroglice
Gostišče Močivnik
Lisce
Sveti Jošt
Razbor
Sveti Janez Krstnik
Jelški hrib
372
Gradišče
324
Črete
Sava
Zlateč
Breg
Šmarčna
Kompolje
enjur na Polju
Sveti Jurij
933
679
1 : 25 000

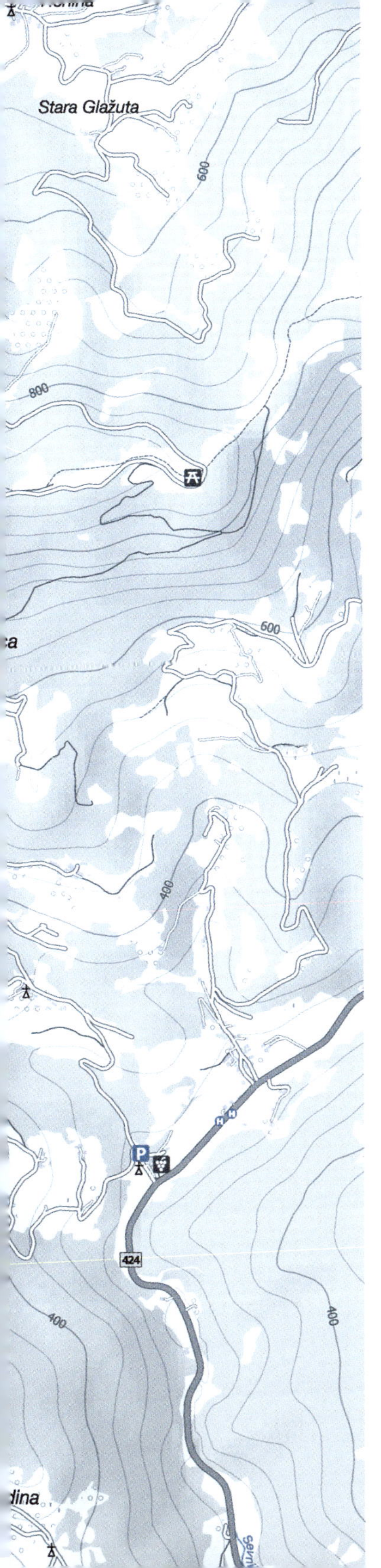

Beliebtes
AUSFLUGSZIEL

Oben angekommen erwarten uns zwei Hütten, eine Wetterstation und zur Erinnerung an schneereichere Winter auch stillgelegte Liftanlagen. Heute ist der Berg stattdessen beliebt bei Gleitschirmfliegern, Bikern, Kletterern und Wanderern.

Die Save entspringt im Gebiet des Triglav in den Julischen Alpen nahe dem Dreiländereck Slowenien–Italien–Österreich und ist der wasserreichste Nebenfluss der Donau, mit der sie sich nach einer Strecke von 940 Kilometern bei Belgrad vereinigt. Für uns ist sie bei dieser Tour ein Fluss, dessen Schleifen sich überblicken lassen, und damit irgendwie ein bisschen besonders – zu sehr ist man als Mitteleuropäer begradigte Flussläufe gewöhnt, die das Wasser in strenge Schranken weisen. Es ist zwar nicht so, dass die Sava ein Wildfluss wäre, doch ganz hat man ihr ihren Willen noch nicht genommen und wir dürfen uns auf dieser Tour bei schönen Ausblicken auf ihren Verlauf an diesem Umstand erfreuen.

Vom Gipfel des Lisca überblickt man nicht nur einen Teil des Sava-Verlaufs, sondern kann in der Ferne auch die Steiner Alpen, den Berg Snežnik in der Nähe des Adriatischen Meers und die Julischen Alpen mit dem Triglav, dem höchsten Berg Sloweniens, erkennen.

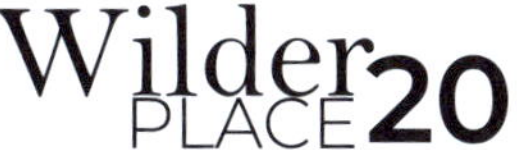

Der Gipfel Lisca

Ein einfacher und abwechslungsreicher Aufstieg. Wir überwinden in gut 2 Stunden einen großen Höhenunterschied. Die Hütte ist für ihre gute Gastronomie bekannt.

Dauer ca. 3:45 h I Distanz: 10 km I Höhenmeter: 70

Im Ort Breg gibt es einen Wegweiser zur „Lisca“. Wir folgen der Straße ca. 1 Kilometer und dann sehen wir auf der rechten Seite einen Parkplatz mit einer Informationstafel über den Jurka-Weg auf den Berg Lisca. Dort startet unsere heutige Tour.

▶ Vom Parkplatz **01** aus queren wir die Straße und folgen dem Fahrweg anfangs im Wald, dann über die Weide und nach dem Bauernhof wieder in den Wald hinein. Nach einer Stunde erreichen wir das Dorf Razbor (485 m) **02** und unser Weg verläuft ca. 800 Meter entlang der geteerten Straße. Wir müssen auf einen Fahrweg nach rechts achten. Die Beschilderung ist schwer zu erkennen.

Danach folgen wir dem Fahrweg zum Bauernhof. Dort biegen wir links aufwärts ab, queren eine Straße und steigen zur nächsten Straße hinauf. Auch diese queren wir und steigen im Wald steil bergauf. An einem Steinbruch vorbei geht es nach wie vor steil bergauf, bis wir die Kirche Sveti Jošt **03** erreichen. Diese ist ca. 2 Stunden vom Parkplatz entfernt. Nun folgt eine angenehme Wanderung hinauf zum Scheitel der Lisca; 10 Minuten vor dem Gipfel kommen wir aus dem Wald und können links den Gipfel und vor uns die Hütte **04** sehen. Vom Gipfel sieht man schön einen Teil des Flusses Sava (Save) und bei gutem Wetter viele Berge und Gipfel ringsum.

Für den Rückweg nehmen wir den gleichen Weg nach Breg zurück zum Parkplatz.

Varianten: Wir können bis zum Gipfel auf Asphalt fahren. Dann können wir eine Streckenwanderung zur Bohor-Hütte (7 Stunden) machen.

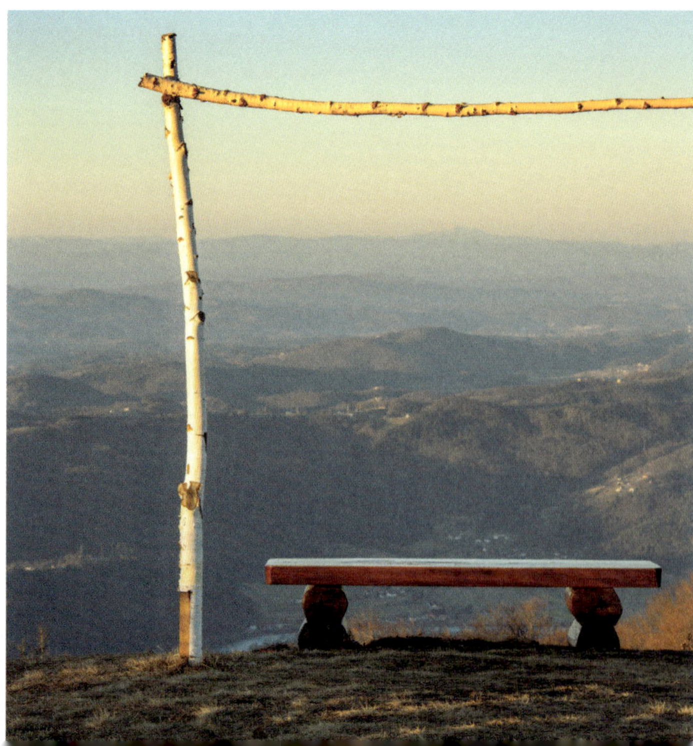

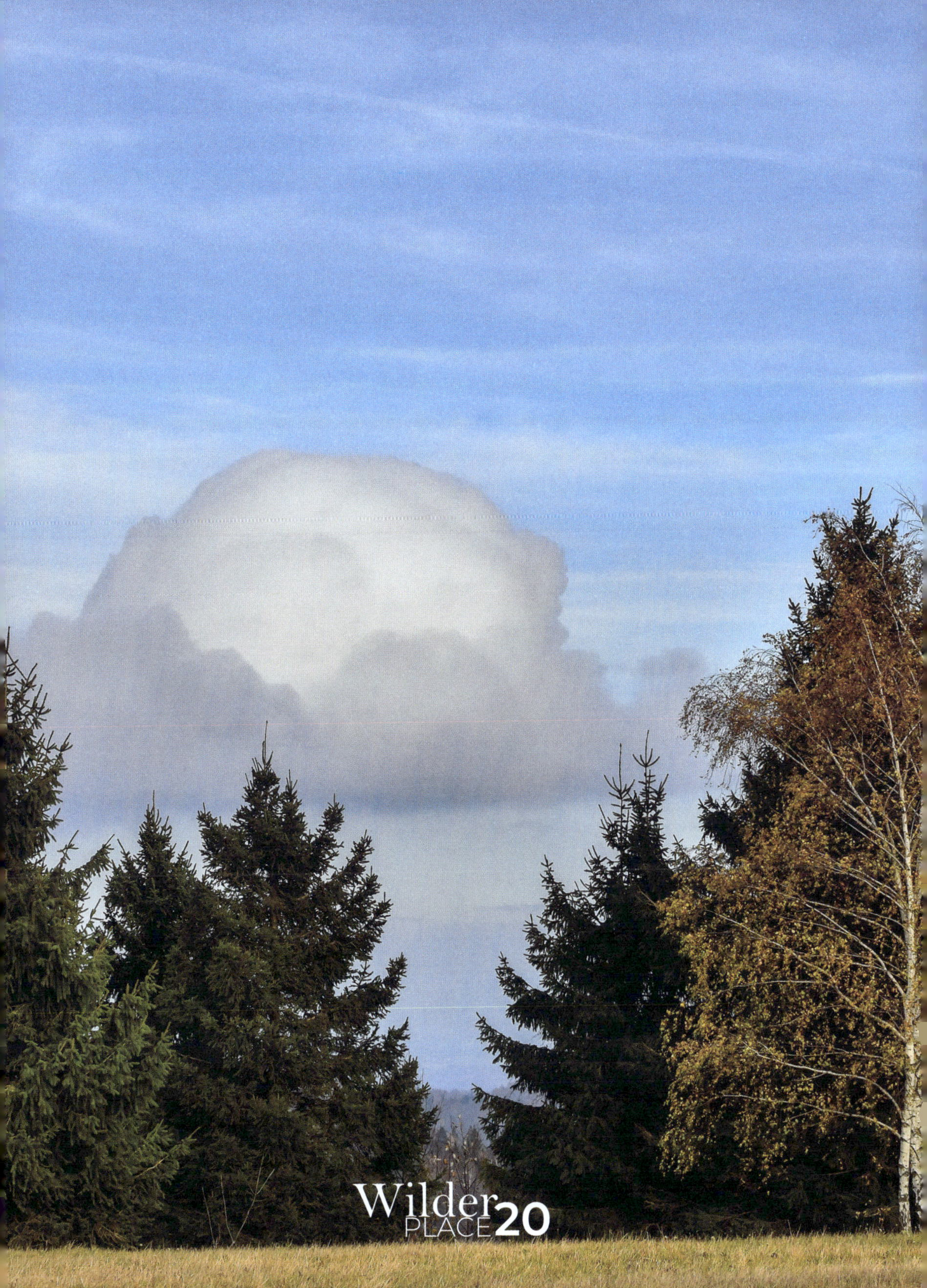
Wilder PLACE 20

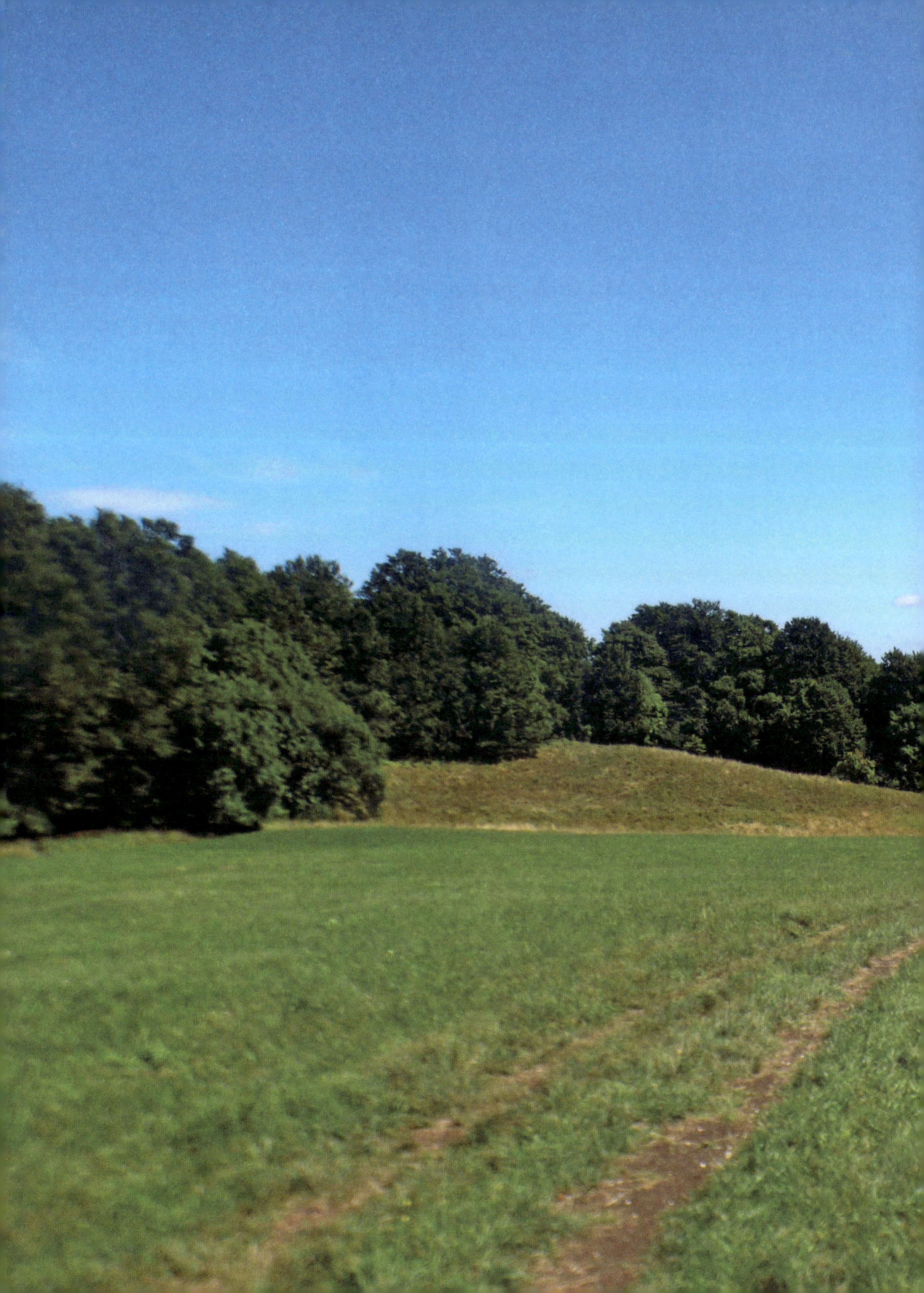

21. Trdinov vrh

DER HÖCHSTE GORJANCI-GIPFEL

Einst beanspruchte Slowenien den Berg, 2017 wurde er Kroatien zugesprochen, wo er den Namen Sveta Gera trägt und damit die höchste Erhebung des Žumberak-Gebirges ist.

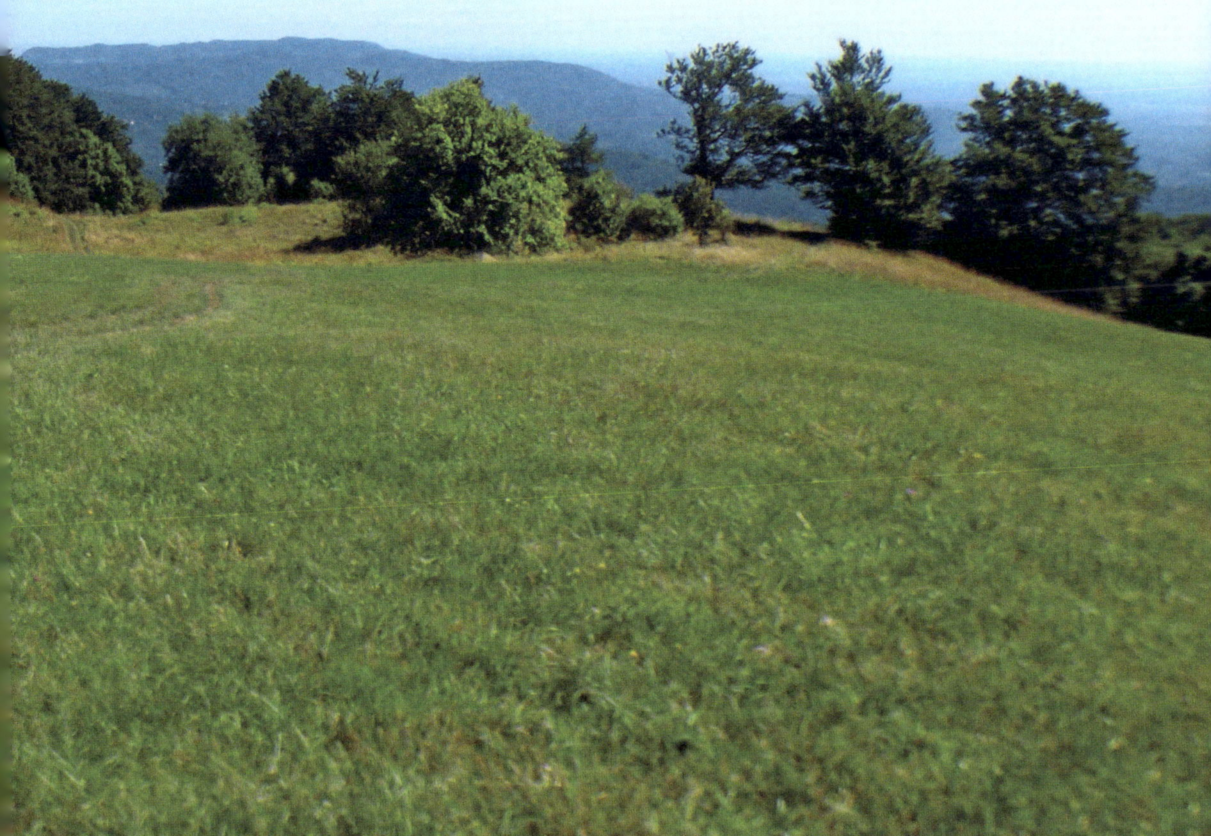

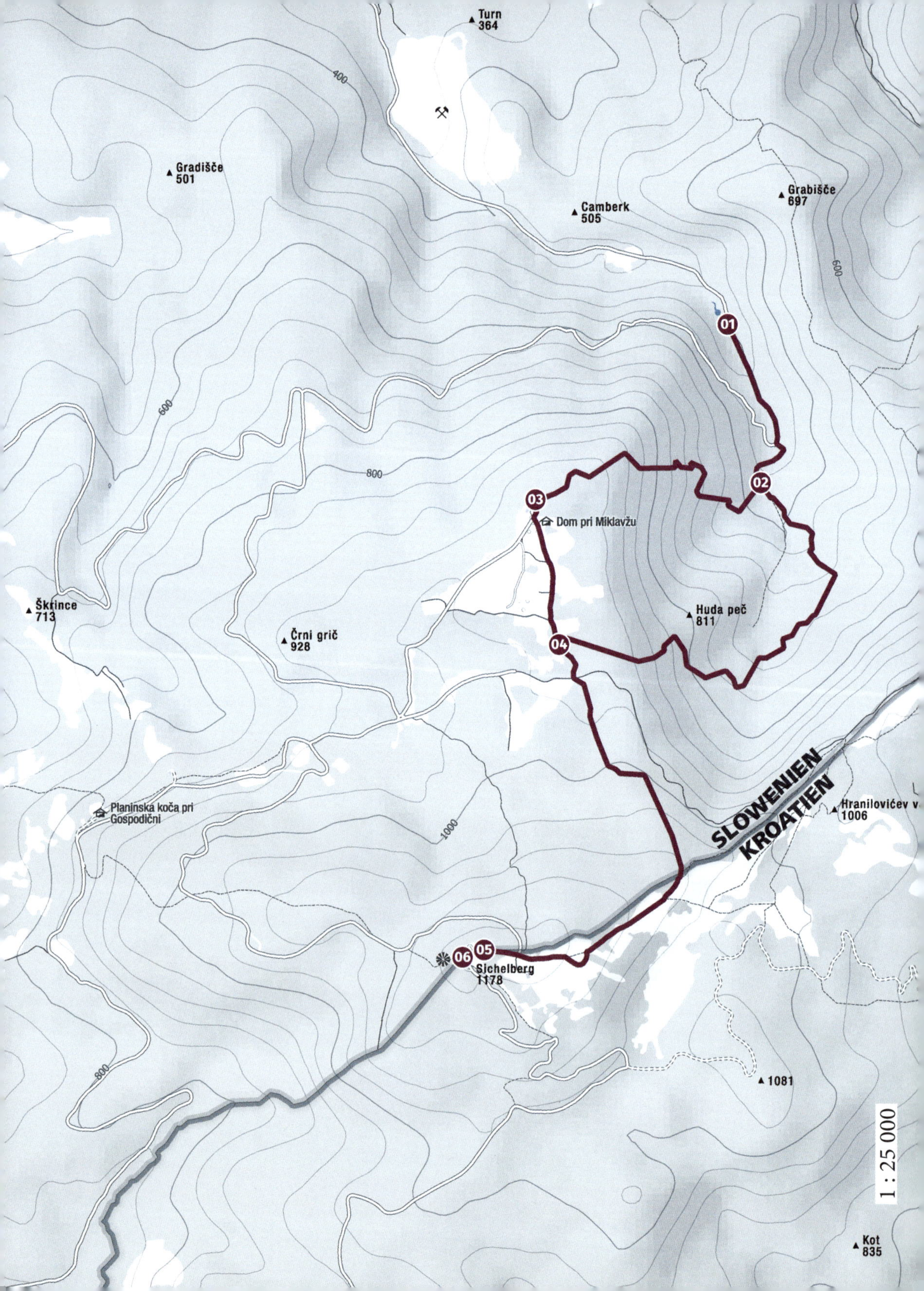
Turn
364
Gradišče
501
Camberk
505
Grabišče
697
Dom pri Miklavžu
Škrince
713
Črni grič
928
Huda peč
811
Planinska koča pri Gospodični
SLOWENIEN
KROATIEN
Hranilovićev v
1006
Sichelberg
1178
1081
Kot
835
1 : 25 000
01
02
03
04
05
06

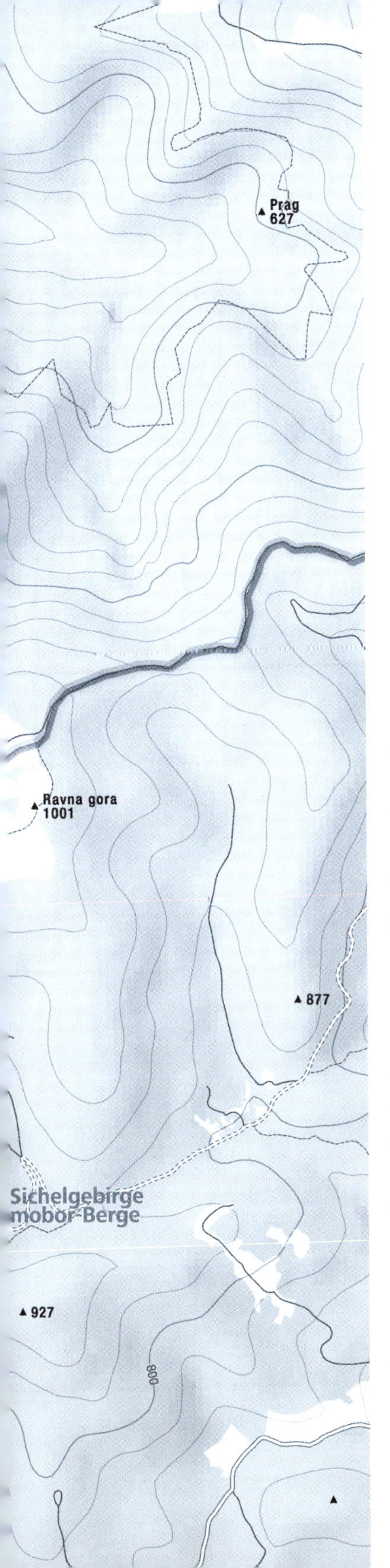

Einsamkeit

UND DER HAUCH DER GESCHICHTE

Im Fall dieses 1178 Meter hohen Berges ist die Vergangenheit nicht etwas, das vor langer Zeit stattfand. Genau hier verläuft die Grenze zwischen Slowenien und Kroatien. Wem der Berg gehört, war nach dem Zusammenbruch des ehemaligen Jugoslawiens lange Zeit ein Streitpunkt und wurde erst 2017 entschieden.

Im Jahr 1923 gaben die Slowenen dem Berg den Namen Trdinov vrh (Trdina-Berg) zur Erinnerung an den Schriftsteller Janez Trdina aus Mengeš. Er sammelte Geschichten aus dem Gebiet der Gorjanci im 19. Jahrhundert und veröffentlichte sie im Werk „Sagen und Erzählungen über das Gorjanci-Gebirge". Ältere deutsche Quellen bezeichnen den Berg als St. Geraberg, ältere kroatische Quellen führen auch den Namen Sveti Ilija an.

Auf dem Trdinov vrh liegt eine ehemalige jugoslawische Militärkaserne. Nach dem Zerfall Jugoslawiens wurde die Kaserne vom slowenischen Militär übernommen, später auch von Kroatien beansprucht. Der Stützpunkt befindet sich auf kroatischem Gebiet, ist allerdings nur über Slowenien erreichbar. Die beiden früheren jugoslawischen Teilrepubliken streiten seit ihrer Unabhängigkeit im Jahr 1991 um den Grenzverlauf, im Jahr 2008 gipfelte der Konflikt in einer mehrmonatigen Blockade der EU-Beitrittsverhandlungen Kroatiens durch Slowenien. In einem Schiedsverfahren zur Klärung des gesamten Grenzverlaufs, dessen Ergebnis von Kroatien nicht anerkannt wurde, wurde der Berg 2017 schließlich Kroatien zugesprochen. Die Staatsgrenze verläuft quer über die Gipfelwiese – der Hauch der Geschichte fühlt sich hier schon eher nach einer steifen Brise an.

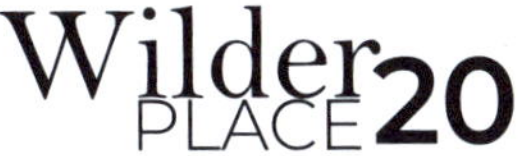

Trdinov vrh

Diese nicht sehr schwierige Tour bietet einen abwechslungsreichen Aufstieg auf den Trdinov vrh. Es erwartet uns eine Wanderung durch unberührte Wildnis bis zum Gipfel.

Dauer ca. 4 00 – 5:00 h I Distanz: 11 km I Höhenmeter: 1200

Die bescheidenen Parkmöglichkeiten zeigen, dass es sich hier um eine sehr selten gegangene Tour handelt. Die periodische Quelle, die Berghütte bei der Kirche Sv. Miklavž und ein Weg durch einen Urwald bieten uns eine Vielfalt, die es sonst in diesem Gebiet kaum gibt. Auf dem Rückweg bewegen wir uns völlig abseits jeder Zivilisation; im unteren Teil des Abstiegs fließt ein kleiner Bach.

Vom Dorf Cerov Log führt die markierte und asphaltierte Straße zuerst in Richtung Steinbruch. Vor dem Steinbruch biegt eine Schotterstraße nach rechts ab. Wir folgen dieser Straße noch für ca. 2 Kilometer. Bei der Informationstafel für die periodische Quelle Minutnik gibt es eine Parkmöglichkeit.

▶ Wir starten vom Parkplatz **01** und folgen zunächst der Straße weiter, bis diese nach wenigen Metern endet. Bald kommen wir zu einer Wegkreuzung **02**. Für den Aufstieg nehmen wir den rechten Weg. Gleich wird es steil. Im Zickzack gewinnen wir schnell an Höhe. Auf diese Art und Weise vergeht die erste Stunde. Sobald der Hang flacher wird, erblicken wir bald durch die Bäume die Kirche **03**. Unterhalb der Kirche steht die Berghütte, die von Westen (Podgorje) über eine Schotterstraße erreicht werden kann. Im Sommer ist sie ständig geöffnet, ansonsten nur an Wochenenden.

Hier achten wir darauf, dass wir den richtigen Weg finden. Es gibt Wiesen, Straßen und nur

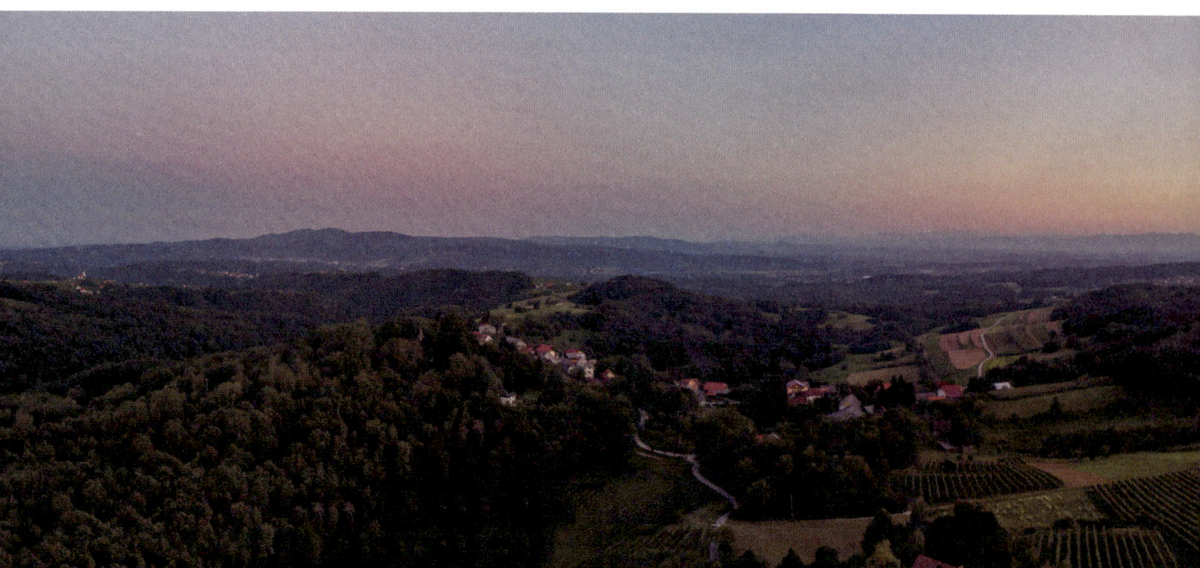

wenige Markierungen. Unser Weg verläuft direkt nach Süden. Wenn wir dann auf dem Pfad in den Wald gelangen, werden wir bald mehrere Markierungen an den Bäumen sehen. Wir gehen an der Abzweigung nach Cerov Log 04 (unser Abstieg) vorbei und achten auf die Wegweiser zum Trdinov vrh. Es gibt einige heikle Stellen, an welchen wir uns leicht verlaufen können. Wir gelangen in einen Urwald, in dem der Weg die vor einiger Zeit umgestürzten Bäume umgeht. Die riesigen Stämme liegen auf dem Boden und wir brauchen einige Kraft und Geschicklichkeit, um alle zu überqueren. Im letzten Abschnitt gehen wir wieder auf Wiesen. Die letzten 300 Meter wandern wir auf der Zufahrtsstraße.

Auf dem Gipfel 05 angekommen reicht unser Blick bei klarem Himmel von der südlichen Grenze Sloweniens nach Norden zu den Alpen und auch nach Österreich. Weit und breit haben wir rundum freie Sicht in alle Richtungen. Somit sehen wir die kroatischen Bergketten Mala und Velika Kapela und auch Gorski Kotar; in Richtung Westen reicht der Blick bis zum Snežnik (Krainer Schneeberg). Nördlich davon liegen schon die Julischen Alpen, die Karawanken und die Steiner Alpen. Genau im Norden liegt das Pohorje (Bachern). Im Osten erkennt man einzelne Erhebungen in Ostslowenien und in Kroatien. Der Berg Sljeme in Kroatien ist zum Greifen nah. Dahinter liegt Zagreb, die Hauptstadt Kroatiens.

Zudem finden sich zwei Kirchenruinen 06. Eine von der kroatischen, die andere von der slowenischen Kirche. Auf dem engen Gipfel gibt es auch eine Orientierungstafel.

Den Abstieg beginnen wir auf demselben Weg. Nach dem Urwald kommen wir in die Ebene. Dort müssen wir auf die Wegweiser „Cerov Log“ 04 und „Partizanska bolnica“ achten. Auf diesem Weg queren wir den Hang der Gorjanci nach Nordosten. Der Weg ist bis zu der Stelle, an der im Zweiten Weltkrieg ein verstecktes Partisanenkrankenhaus lag, nicht allzu steil. Heute findet man dort nur noch ein Denkmal. Unser Weg führt weiter bei leichtem Gefälle Richtung Tal. Wir erreichen einen kleinen Bach. Entlang des Baches steigen wir nun steil bergab. Nach 20 Minuten erreichen wir wieder die Stelle, wo wir den Aufstieg begonnen haben 02. Noch einige wenige Minuten und schon sind wir bei der periodischen Quelle.

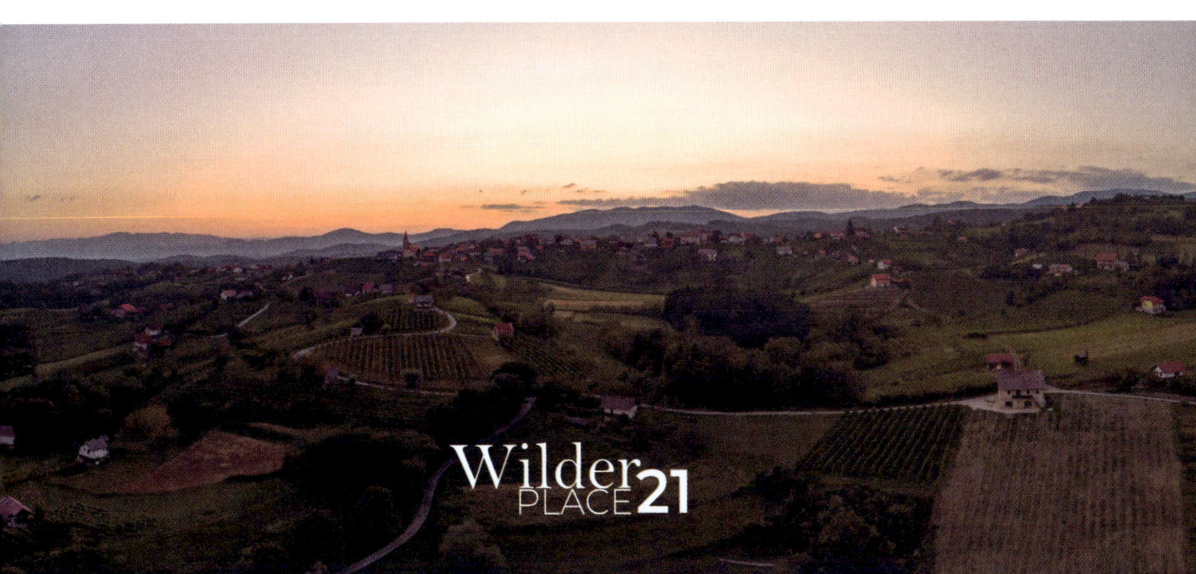

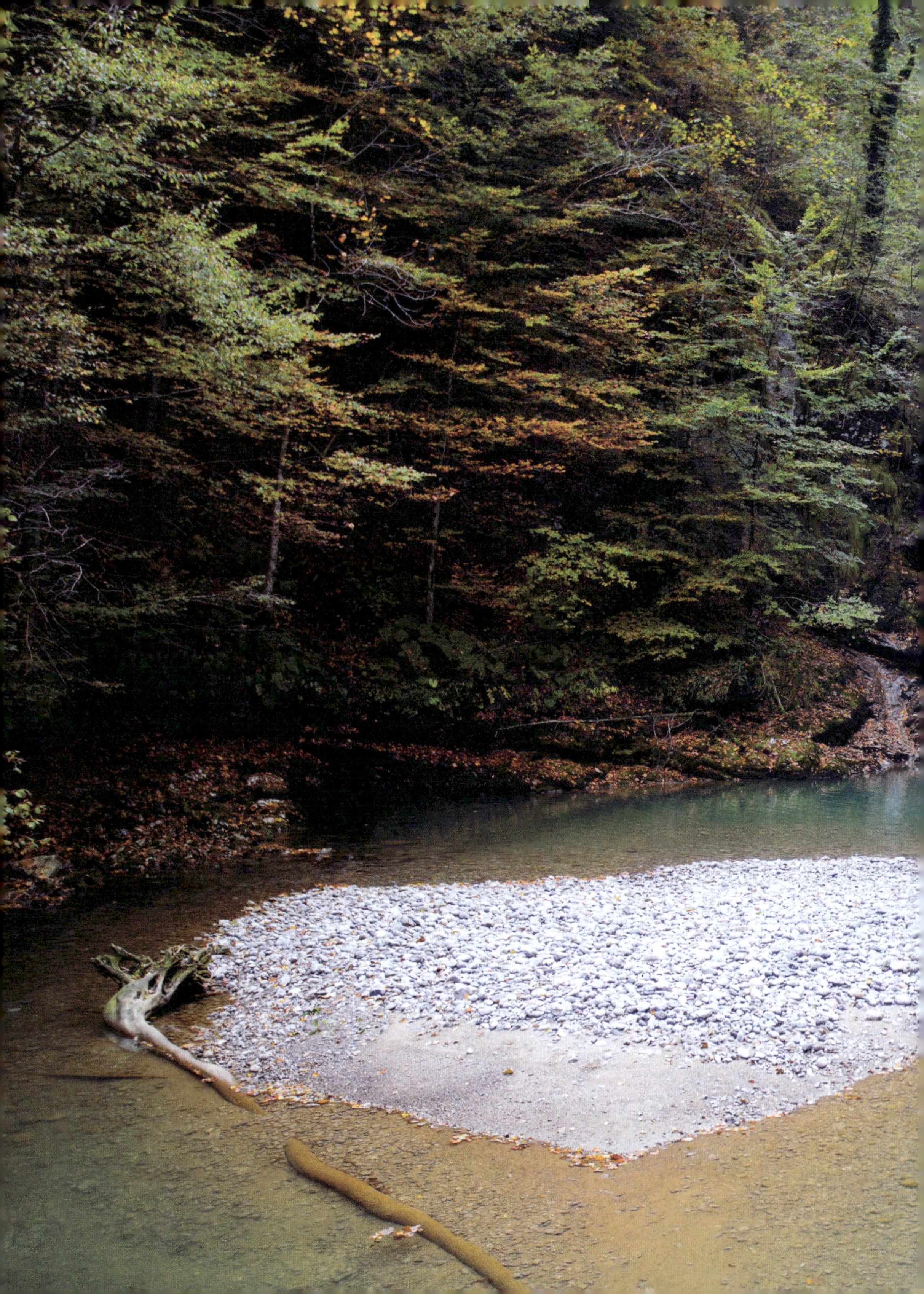

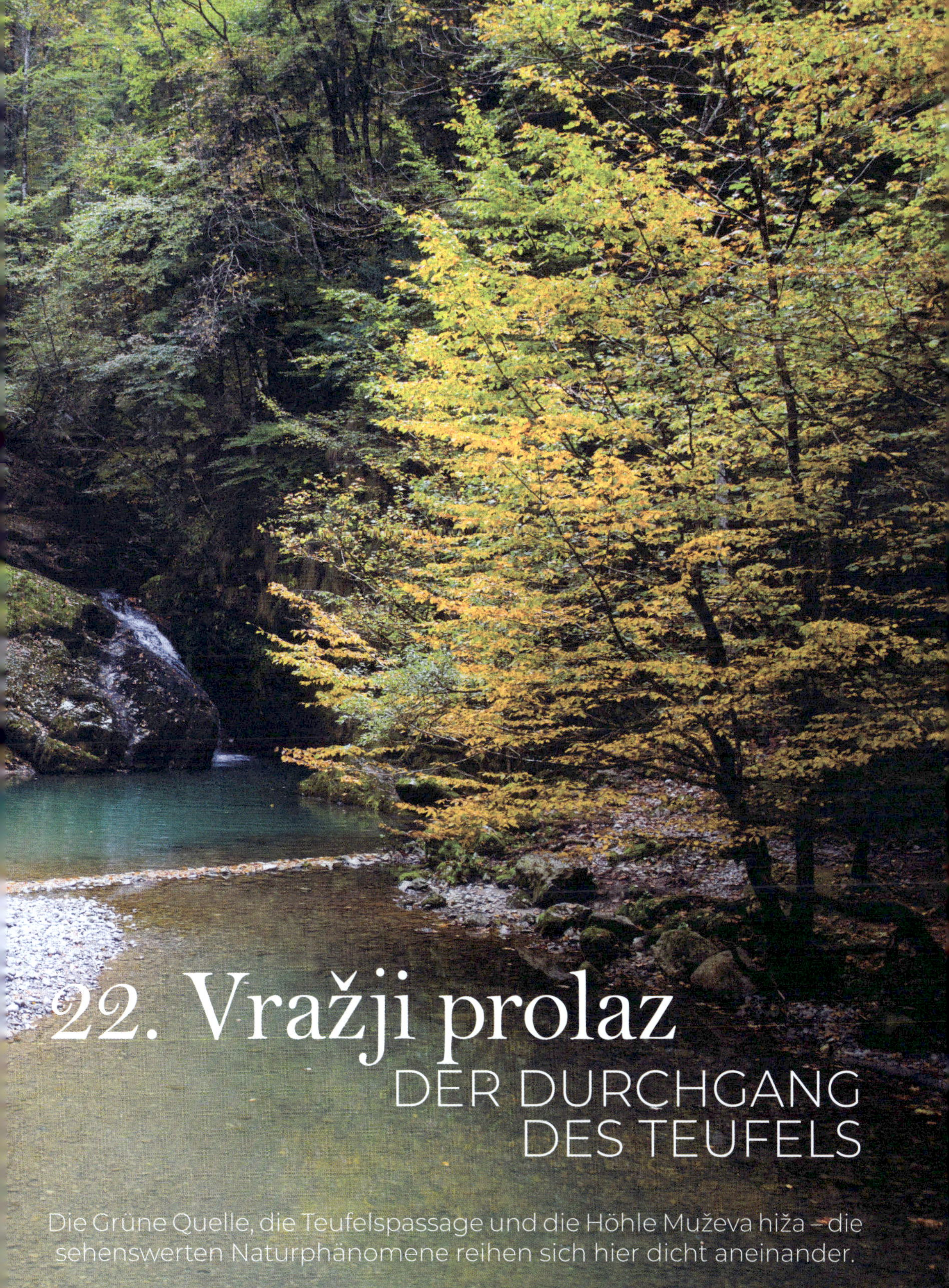

22. Vražji prolaz

DER DURCHGANG DES TEUFELS

Die Grüne Quelle, die Teufelspassage und die Höhle Muževa hiža – die sehenswerten Naturphänomene reihen sich hier dicht aneinander.

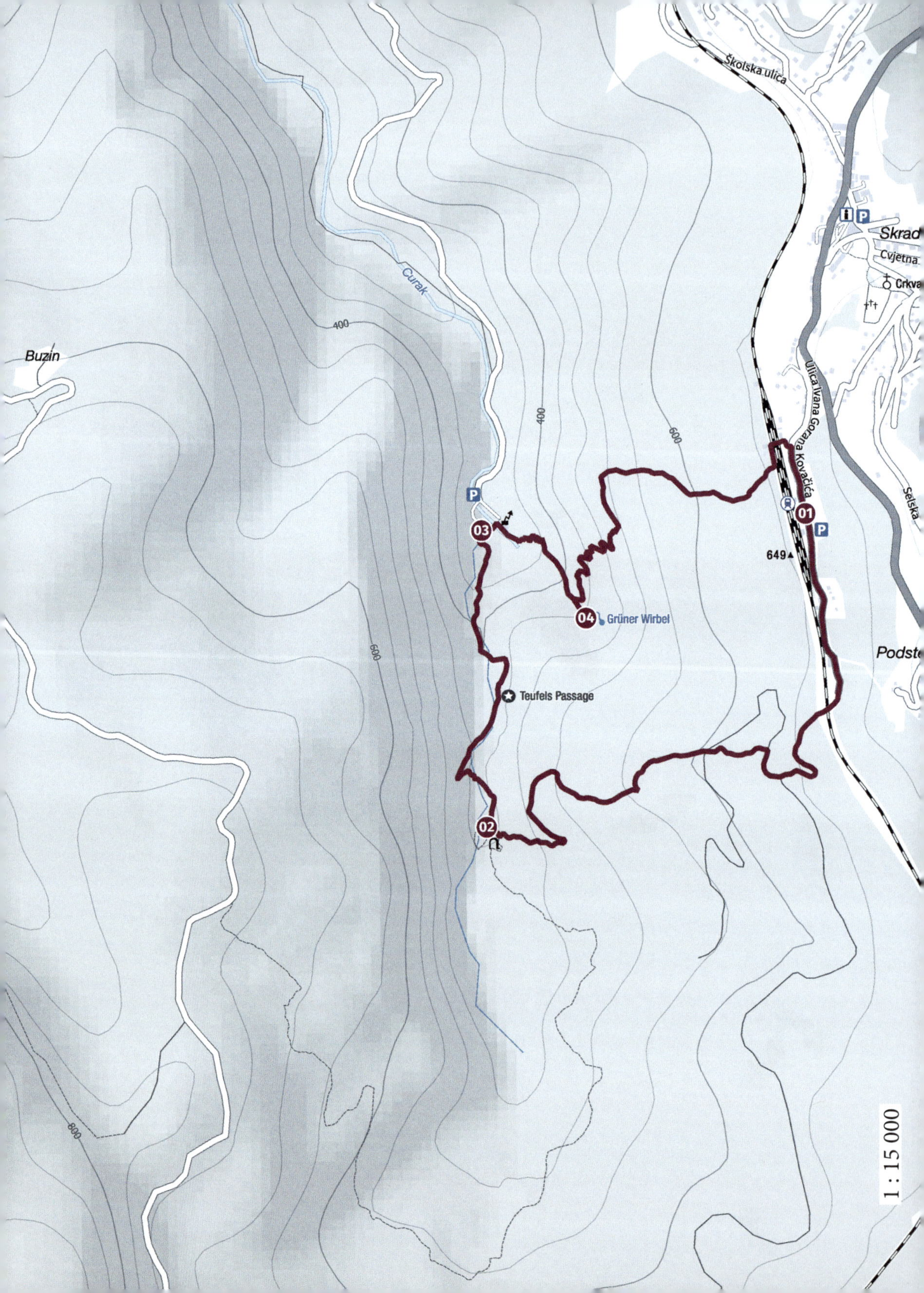

Školska ulica
Skrad
Cvjetna
Crkva
Ulica Ivana Gorana Kovačića
Selska
649
Podst
Curak
400
600
800
Buzin
Grüner Wirbel
Teufels Passage
01
02
03
04
1 : 15 000

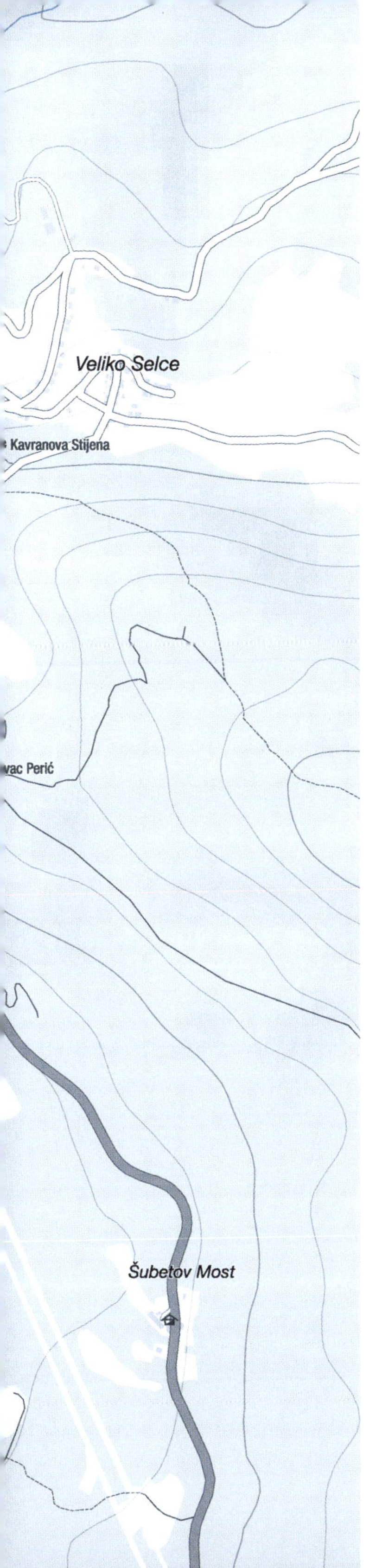

Wasserfall-
UND HÖHLENERKUNDUNG

An manchen Stellen ist die Schlucht nur 2 Meter breit, man sollte also kein Problem mit beengten Verhältnissen haben, wenn man diese Tour unternimmt. Wenn einem das nichts ausmacht, sollte man sich die Klammbegehung allerdings keinesfalls entgehen lassen!

Die Klamm wurde durch Stege und Brücken erschlossen, da ist es nur gut und recht, wenn man für deren Instandhaltung am Eingang einen kleinen Obolus entrichtet. Vražji prolaz ist eine der spannendsten kroatischen Schluchten voll wilder, romantischer Schönheit. Die Felsen ragen hoch in den Himmel hinauf, unter den Füßen rumpelt der schäumende Bach Jasle.

Bereits im Jahr 1962 wurde das Gebiet rund um die Teufelspassage Vražji prolaz, die Grüne Quelle Zeleni vir und die Höhle Muževa hiža zum geschützten Reservat erklärt, vor allem die üppige Waldvegetation in Verbindung mit den schroffen grauen Felsen und den Wasserfällen lässt die Herzen von Naturliebhabern höher schlagen. Und dann gibt es auch noch die Höhle zu erkunden – abwechslungsreicher und spannender könnte ein Tour kaum sein. Taschenlampe und Fotoapparat nicht vergessen!

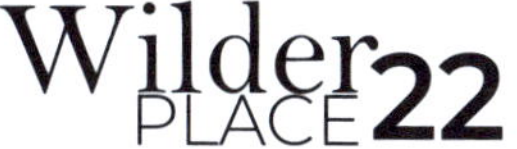

Vražji prolaz

Abwechslungsreiche Rundtour durch die beeindruckende Klamm.

Dauer ca. 2:15 h I Distanz: 5,2 km I Höhenmeter: 319

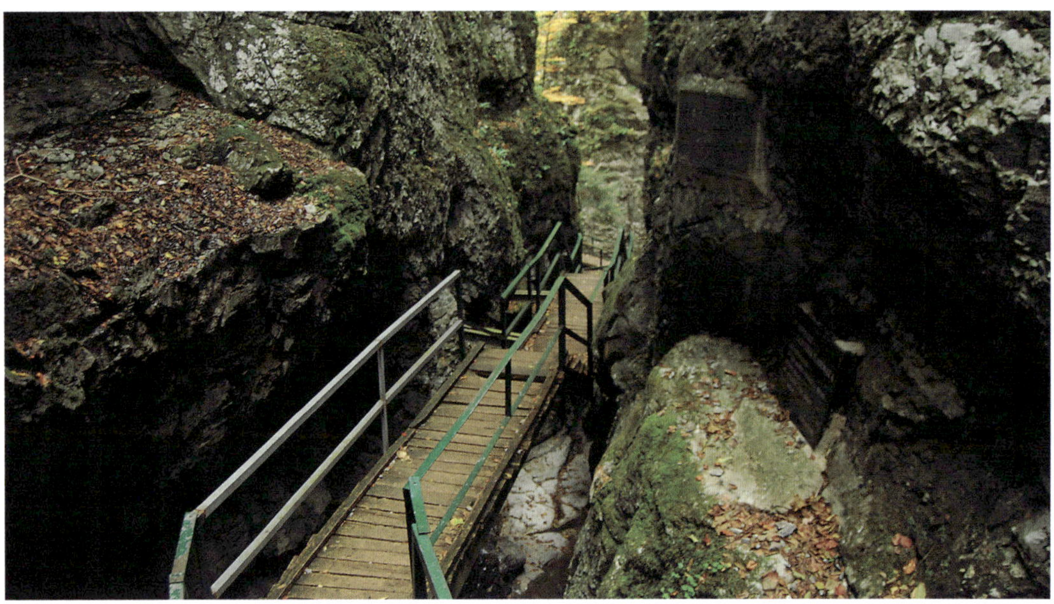

Herzstück der Tour ist die Durchquerung der 800 m langen Teufelsklamm, die der Wildbach Jasle in Jahrtausenden in die Felsen gegraben hat. Auf dem Rundweg informieren Tafeln in kroatischer und englischer Sprache über die Geologie und Vegetation der 1962 unter Naturschutz gestellten Klamm.

Auch in den Sommermonaten und bei Niedrigwasser ist die Teufelsklamm eine lohnende Tour. Vorsicht mit Kindern: Manche Stellen sind nicht ausreichend gesichert.

▶ Wir starten die Wanderung zur Teufelsklamm am Bahnhof von Skrad **01** (Parkplatz). Vom Bahnhofsvorplatz folgen wir rechts der Straße, sie biegt hinter dem roten Haus über die Gleise und geht in einen Fahrweg über, der in den Wald hinunterführt. Ein Weg zweigt in der Rechtskurve links ab, wir bleiben auf dem Hauptweg, bei der nächsten Gabelung rechts, Wegweiser Vražji prolaz. Nach 100 m gehen wir links in den nun rot markierten Pfad hinunter, queren einen Weg, nach kurzem Gegenanstieg steigen wir über einen Rücken und dann durch ein kleines Seitental ab. Beim Querweg rechts, auf dem nur zum Teil mit Seilen gesicherten schmalen Pfad, in Serpentinen über einen Sporn hinunter zur großen Höhle Muževa Hiža **02** rechterhand. Wer in die fast 200 m lange Höhle hineingehen möchte, braucht eine gute Taschenlampe.

Nun folgt die Durchquerung der tief eingeschnittenen Klamm auf einer aufwändigen Steiganlage, teilweise direkt über dem Bach zwischen den senkrecht aufragenden Felswänden. Entlang der Felsen führt der Pfad dann zum Gasthof Zeleni Vir 03. Vom Gasthof weist der Wegweiser „Vodopad" nach rechts, vor dem Kraftwerkshaus über einen Rücken zu einem flachen Wasserbecken, in das sich eine Kaskade ergießt.

Wir gehen über die Brücke beim Wehr, dann die Stufen hinauf und auf ebenem Weg weiter. Bei einer Infotafel über die Vegetation biegt der Pfad links hinauf, vorher machen wir noch den kurzen Abstecher zum Wasserfall 04 des Zeleni Vir. 70 m fällt das Wasser hier über die Felswand, in der Grotte daneben wird es gestaut. Von der grünen Farbe des Sees stammt der Name Zeleni Vir – Grüner Wirbel.

Zurück zur Abzweigung biegen wir nun in den Pfad nach rechts. In kleinen Serpentinen geht's den Steilhang hinauf, durch ein Felsband und weniger steil durch Wald zurück zum Bahnhof von Skrad 01, Einkehrmöglichkeiten gibt es ausreichend in der Stadt.

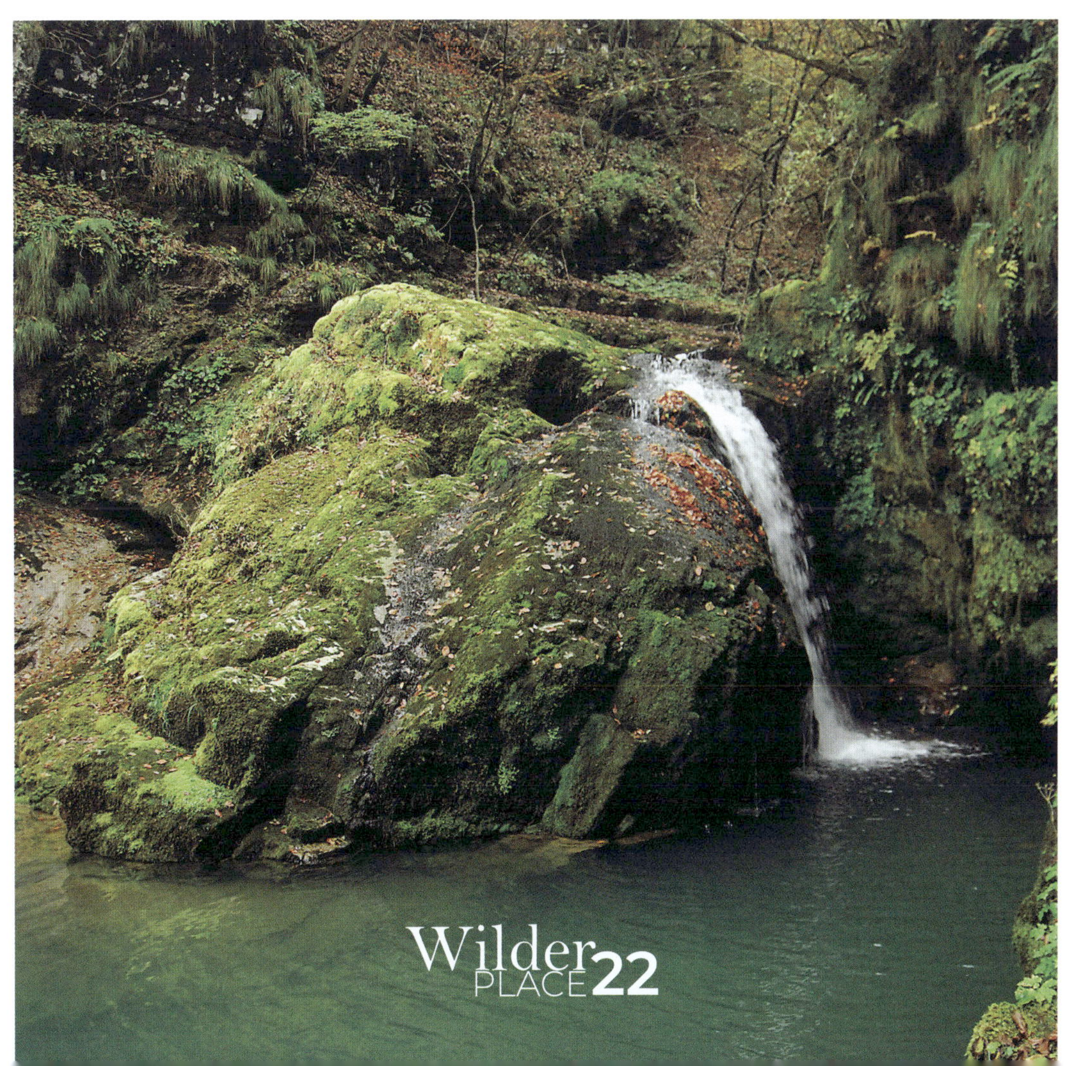

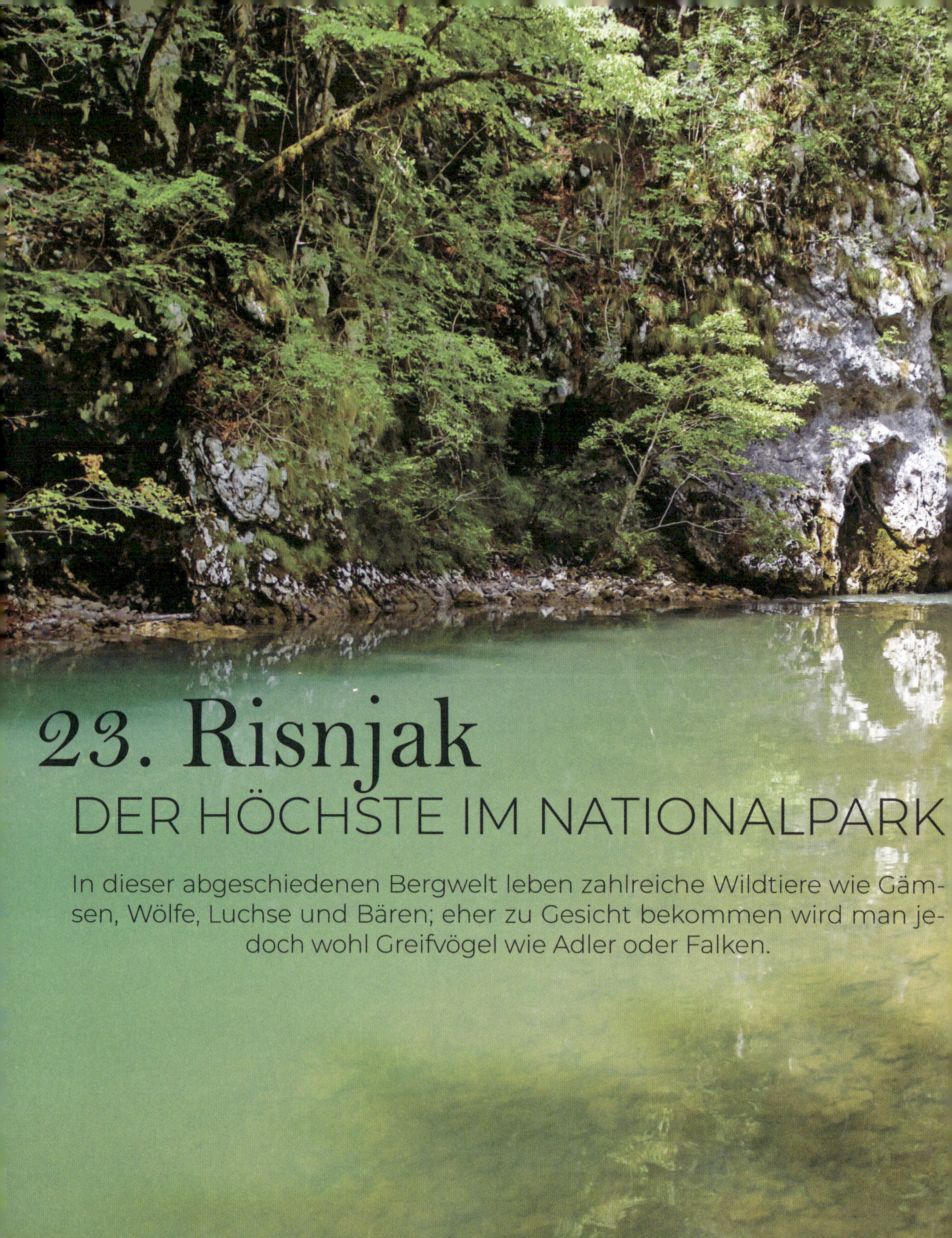

23. Risnjak

DER HÖCHSTE IM NATIONALPARK

In dieser abgeschiedenen Bergwelt leben zahlreiche Wildtiere wie Gämsen, Wölfe, Luchse und Bären; eher zu Gesicht bekommen wird man jedoch wohl Greifvögel wie Adler oder Falken.

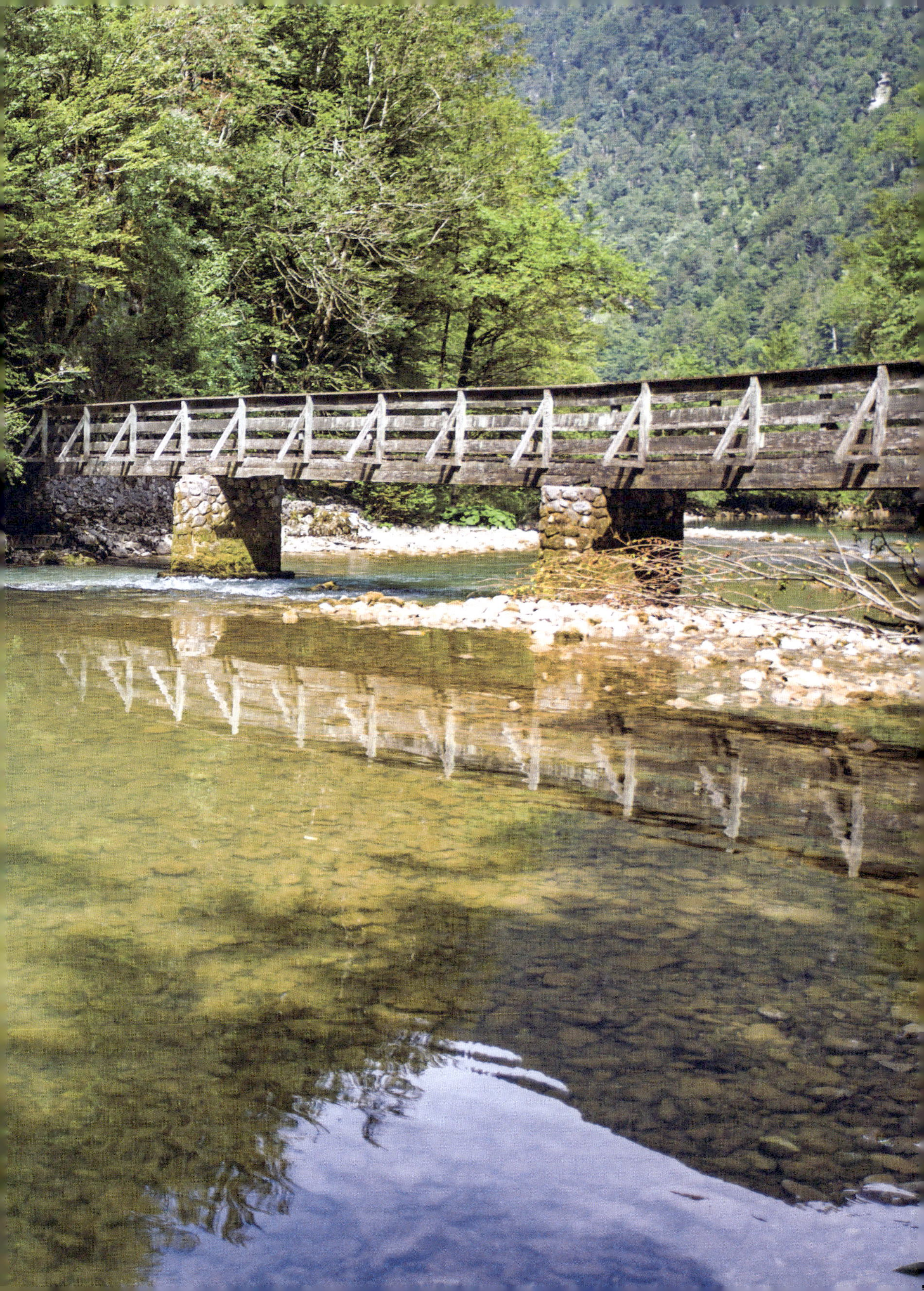

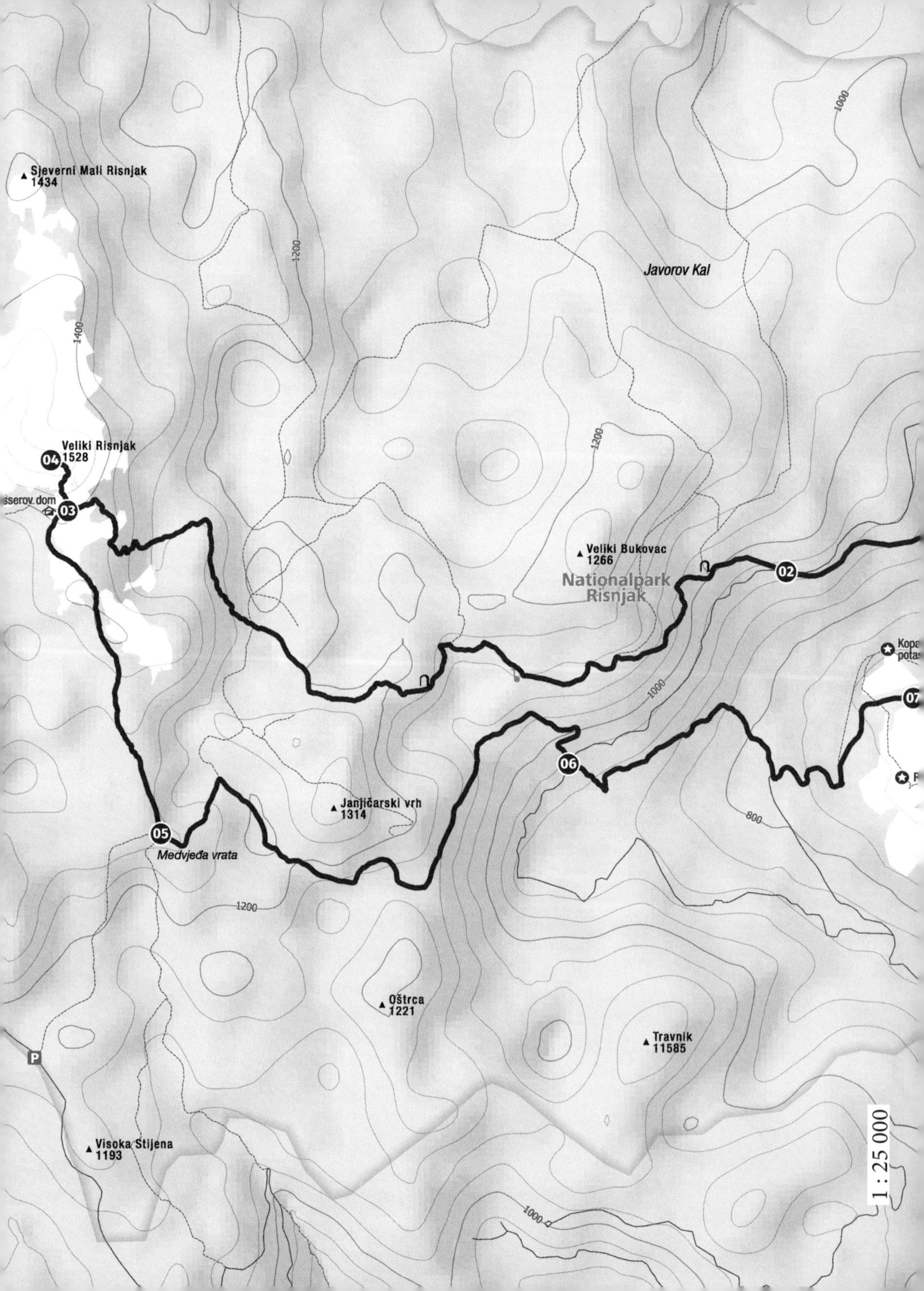

Sjeverni Mali Risnjak
1434
Javorov Kal
Veliki Risnjak
1528
04
03
sserov dom
Veliki Bukovac
1266
Nationalpark
Risnjak
02
Kopa
potas
07
06
Janjičarski vrh
1314
05
Medvjeđa vrata
Oštrca
1221
Travnik
11585
P
Visoka Stijena
1193
1 : 25 000

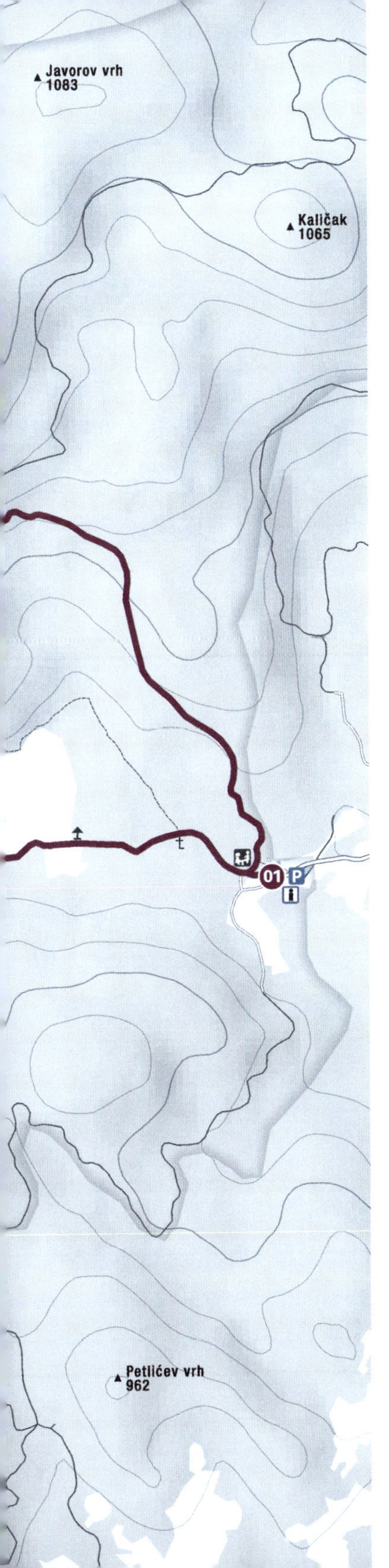

Atemberaubende
AUSBLICKE

Risnjak ist sowohl die Bezeichnung für den Nationalpark als auch für seinen höchsten Berg. Der Name lässt sich vom hier lebenden Luchs (kroatisch „ris") herleiten und lässt damit auch schon auf die Unberührtheit der Region schließen: Luchse und weitere Wildtiere wie Bären, Wölfe und Adler leben in diesem wunderschönen Naturreservat.

Der im Hinterland von Rijeka gelegene Nationalpark Risnjak erstreckt sich über eine Fläche von rund 64 km², er bildet eine Barriere zwischen der Küste und dem kontinentalen Teil von Kroatien. Das Klima ist hier deutlich rauer und kühler als in der Küstenregion, die Winter sind schneereich und dauern länger, die Sommer sind frisch und feucht. Die Flora ist artenreich: Tannen- und Buchenwälder wachsen bis in eine Höhe von 1250 Metern, den obersten Vegetationsgürtel bilden Bergkiefern. Nur die höchsten Gipfel wie der Risnjak (1528 m) oder Snježnik ragen mit ihren nackten Felsen aus den Bergwäldern heraus und sind somit bevorzugte Wanderziele.

Du hast nach der hier vorgestellten Tour immer noch Energie? Dann kannst du vom Ausgangspunkt beim Nationalparkhaus auch noch den Naturlehrpfad Leska anhängen, der durch Wald und über Wiesen zur Alm Leska führt. Infotafeln in kroatischer und englischer Sprache erläutern Flora, Fauna, Wirtschaft und Besonderheiten, bei der Verwaltung ist auch ein Faltblatt in deutscher Sprache erhältlich. 23 Informationstafeln erklären den Besuchern auf dem 4,2 Kilometer langen Weg die Landschaft mit seinen Bewohnern.

Wilder PLACE 23

Risnjak

Lange, schwere Waldwanderung auf zum Teil karstigen Wegen, im letzten Abschnitt steiler Anstieg zum Gipfel mit Panoramasicht. Außer beim Gipfelanstieg ist die Tour schön schattig.

Dauer ca. 5:50 h I Distanz: 17,6 km I Höhenmeter: 848

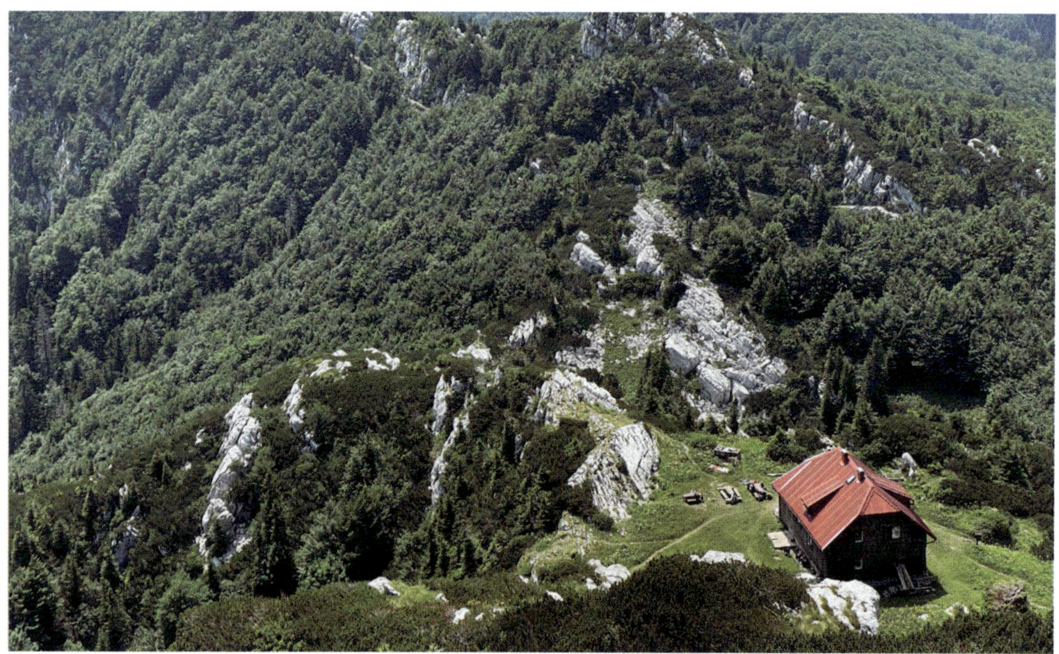

Die Tour führt durch den „grünen Karst“, eine bewaldete Karstlandschaft mit Felsen, Dolinen, Klüften und Höhlen. Der aus den ausgedehnten Wäldern des Gorski Kotar herausragende felsige Gipfel des Risnjak ist ein hervorragender Aussichtspunkt, 1953 wurde das Risnjak-Massiv mit seiner interessanten Geomorphologie, der vielseitigen Flora und Fauna zum Nationalpark Risnjak erklärt. Die Schlosserhütte, Schlosserov dom, unterhalb des Gipfels ist in der Sommersaison bewirtschaftet, das dem Nationalparkhaus angeschlossene Hotel das ganze Jahr über offen.

▶ Gleich hinter dem Nationalparkhaus **01** starten die Wanderwege zum Risnjak. Wir folgen rechts dem „Horvatova staza“, rot-weiße Markierung. Bald gelangen wir zu einem breiten Kiesweg, der abschnittsweise ansteigend durch Mischwald mit vielen Buchen Richtung Risnjak führt, anfangs an der grün markierten Grenze des Nationalparks entlang. Nach einer Stunde erreichen wir den Wegpunkt Podi **02**, von rechts mündet ein Fahrweg ein, nach 20 m biegen wir rechts in den Pfad bergan, Wegweiser Schlosserov dom (2 Std.).

Auf dem guten Pfad wandern wir nun durch die bewaldete Karstlandschaft mit Felsen, Klüften und Dolinen, rechts des Weges sehen wir nach wenigen Minuten die Vučja jama, ein 140 m tiefes Karstloch. Gegen Ende schimmern bereits die weißen Karstfelsen des Risnjakgipfels durch das Blätterdach, in Serpentinen über einen Karsthang hinauf mit bereits schöner Aussicht gelangen wir zur Schlosserhütte – Schlosserov dom **03** auf einer kleinen Ebene am Fuße des Gipfels.

Durch die Latschenzone führt der Pfad anschließend über Felsrücken direkt steil hinauf zum Gipfel des Risnjak **04** mit seinem gewaltigen Panorama über die bewaldeten Ketten des Gorski Kotar bis zu den Karnischen Alpen auf der einen Seite und dem Kvarner und Učka-Massiv auf der anderen Seite.

Für den Rückweg zurück zur Schlosserhütte **03** nehmen wir die Route über Medvjeda vrata, Wegweiser westlich der Hütte hinunter. Zuerst auf steilem Pfad, dann auf breiterem Weg, erreichen wir den Pass Medvjeda vrata **05** und biegen hier nach links (Wegweiser Markov brlog, Crni Lug).

Bei der folgenden Wegkreuzung rechts folgt ein langer nur mäßig steiler Abstieg auf breitem Weg durch die Dolinenlandschaft bis zur Wegkreuzung auf der Waldlichtung Markov brlog **06**. Hier den Fahrweg überqueren und geradeaus weiter, zuerst auf einem Pfad, dann wieder auf einem breiten Weg hinunter ins Tal, wo wir auf einen Fahrweg **07** treffen. Auf diesem rechts und dann auf dem Sträßchen durch Wald und Wiesen zurück zum Nationalparkhaus **01** zur Einkehr im angeschlossenen Hotel mit Restaurant.

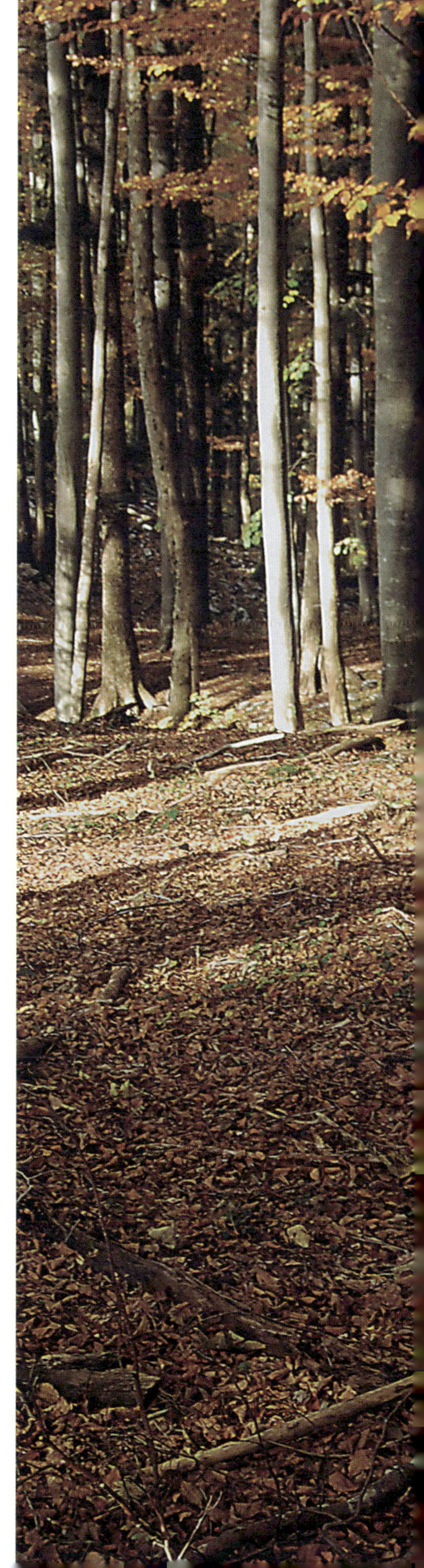

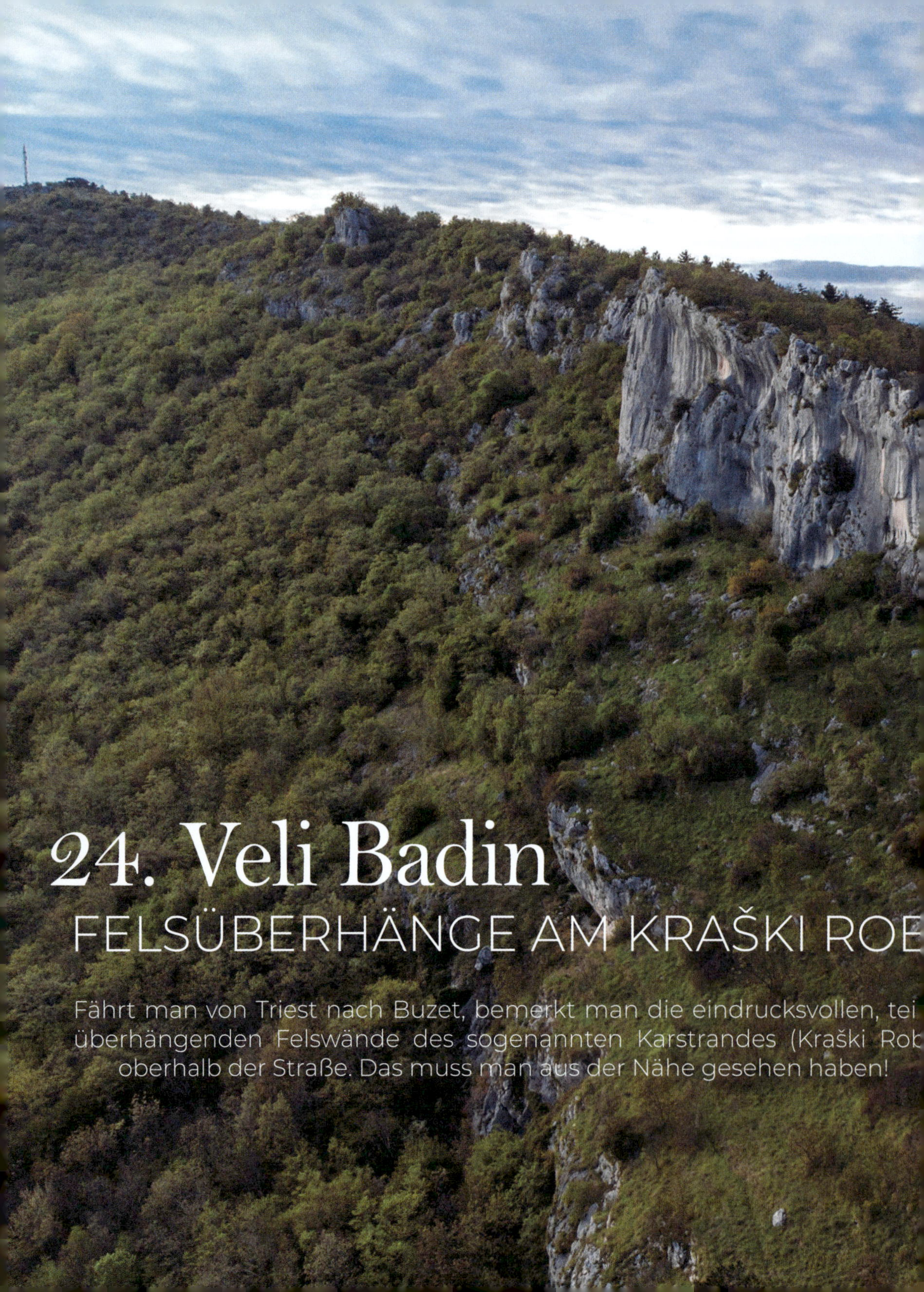

24. Veli Badin

FELSÜBERHÄNGE AM KRAŠKI ROB

Fährt man von Triest nach Buzet, bemerkt man die eindrucksvollen, tei überhängenden Felswände des sogenannten Karstrandes (Kraški Rob oberhalb der Straße. Das muss man aus der Nähe gesehen haben!

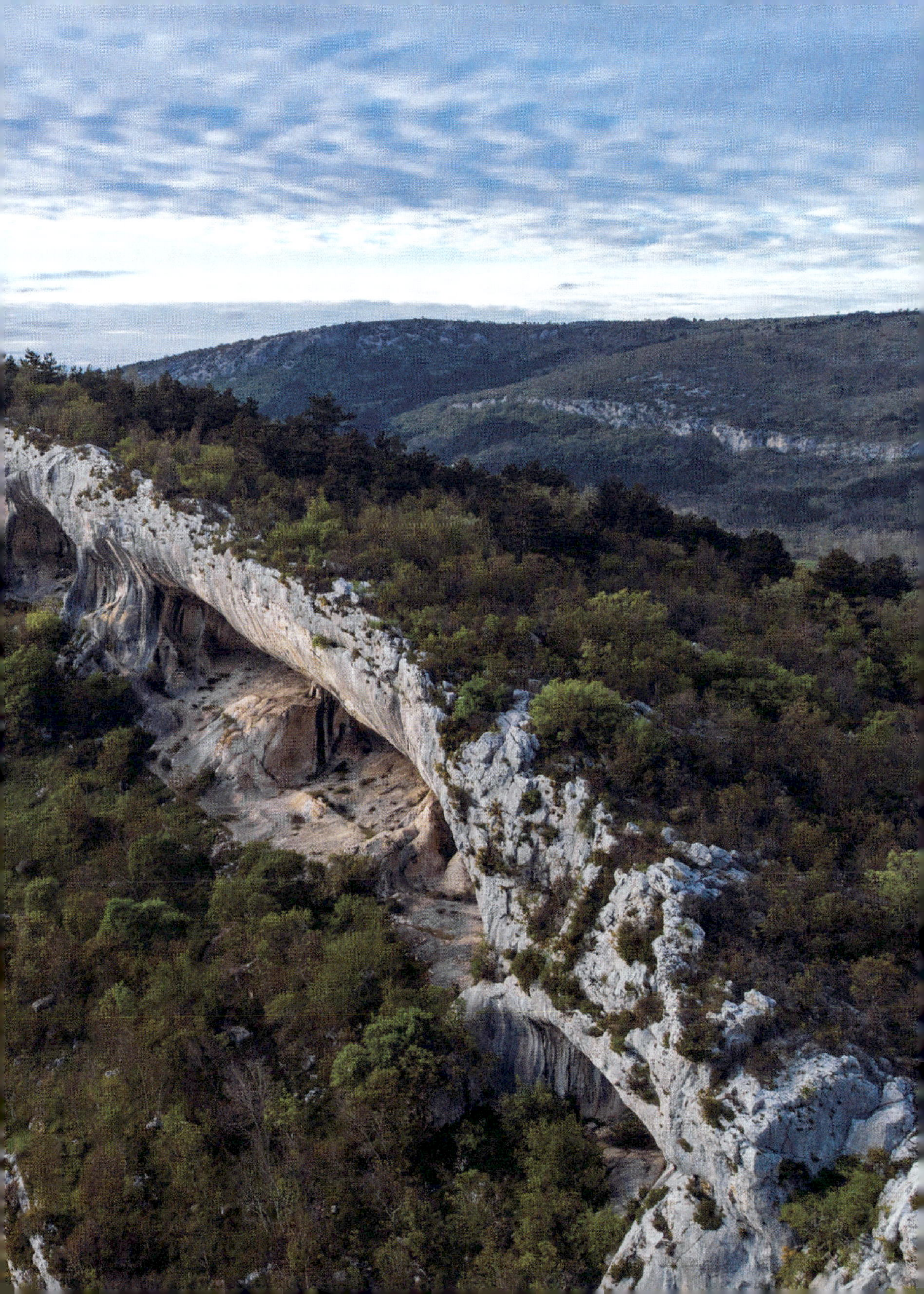

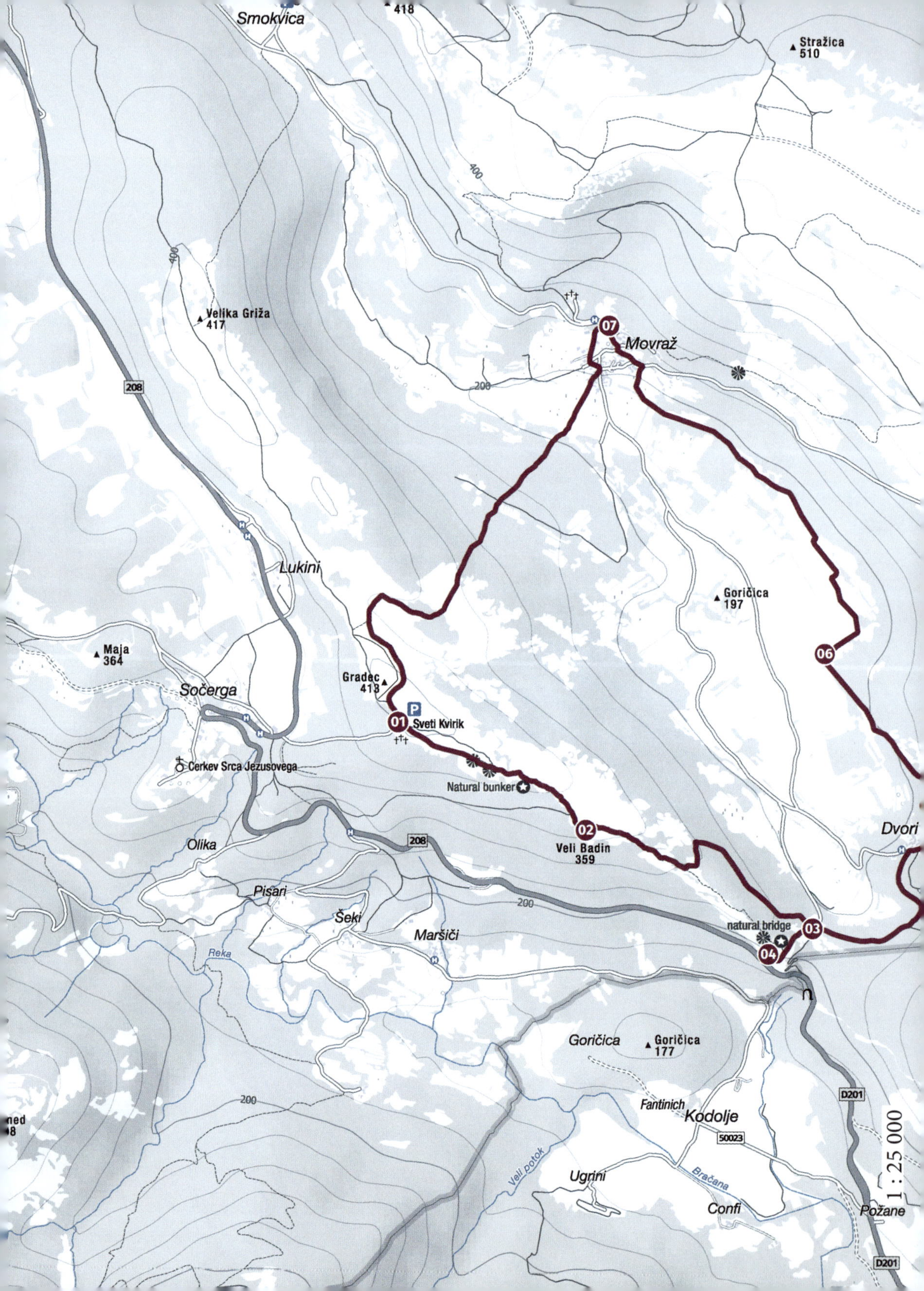
Smokvica
418
Stražica
510
400
Velika Griža
417
07
Movraž
200
208
Lukini
Goričica
197
Maja
364
Gradec
413
06
Sočerga
01
Sveti Kvirik
Cerkev Srca Jezusovega
Natural bunker
02
Veli Badin
359
Dvori
Olika
208
Pisari
200
Šeki
Maršiči
natural bridge
03
04
Reka
Goričica
Goričica
177
200
D201
Fantinich
Kodolje
50023
Veli potok
Bračana
Ugrini
Confi
Požane
D201
1 : 25 000

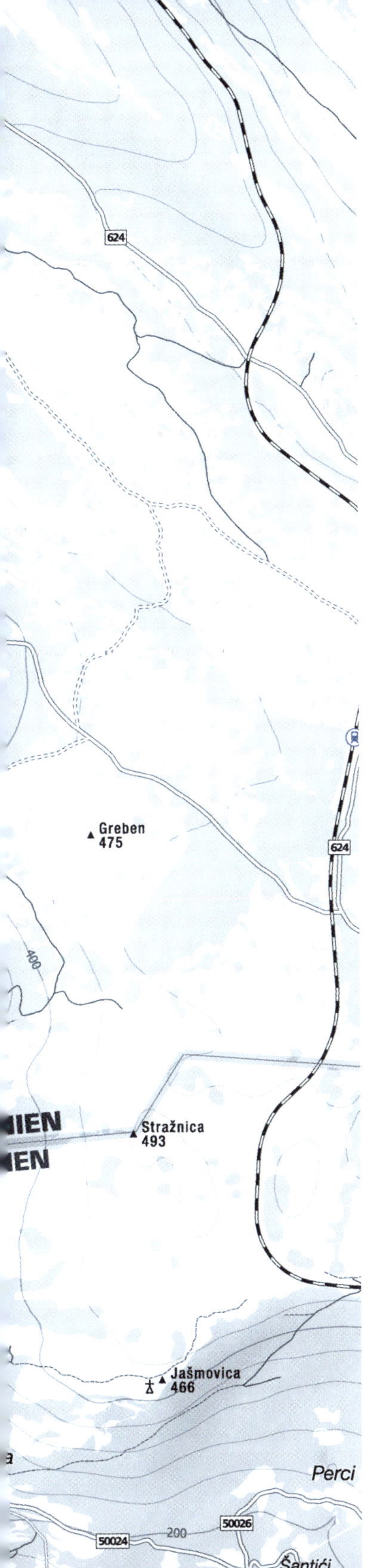

Balanceakt

ZWISCHEN SLOWENIEN UND KROATIEN

Nahe der beeindruckenden natürlichen Felsbrücke informiert eine Tafel über die hier nistenden seltenen und geschützten Vogelarten. Durch diese Erklärung weiß man auch, warum man hier nicht weitergehen und keinesfalls an den Wänden herumklettern soll.

Trotzdem bleibt auf dieser Tour mehr als genug zu sehen. Die erstaunlichen Felsformationen sind ein besonderes Erlebnis, man fühlt sich plötzlich ganz klein inmitten der überwältigenden Natur. Das Klima im Karst pendelt zwischen den beiden Extremen kalte Winter und heiße Sommer. Zwar gibt es reichlich Niederschläge, doch das Regenwasser verschwindet schnell im porösen Gestein. Das führt zu lang anhaltender Trockenheit, die durch die Bora, ein für die Region typischer, kalter Wind, der zusätzlich Feuchtigkeit entzieht, noch verstärkt wird. So formen die Elemente im Karst verwitterte Kalksteine, die teils bizarre Formen annehmen und Beobachter oft einfach nur staunen lassen. Ganz besonders ist das am südlichen Karstrand an der Grenze zu Kroatien der Fall, die Formen und Farben der Felswände und Höhlen sind hier zu jeder Jahreszeit besonders malerisch. Hat man dann auch noch das Glück, im Herbst hierher zu kommen, bietet sich in Kombination mit der sich verfärbenden Vegetation ein schon beinahe kitschig anmutender wunderschöner Gesamteindruck.

Veli Badin

Abwechslungsreiche Tour entlang des Karstrandes, meist angenehm im Halbschatten.

Dauer ca. 3:00 h I Distanz: 10,1 km I Höhenmeter: 242

Die Rundwanderung zeigt die Vielfalt des Karsts: Niedriger Strauchwald wechselt sich mit freien Hochebenen ab, wo sich nur mehr einzelne sturmgebeugte Kiefern halten können. Kleine Dörfer im fruchtbaren Tal und Trockensteinmauern zeugen von der Anwesenheit des Menschen. In den riesigen Felsüberhängen des Karstrandes nisten zahlreiche seltene Vögel wie die Felsentaube, Rötelschwalbe, der Alpensegler oder die scheue Blaumerle, deshalb wurden die Felshöhlen zum Naturschutzgebiet erklärt, der innere Bereich darf nicht betreten werden.

▶ Wir starten die Wanderung in Sočerga bei der Friedhofskirche Sv. Kvirik **01**, sie stammt aus dem 11. Jh. und ist damit eine der ältesten Sloweniens, das kleine Kirchenschiff ist mit Steinplatten gedeckt. Vom Kirchenvorplatz bietet sich eine weite Sicht ins Ćićarija-Gebirge, eine Panoramatafel erklärt die vielen Gipfel. Der roten Markierung folgend gehen wir zum Sendemasten und danach der Abbruchkante entlang leicht bergab zum Felsbalkon des Veli Badin **02**, immer mit schöner Sicht über das Mirna-Becken mit Buzet auf dem Hügel. In einem kleinen Wäldchen weist die Markierung nach links Richtung Dvori.

Über die Nordostflanke wandern wir hinunter zum Talboden zur Abzweigung **03** knapp vor dem Fahrweg. Hier können wir einen kurzen Abstecher nach rechts zu den eindrucksvollen überhängenden Felsen und der Naturbrücke **04** des Karstrandes machen, eine Tafel markiert den geschützten Bereich.

Zurück zur Abzweigung **03** überqueren wir nun den Fahrweg und folgen dem Naturlehrpfad Učna pot. Bald passieren wir mit Regenwasser gefüllte Steinmulden, eine Seltenheit im Karst. Bei der Gabelung danach links auf den Pfad, Markierung beachten. Kurz danach biegt der markierte Pfad steil nach rechts hinauf, hier bleiben wir auf dem alten Weg geradeaus, ab nun unmarkiert. Im kleinen Dorf Dvori **05** gehen wir die Asphaltstraße hinauf und bei der Gabelung links, an einem Basketballkorb vorbei, aus dem Dorf hinaus.

Der Weg führt am Rande der Karstsenke Movraška Vala dem Hang entlang, an einem Hochstand vorbei über die Wiese und nach 100 m, vor dem Leitungsmast nach links leicht abwärts zu einem kleinen Teich **06**. Direkt vor dem Biotop auf dem Wiesenweg nach rechts Richtung Movraž. Ein zweiter, grüner Hochstand wird sichtbar, davor schwenkt der Weg nach links dem Rand einer Wiese entlang und biegt dann nach rechts zum Hochstand. Direkt davor links, wo der breite Grasweg zwischen Hecken zu einem dritten Hochstand führt. 20 m rechts von diesem beginnt der Fahrweg, auf dem wir nun immer geradeaus bis nach Movraž

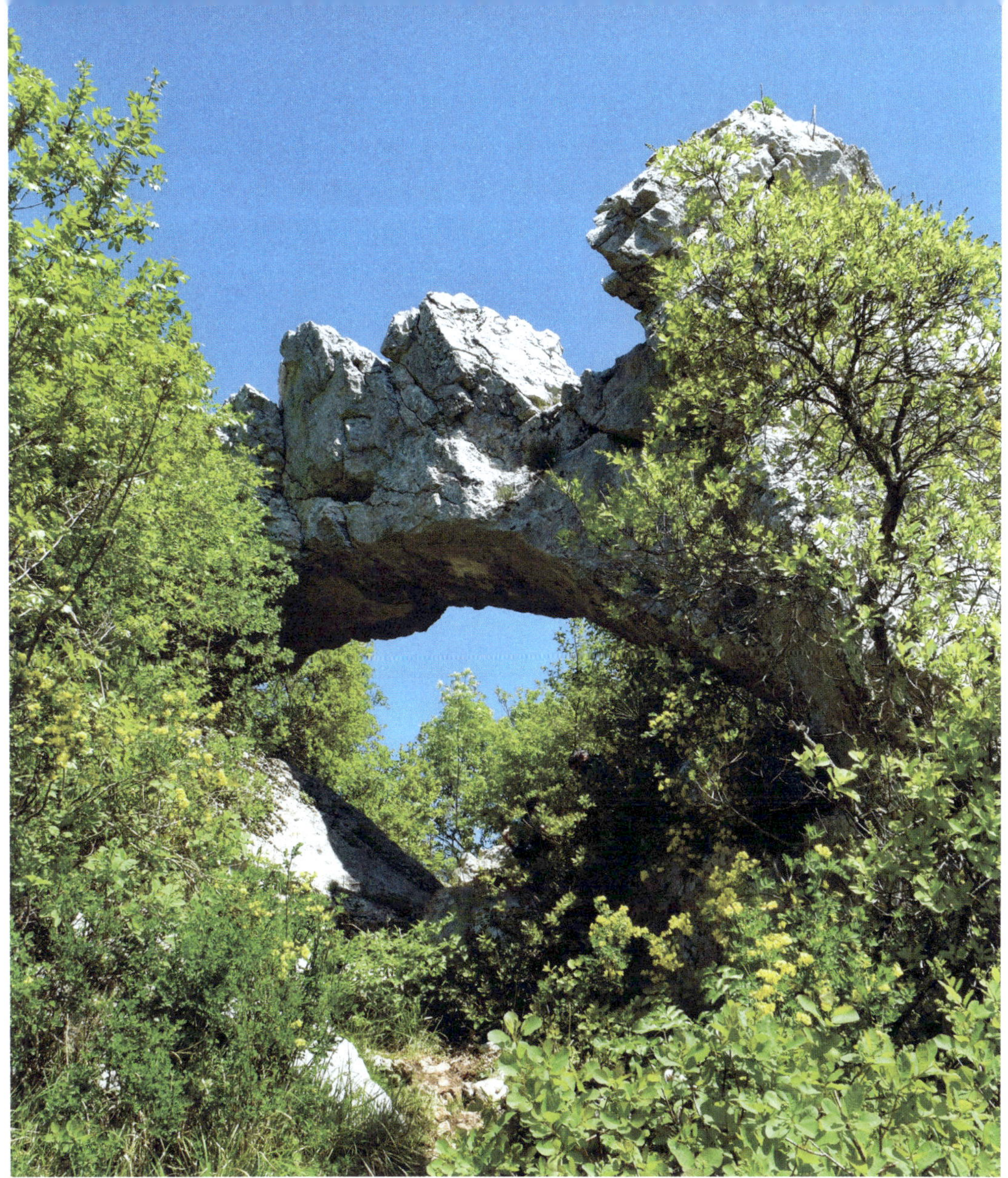

07 wandern. Im Buschwald wird er abschnittsweise von Trockenmauern begleitet.

Auf der Straße durch das Dorf, bei der Gabelung links leicht abwärts zur Kreuzung mit der Hauptstraße. Hier weist der Wegweiser Sv. Kvirik zur Kirche auf dem gegenüberliegenden Karstrücken. Der Weg führt aus dem Dorf heraus zum Talboden, bei der Gabelung links. Wir queren den Talboden und steigen dem Kreuzweg folgend in einer Schleife über den mit Niederwald bewachsenen Hang und Lichtungen hinauf, beim zehnten Kreuz biegt der Pfad nach links zur Kirche Sv. Kvirik **01**, dem Ausgangspunkt der Tour.

Wilder PLACE 24

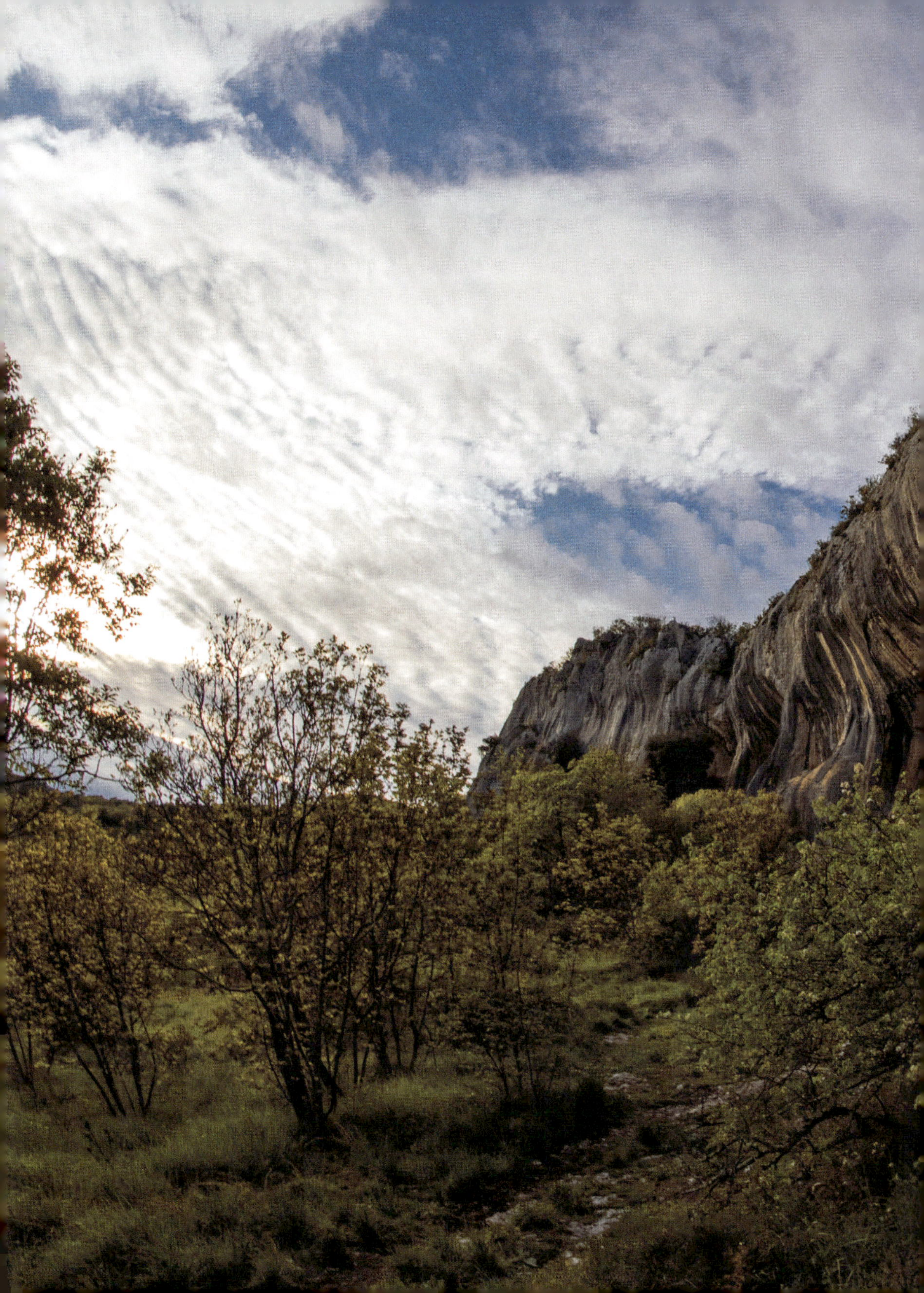

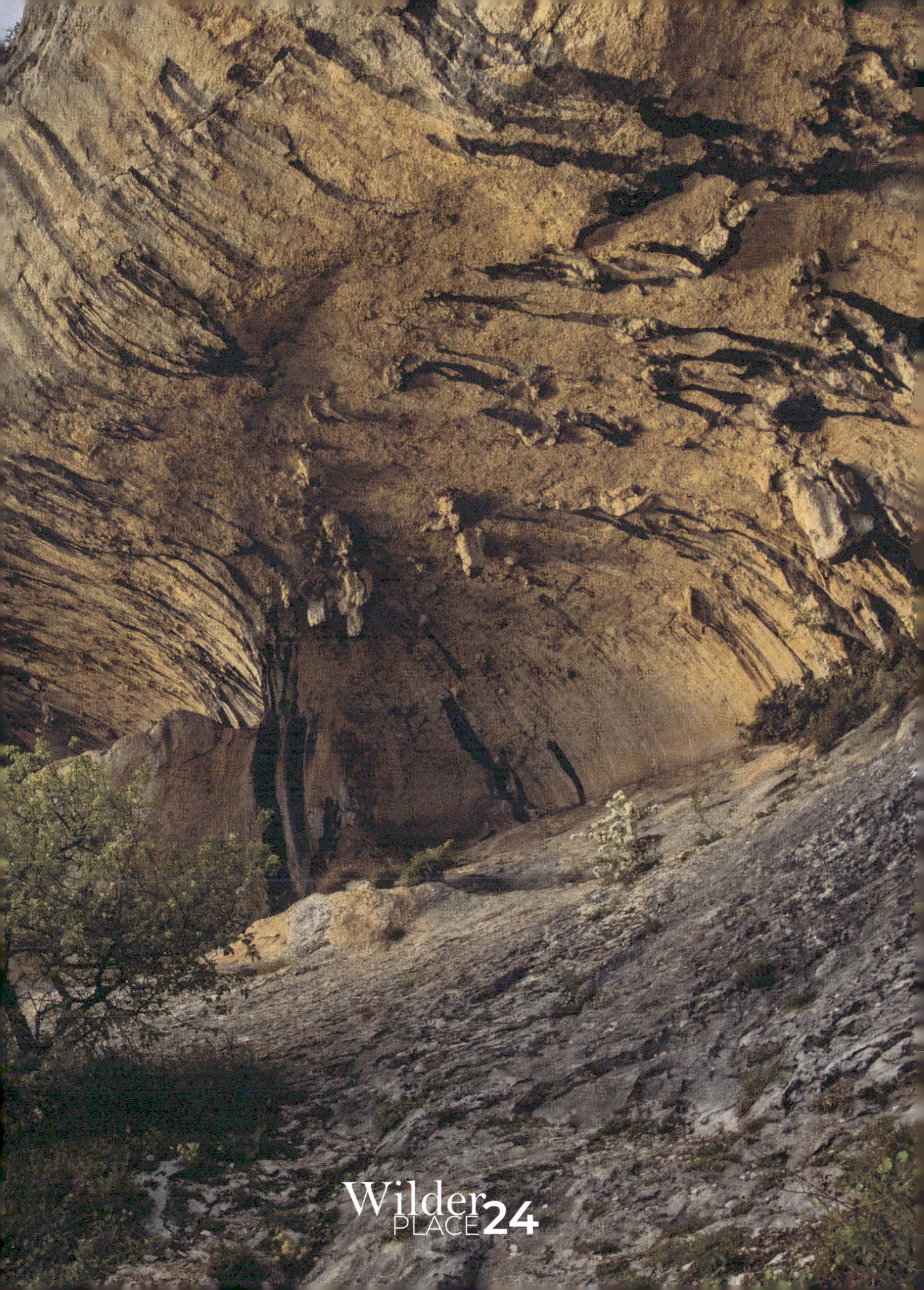
Wilder
PLACE 24

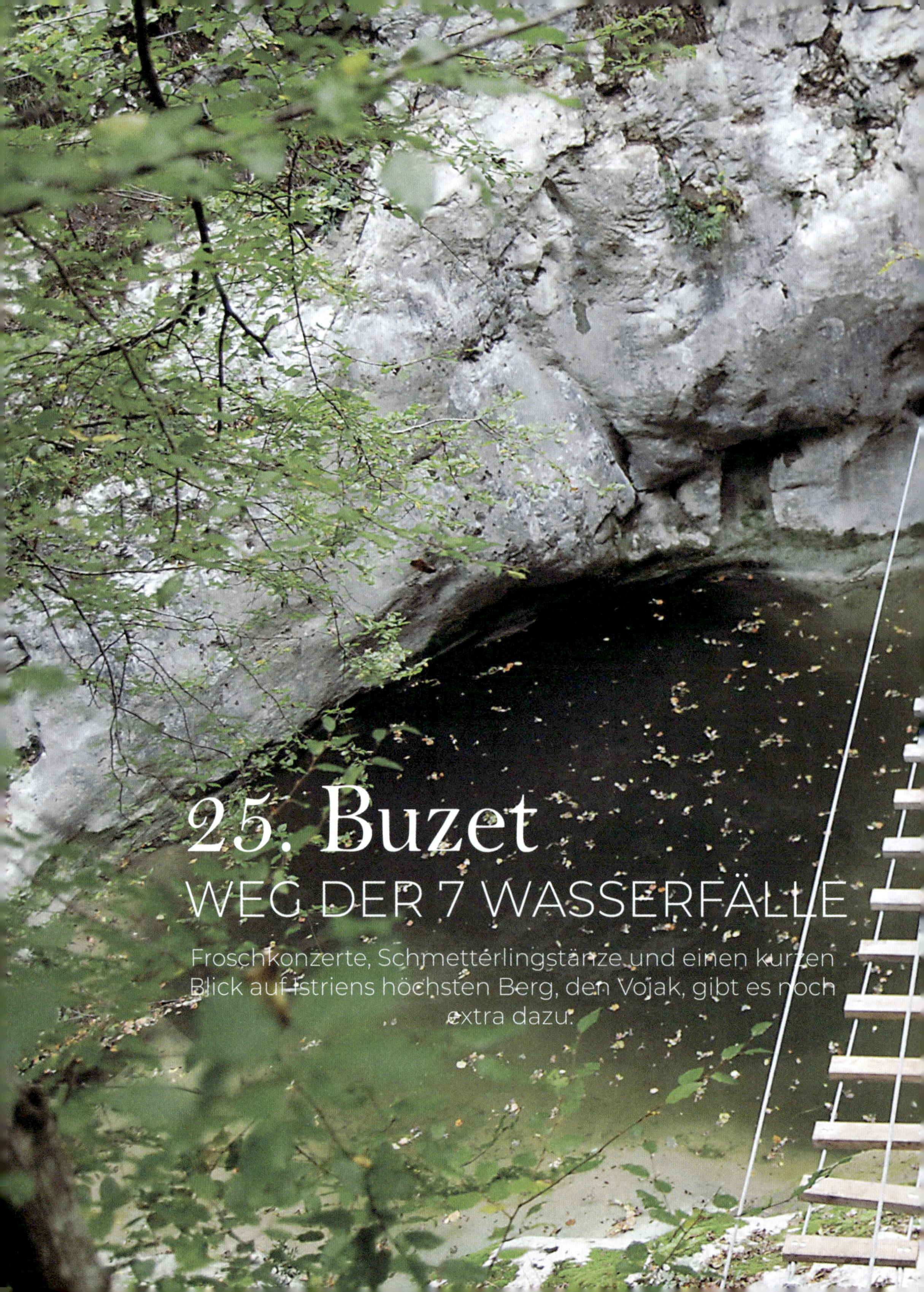

25. Buzet

WEG DER 7 WASSERFÄLLE

Froschkonzerte, Schmetterlingstänze und einen kurzen Blick auf Istriens höchsten Berg, den Vojak, gibt es noch extra dazu.

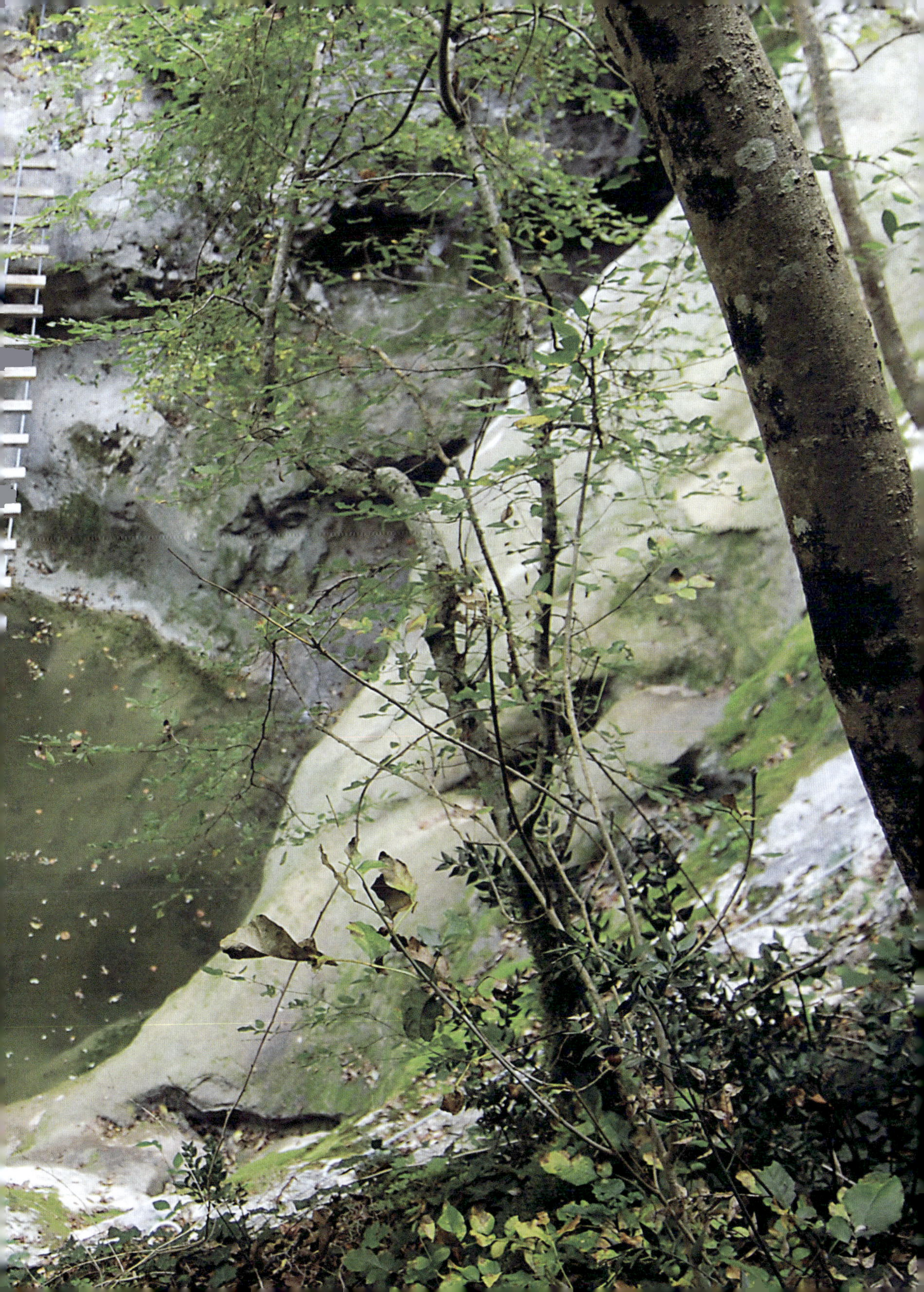

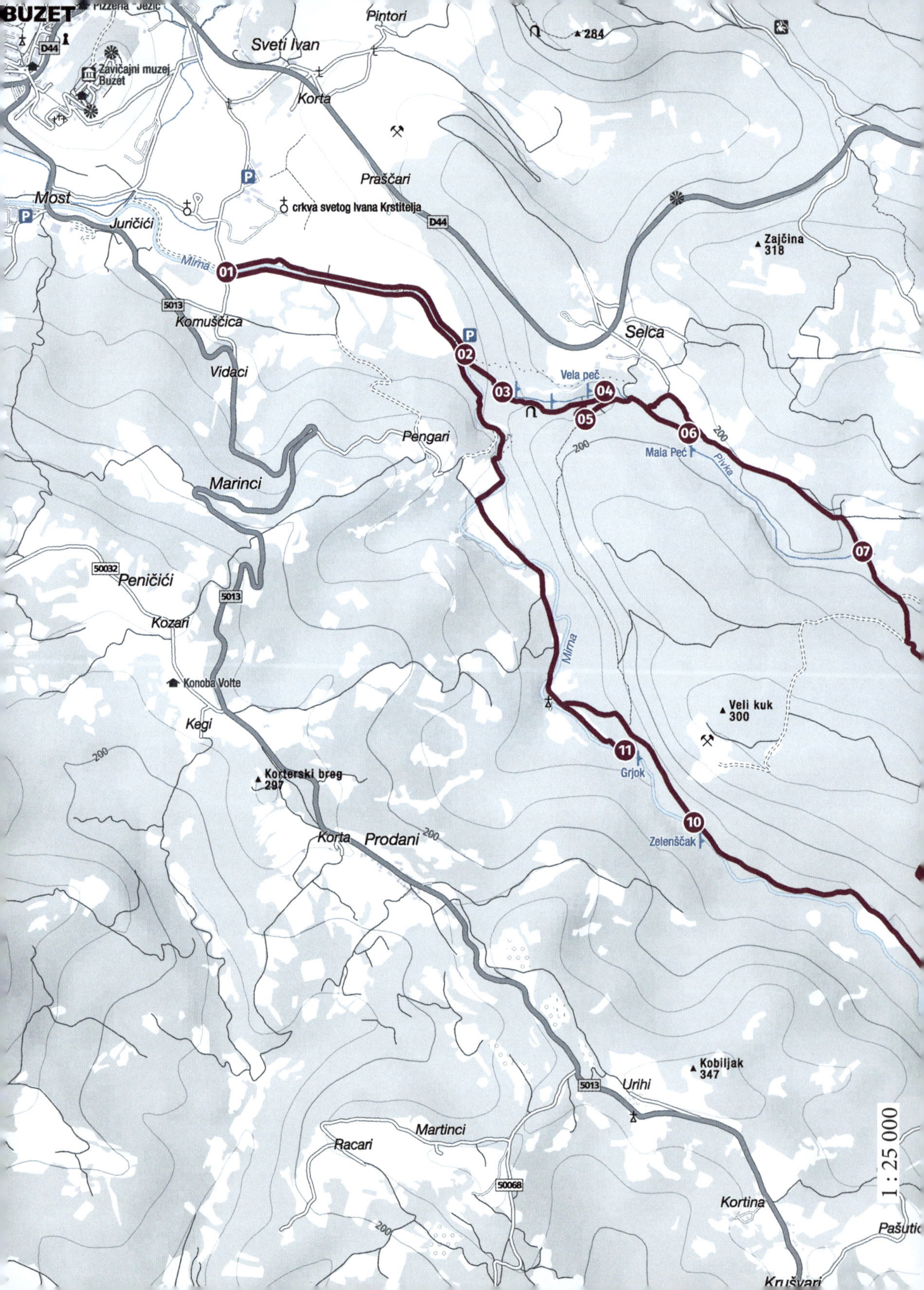
BUZET
Pizzeria "Ježić"
D44
Zavičajni muzej Buzet
Sveti Ivan
Pintori
Korta
284
Praščari
Most
Juričići
crkva svetog Ivana Krstitelja
D44
Mirna
Zajčina 318
01
5013
Komuščica
Selca
02
Vidaci
Vela peč
03
04
05
06
Pengari
200
Mala Peć
Pivka
Marinci
07
50032
Peničići
5013
Kozari
Mirna
Konoba Volte
Veli kuk 300
Kegi
11
Grjok
200
Korterski breg 297
10
Zelenščak
Korta
Prodani
200
Kobiljak 347
5013
Urihi
Martinci
Racari
50068
Kortina
200
Pašutic
Krušvari
1 : 25 000

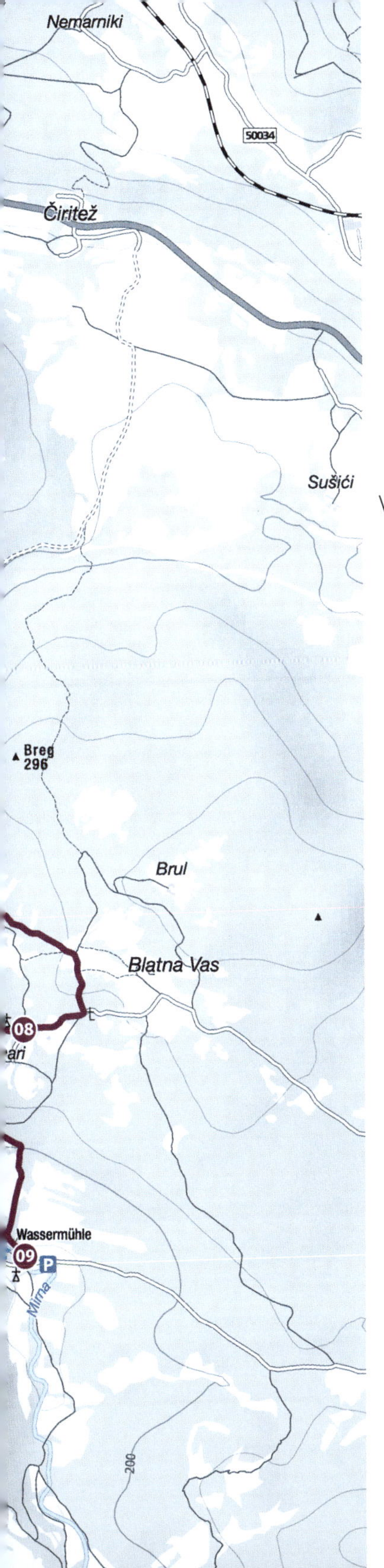

Intakte Natur

UND MANCHMAL VIEL WASSER

Die Flüsse Rjecica Draga und Mirna haben beeindruckende Seen, Stromschnellen und Wasserfälle geschaffen, zudem stoßen wir auf verlassene Dörfer, die Schächte alter Kohlengruben und die Napoleonsbrücke aus dem 19. Jahrhundert.

Zwischen vier und rund 27 Meter betragen die Fallhöhen der Wasserfälle auf diesem Rundweg. Das größte Becken, in das sich einer der Wasserfälle ergießt, ist etwa 35 Meter breit. Obwohl die Tour vorwiegend angenehm im Schatten verläuft, empfiehlt es sich an heißen Tagen ein Handtuch und Badekleidung mitzubringen – das Wasser des Flusses Mirna ist herrlich erfrischend und glasklar. Unbedingt zur Ausstattung für die Runde gehören gutes Schuhwerk und ein Fotoapparat!

Obwohl sich die Wanderung auch in der Trockenzeit im Sommer und im frühen Herbst lohnt, beeindruckt sie natürlich im Frühjahr und während der Regenzeit im Herbst, wenn die Bäche viel Wasser führen und das Murmeln und Rauschen stete Begleiter sind, ungleich mehr. Beeindruckend sind die ausgewaschenen Felsen aber auch ohne Wasser, so kommt man näher an sie heran.

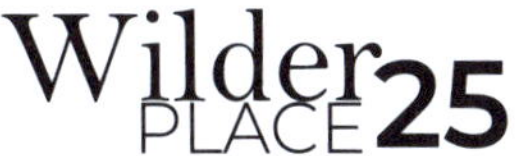

Weg der 7 Wasserfälle

Anspruchsvolle Rundwanderung, vorbei an 7 Wasserfällen – die ersten vier in der Schlucht der Rjecica Draga, die letzten drei im Mirna-Tal.

Dauer ca. 4:50 h | Distanz: 16,1 km | Höhenmeter: 218

Der „Staza sedam slapova" – Weg der 7 Wasserfälle – gilt als einer der attraktivsten Wanderwege in Inneristrien. Talschluchten, steile Kletterfelsen, Waldpassagen und sieben Wasserfälle machen die lange Tour sehr abwechslungsreich. Zu bewältigen ist ein sehr steiler, mit Seilen gesicherter Anstieg über eine Steilstufe. Während der Saison gibt es eine Einkehrmöglichkeit in der Konoba in Kotli. Auch in der Trockenzeit ohne viel Wasser eine lohnende Tour!

▶ Die Tour beginnt mit einer flachen Etappe auf dem linken Dammweg (orographisch rechts) flussaufwärts von der Brücke **01**. Dem hier kanalisierten Bach entlang gehts bis zum Parkplatz nahe dem

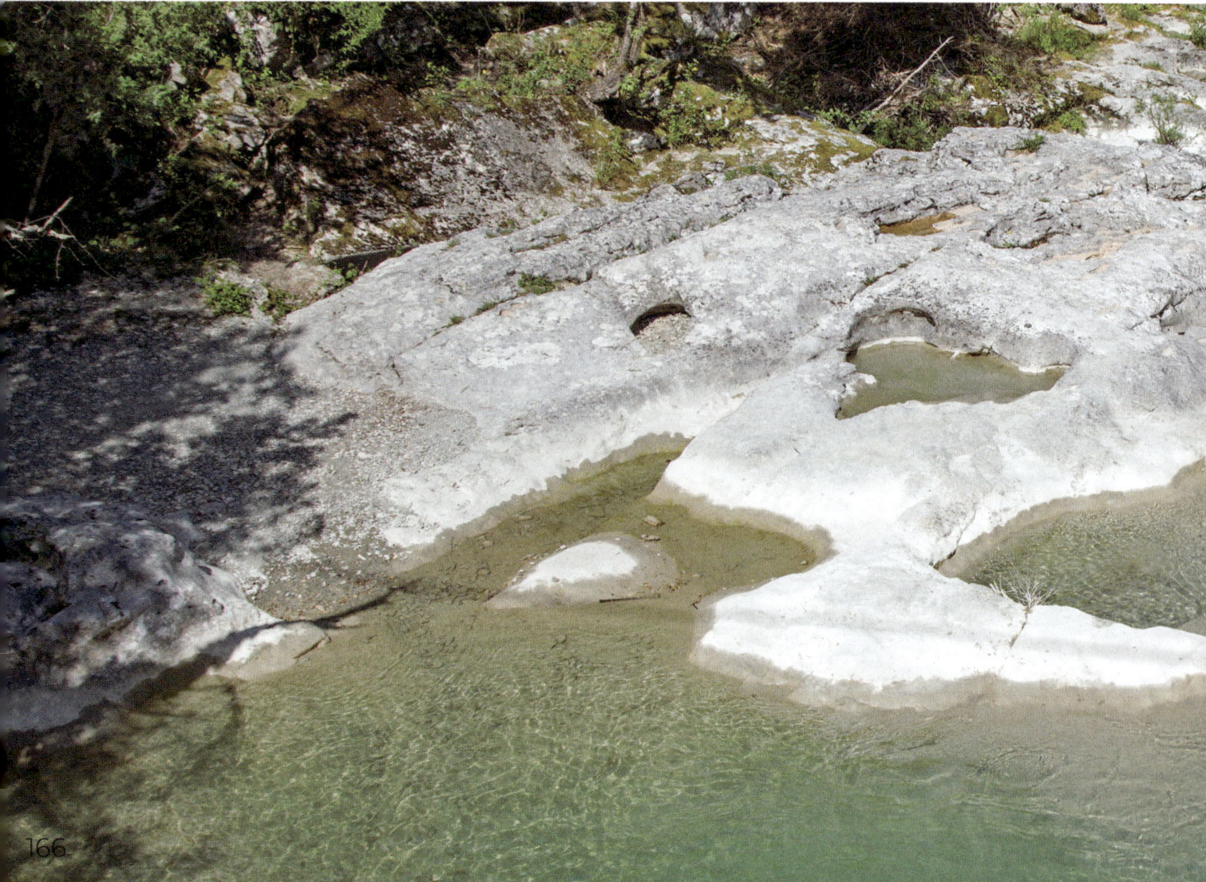

Schluchteingang 02 nach den Trainingsgeräten.

Wir folgen nun dem rot-blau markierten Pfad durch die Schlucht, die auch ohne viel Wasser ein beeindruckendes Szenario bietet. Bis zum zweiten Wasserfall wurde ein kleiner Hochseilgarten eingerichtet. Auf gut ausgebautem Pfad passieren wir den ersten Wasserfall und gelangen bald danach, vorbei an abgesperrten alten Bergwerksstollen, zum zweiten Wasserfall Bacva 03, über dessen See sich in luftiger Höhe die Hängebrücke des Hochseilgartens schwingt. Davor biegt der Pfad nach rechts den steilen Hang hinauf zu einem überhängenden Kletterfelsen. Weiter durch steiles Gelände kommen wir zu einer Abzweigung, ein lohnender kurzer Abstecher bringt uns zum dritten Wasserfall Vela Peć 04 mit schönem Rastplatz in einem Felsenkessel. Zurück zur Abzweigung, dann folgt das schwierigste Wegstück: Ein sehr steiler Pfad, gesichert durch Seile und versehen mit Steighilfen, führt über die Steilstufe hinauf zu einem Querweg 05. Auf diesem gehen wir links leicht abfallend bis zu einer Furt, danach rechts, Weg 556, dem Bach entlang aufwärts.

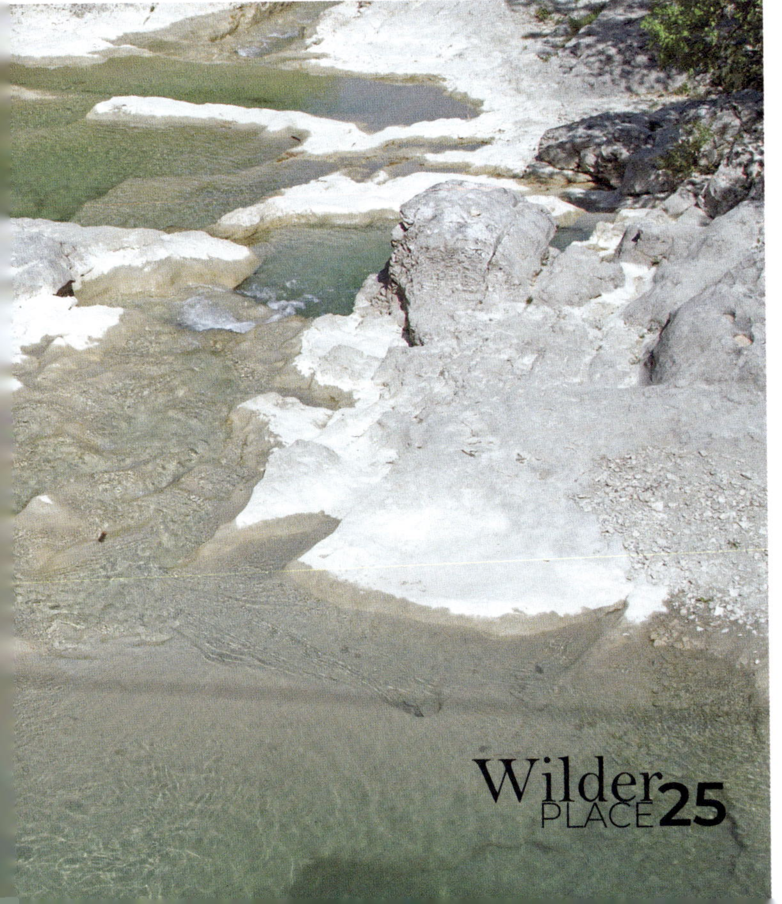

Bei einer Gabelung - ein Schild weist nach links zur Napoleonbrücke - machen wir den nächsten Abstecher und wandern geradeaus weiter zum 300 m entfernten vierten Wasserfall Mala Peć 06, wieder mit schönem Rastplatz am idyllischen See. Zurück bei der Abzweigung folgen wir nun der Markierung zur Napoleonbrücke. Der Pfad steigt nochmals kurz an, trifft dann auf einen Fahrweg, rechts, (Radroute 506). Wir gehen vorbei an einigen Weingärten und bei einer Gabelung geradeaus bis zu einem Linksknick der Radroute. Hier gehen wir auf dem Fußweg geradeaus bis zur alten Napoleonbrücke 07.

Danach folgt eine ausgedehnte Waldetappe über das Plateau: Der Weg trifft auf eine Schotterstraße, kurz rechts ansteigend und in der Kurve links (Weg 556, Wegweiser Kotli). Der rot-blauen Markierung folgend wandern wir durch Niederwald, der Boden besteht hier aus Mergel. Bei einem Querweg links, an einer Hausruine vorbei und geradeaus auf dem Fahrweg durch eine Waldschneise, vorbei an einigen Hügeln aus Tonerde gehen wir geradeaus bis zu einem Asphaltsträßchen.

Auf diesem gehen wir rechts und sind bald bei den Häusern von Kuhari **08**. Beim Bildstock gabeln sich die Wege nach Kotli – der schönere ist der etwas längere geradeaus. Der Pfad führt durch den Wald, trifft auf einen Fahrweg, auf diesem gehen wir rechts und nach 50 m links auf den Pfad abwärts. Der Boden besteht hier aus roter Tonerde und kann bei Nässe gatschig sein. Der Weg tangiert einen Fahrweg, hier rechts durch den Hohlweg abwärts, beim Querweg dann nach links bis Kotli **09**.

Die Ortschaft ist weitgehend verlassen, die durch mechanische und chemische Erosion entstandenen Wannen, Gumpen und Löcher im Bachbett der Mirna, der Wasserfall Slop etwas unterhalb, die Wassermühle daneben und die Konoba Kotlić ziehen jedoch zahlreiche Besucher an.

Der Rückweg ist einfach und angenehm: Wir folgen immer geradeaus dem schattigen Fahrweg rechts der Mirna entlang. Sanft abfallend, mit wenigen leichten Gegensteigungen, wandern wir durch Niederwald talauswärts, nach 25 Minuten weist ein kleines Schild nach links zum sechsten Wasserfall Zelenšćak **10** unmittelbar neben dem Weg, jedoch nur von oben einsehbar.

Nach weiteren 15 Min. weist der Pfeil links zum siebten Wasserfall, rechts ist der Wegweiser zurück nach Kotli. Im spitzen Winkel gehen wir auf dem Fahrweg zurück, nach 300 m sind wir beim Wasserfall Grjok **11** mit schönem Rastplatz und Bademöglichkeit.

Zurück zur Abzweigung kommen wir bald zu einem Bildstock, geradeaus weiter durch das hier breitere, von steilen Felsen begrenzte Mirna-Tal. Wir queren dreimal den Bach auf Trittsteinen, wandern durch einen fruchtbaren Talkessel und erreichen dann den Schluchteingang. Auf der anderen Seite ist der Schluchteingang **02** der Rjecica Draga. Auf dem linken Dammweg kehren wir mit schönen Blicken auf Buzet zum Ausgangspunkt an der Brücke **01** zurück.

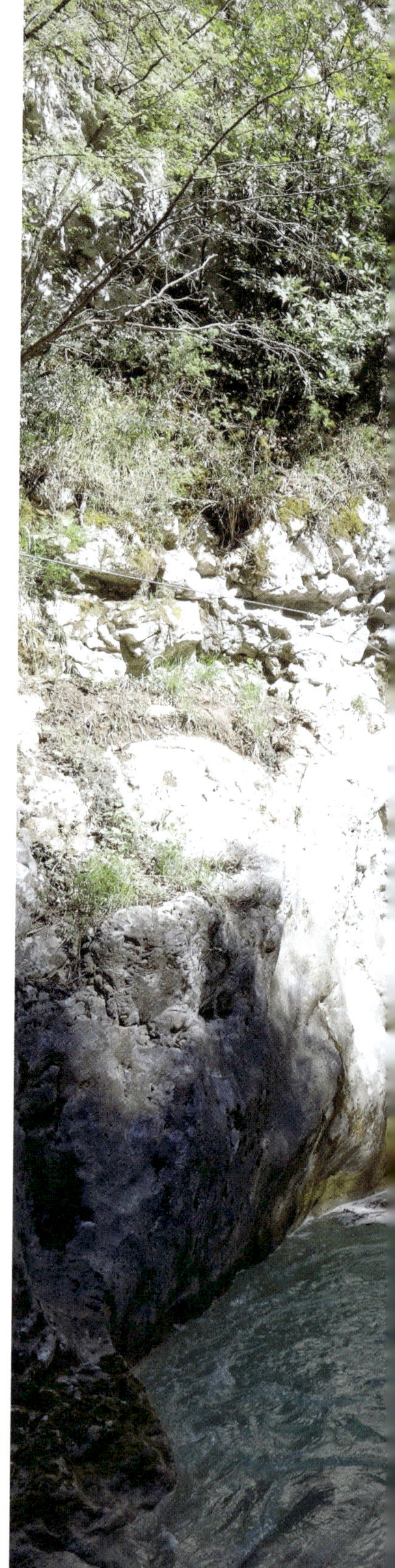

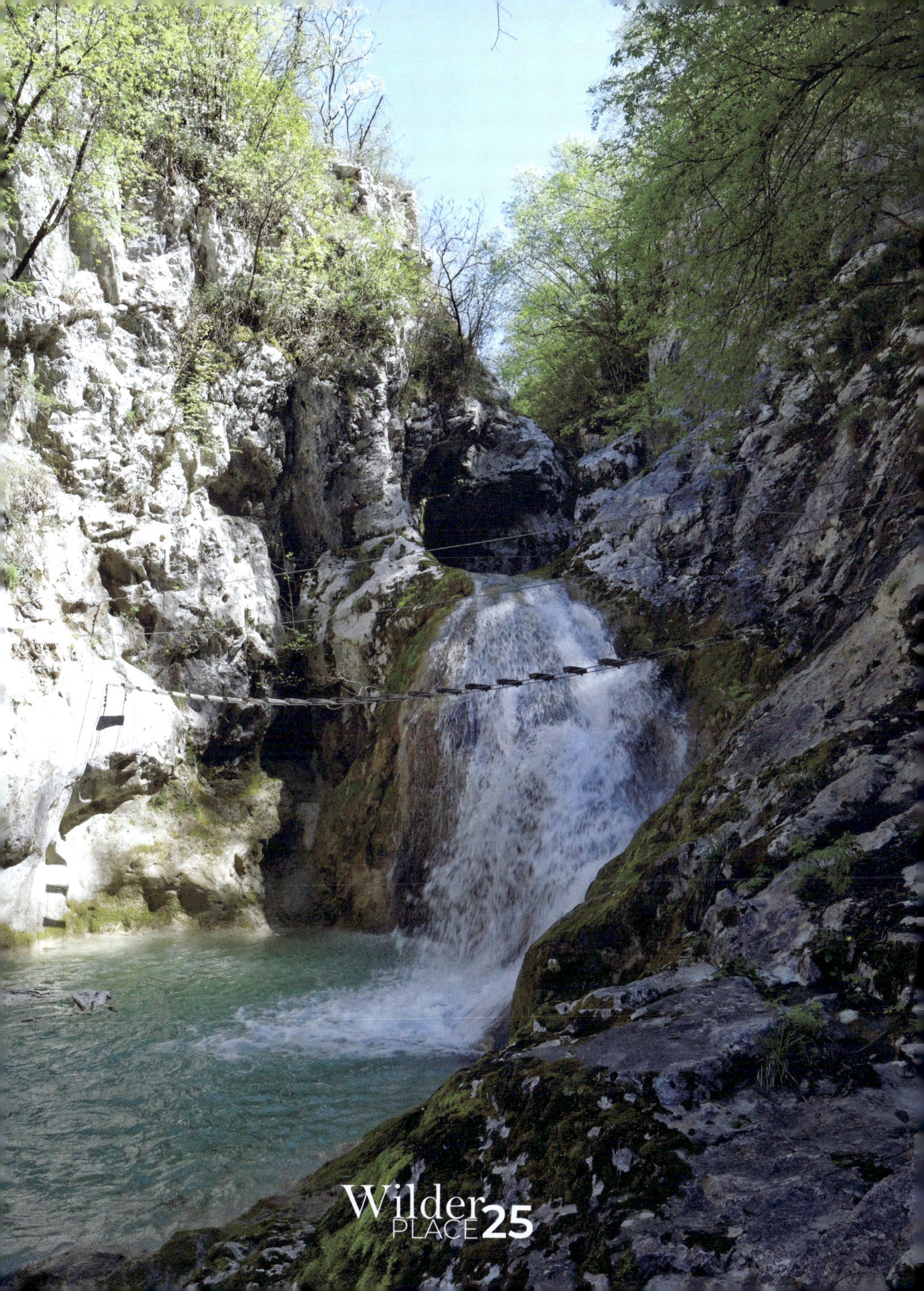
Wilder
PLACE 25

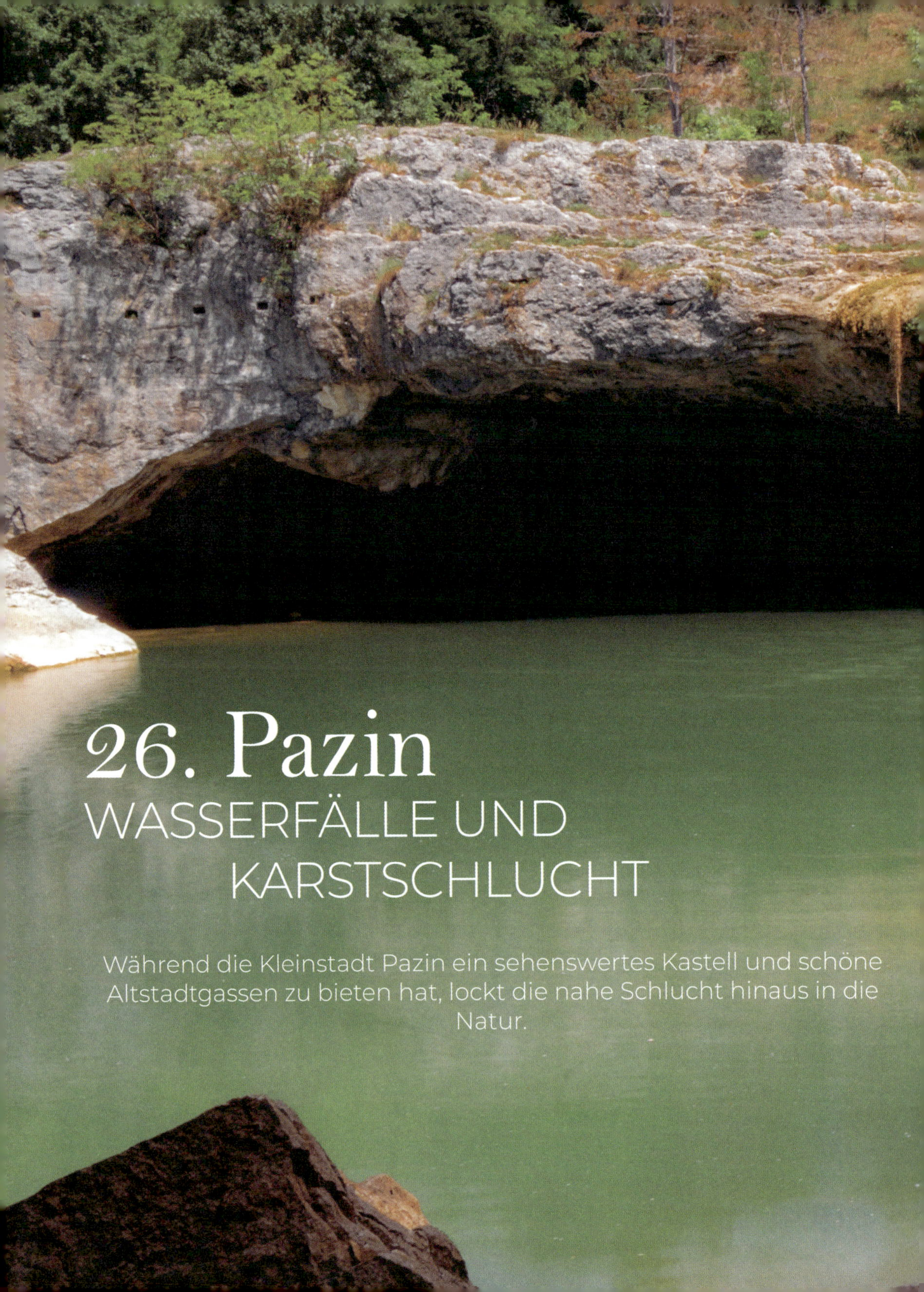

26. Pazin

WASSERFÄLLE UND KARSTSCHLUCHT

Während die Kleinstadt Pazin ein sehenswertes Kastell und schöne Altstadtgassen zu bieten hat, lockt die nahe Schlucht hinaus in die Natur.

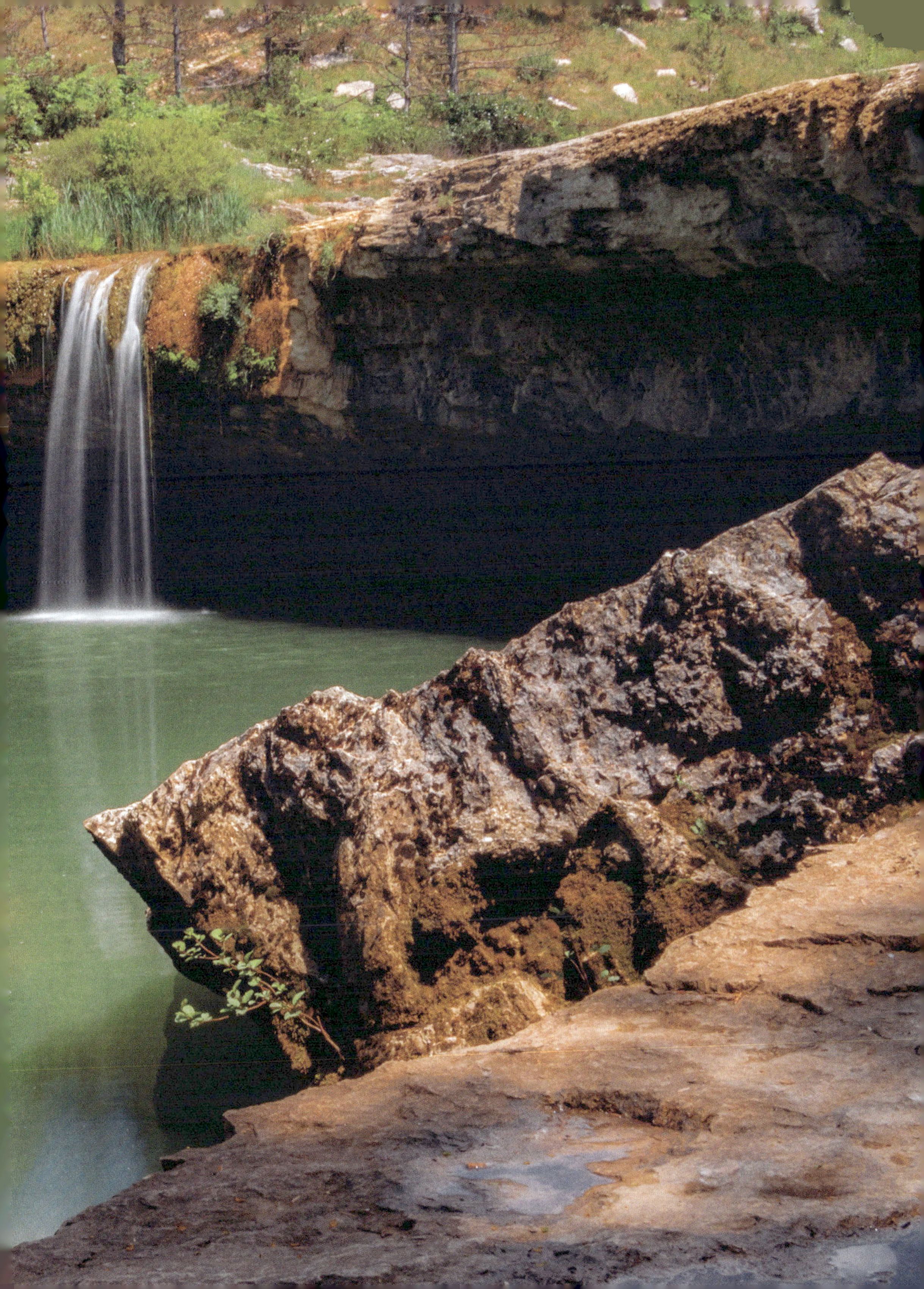

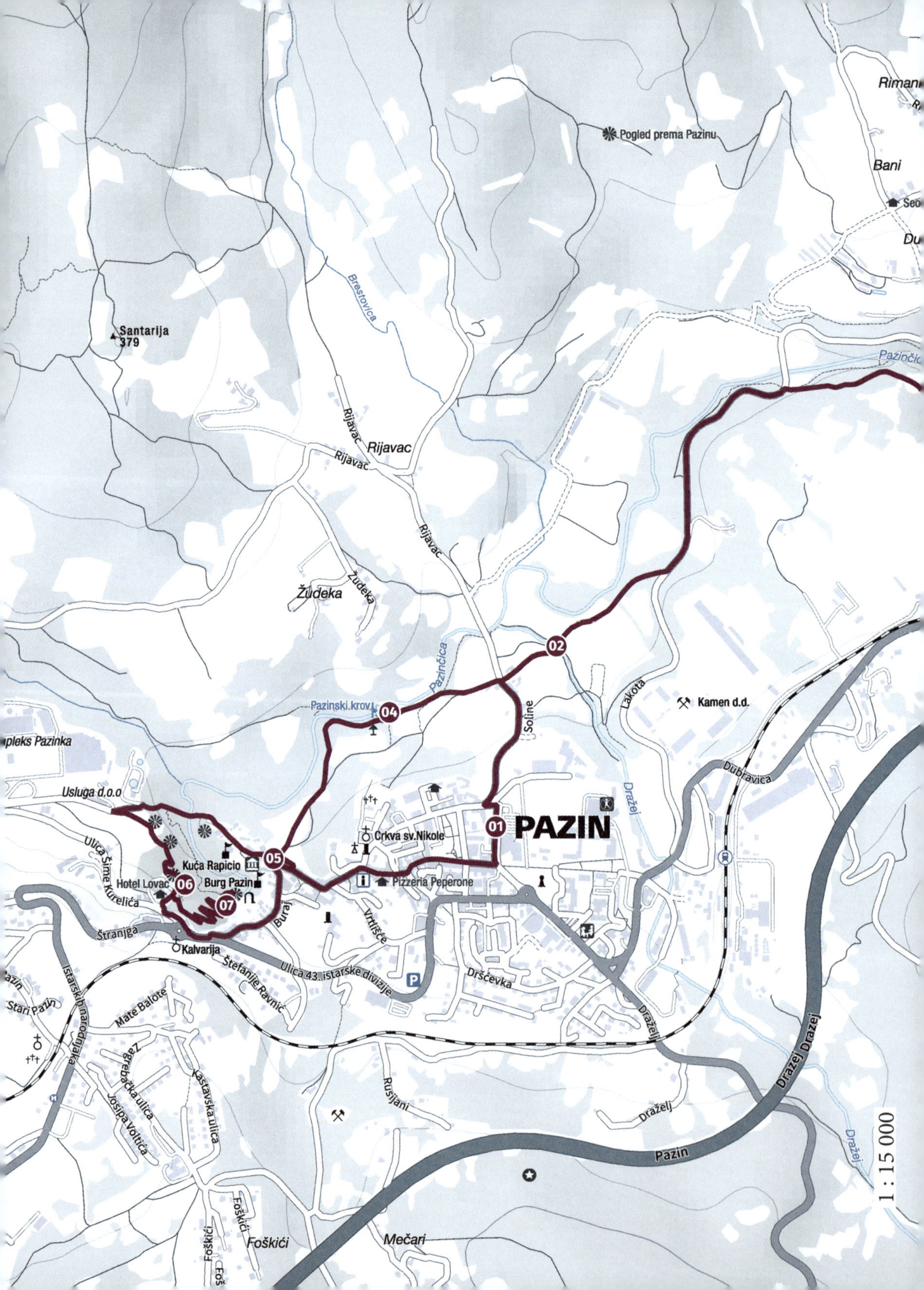
Pogled prema Pazinu
Bani
Santarija
379
Brestovica
Rijavac
Rijavac
Rijavac
Rijavac
Žudeka
Žudeka
Pazinčica
Pazinski krov
02
04
Soline
Lakota
Kamen d.d.
Usluga d.o.o
01
PAZIN
Crkva sv.Nikole
05
Kuća Rapicio
Burg Pazin
Hotel Lovac
06
07
Pizzeria Peperone
Ulica Šime Kurelića
Štranjga
Kalvarija
Buraj
Vrhlišće
Dubravica
Dražej
Štefanije Ravnić
Ulica 43. istarske divizije
Drščevka
Stari Pazin
Mate Balote
Istarskih narodnjaka
Zagrebačka ulica
Kastavska ulica
Josipa Voltića
Rusijani
Dražej
Dražej Dražej
Pazin
Foškići
Foškići
Foškići
Mečari
1 : 15 000

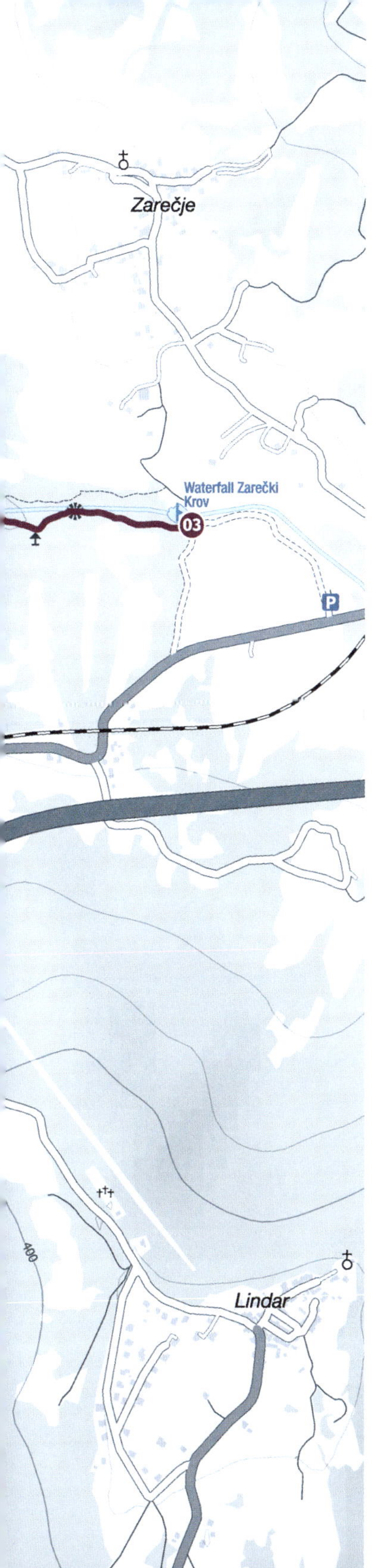

Wilde Natur

NAHE DER STADT

Die Schlucht und das Schluckloch (Ponor) des Flüsschens Pazinčica sowie die Paziner Höhle selbst sind als Landschaftsschutzgebiet ausgewiesen – ein Parameter, der die Herzen von Naturliebhabern schon im Vorhinein höher schlagen lässt.

Die Paziner Schlucht stellt ein besonderes Naturphänomen dar: Das Flüsschen Pazinčica fließt 16,5 Kilomter lang durch wasserundurchlässigen Flysch und verschwindet dann, am Beginn des wasserdurchlässigen Kalks, in einem großen Schluckloch am Ende einer 500 Meter langen und 100 Meter tiefen Schlucht. Es handelt sich um eine hydrogeologische Erscheinung: Tektonische Risse im Kalk wurden durch das Wasser erweitert. Höhlenforscher entdeckten nach dem Schluckloch eine große Höhle und zwei Seen. Bei Hochwasser, wenn das Schluckloch die Wassermassen nicht mehr aufnehmen kann, kommt es immer wieder zu Überschwemmungen der Schlucht. Jules Verne ließ sich von dem im Boden verschwindenden Fluss zu seinem Roman „Mathias Sandorf" inspirieren. Ob das Wasser tatsächlich unterirdisch 30 Kilometer bis zum Limfjord oder ins Flusstal von Raša oder beides fließt, konnte noch immer nicht zweifelsfrei geklärt werden. Die Höhle kann im Rahmen einer Führung besichtigt werden.

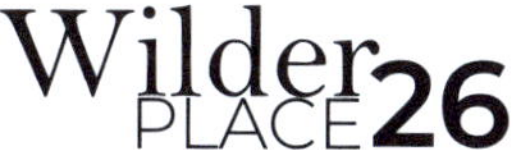

Pazin

Erlebnisreiche Tour zu besonderen Naturphänomenen – zwei großen Wasserfällen und der Karstschlucht mit Schluckloch, überwiegend schattig.

Dauer ca. 3:00 h I Distanz: 9,4 km I Höhenmeter: 156

Die stadtnahe Tour bietet viele Möglichkeiten und Aktivitäten – ein schöner Wanderweg, baden in den Seen bei den Wasserfällen, Abstieg in die romantische Schlucht oder mit der Zipline darüber weg, ein Tag ist fast zu kurz.

▶ Vom Parkplatz beim Stadion in Pazin **01** gehen wir Richtung Tal zur Ulica Soline und auf dieser hinunter bis 100 m vor der Brücke **02**. Dort beginnt rechts der Wanderweg: Auf dem Fahrweg wandern wir talaufwärts, überqueren eine kleine Brücke und gehen geradeaus weiter durch den Buschwald. Der kaum benützte Fahrweg trifft dann auf die Straße, dieser folgen wir links 200 m und biegen vor der leichten Rechtskurve in den Weg nach links hinunter und nach 30 m rechts in den Waldweg. Er führt bald schön dem Bach entlang und überquert vor der Brücke Dušani die Straße. Immer dem Bach entlang wandern wir weiter, bei einer Gabelung links, immer wieder gibt es Zugänge zum Bach. Auf dem romantischen Weg zwischen Bach und mit Moos bewachsenen Felsen und Bäumen erreichen wir einen Rast- und Spielplatz und kurz danach den pittoresken Wasserfall Zarečki krov **03**.

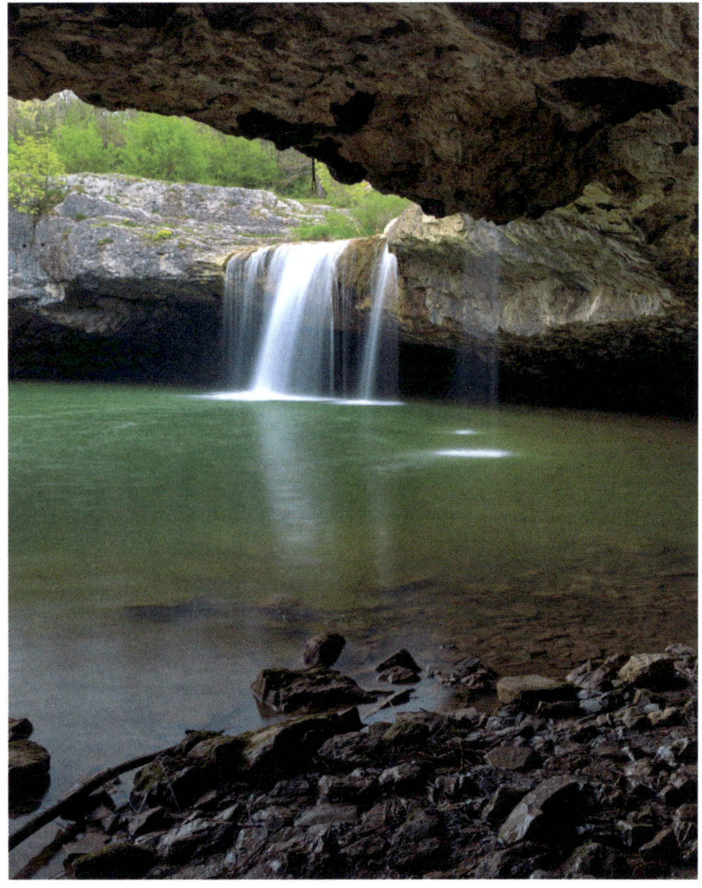

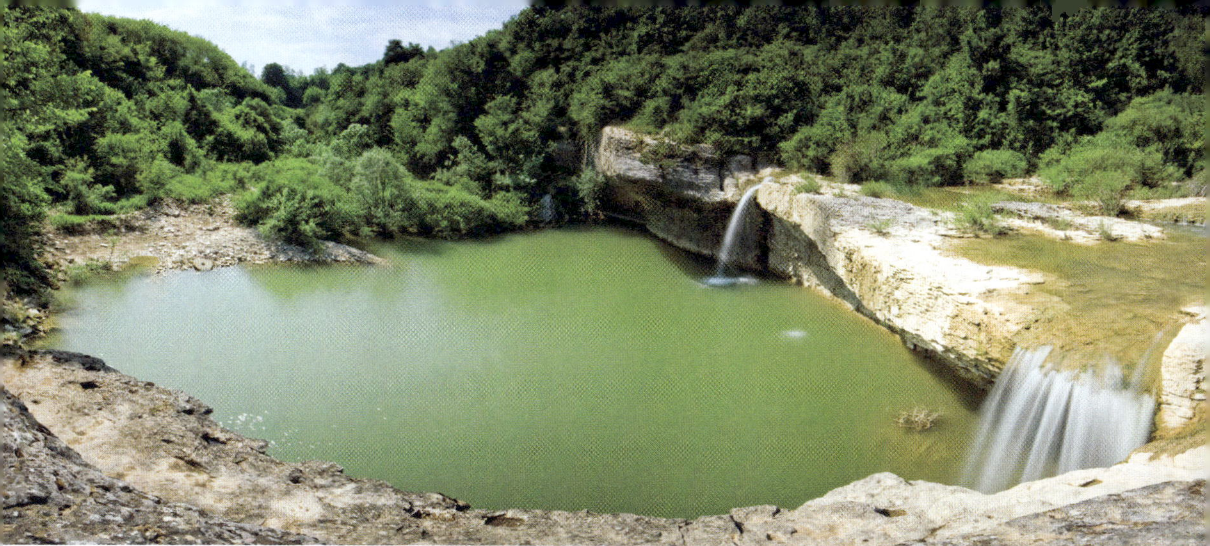

Je nach Jahreszeit rauscht unterschiedlich viel Wasser über die 10 m hohe, überhängende Felsstufe in den See, im Sommer oft nur ein kleines Rinnsal, dann kann man in die Grotte hinter dem See hineingehen, ein beliebter Badeplatz der Einheimischen. Auf demselben Weg kehren wir zur Ulica Soline **02** zurück, überqueren sie und gehen geradeaus auf dem Fahrweg 100 m weiter. Am Ende des Maschendrahtzaunes biegen wir nach rechts in den Pfad zum zweiten großen Wasserfall Pazinski krov **04**. Auch hier fließt das Wasser des Pazinčica vor der Stufe breit gefächert zwischen Busch- und Felsinseln, bevor es über die Stufe in den See stürzt. Vom Rastplatz beim Mühlstein führt der Pfad geradeaus zu einer Holzstiege, auf der wir zum See und den überhängenden Felsen absteigen können. Vom Mühlstein aufwärts gelangen wir dann zu einem Fahrweg und auf diesem rechts bis zum Kastell **05** hinauf.

Wir gehen rechts zur Rückseite, vom Eingang zum Museum bietet sich ein erster imposanter Blick in die Schlucht Pazinska Jama, die wir nun umrunden. Vorbei an der Burgruine gelangen wir zur Brücke, davor befindet sich der Zugang für geführte Touren in die Schlucht und Höhle. Wir gehen über die hohe Vršić-Brücke, auf der anderen Seite hinauf bis vor den Parkplatz und folgen dann dem Wegweiser Zipline. Am Rand der Schlucht, vorbei an Aussichtskanzeln, führt der Weg zum Startplatz **06** für das Zipline-Abenteuer: Auf vier Strecken (zwischen 80 und 280 m lang) kann man über die Schlucht schweben.

Richtung Hotel Lovac befindet sich bei der Infotafel der Zugang für den Pfad in die Schlucht. Er führt in Serpentinen durch die urwaldähnliche Vegetation hinunter, Schautafeln informieren über die Entstehung und die Vegetation und am Ende beim Aussichtspunkt Piramide **07** über die Erforschung der Höhle.

Zurück an der Wegkreuzung gehen wir nun die Stufen hinauf zum Hotel Lovac, ein gutes Restaurant mit Aussichtsterrasse für eine Einkehr. Der Weg führt dann weiter hinauf zur Straße, auf dieser links und nach dem Kreisverkehr links in die Ulica Burai, vorbei an renovierungsbedürftigen Häusern hinunter zum Kastell **05**. Durch die Stadt kehren wir dann zum Ausgangspunkt **01** zurück.

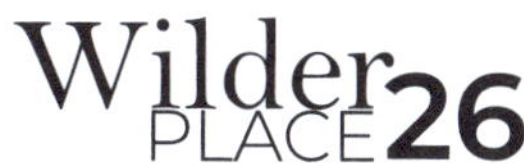

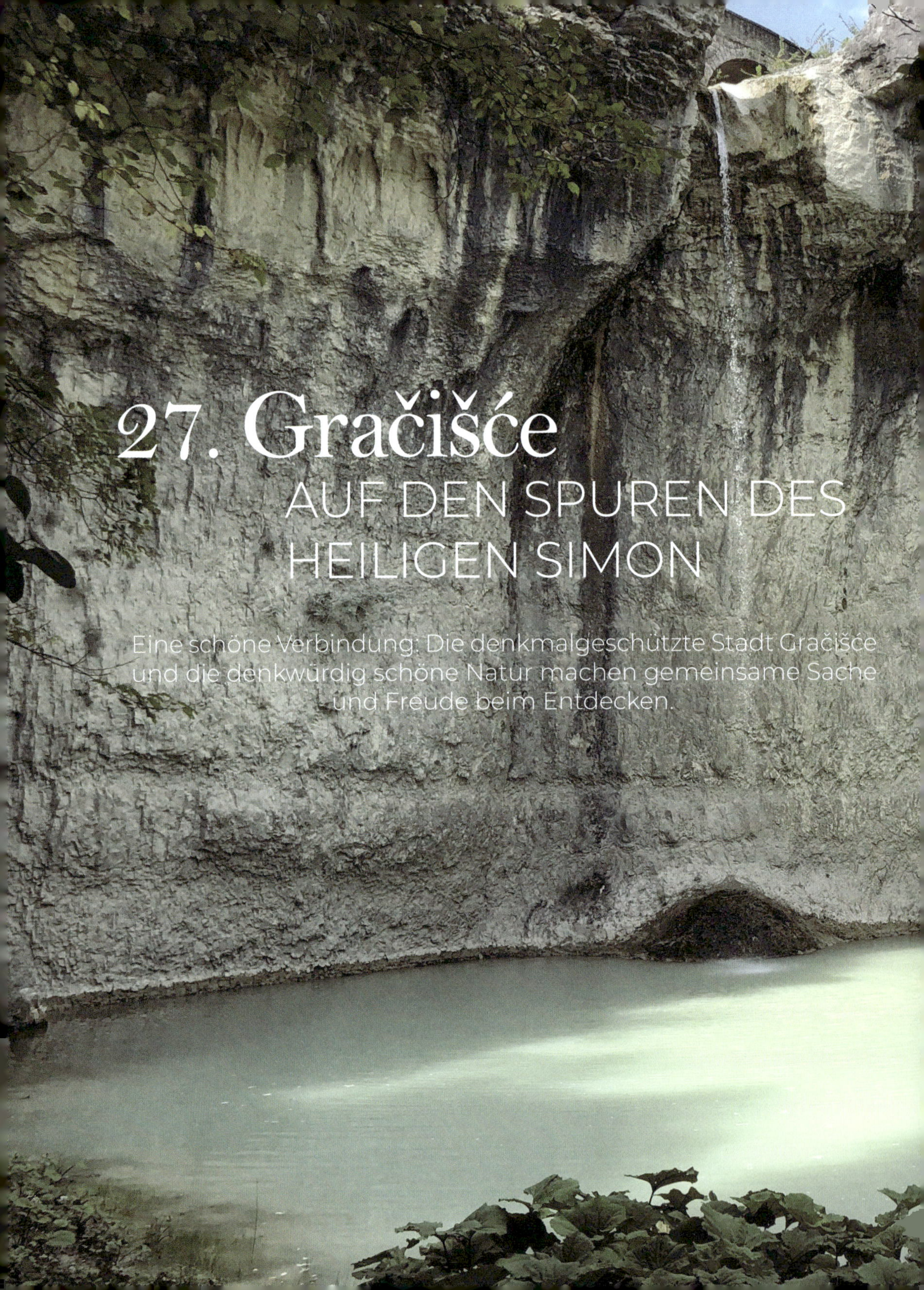

27. Gračišće

AUF DEN SPUREN DES HEILIGEN SIMON

Eine schöne Verbindung: Die denkmalgeschützte Stadt Gračišće und die denkwürdig schöne Natur machen gemeinsame Sache und Freude beim Entdecken.

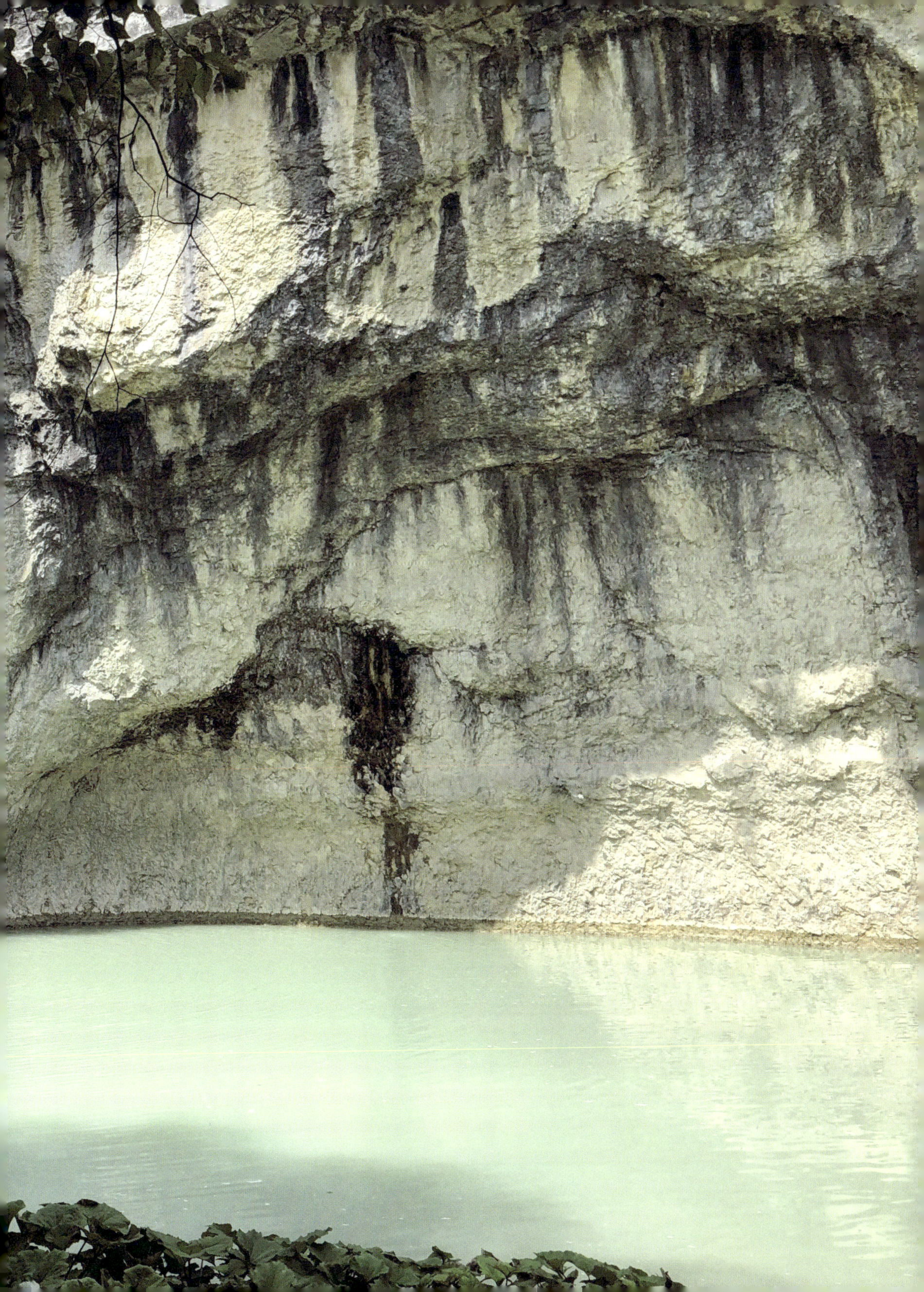

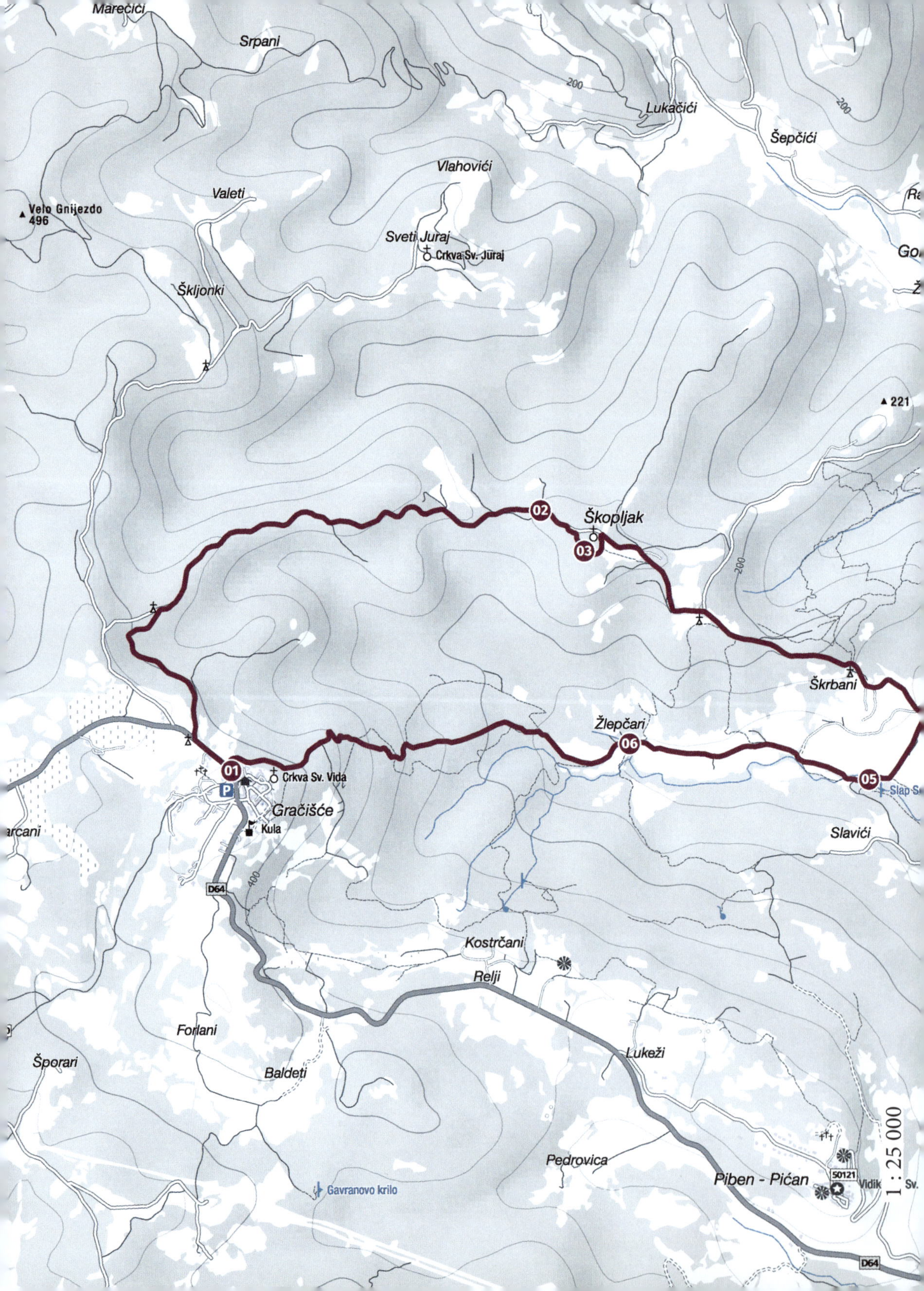
Marečići
Srpani
Lukačići
Šepčići
Vlahovići
Valeti
Velo Gnijezdo 496
Sveti Juraj
Crkva Sv. Juraj
Škljonki
221
02
Škopljak
03
Škrbani
Žlepčari
06
01
Crkva Sv. Vida
Gračišće
Kula
05
Slavići
D64
Kostrčani
Relji
Forlani
Šporari
Baldeti
Lukeži
Pedrovica
Piben - Pićan
50121
Vidik
Gavranovo krilo
1 : 25 000

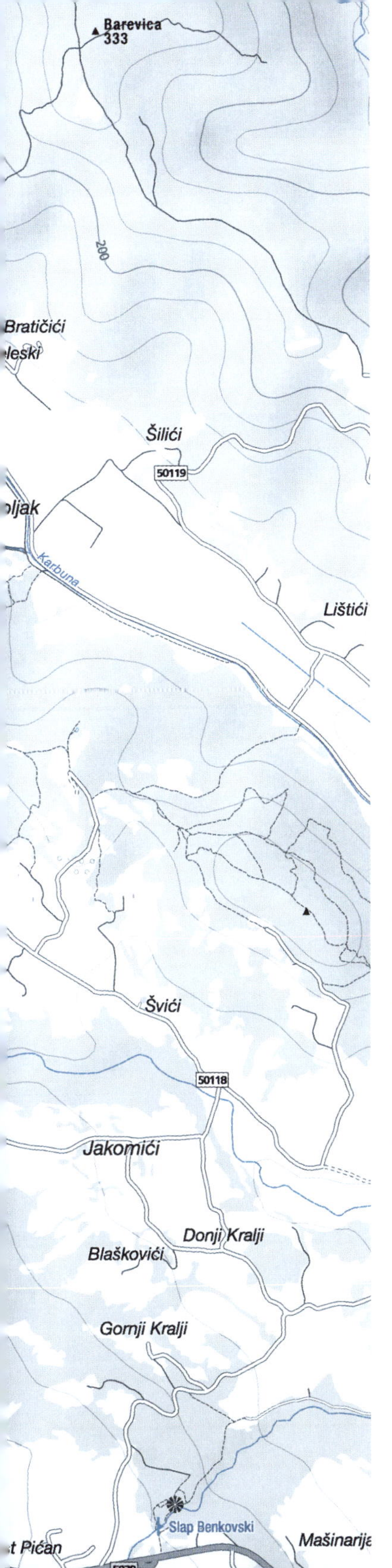

Heiligkeit

DIE SICH IN DER NATUR FINDEN LÄSST

Mit dem Wort „malerisch“ lassen sich sowohl die komplett unter Denkmalschutz stehende Stadt Gračišće als auch ihre waldige Umgebung mit dem Wasserfall beschreiben. Abwechslungsreich und sehenswert!

In den Hügeln Zentral-Istriens verbirgt sich die verschlafene Stadt Gračišće, in der die Zeit stehengeblieben zu sein scheint. Sie wurde erstmals im Jahr 1199 erwähnt und kann damit auf eine lange Geschichte zurückblicken. Ihr Aussehen konnte sie über Jahrhunderte erhalten, heute steht sie komplett unter Denkmalschutz. Interessant sind der Hauptplatz und die Marienkirche aus dem Jahr 1425 sowie die St.-Veits-Kirche und die Kirche St. Euphemia. So schön ein bisschen Kultur aber auch ist, dafür sind wir eigentlich nicht hergekommen, oder?

Wir wollen mit dem Sopot einen der schönsten Wasserfälle Istriens sehen und die herrlichen Ausblicke auf das Učka-Massiv genießen. Aber gut, wenn wir schon hier sind, dann nehmen wir mit den Überresten der Kirche St. Simon aus dem 14. Jahrhundert und der Kapelle Marija Magdalena doch noch ein paar mehr kulturelle Eindrücke mit ...

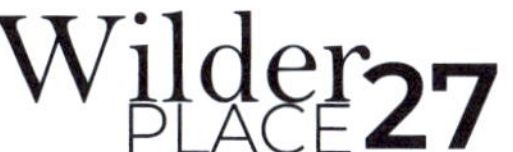

Gračišće

Waldwanderung mit schönen Aussichten, einem steilen Anstieg, schattig.

Dauer ca. 3:00 h I Distanz: 10,5 km I Höhenmeter: 424

Die Tour besteht aus zwei sehr unterschiedlichen Teilen: Im ersten Abschnitt wandern wir – mit Abstechern zu zwei alten Kirchen in Aussichtslage – auf einem unbefahrenem Sträßchen hinunter zum großen Wasserfall, einem der schönsten Istriens. Die Schlussetappe ist anstrengend: Auf steilem, teils steinigem, teils lehmigem Pfad, der sich bei Regenfällen in einen Bach verwandelt, erfolgt der Aufstieg nach Gračišće. Im denkmalgeschützten Ort lässt es sich gut einkehren.

Anmerkung: Die Tour ist in der Gegenrichtung ausgeschildert, der steile Abschnitt ist jedoch bergauf besser und ungefährlicher zu bewältigen. Nicht bei Regen gehen!

▶ In Gračišće **01** gehen wir vom Ortseingang 150 m auf der Straße Richtung Pazin und biegen dann bei der niedrigen Kapelle in den Fahrweg nach rechts ein.. Er führt durch

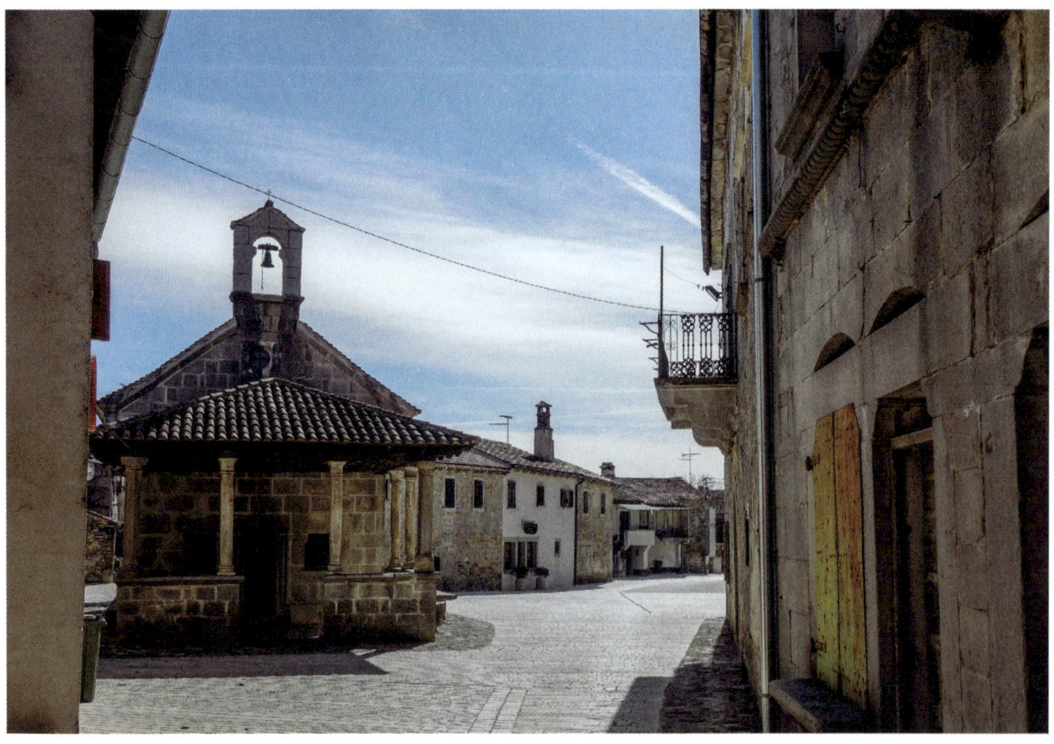

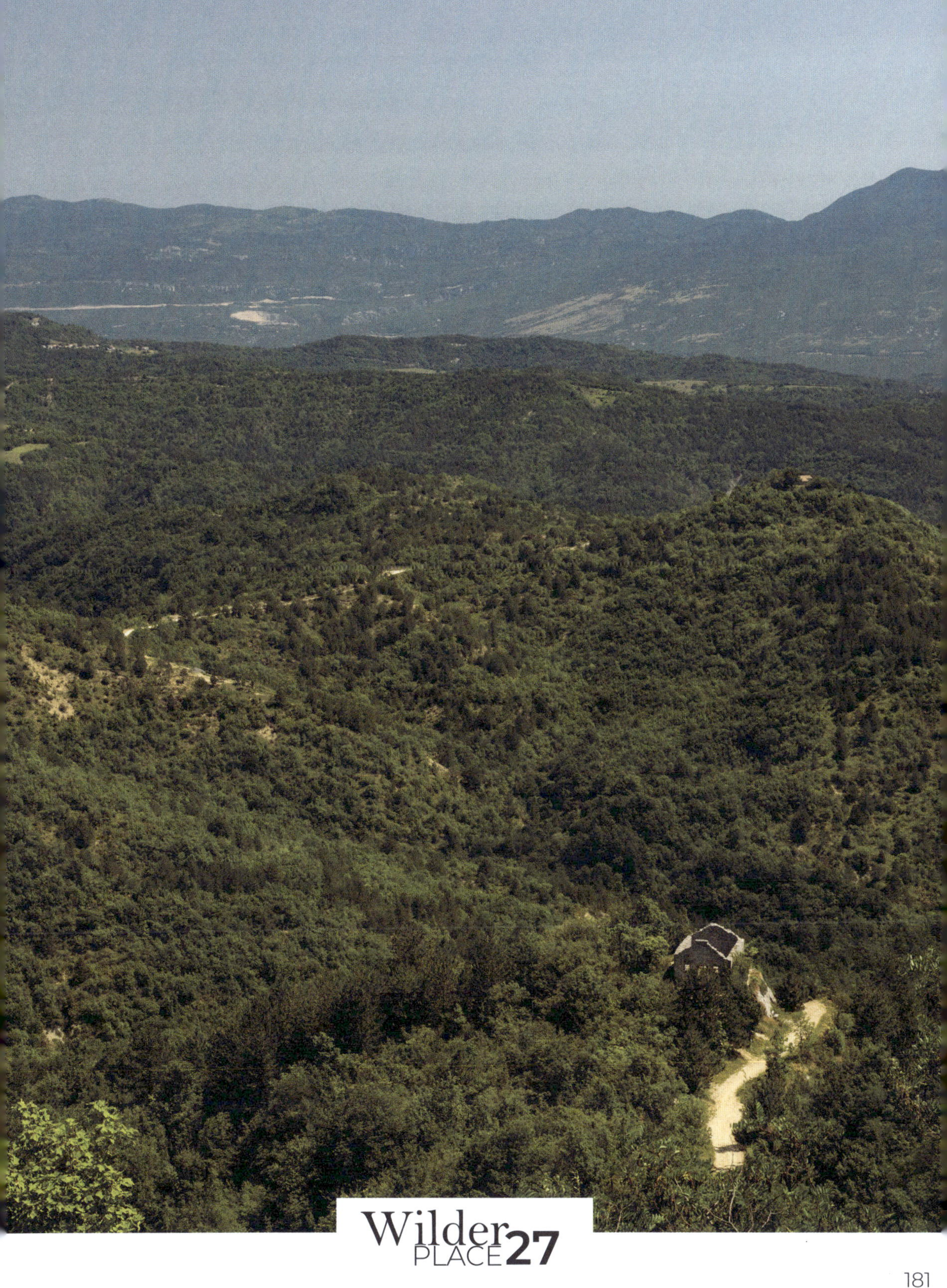

Buschwald abwärts und trifft auf ein Sträßchen, dem wir weiter abwärts folgen. Immer wieder bieten sich schöne Blicke auf das Učka-Massiv, die bewaldete Umgebung und Gračišće auf der Terrasse oben. Am schönsten ist die Sicht von der kleinen Kirche Sv. Magdalena. Nach einer Senke **02** (hier zweigt rechts ein Fahrweg ab, der wieder zur Straße zurückführt) steigt die Straße an, vor der Kuppe biegen wir rechts in den steilen Pfad hinauf zur Kirche Sv. Magdalena **03**, ein schöner Rastplatz. Auf der anderen Seite gehen wir hinunter zur Straße, kurz danach folgt der nächste kleine Abstecher zur Friedhofskirche St. Stephan, auf dem asphaltierten Weg links 150 m.

Das Sträßchen führt weiter abwärts, vorbei an den Höfen von Lovrići, danach Škrbanski Brijeg, hier sehen wir links große Mergelschichten, hinunter zum kleinen Ort Floričići **04**. Vor den Häusern weist uns der Pfeil „Slap" hinunter zum großen Wasserfall **05**. Er gilt zu Recht als einer der schönsten Istriens: Unmittelbar nach der alten Steinbrücke fällt das Wasser 20 m über die Steilstufe hinab in einen See, umgeben von hohen Felsen – Vorsicht, sie sind ungesichert!

Der Weiterweg führt von der Brücke noch 100 m bachaufwärts, bei einer Stromleitung überqueren wir den Bach auf Trittsteinen, nach einer Wiese trifft der Pfad auf einen Fahrweg, dem wir durch bäuerliche Kulturlandschaft Richtung Gračišće folgen. Er endet nach der Brücke **06** bei den Häusern von Žlepčari, dahinter beginnt der steile Aufstieg, fallweise rot-weiß markiert: Auf steinigem Weg geht's durch den Wald bergauf, bei einer Gabelung links, bei der nächsten Gabelung rechts. Der Pfad führt nun durch mergelige Hügel und ist stark ausgewaschen, früher ein Motocrossgelände, heute herrscht Fahrverbot. Vorbei an einem Steinmännchen auf einem Hügel (unten biegt ein Weg nach links) führt der Pfad steil aufwärts, bei einer Wegkreuzung gehen wir auf dem Querweg rechts hinauf zu einem kleinen Sattel, oben ist bereits die Ruine St. Simon sichtbar. Geradeaus weiter steigen wir auf zur Kirchenruine, die dem Weg den Namen gegeben hat. Auf nunmehr besserem Weg erreichen wir nach 10 Min. Gračišće **01**, den Ausgangspunkt der Tour.

Einkehren können wir in der bekannten Konoba Marino.

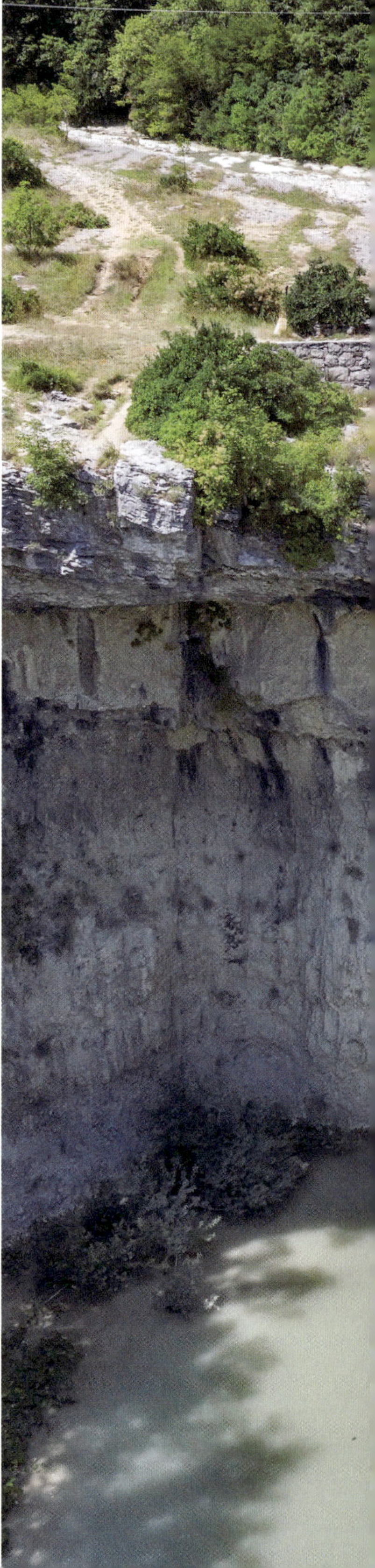

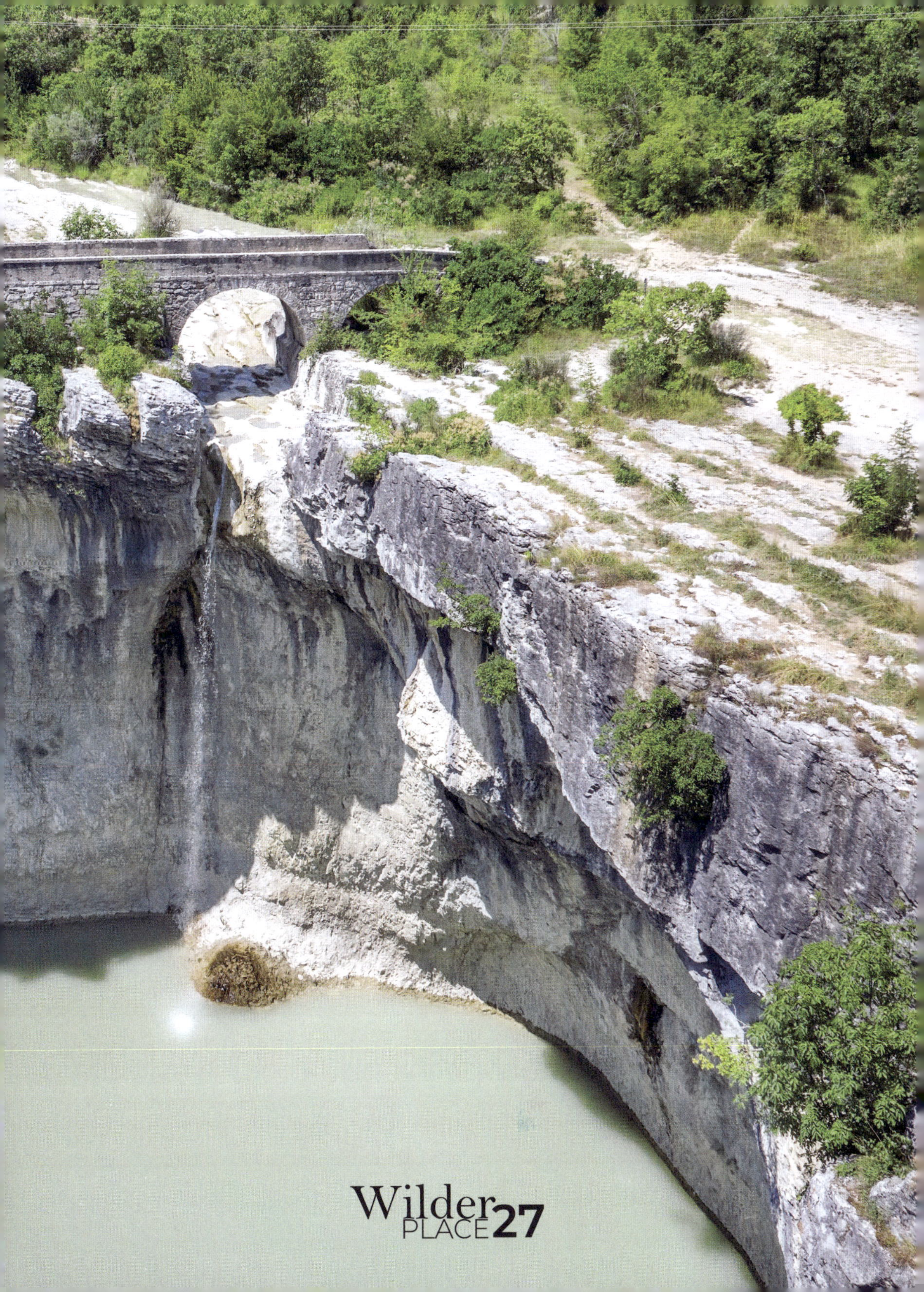
Wilder
PLACE 27

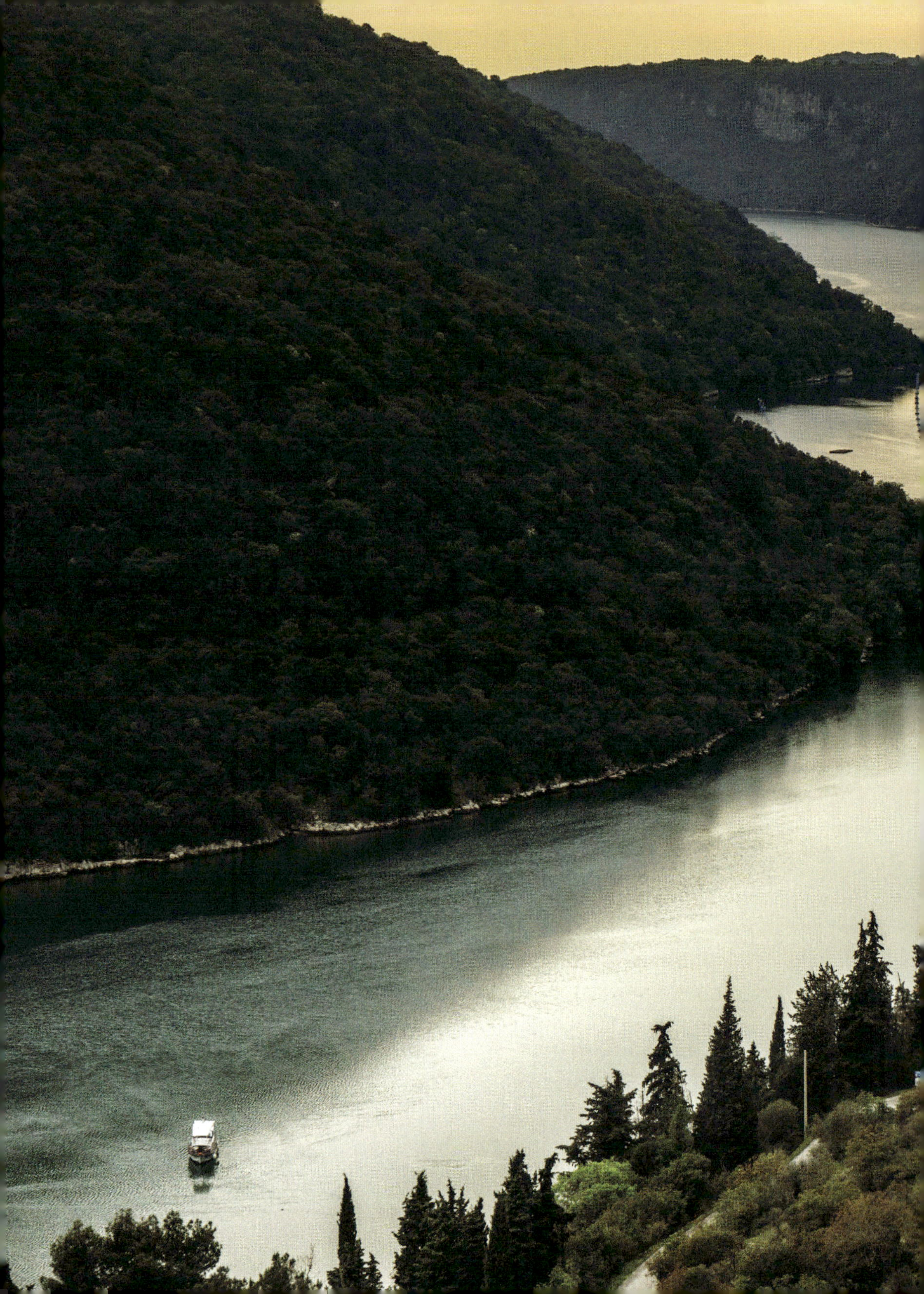

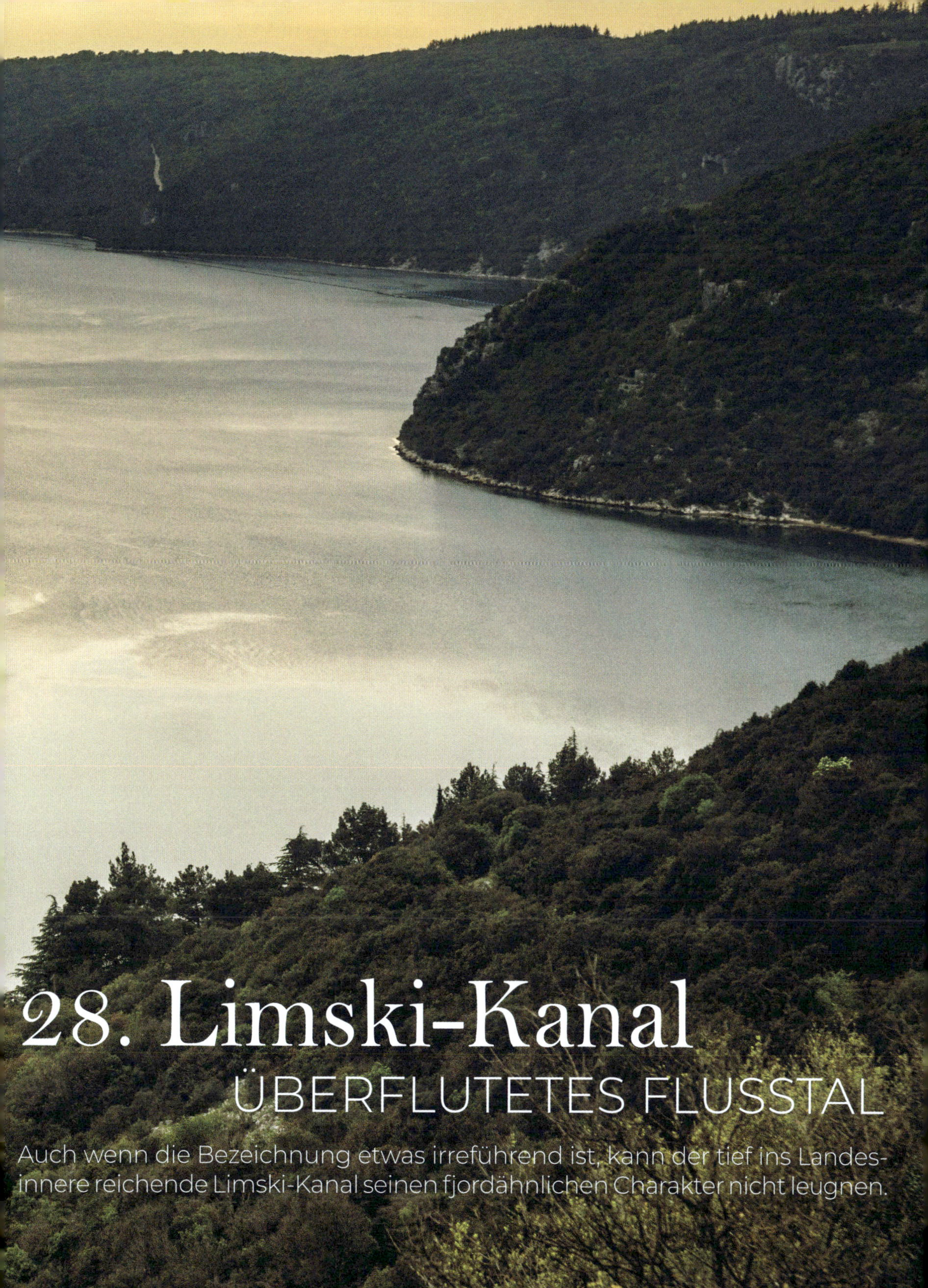

28. Limski-Kanal

ÜBERFLUTETES FLUSSTAL

Auch wenn die Bezeichnung etwas irreführend ist, kann der tief ins Landesinnere reichende Limski-Kanal seinen fjordähnlichen Charakter nicht leugnen.

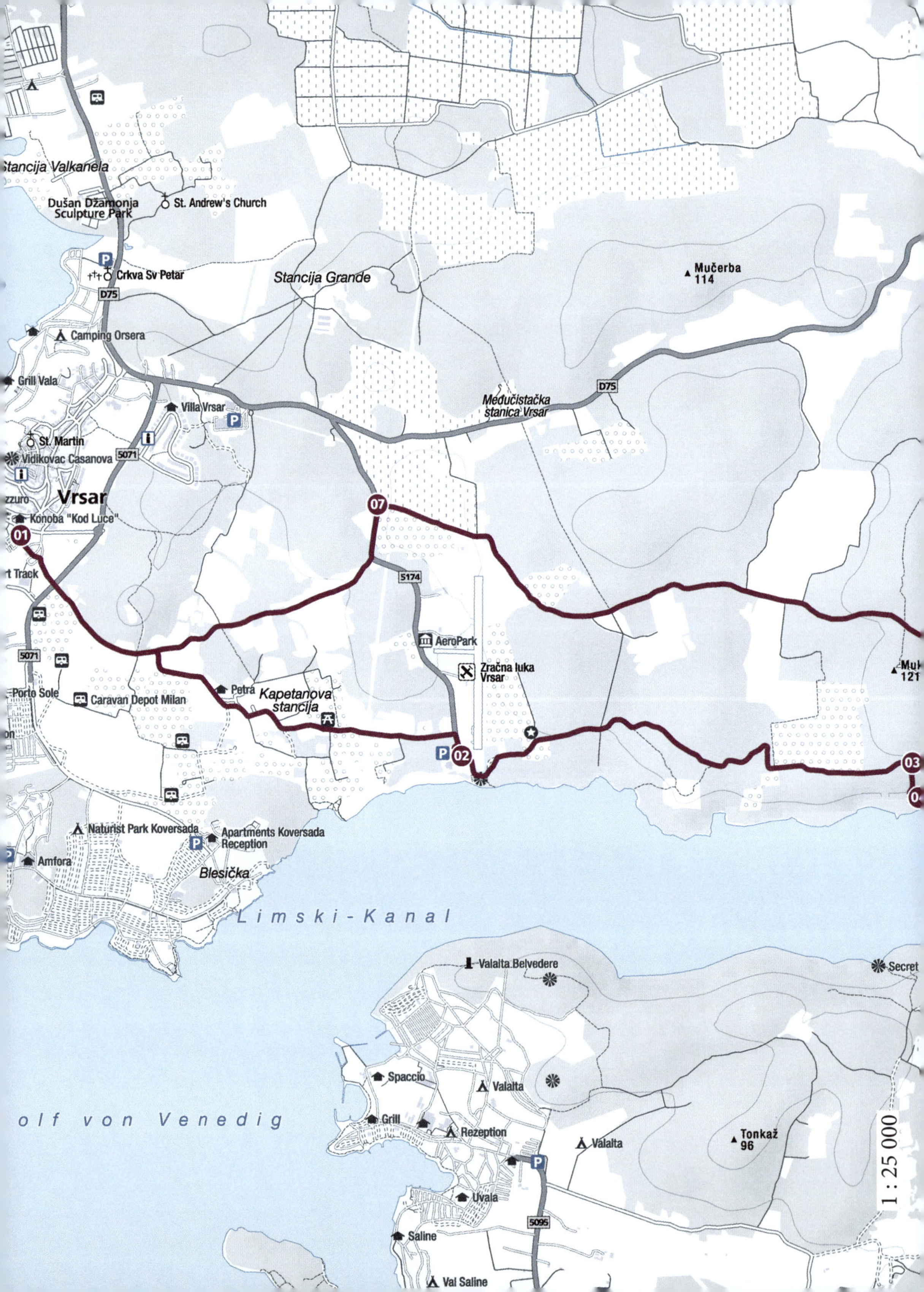

tancija Valkanela
Dušan Džamonja Sculpture Park
St. Andrew's Church
P
Crkva Sv Petar
D75
Stancija Grande
Mučerba 114
Camping Orsera
Grill Vala
Villa Vrsar
Međučistačka stanica Vrsar
D75
St. Martin
Vidikovac Casanova
5071
Vrsar
zzuro
Konoba "Kod Luce"
01
07
rt Track
5174
AeroPark
Zračna luka Vrsar
5071
Porto Sole
Caravan Depot Milan
Petra
Kapetanova stancija
02
03
Muk 121
Naturist Park Koversada
Apartments Koversada Reception
Amfora
Blesička
Limski-Kanal
Valalta Belvedere
Secret
Spaccio
Valalta
Grill
Rezeption
Valalta
Tonkaž 96
olf von Venedig
Uvala
5095
Saline
Val Saline
1 : 25 000

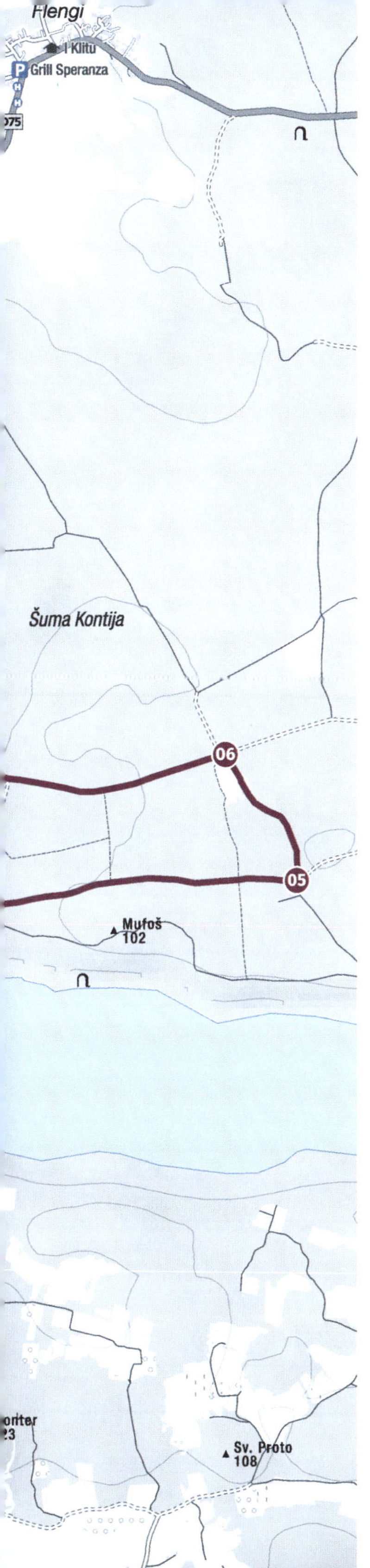

Norwegen

ODER DOCH ISTRIEN?

Ein Fjord in Istrien? Warum nicht, die kroatische Halbinsel hat auch schon mit anderem überrascht ...

Der Limski-Kanal reicht 11 Kilomter wie ein Fjord ins Festland hinein, weshalb er auch, geografisch nicht ganz exakt, Limfjord genannt wird. Entstanden ist er nämlich nicht wie ein Fjord durch einen seewärts wandernden Talgletscher, sondern weil durch den nach der Eiszeit gestiegenen Meeresspiegel der Unterlauf des Tales der Pazinčica überflutet wurde. Der Name Limski geht auf die Römerzeit zurück, als das Tal die Grenze (lat. „Limes") zwischen den römischen Kolonien Pola (Pula) und Parentium (Poreč) bildete. Die Ufer sind, ausgenommen im obersten Bereich, unzugänglich, steile Felswände mit mehreren Grotten ragen zu beiden Seiten auf. Steilhänge und Hochebene sind mit Macchia und Wald bewachsen, auf der nördlichen Seite befindet sich der alte Kontija-Wald, der 1964 unter Naturschutz gestellt wurde. Das Wasser des Fjords weist einen geringeren Salzgehalt auf und eignet sich daher sehr gut für die Fisch- und Muschelzucht.

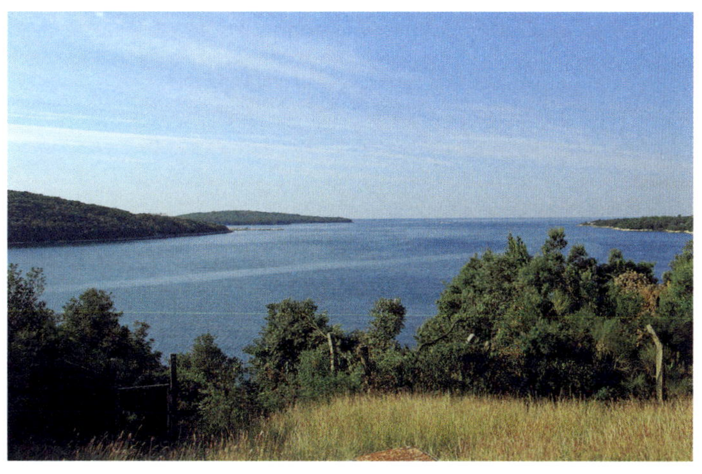

Wilder PLACE **28**

Limski-Kanal

Einfache Wanderung durch bäuerliches Kulturland, Nieder- und Hochwald oberhalb des Limfjords, halb schattig.

Dauer ca. 3:10 h I Distanz: 13,2 km I Höhenmeter: 95

Die Wanderung führt vom venezianisch geprägten Küstenstädtchen Vrsar oberhalb des Limski-Kanals zum Kontija Wald mit seinen alten orientalischen Hainbuchen und Flaumeichen. Ein Abstecher zur Bar Pirate in einer Höhle in den Felsen oberhalb des Fjords bietet eine willkommene Einkehr und hervorragende Aussicht. Als Radroute 171 und 191 ausgeschildert: Die Route 191 beginnt am Busbahnhof und macht eine kleinere Runde, die längere Route 171 führt von Vrsar nach Kloštar und zurück.

▶ Die Wanderung zum Limfjord und Kontija Wald beginnt am Busbahnhof von Vrsar **01**. Gegenüber den Busboxen startet der Radweg 191, dem wir in südlicher Richtung folgen. Wir queren die Straße und wandern auf der Nebenstraße nach Montigun, Radroute 171, 191, danach beginnt der Schotterweg durch Olivenhaine. Olivenöl zählt wie Wein und Trüffel zu den Spezialitäten aus Istrien, seit der Römerzeit wird hier Olivenanbau betrieben. Der Fahrweg mündet in eine Zufahrtsstraße, auf dieser nach rechts und am Apartment vorbei zum Aussichtspunkt **02** mit schönem Blick über die Mündung des Limfjords.

Wir folgen weiter dem Fahrweg, Radroute 171, 191, durch Olivenhaine und Macchia bis zu einer deutlichen Abzweigung **03** zur Pirate Bar bei mehreren Schautafeln. Auf dem Schotterweg und dann über etliche Stufen erreichen wir die Bar Pirate **04** vor einer Höhle über dem Meer. In der Sommersaison herrscht Barbetrieb, der Besuch lohnt sich wegen der Aussicht und der Höhle auch sonst.

Zurück zur Abzweigung **03** wandern wir auf dem Fahrweg weiter und durchqueren nun den Kontija-Wald mit vielen orientalischen Hainbuchen und Flaumeichen, der zu den ältesten Wäldern Istrien zählt. Sein Name erinnert an die frühere adelige Besitzerfamilie Coletti, Conte Coletti, seit 1964 steht er unter Naturschutz. Wir passieren einen Hochsitz, gehen bei der nächsten Kreuzung noch geradeaus weiter und biegen bei der folgenden Kreuzung **05**, Radwegweiser 171 geradeaus nach Kloštar, nach links in den Forstweg. Nach wenigen Minuten treffen wir nach einem Haus bei einem Rastplatz **06** wieder auf die Fahrradroute 171 zurück nach Vrsar. Der Rückweg auf dem Fahrweg führt zuerst weiter durch den Wald, dann durch Macchia, nach einigen Weingärten treffen wir auf die Straße **07**. Auf dieser kurz nach links (Radroute 191), nach 200 m bei der Linkskurve nach rechts in den Schotterweg. Auf ihm gelangen wir zum Herweg und auf diesem zurück nach Vrsar **01** mit mehreren Einkehrmöglichkeiten am Hafen hinter dem Busbahnhof. Auch ein Rundgang durch die verwinkelten Gassen der Altstadt auf dem Hügel lohnt sich.

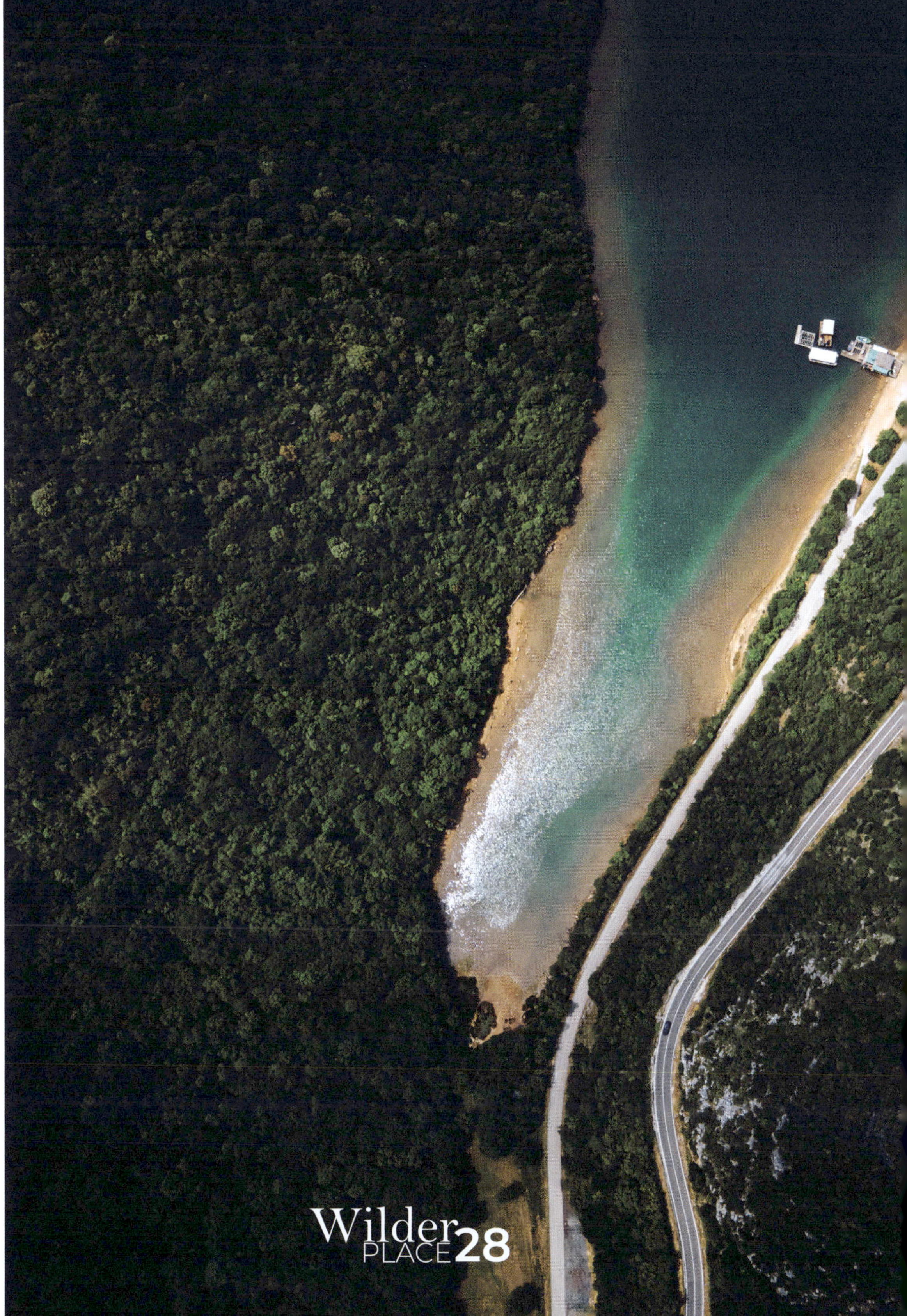
Wilder
PLACE
28

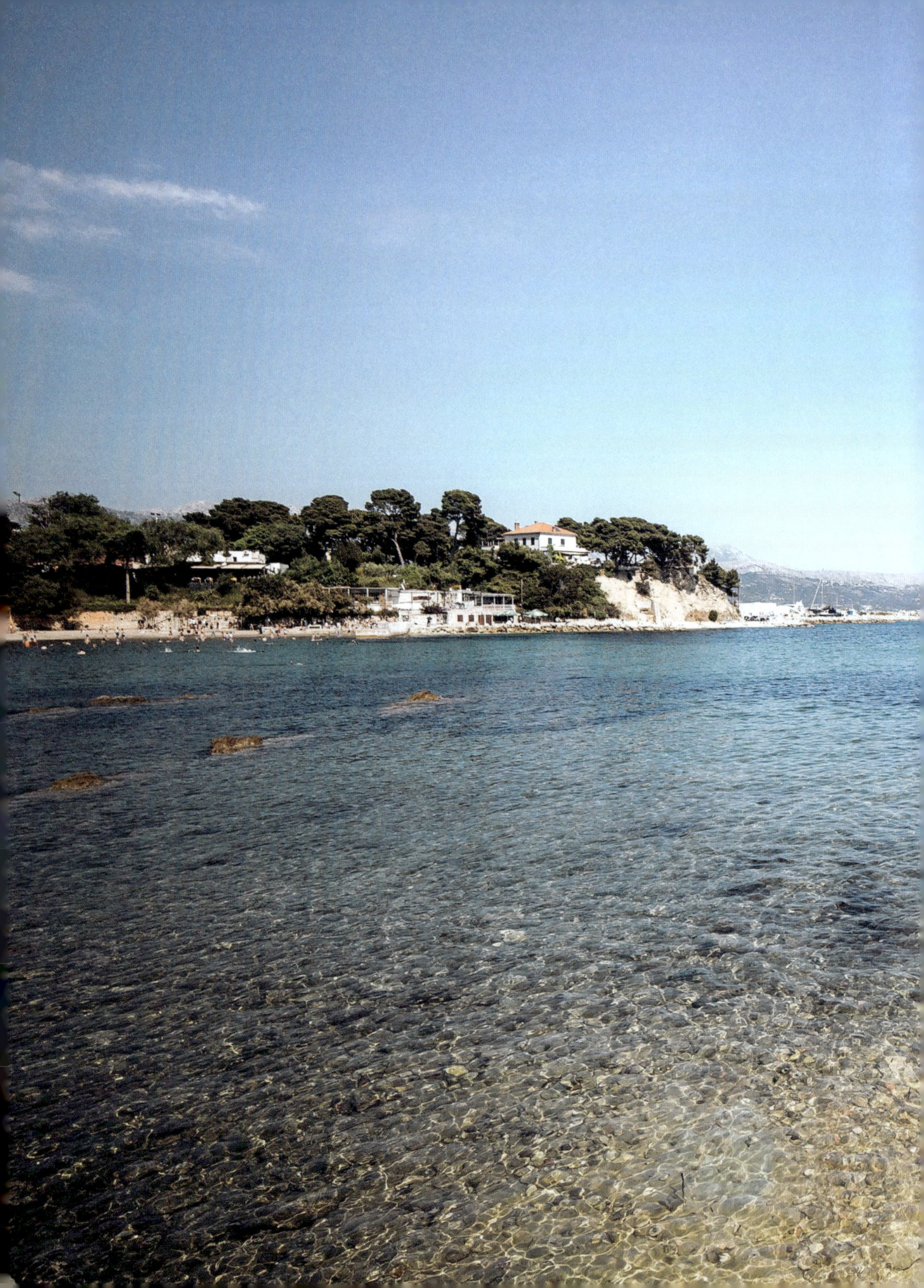

29. Palud

VOGELSCHUTZRESERVAT BEI ROVINJ

Immer nur diese unglaublich schönen Meeresbuchten in Istrien … damit das nicht langweilig wird, gibt's zwischendurch auch ein Sumpfgebiet zu entdecken.

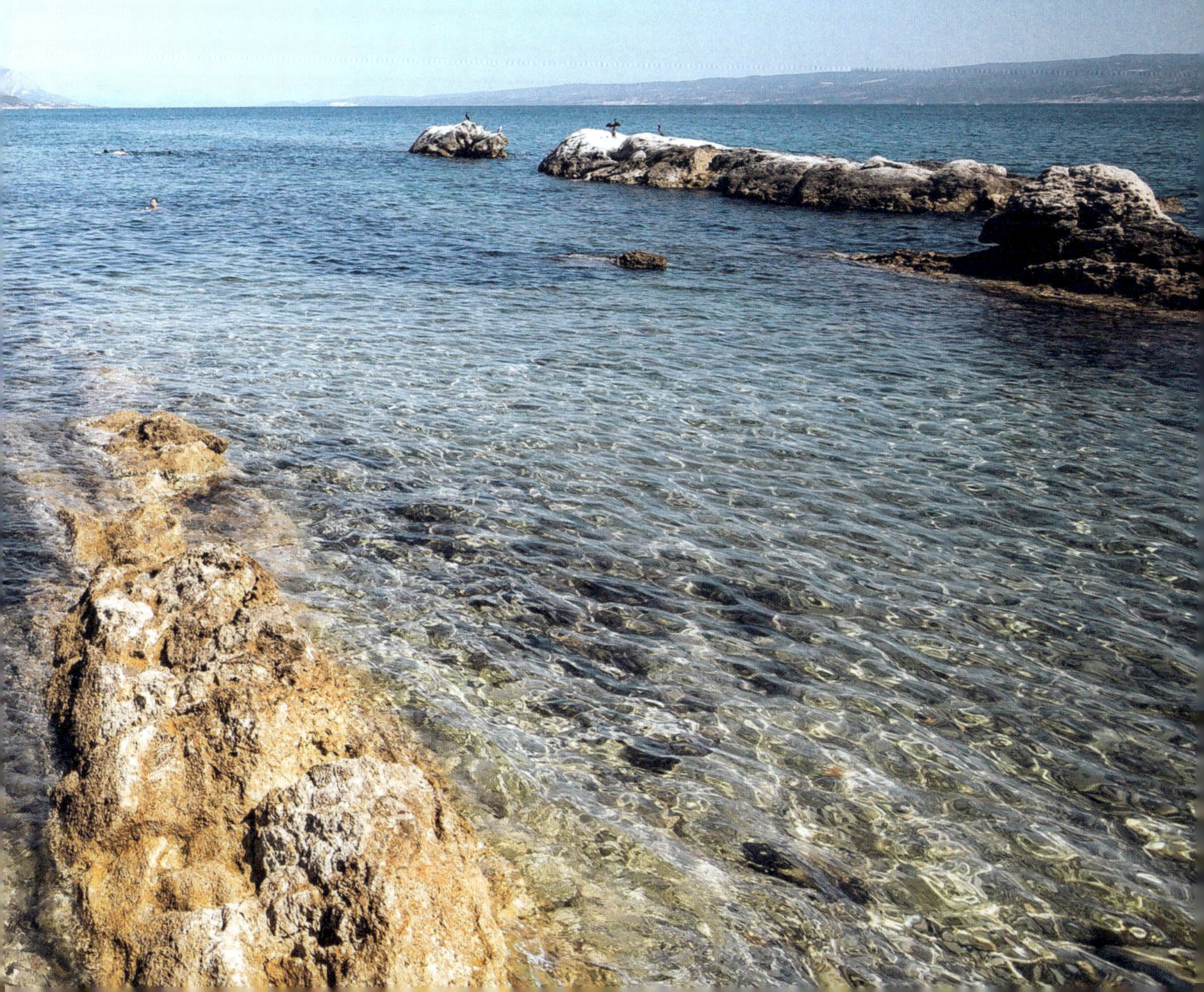

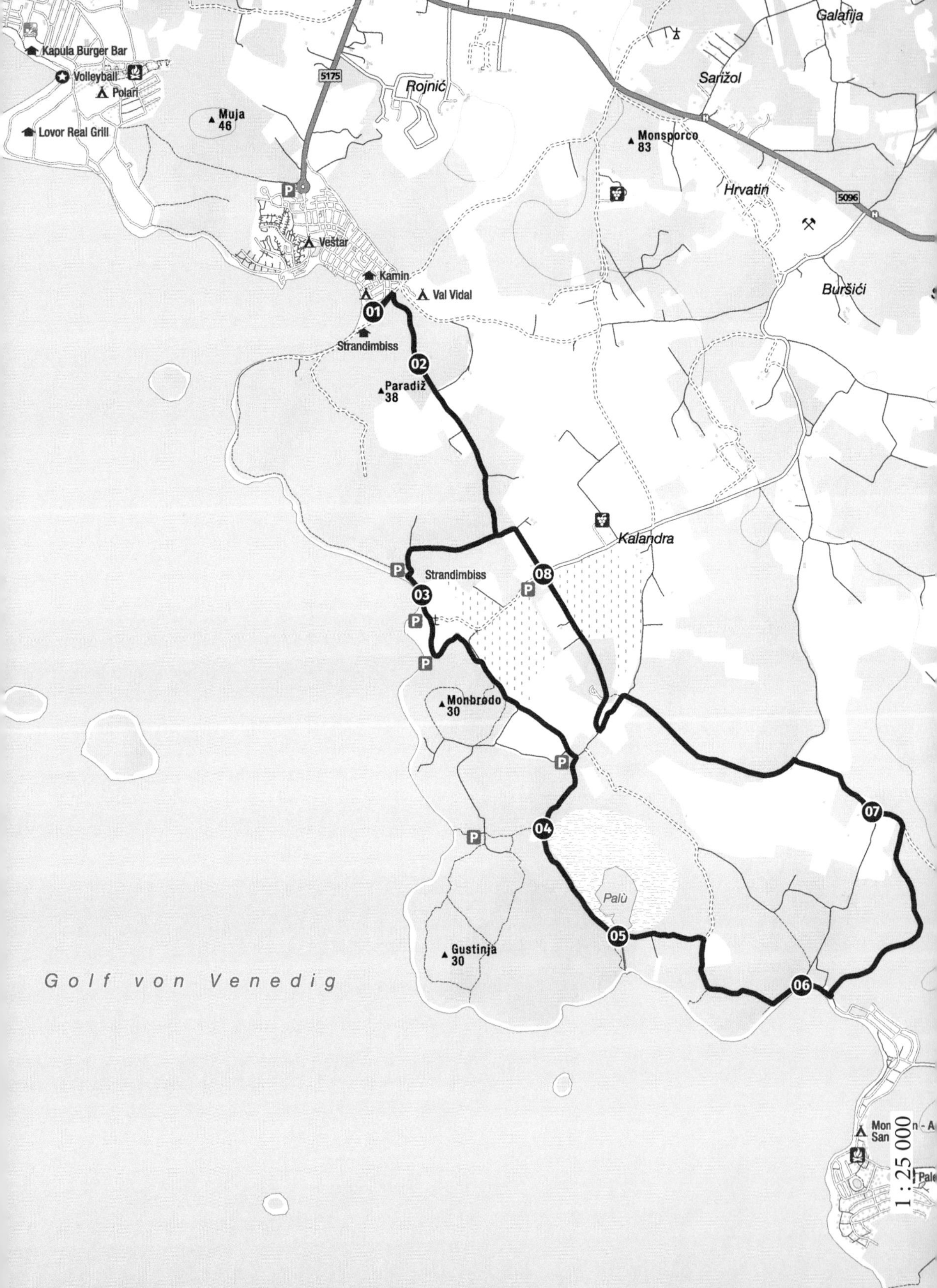

Kapula Burger Bar
Volleyball
Polari
Muja
46
Lovor Real Grill
5175
Rojnić
Galafija
Sarižol
Monsporco
83
Hrvatin
5096
Vešter
Kamin
Val Vidal
Buršići
01
Strandimbiss
02
Paradiž
38
Kalandra
Strandimbiss
08
03
Monbrodo
30
04
07
Palù
05
Gustinja
30
06
Golf von Venedig
1 : 25 000

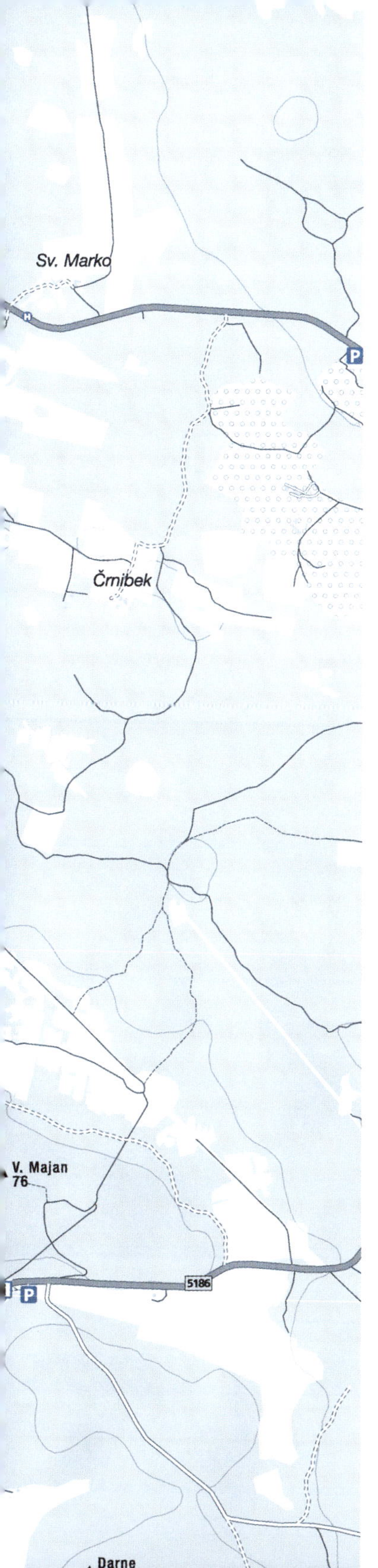

Sumpfeinblicke
UND MEERAUSBLICKE

Die beste Zeit für die Beobachtung der Vögel ist das Winterhalbjahr und bei regnerischem Wetter im Sommer. Man kann auch Führungen buchen, Infos im Tourismusbüro in Rovinj.

Acht Kilometer südlich von Rovinj liegt in einer Senke nahe dem Meer in einem Sumpfgebiet ein See, der sich in Regenzeiten von zwei auf 20 Hektar ausdehnt. 1906 versuchten die Österreicher die Malaria dadurch zu bekämpfen, dass sie einen 200 Meter langen Kanal zum Meer gruben, damit das Seewasser einen höheren Salzgehalt erhält und die Stechmücken sich nicht mehr entwickeln können. Als Folge wurde der See von der Meeräsche und dem Aal besiedelt, beides Fische, die Brackwasser bevorzugen. Heute lebt eine große Vielzahl von Vögeln wie Wildenten, Blässhühner, Lappentaucher, Schnepfen, Samtkopf-Grasmücken, Meisen, Spechte, Sperlinge - insgesamt rund 200 Arten - in dem seit 1969 geschützten Revier. Dazu kommen noch viele Zugvögel, die dieses Gebiet als Rastplatz benutzen oder hier überwintern. Auch verschiedene Krustentiere, Muscheltiere, Schnecken, Schildkröten, Insekten und Libellen haben hier ihren Lebensraum.

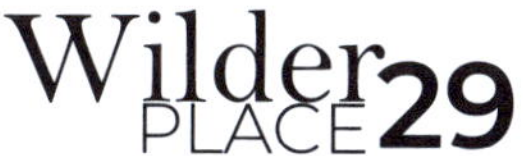

Palud

Ruhige Rundwanderung durch Niederwald im Hinterland zweier Badebuchten, halb schattig.

Dauer ca. 2:45 h I Distanz: 10,4 km I Höhenmeter: 61

Auf Fahrwegen wandern wir durch niedrige Eichenwälder, vorbei an Bauernhöfen und zwei Badebuchten zum Palud, dem einzigen Vogelschutzreservat Istriens und Hauptziel der Tour. Ein Beobachtungsstand ermöglicht eine gute Sicht über das Sumpfgebiet mit seinen zahlreichen Vogelarten, am Rückweg bietet die Konoba Mofardin eine ideale Einkehrmöglichkeit. Ein Fernglas ist nützlich, ebenso Badesachen.

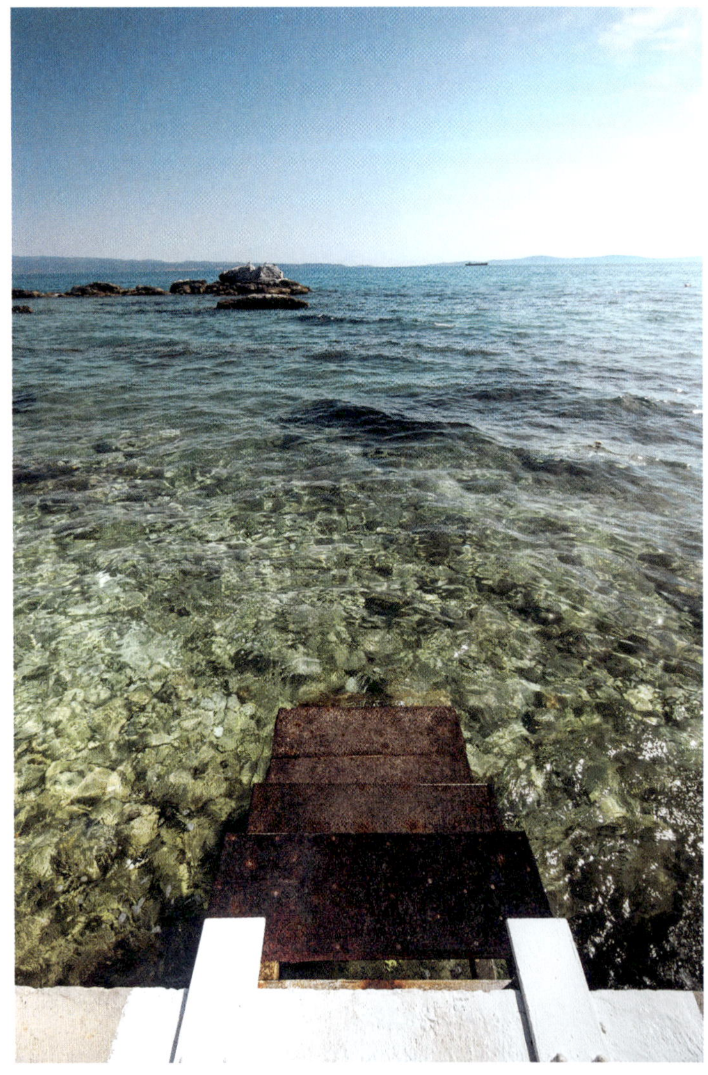

▶ Kurz vor der Einfahrt zum Camping Mon Paradis **01** an der Bucht Luka Veštar gehen wir links in den Fahrweg, Radroute 203. Auf dem Schotterweg wandern wir über den Hügel Paradiz **02** durch Mischwald, vorwiegend Steineichen. Der Fahrweg macht dann einen Rechtsknick (hier kommen wir später zurück) und führt hinunter zur Bucht Cisterna **03**, im Sommer gibt es eine Strandbar. Der Name erinnert an die römische Zisterne, deren Mauern

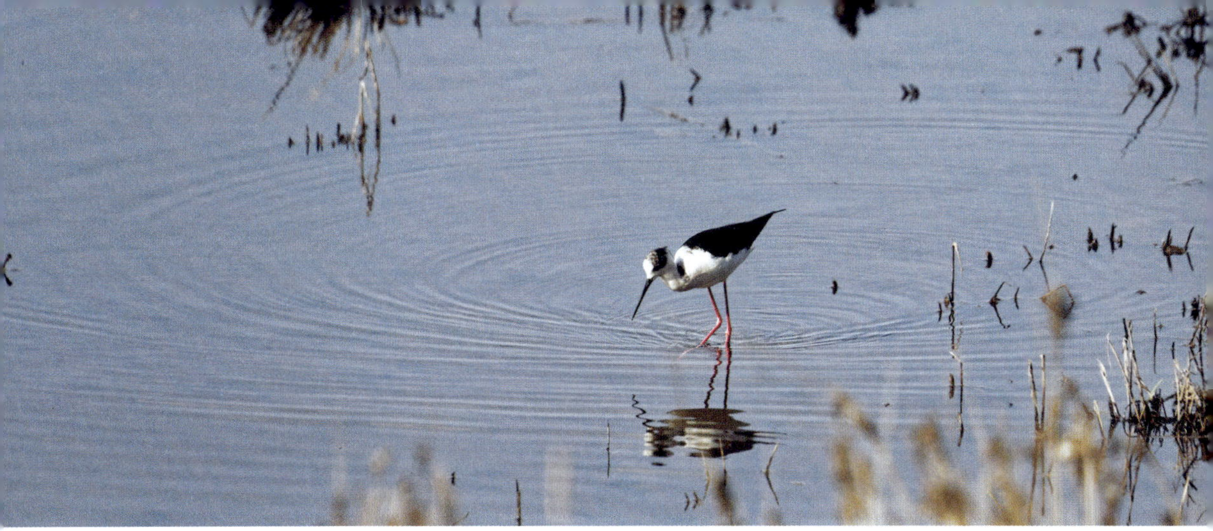

wir noch sehen können – dort, wo der Fahrweg von der Küste weg führt, rechts. Die Technik der doppelten Mauern (außen behauene Steine, innen kleine Kalksteine) garantierte Langlebigkeit, seit 2000 Jahren trotzt sie Sonne, Wind und Wetter. Bei der Gabelung des Fahrweges gehen wir rechts, Wegweiser Palud, er macht eine Schleife um eine Wiese mit Olivenbäumen, hier gibt es einen schönen Rastplatz mit Bademöglichkeit. Wir bleiben immer auf dem Fahrweg und ignorieren die Abzweigungen bis zu einer Rechtskurve, dort nehmen wir den links abzweigenden Feldweg, Wegweiser Palud, er führt in wenigen Minuten zum Eingang **04** in das Vogelschutzreservat (Infotafel).

Auf schönem Weg wandern wir nun durch Niederwald dem hinter dem Dickicht gelegenen Sumpfgebiet Palud entlang bis zum Beobachtungsstand **05**. Hier sollten wir uns genügend Zeit zur Beobachtung der Vögel nehmen.

Wir gehen geradeaus weiter und biegen bei der T-Kreuzung nach rechts (links geht's in einer kleinen Runde zurück zum Eingang).

Der Weg führt an der Ruine der ehemaligen kleinen Kirche St. Damajan vorbei und geht dann in einen Pfad über, auf dem wir durch Niederwald, bei einer Gabelung links, zum Kiesstrand der Bucht Sv. Pavao **06** gelangen, in der Saison hat hier eine Strandbar geöffnet. Nach der Bar gehen wir noch 50 m am Strand entlang und biegen dann in den Fahrweg nach links hinauf in den Wald. Der Weg schwenkt langsam in weitem Bogen gegen Westen, bei der T-Kreuzung nach 15 Min. links zur Kirchenruine Presveta Trojstvo **07** hinter einem großen steinernen Stall.

Bei der nächsten T-Kreuzung (links ist eine Hofzufahrt) biegen wir wieder nach links und wandern auf dem zum Teil etwas steinigen Fahrweg vorbei an einigen Bauernhöfen bis zu einer Linkskurve, davor stößt von rechts ein Weg dazu. Am Ende der Linkskurve biegen wir in den Pfad nach rechts, nach 300 m durch Buschwald stoßen wir gegenüber einer Hauseinfahrt auf einen Fahrweg, auf dem wir dann nach rechts bis zur Konoba Mofardin **08** gehen. In diesem Landgasthaus mit Tischen im großen Hof kann man prima einkehren und gut essen. Ein Schild weist vom Gasthaus zur Cisterna-Bucht. Wir wandern auf dem Fahrweg geradeaus weiter, in wenigen Minuten erreichen wir den Herweg, auf dem wir zum Camping Mon Paradis **01** zurückkehren.

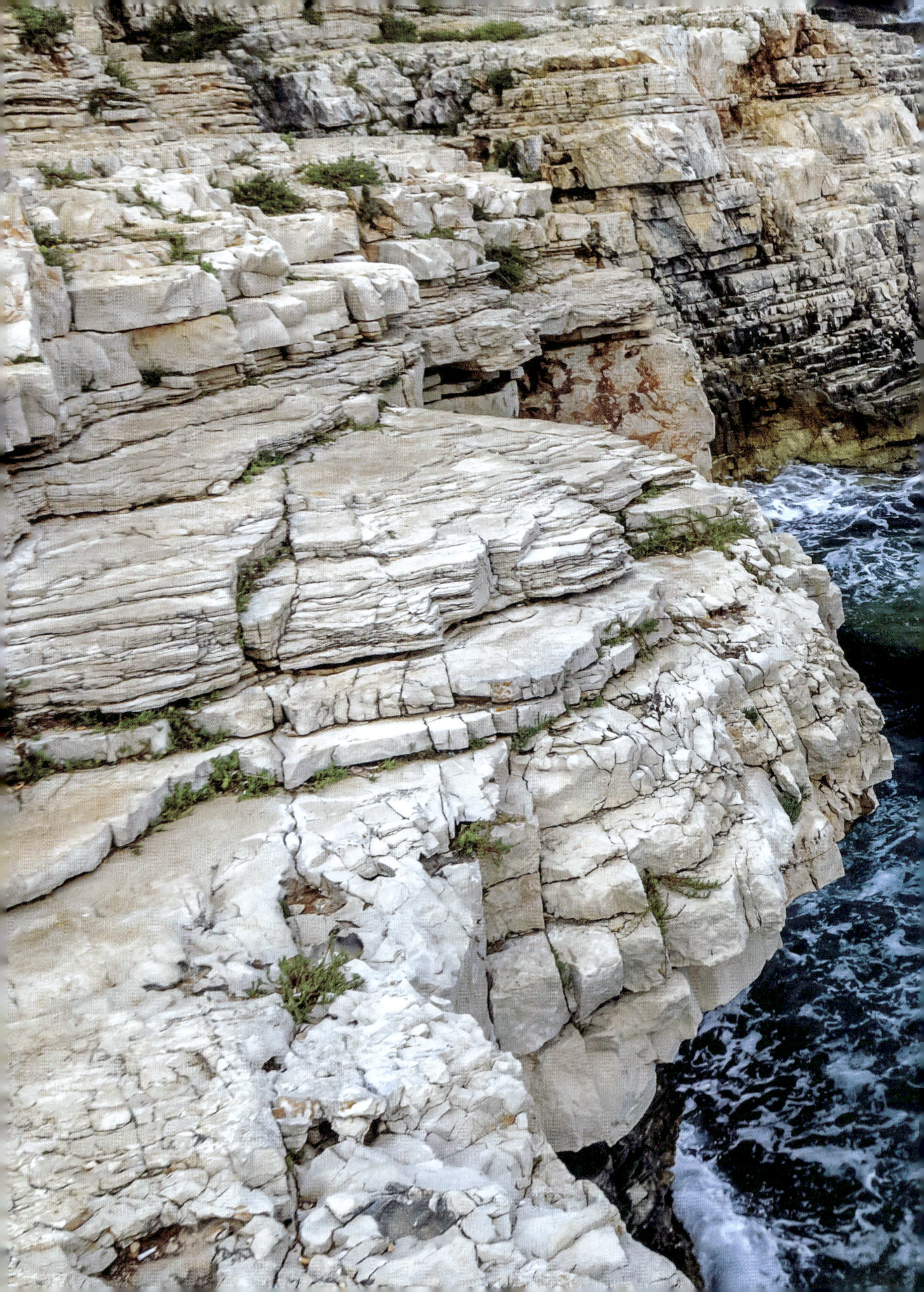

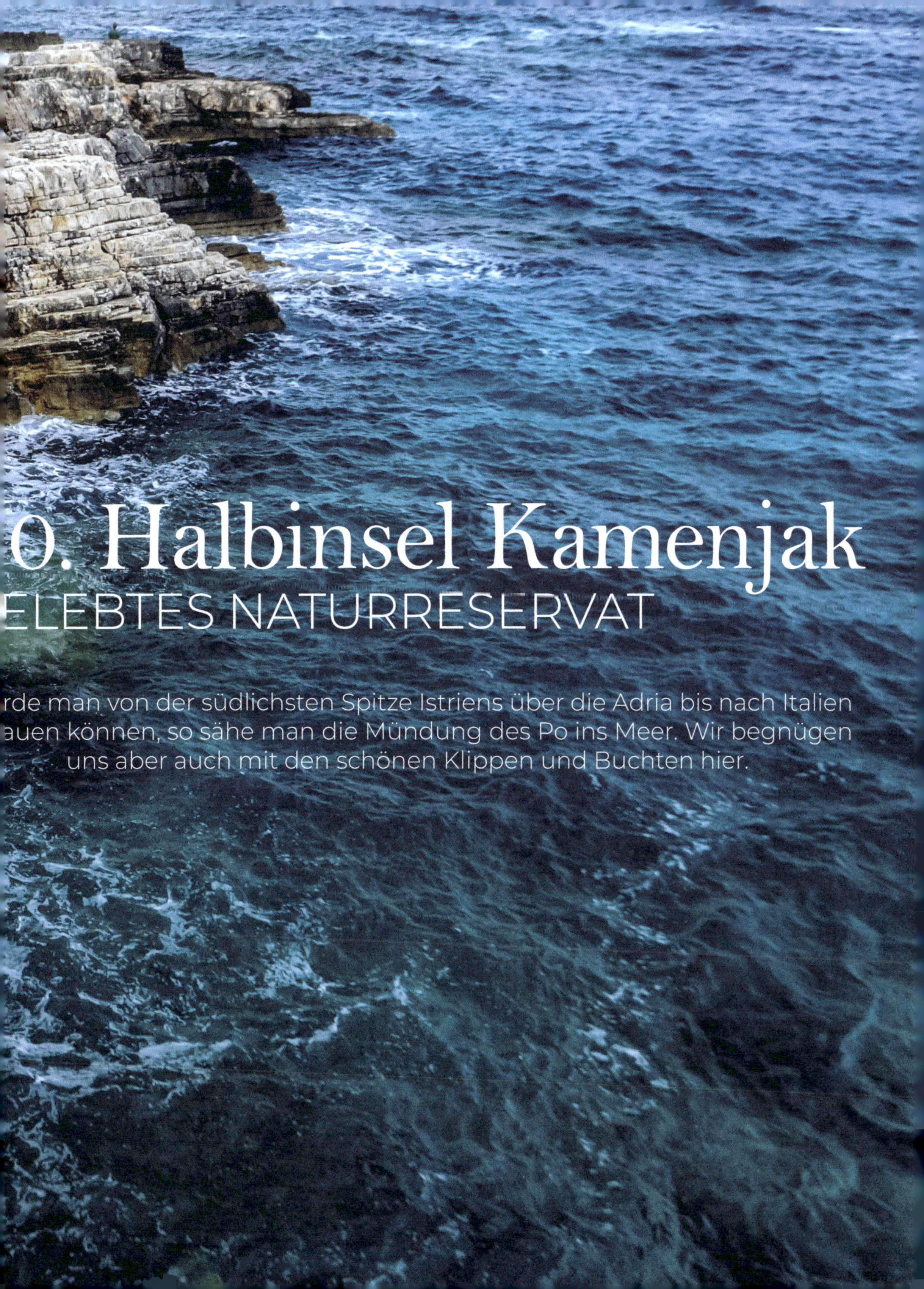

0. Halbinsel Kamenjak

ELEBTES NATURRESERVAT

rde man von der südlichsten Spitze Istriens über die Adria bis nach Italien auen können, so sähe man die Mündung des Po ins Meer. Wir begnügen uns aber auch mit den schönen Klippen und Buchten hier.

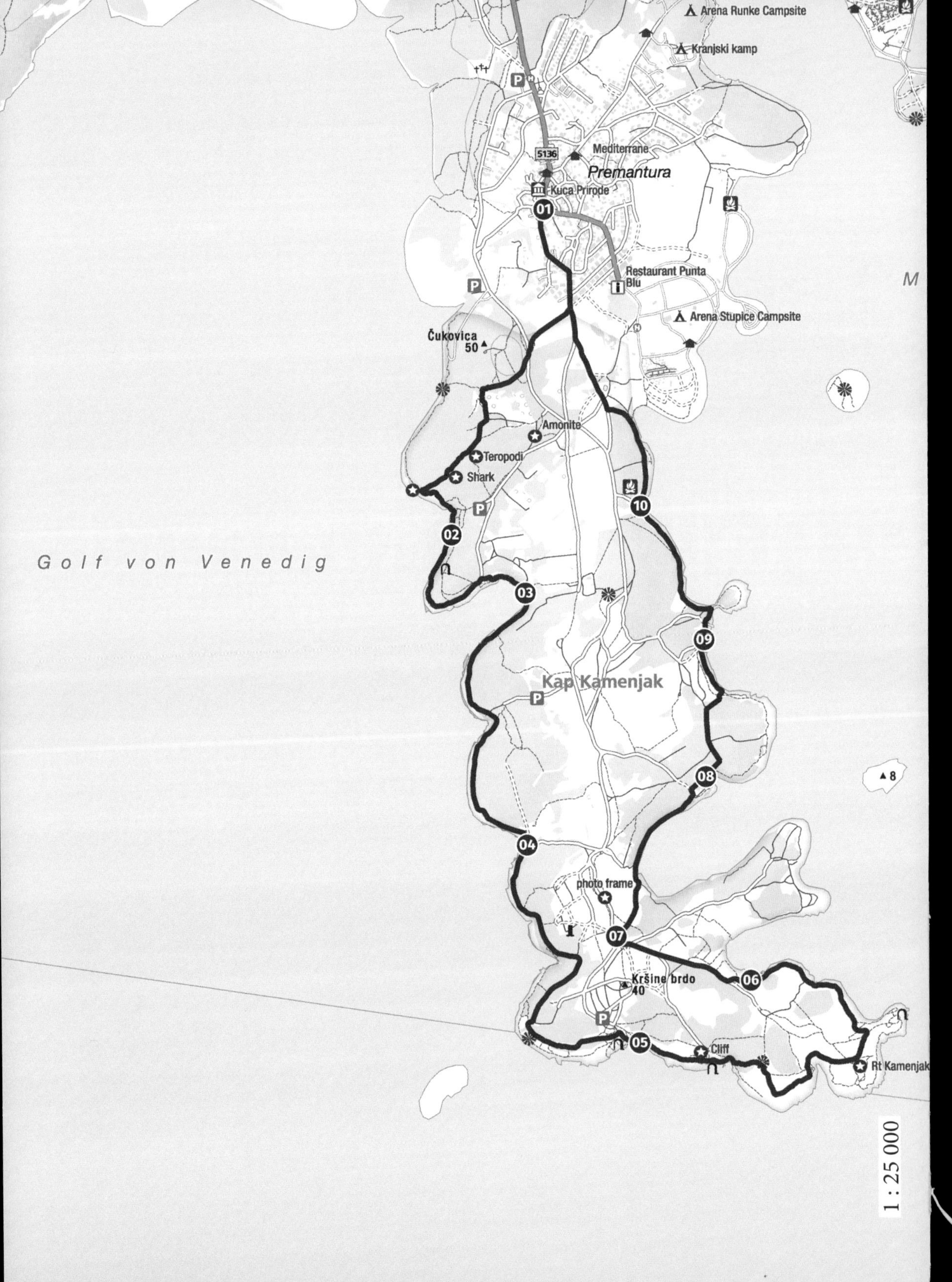

Arena Runke Campsite
Kranjski kamp
5136
Mediterrane
Premantura
Kuca Prirode
01
Restaurant Punta Blu
Arena Stupice Campsite
M
Čukovica
50
Amonite
Teropodi
Shark
10
02
Golf von Venedig
03
09
Kap Kamenjak
08
8
04
photo frame
07
06
Kršine brdo
40
05
Cliff
Rt Kamenjak
1 : 25 000

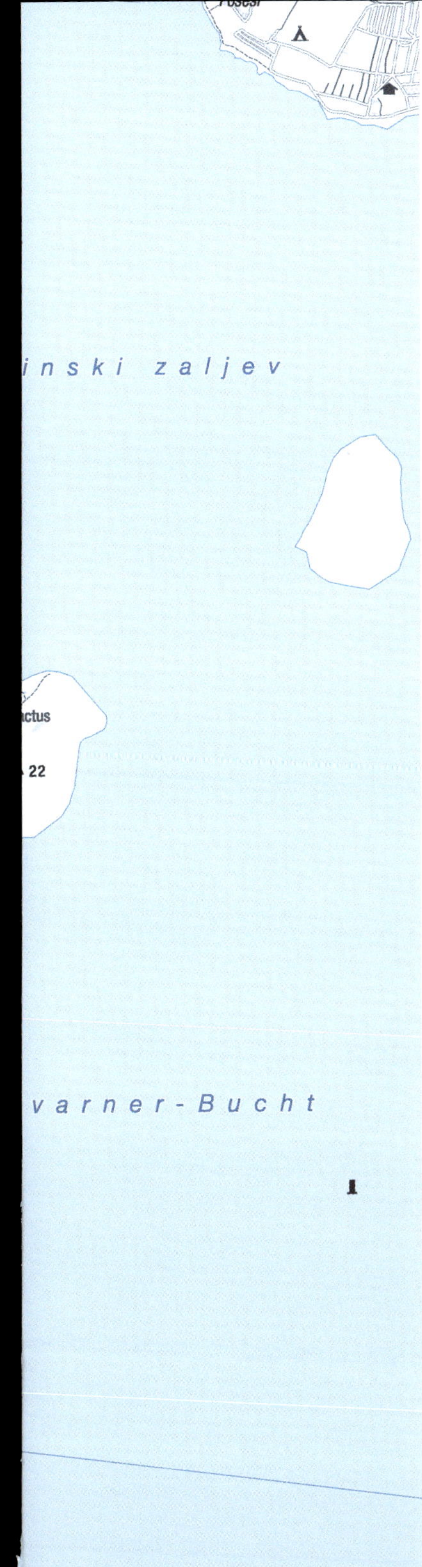

Wo es auch
DEN DINOSAURIERN GEFIEL

Viele Buchten, attraktive Klippen und schöne Küstenwege sind charakteristisch für das Naturreservat Kamenjak, dem beliebten Ausflugsziel an der Südspitze Istriens.

Die leicht hügelige Halbinsel zwischen Premantura und Kap Kamenjak bildet die Südspitze Istriens, entlang der zerklüfteten Küstenlinie reiht sich Bucht an Bucht mit Kies- und Felsstränden. Äußerst vielfältig ist die Vegetation: Äcker, trockene Wiesen und Macchia wechseln sich ab mit Aleppokiefernwäldern. Unter den 550 verschiedenen Pflanzenarten sind besonders die rund 30 Orchideenarten bemerkenswert, sie stehen unter besonderem Schutz.

Durch die Abwanderung der Bauern kam es zur Verbuschung ungenutzter Flächen und einer Gefährdung der seltenen Orchideen. Um die Artenvielfalt zu erhalten und gleichzeitig der Bevölkerung eine wirtschaftliche Perspektive zu geben, erklärte man 1996 die Halbinsel zum Landschaftsschutzgebiet, d.h. traditionelle Landwirtschaft und das Abweiden der Wiesen sind erlaubt, ebenso die gebührenpflichtige Zufahrt auf bestimmten Wegen zu den Stränden, an schönen Tagen herrscht deshalb punktuell reger Betrieb.

Eine besondere Attraktion stellen darüber hinaus die gut erhaltenen Dinosaurierspuren in der Bucht Pinižule dar. Auf dem Dinosaurierpfad informieren Schautafeln über die verschiedenen Dinosaurierarten, die in der Kreidezeit, als sich die Kontinente bildeten, lebten.

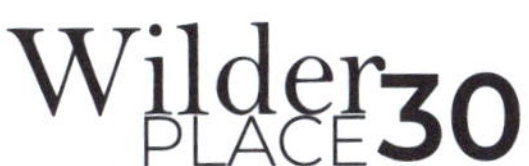

Halbinsel Kamenjak

Ausgedehnte Küstenwanderung im Naturreservat Kamenjak, im Sommer viele Einkehr- und Bademöglichkeiten, halb schattig.

Dauer ca. 3:50 h | Distanz: 12,4 km | Höhenmeter: 59

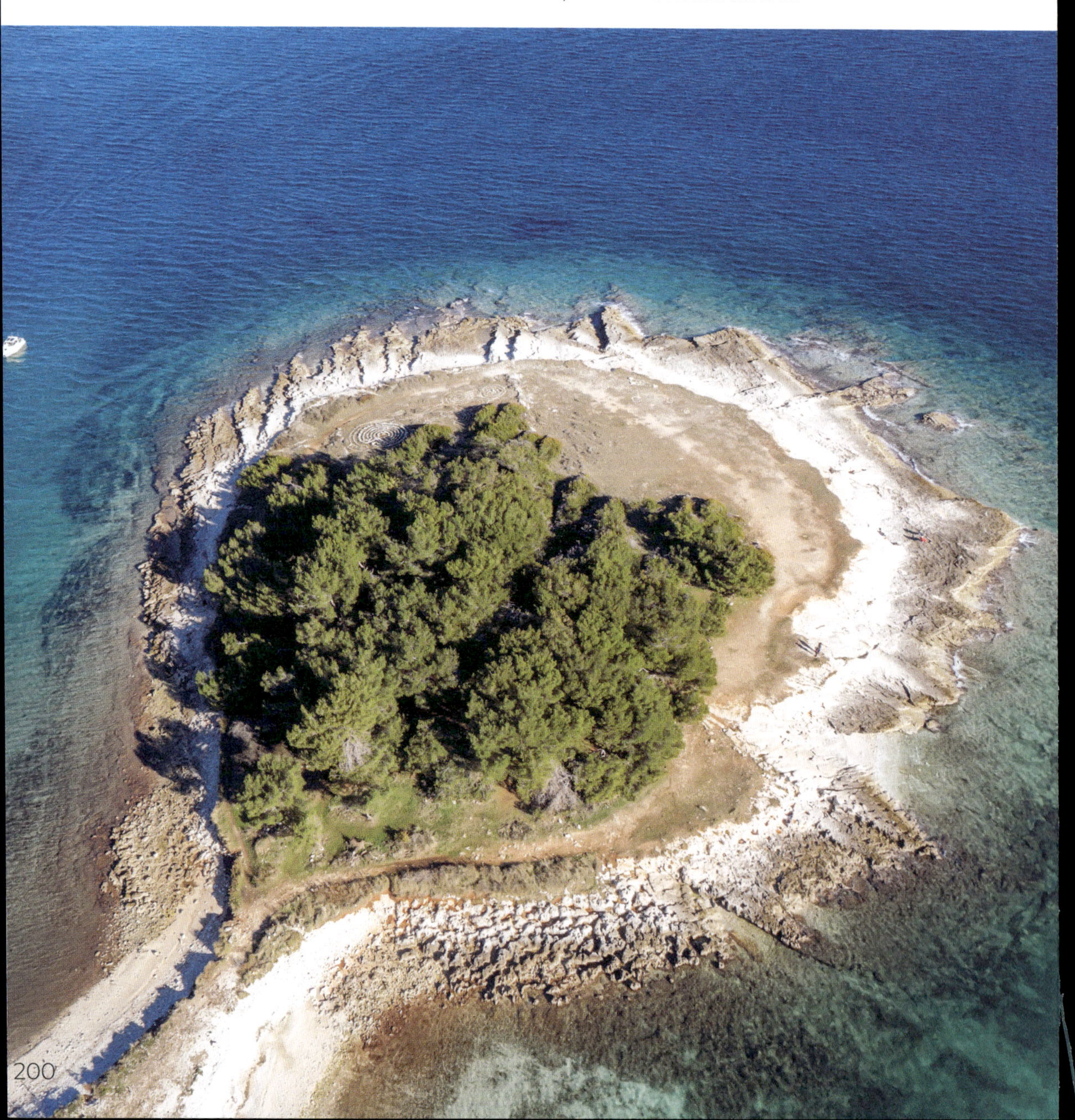

Die Halbinsel zwischen Premantura und Kap Kamenjak steht zwar wegen der seltenen Flora und Fauna unter Schutz, sie ist aber gleichzeitig ein beliebtes Naherholungs- und Ausflugsziel für Einheimische und Touristen. Ruhige Küstenwege wechseln sich mit belebten Stränden mit Strandbars ab. Beliebte Ziele sind die Dinosaurierspuren in der Bucht Pinižule und die Klippen von Velika Kolombarica.

▶ Von der Bushaltestelle bei der Kirche von Premantura **01** gehen wir noch kurz der Hauptstraße entlang, bei der Linkskurve dann geradeaus durch die Nebenstraße, bei der Gabelung links und nach 100 m rechts gelangen wir zum Kassahäuschen für die Autofahrer. Beim Kassahäuschen beginnt rechts der Pfad Richtung Küste: Durch eine Weide gelangen wir zur zweiten Zufahrtsstraße, diese überqueren wir, weiter durch Kiefernwald, bei einer Wegkreuzung geradeaus, bei der darauf folgenden Gabelung nach links. Wir treffen auf einen Fahrweg, gehen wiederum nach links, bei der T-Kreuzung dann nach rechts. Auf dem Schotterweg passieren wir eine Attrappe eines Dinosauriers. Auf dem Dinosaurierpfad wandern wir nun hinunter zur Küste. Hier wurden auf den Felsen 12 Fußabdrücke von Dinosauriern gefunden, sie sind schwarz eingekreist und deutlich erkennbar. Der Pfad führt der felsigen Bucht Uv. Pinižule **02** entlang, beim kleinen Kiesstrand gibt es einen schönen Picknickplatz und Kiosk.

Durch schattigen Kiefernwald wandern wir nun um die Landzunge zur Bucht Uv. Polje **03**, wieder mit Kiesstrand und Kiosk. Der Weiterweg ist als Rad- und Wanderroute ausgeschildert, der Schotterweg verläuft manchmal etwas abseits der Küste. Als Wanderer können wir auf dem schmalen Küstenpfad weiter immer dem Ufer entlang wandern.

Durch Buschwald erreichen wir die Bucht Uv. Njive **04** mit Kiesstrand und Strandbar. Der Weg führt weiter durch Buschwald und Macchia, Infotafeln informieren über Flora und Fauna des Naturparks. (Wer die Tour abkürzen möchte, geht bei der Infotafel nach links hinauf zum nahen Parkplatz **07** beim hohen Signalturm mit schöner Aussicht).

Wir bleiben immer auf dem Küstenweg und gehen bei einer Gabelung entgegen den Wegweisern nach rechts Richtung Küste und dann links auf einem Fahrweg weiter. Er wird zum Pfad, auf dem wir durch Macchia zur Safari-Bar gelangen, eine orginelle Sommer-Schönwetter-Bar im Schilf knapp oberhalb der großen Bucht Uv. Mali Kolombarica **05**.

Der Pfad führt nun weiter direkt der felsigen Küste entlang zu den Klippen von Velika Kolombarica. Steile Felswände, ein isolierter Felsen und eine vom Meer her zugängliche Höhle locken hier viele Ausflugsboote an, die Felsen sind bei Klippenspringern sehr beliebt.

Auf dem Pfad wandern wir weiter der felsigen Küste entlang, an einer Stelle ist er etwas beschwerlich, und dann hinauf zum Plateau. Wir queren zwei Schotterwege und gelangen zur Bucht Sveta Mikula mit ihren leicht abfallenden Felsplatten. Danach führt der Pfad wieder hinauf zum Weg, wir folgen den Wegweisern über den Rücken. Der Weg dreht nach Norden und führt in Schleifen durch Macchia, bei einer Wegkreuzung biegen wir entgegen dem Wegweiser nach rechts (geradeaus kommen wir direkt zum Parkplatz **07**) zur Bucht Uv. Debeljak **06** mit Kiesstrand und Strandbar.

Auf einem Fahrweg gehen wir anschließend hinauf zum nahen Parkplatz **07** und bei der Kreuzung hinter den Müllcontainern nach rechts (Wegweiser) hinunter zur Küste. Dort nicht nach dem Wegweiser zurück, sondern auf dem Küstenpfad der großen Bucht Portić entlang. Der Pfad ist teilweise etwas steinig, wir überqueren die Zufahrtsstraße und sind bald bei der engen, kleinen Bucht Uv. Mali Portić **08**, wieder mit kleinem Strand und Bar. Der Pfad führt oberhalb der Bar vorbei und dann gleich links hinauf zu einem Schotterweg, auf diesem dann bei der Gabelung geradeaus (Wegweiser) durch Kiefernwald zur flachen Bucht Uv. Škokovica **09**, Strandbar mit schönem Blick hinüber zu den Inseln Cres und Lošinj inklusive.

An der Küste entlang wandern wir weiter über die Bucht Uv. Dražice **10** (Strandbar) zur Bucht Lokva und biegen hier vor der Steinmauer nach links hinauf zum Fahrweg. Er mündet in ein Sträßchen, nach rechts gehen wir auf diesem immer geradeaus bis zum Kassahäuschen und dann auf dem Herweg – bei der Gabelung links – zurück nach Premantura **01**.

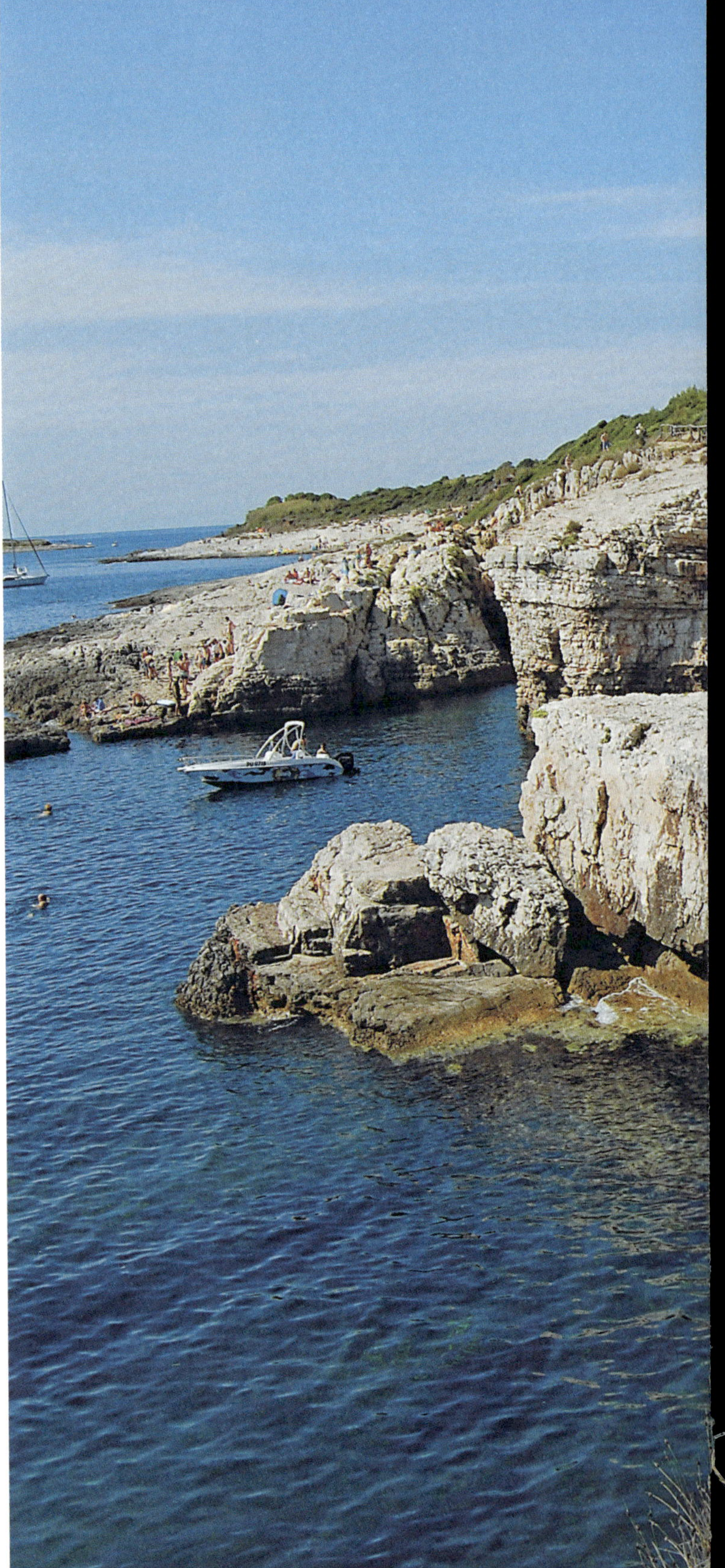

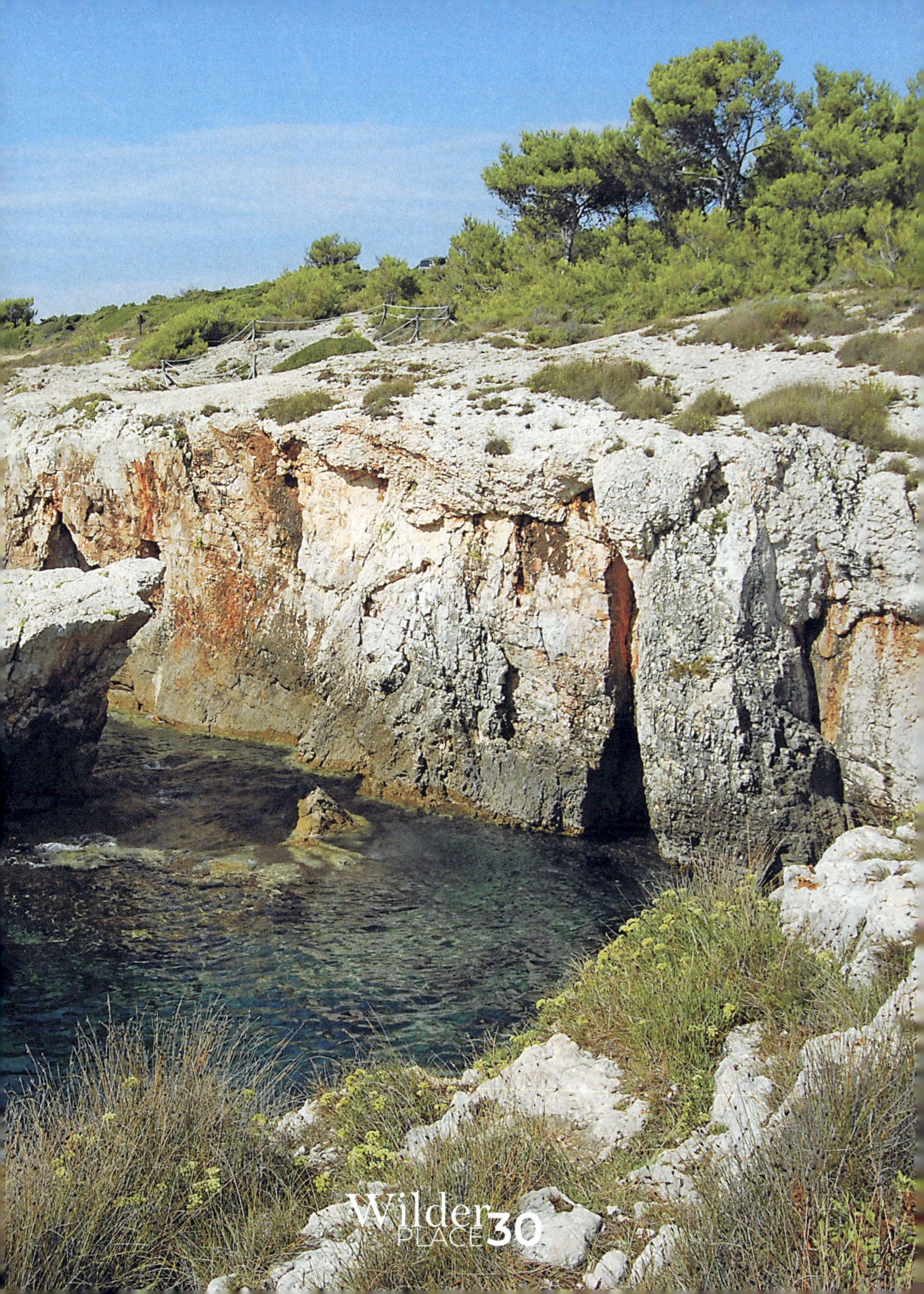
Wilder
PLACE 30

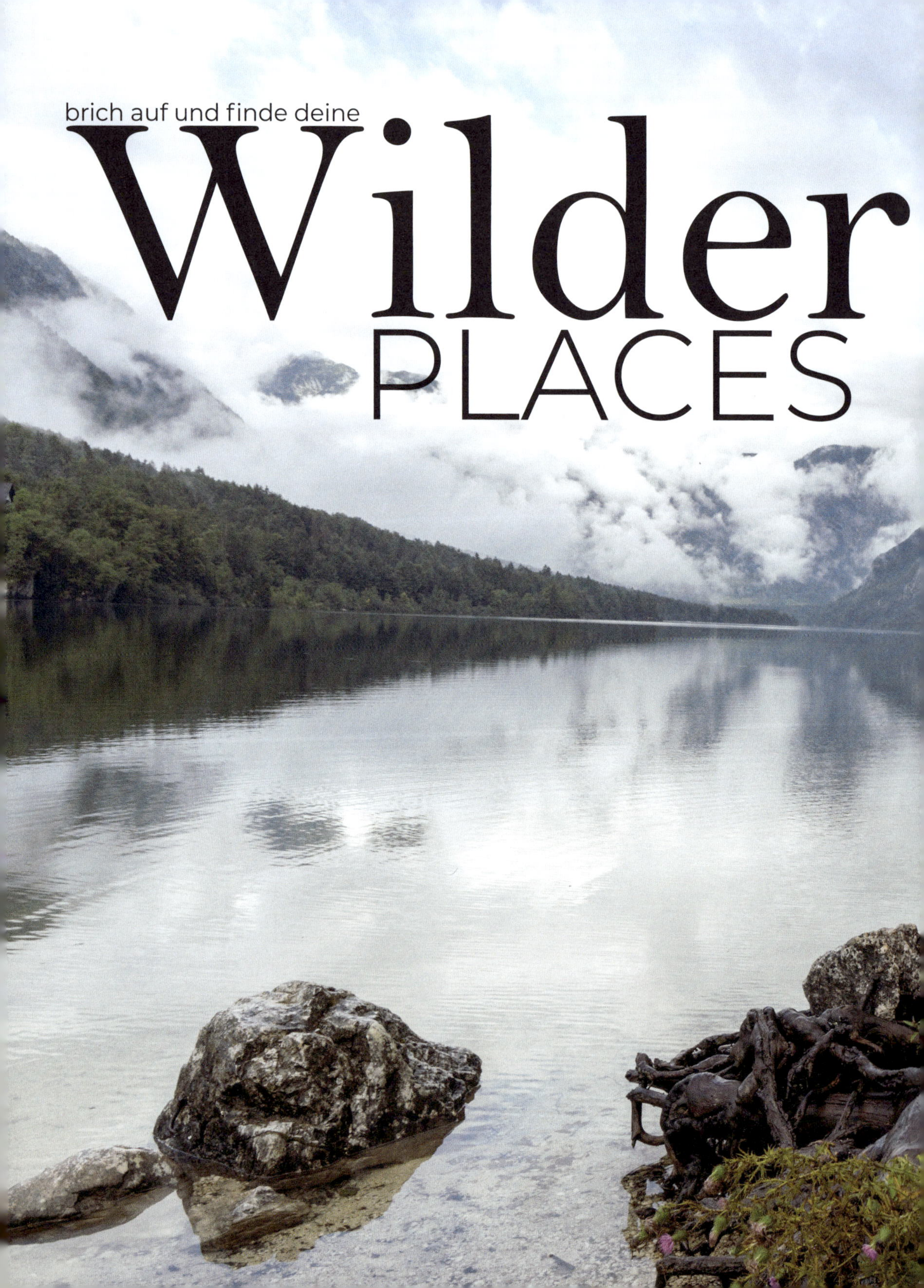
brich auf und finde deine
Wilder
PLACES

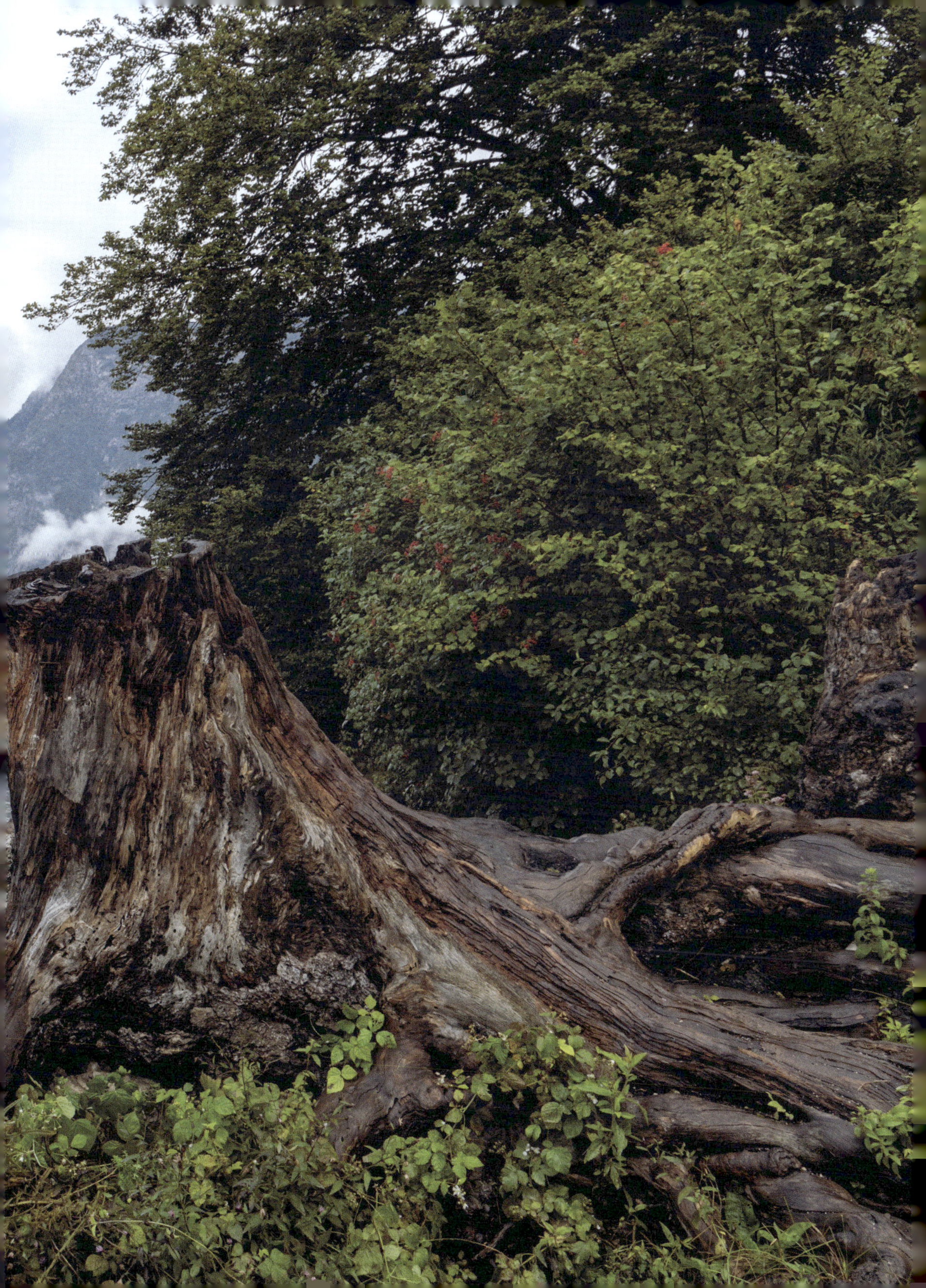

Impressum & BILDNACHWEIS

HERAUSGEBER

© KOMPASS-Karten GmbH, Karl-Kapferer-Straße 5,
A-6020 Innsbruck, 1. Auflage 2024 (24.01)
Verlagsnummer 1554, ISBN: 978-3-99154-144-8

KONZEPT UND PROJEKTLEITUNG:

Konzept: Thomas Kargl (KOMPASS-Karten)
Projektleitung: Miriam Weber und Julia Flory
Kartengrundlage: ©KOMPASS-Karten GmbH unter Verwendung von ©OpenStreetMap Contributers (www.openstreetmap.org)
Tourenbeschreibungen: KOMPASS Karten GmbH
Texte: Maria Strobl & Kompass-Karten-GmbH.
Besonderer Dank geht an unsere Kompass-AutorInnen, deren Texte als Grundlage dienten.
Titelbild: Traumhafte Farben im Triglav von Roman Huber
Grafische Herstellung: KOMPASS-Karten GmbH unter der Leitung von Mirjam Salzburger

BILDNACHWEIS (aufgelistet mit der Seitenzahl nach Fotografen und Quellen):
© Andrew Mayovskyy - stock.adobe.com: S. 76/77; © Antonic.supi - stock.adobe.com: S. 170/171; © Anze - stock.adobe.com: S. 154/155, 160/161; © anzebizjan - stock.adobe.com: S. 140/141, © asafaric - stock.adobe.com: S. 118/119, 122; © Belus - stock.adobe.com: S. 98, 206-207; © Boris Korenčan: S. 129, 94/95, 112/113, 136/137; © borongich - stock.adobe.com: S. 180; © burnel11 - stock.adobe.com: S. 182/183, 200, U2; © Daniel Vincek - stock.adobe.com: S. 111, © David - stock.adobe.com: S. 116, © dejangasparin - stock.adobe.com: S. 12/13, 117; © erikzunec - stock.adobe.com: S. 81; © Fotopogledi - stock.adobe.com: S. 2/3; © Franz Wille: S. 146, 147, 162/163, 187, 202/203; © Goran - stock.adobe.com: S. 174; © Gracisce - stock.adobe.com: S. 181; © Hans und Christa Ede - stock.adobe.com: S 166/167; © Irmgard - stock.adobe.com: S. 204-205; © jsr548 - stock.adobe.com: S. 10; © Jurij Struna: S. 74; © Karolina Korenčan: S. 105, © Kasper Garam/Wirestock Creators - stock.adobe.com: S. 190/191, 194; © Katarina Hočevar, Boris Korenčan: S. 93; © kato08 - stock.adobe.com: S. 159, 99, 104, 106/107, 110; © Laszlo - stock.adobe.com: S. 128; © laszloszelenczey - stock.adobe.com: S. 75; © Lera - stock.adobe.com: S. 208 re; © lexlero - stock.adobe.com: S. 175; © marcin jucha - stock.adobe.com: S. 7, 100/101; © Mario - stock.adobe.com: S. 152, 176/177; © Metod - stock.adobe.com: S. 88/89; © Michal Wozniak - stock.adobe.com: S. 189; © mschauer - stock.adobe.com: S. 148/149; © Nadine Haase - stock.adobe.com: S. 11; © Nino Pavisic - stock.adobe.com: S. 142/143; © Ralfik D - stock.adobe.com: S. 196/197; © Roman Huber: S. 26–31, U1; © Sebastian Weingart und Makeila Rose Lundy: S. 14–19, 20–25, 38–45, 52–57, 58–63, 64–69, U3, 82–87; © Simon Laabmayr: U4, 46–51; © Stanislav - stock.adobe.com: S. 208 li;© StockR Studio - stock.adobe.com: S. 32/33; © Teya KP - stock.adobe.com: S. 130/131, 134, 135; © Tolo - stock.adobe.com: S. 184/185; © Tom- stock.adobe.com: S. 123; © Tomaz Kunst - stock.adobe.com: S. 70/71; © TTstudio - stock.adobe.com: S. 92; © tynrud - stock.adobe.com:

S. 124/125; © Uwalthie Pic Project - stock.adobe.com: S. 168/169; © Uwalthie Pic Project - stock.adobe.com: S. 195; © Uwe - stock.adobe.com: S. 1; © vencav - stock.adobe.com: S. 80; © Xaver - stock.adobe.com: S. 36/37

Alle Angaben und Routenbeschreibungen wurden nach bestem Wissen gemäß unserer derzeitigen Informationslage gemacht. Die Wanderungen wurden sehr sorgfältig ausgewählt und beschrieben, Schwierigkeiten werden im Text kurz angegeben. Es können jedoch Änderungen an Wegen und im aktuellen Naturzustand eintreten. Wanderer und alle Kartenbenützer müssen darauf achten, dass aufgrund ständiger Veränderungen die Wegzustände bezüglich Begehbarkeit sich nicht mit den Angaben in der Karte decken müssen. Bei der großen Fülle des bearbeiteten Materials sind daher vereinzelte Fehler und Unstimmigkeiten nicht vermeidbar. Die Verwendung dieses Führers erfolgt ausschließlich auf eigenes Risiko und auf eigene Gefahr, somit eigenverantwortlich. Eine Haftung für etwaige Unfälle oder Schäden jeder Art wird daher nicht übernommen. Für Berichtigungen und Verbesserungsvorschläge ist die Redaktion stets dankbar. Korrekturhinweise nehmen wir gerne entgegen

MEHR TOUREN UND ERLEBNISSE GENIESSEN

Und jetzt? Haben dich die Tourenvorschläge motiviert los zu starten oder willst du ein langersehntes Wunschprojekt umsetzen? Bei uns findest du neben vielen Outdoor-Büchern auch die richtigen Karten für deine Projekte. Die vorgestellten Touren in diesem Buch sind eine Auswahl, getroffen von der KOMPASS Redaktion. Sie sollen an mehreren Beispielen zeigen, wo Europa noch wild ist.
Natürlich gibt es noch viele weitere Plätze die du am besten auf der Wanderkarte selbst entdeckst. Für weitere vorgestellte Touren empfehlen wir dir unsere Reihen „Dein Augenblick“ oder „Endlich“.
Schau auf unserer Website vorbei:

www.kompass.de

Dein Augenblick

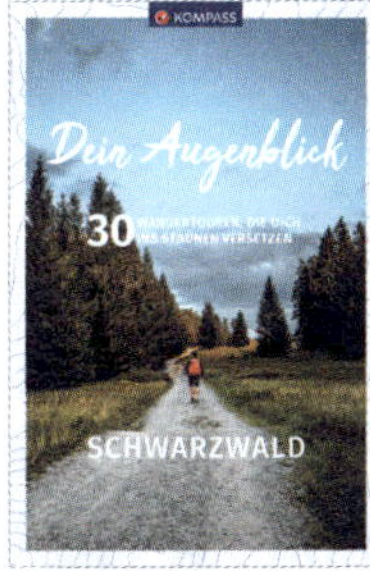

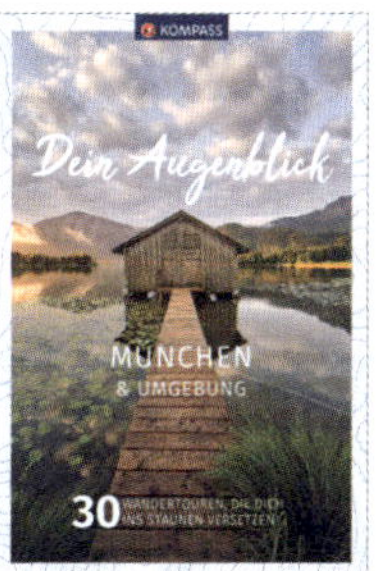

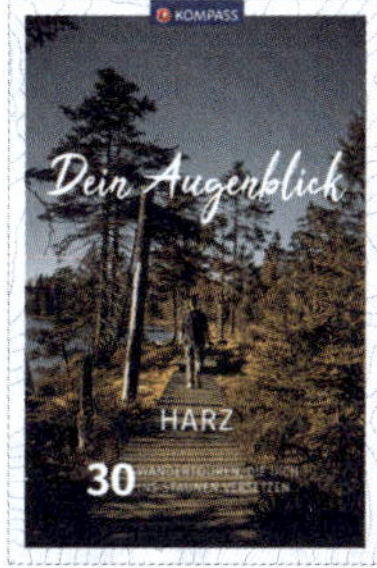

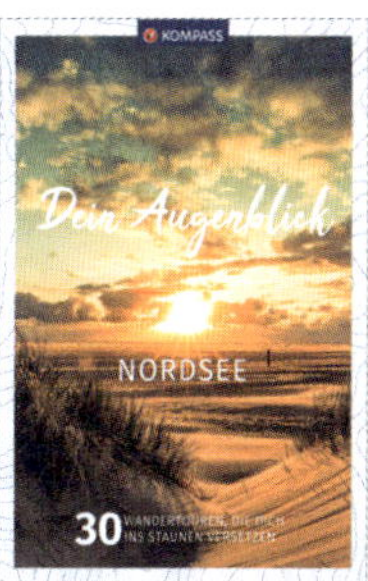

Endlich

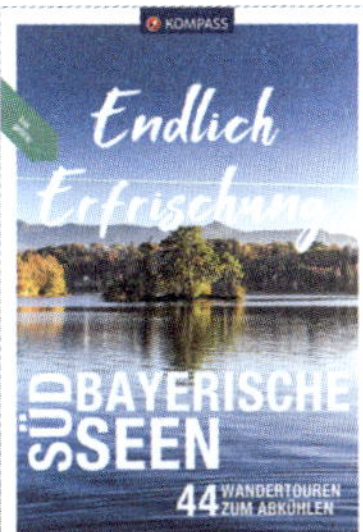

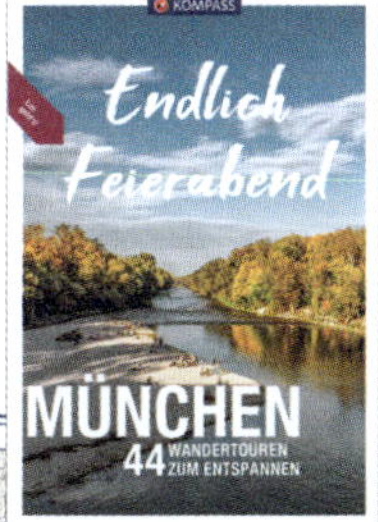

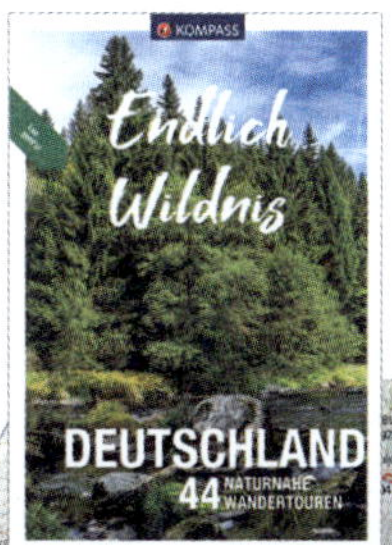

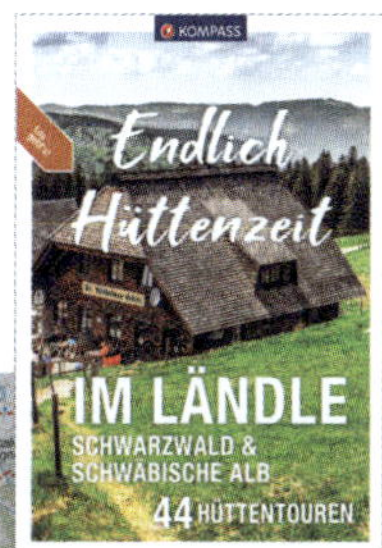

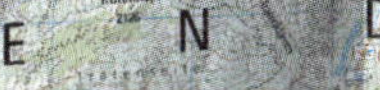

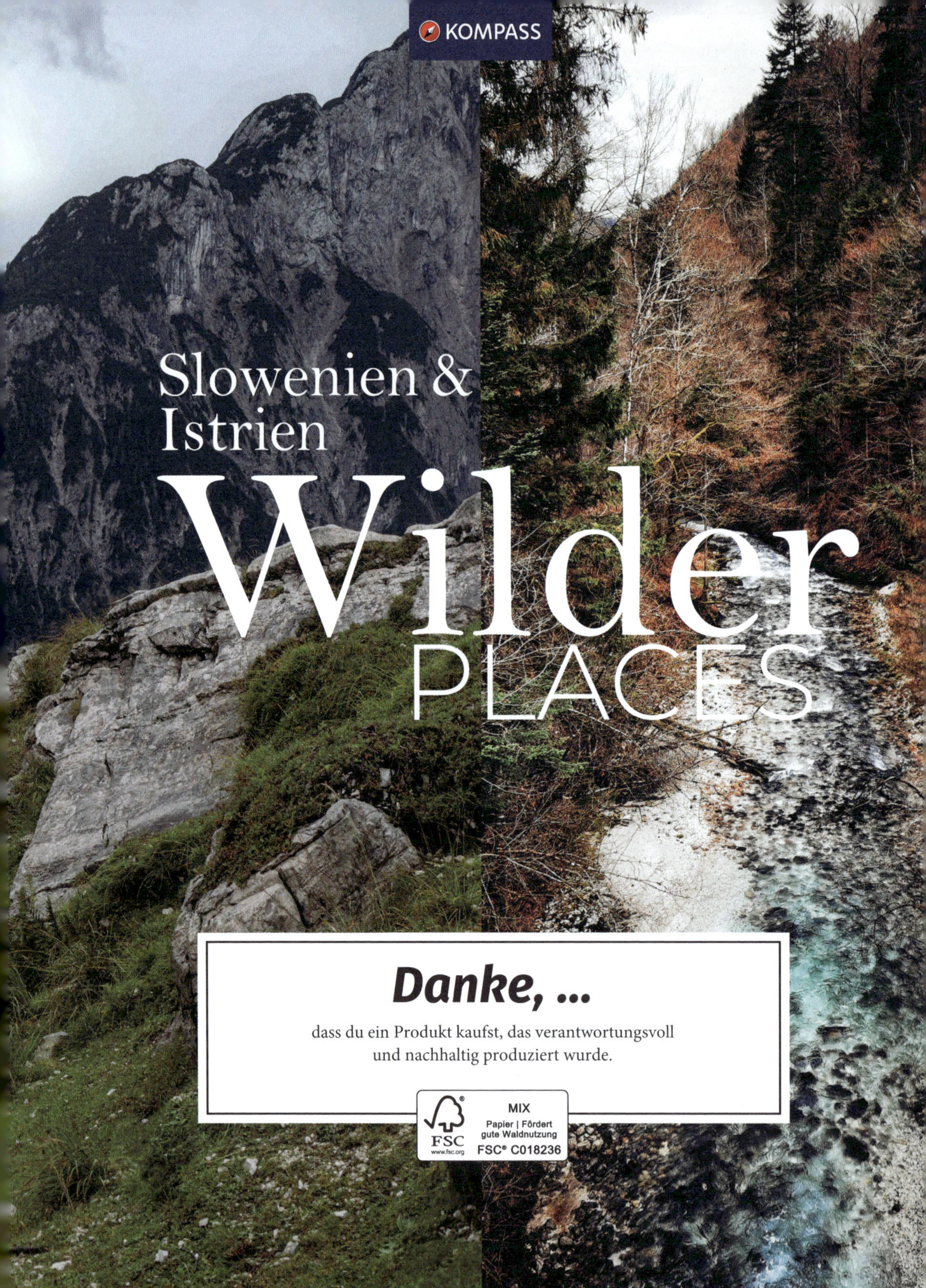
KOMPASS
Slowenien & Istrien
Wilder
PLACES
Danke, ...
dass du ein Produkt kaufst, das verantwortungsvoll
und nachhaltig produziert wurde.
FSC
www.fsc.org
MIX
Papier | Fördert
gute Waldnutzung
FSC® C018236